COLLECTION POÉSIE

VICTOR HUGO

Les Chants du crépuscule

Les Voix intérieures

Les Rayons et les Ombres

*Édition présentée,
établie et annotée
par Pierre Albouy*

GALLIMARD

INTRODUCTION

LES *contraintes matérielles de l'édition ont obligé à sépa-*
rer Les Feuilles d'automne, *publiées avec* Les Orientales,
des trois recueils que le « Livre de Poche » présente au-
jourd'hui à ses lecteurs. On s'en consolera, puisque toute
division de l'œuvre de Hugo est arbitraire et qu'aucun
regroupement n'y est dépourvu d'intérêt et de sens. On
rapproche, toutefois, habituellement Les Feuilles d'au-
tomne, Les Chants du crépuscule, Les Voix intérieures,
Les Rayons et les Ombres ; *de fait, des* Feuilles d'au-
tomne, *en 1831, au dernier de ces quatre recueils, en*
1840, au gré d'une poésie volontiers réaliste où la ré-
flexion sur l'Histoire se mêle aux méditations morales du
passant et du témoin attentif aux êtres malheureux et
aux choses vues, tandis qu'un homme nous dit ses tris-
tesses, ses joies, ses amours et ses doutes, un poète s'in-
terroge sur lui-même et sur sa voix. Qu'est-ce qu'un
poète ? Quelle est cette voix ? Qui parle ici ? Réservant
pour les Notices placées parmi les Notes l'histoire de
nos trois recueils, l'étude de leur contexte, l'analyse de
leur contenu, nous nous attacherons, dans cette Intro-
duction, à cet aspect de la poésie hugolienne, en nous
bornant, on le comprendra, à quelques suggestions ou
perspectives.

Les Feuilles d'automne *nous fourniront seulement no-*
tre point de départ, avec le poème initial, qui définit le
poète comme un « écho sonore ». Si on lit cette pièce
attentivement, on constate que cette définition du poète
prend place dans une sorte d'autobiographie : Victor
Hugo décline, en quelque manière, son identité, donne la
date et le lieu de sa naissance, nous renseigne sur sa
famille, son père et sa mère. En outre, les vers sur l'écho
sonore viennent après un passage où Hugo décrit son
âme comme un « gouffre », comme un « monde ». La
notion de l'« écho sonore », qui tendrait à dépersonna-
liser le poète et qui le montre passif au « centre » d'un
univers dont il se borne à amplifier les sons, est ainsi
équilibrée par la double affirmation de l'individualité du
poète (la poésie est intimité) *et de sa puissance : il est*
l'homme à la tête cosmique et, dans La Pente de la
rêverie, *c'est l'abîme intérieur qui est le lieu du voyage*
à travers l'universel jusqu'à l'éternel ; la poésie de l'inti-
mité devient la poésie de la totalité. Ces rapports entre
l'individu et le poète, entre les voix du monde et la voix
intérieure sont précisés et approfondis dans les trois
recueils qui suivent Les Feuilles d'automne.

Le Prélude *placé en tête des* Chants du crépuscule
reprend l'image de l'écho ; mais 1835 est, pour Hugo,
l'heure du doute et, de son époque, il entend monter, non
pas un hymne ou une harmonie, mais une « étrange
chanson » composée des bruits *les plus divers, les plus*
discordants ; ces bruits du temps et du monde, le poète
s'en fait l'« écho triste et calme » — et tel est le sens du
titre : aux bruits que fait entendre cette époque crépus-
culaire, le poète qui les recueille ajoute l'accent qui les
transforme en chants. *Dans le poème qui suit et qui*
s'intitule Dicté après juillet 1830, *le poète se présente, à*
nouveau, comme un « écho sonore » qui, auprès des
trônes des rois, répète et amplifie « les conseils de la
sagesse » et « les plaintes du malheur ». Car le poète ne
se borne point à répercuter ; il choisit parmi les bruits,
quitte à opposer sa voix solitaire aux tumultes de la
presse à « la tonnante voix », aux clameurs des « rhé-
teurs furieux », comme on le voit dans les deux poèmes

À Canaris. *Il doit aussi entendre et déchiffrer la « parole obscure » que l'univers murmure ou écrit, selon le poème XX. Enfin, son chant sera « l'harmonie immense qui dit tout ». Nous lisons cette formule dans le beau poème A Louis B., qui approfondit ces rapports de l'individu et du poète et définit la poésie de l'écho sonore comme la voix puissante de la totalité, grâce au symbole de la cloche. Les parois de la cloche ont été souillées par les inscriptions que les passants y ont gravées, mais l'harmonie de son chant n'en est point altérée. Tout de même pour le poète : son chant dépasse son existence individuelle, son destin triste, ses fautes, ses souillures. Le chant de la cloche et du poète est, en effet, le chant même du monde, l'écho du ciel et de la terre — ou, plutôt, l'écho de la terre dans le ciel, l'assomption des bruits. Le poète est la voix de la totalité, mais voix qui domine, harmonie qui surplombe, intégrant et transfigurant même les bruits mauvais. Enfin, s'il est cette âme sonore, le poète est encore cet individu qui se plaint et qui affirme aussi son courage, « homme au flanc blessé », au « front sévère », âme*

De verre pour gémir, d'airain pour résister.

Le même symbole exprime ici le poète à la voix universelle et l'homme, dans l'individualité de sa confidence.

Dans ce poème d'août 1834, l'homme qui se plaint est présenté comme un « voyageur », dont le début et la fin de la pièce parlent à la troisième personne. Dans le recueil suivant, celui des Voix intérieures, *le personnage d'Olympio fait son apparition. Un fragment un peu postérieur, que l'on date de 1840-1845, nous apprend qu'alors — peut-être au lendemain de la publication des* Rayons et les Ombres — *Hugo projette d'écrire* Les Contemplations d'Olympio, *figure qui représente l'homme, et non plus le moi, mais dans laquelle s'incarne le poète. En laissant de côté deux poèmes A Ol., recueillis dans* Toute la Lyre *et qui datent de 1846 et 1849 ou 1850, examinons les trois pièces des* Voix intérieures *et des* Rayons et les Ombres, *où apparaît Olympio. La première en date est la pièce XXX des* Voix intérieures, *qui remonte à*

1835, rejoignant ainsi l'époque du poème A Louis B. : *on y voit Olympio opposer sa sérénité aux critiques qui le déchirent ; un ami dialogue avec lui et, si, à la fin, Olympio parle, pendant la plus grande partie du poème, c'est l'ami qui s'adresse à lui, en le tutoyant. C'est encore un poème à la deuxième personne que le poème* XII, A Ol., *qui raconte la première rencontre de Hugo — « baril de poudre » — avec Juliette — « étincelle » —.* Enfin, *dans* Les Rayons et les Ombres, La Tristesse d'Olympio *est une confidence sur la passion qui va s'affaiblissant, mais une confidence à la troisième personne. Ainsi, le sujet de chacun des trois poèmes est tout personnel : l'amour, à son début et à son déclin, et cette douleur furieuse devant les critiques qui, nous le savons, tourmenta constamment Hugo. Sujet intime, mais distance dans la façon de parler de soi et de s'adresser à soi — distance entre le je du poète qui écrit et qui parle, et son moi, qui est son sujet.*

Dans le recueil de 1837, le poète semble à la recherche de son identité et de son statut. Le titre même des Voix intérieures *pose le problème du lieu de la parole et la préface le précise : ces voix que va faire entendre cette poésie sont-elles celles du monde extérieur ou celles de l'âme ? Elles sont de l'une et l'autre origine ; la parole du poète est triple : deux voix, celle de la Nature et celle de l'Humanité, sont reprises par la voix intime ; la poésie est la parole intérieure qui dit le monde. Parole totale :* « la poésie est comme Dieu : une et inépuisable » *; parole discrète : elle est un « écho intime et secret ». Cette voix discrète, dans les poèmes I, II, IV, VI, renforce les voix faibles, mais justes, contre le vacarme superficiel : elle appuie, contre le bruit du siècle, la voix de Jésus qui s'affaiblit ; à la place des canons à la voix de tonnerre, elle parle pour le roi qui vient de mourir dans l'exil ; elle parle pour le père oublié, tout à la fin du poème* A l'Arc de triomphe, *et, dans le poème VI, rétablit, contre le bonheur bruyant des jeunes gens, la suprématie des pauvres oubliés, de ceux qui prient sur ceux qui chantent. Ainsi, la voix du poète domine ces bruits qui, dans* Les Chants du crépuscule, *brouillaient* *tout de leur tumulte. Le nouveau recueil sera, non plus le livre des bruits inquiétants, douteux, bruyants et dépourvus de sens, mais le livre des voix, particulièrement celles de la nature — les « douces voix » de la forêt, dans le poème* A Virgile, *ou les voix effrayantes des chênes monstrueux qui chuchotent à la fin du poème* A Albert Durer. *La pièce* Soirée en mer *est tout entière en questions, réponses, dialogues : le poète écoute, alors que le « riche » du poème* XIX *est celui qui ne sait pas écouter et reste « sourd à la vie, à l'harmonie, aux voix » ;* Pensar, dudar, *cependant, rappelle la difficulté de l'écoute, puisque la Nature ne sait pas ou ne peut pas parler... Le poème* XXIX *oppose alors au destin du frère du poète, Eugène, qui s'est tu, qui n'entend plus rien, qui, dès avant de mourir, était muré dans la mutité et la surdité de la folie, le destin du poète qui parle et vit parmi le bruit et la fureur. Mais Eugène, mort, justifie Victor et lui fait devoir de devenir Olympio, celui qui, aux bruits, impose l'harmonie, comme on le voit dans la pièce* A Olympio. *Puis le poème terminal rappelle la puissance du poète ; ce n'est que provisoirement que se tait encore la Muse aux hymnes d'airain. Ainsi, sur le fond du silence d'Eugène (le grand mystère, la transcendance profonde, qui reste inexplorée), au-dessus des bruits, dans l'apaisement des « grandes harmonies », prêt à se faire foudre et tonnerre, mais demeurant l'écho intime, le poète, au terme du livre des* Voix, *a posé sa voix.*

La stature et le statut d'Olympio ainsi établis, Les Rayons et les Ombres, *livre de la modestie et de la grandeur, définissent la* Sagesse *d'Olympio. La suprématie du moi répond à l'ambition d'une poésie totale, affirmée par la préface : c'est le moi qui fait la somme ; mais ce moi qui assume la totalité est un moi-carrefour, à la fois central et discret. Le poète est une source et la poésie un fleuve « immense » — la source restant cachée et « petite », comme il est dit dans le poème* XXI. *De là cette métaphore, sans cesse reprise, de la voix du poète qui se répand sur l'humanité, « voix sur le monde épanchée », mais secrète en sa source, la « lyre » du poète*

étant « en son âme cachée », comme on lit au poème
XIV. Aussi bien, si la pièce initiale souligne la grandeur
du poète, du « rêveur sacré », Hugo n'exprime sa puis-
sance que par l'intermédiaire et sous le masque d'autres
artistes, le sculpteur David d'Angers, le musicien Pales-
trina, le « nouvel Orphée » du poème Que la musique
date du seizième siècle. *Cette poésie est attentive à ne*
point trop user du je, *que les poèmes XXXI et*
XXXIII remplacent par un il, *cependant que le poème*
XXXII désigne le poète par l'expression « cet homme »
et que le poème XXXIV ne fait la confidence de sa tris-
tesse qu'en la prêtant à Olympio. Peut-être cette modes-
tie tient-elle à ce que, dans la contemplation telle qu'elle
est pratiquée dans ce recueil, le moi reste passif. Source,
le poète se contente de filtrer les voix ; il se laisse en-
vahir et « l'urne du monde entier » s'épanche dans l'âme
de Palestrina. A la fin du poème de La Statue, *quand il*
s'est laissé aller à la rêverie — ou à la contemplation,
Hugo nous livre cet aveu : de toute la nature, dit-il,

> Il me sembla soudain qu'il sortait une voix,
> Qui dans mon âme obscure et vaguement sonore
> Eveillait un écho comme au fond d'une amphore.

Ici, le poète est à l'écoute de sa propre âme envahie, et,
à la fin de Cæruleum mare, *submergé, il « aspire » « par*
tous les pores » le spectacle de l'univers. Alors, le grand
poème Sagesse *apporte la conclusion. Le poète s'y défi-*
nit comme un « mage » ou un « alchimiste » dont l'âme
est le « creuset de feu » qui, de la nature et du monde,
permettra d'« extraire Dieu » ; image voisine de celle de
la source : le poète reçoit, filtre et épanche la vérité
unique aux mille voix. Puis la voix de l'amie, Louise
Bertin, s'accorde avec celle des bois pour conseiller la
sérénité. Alors, bien que sa raison « tremble », le poète
écoute les « trois grandes voix » qui, contradictoirement,
définissent Dieu. Ces trois voix fondent la poésie de la
totalité, le poète au « cerveau fragile » s'en laisse péné-
trer et termine son poème et son recueil en s'y plaçant
en train d'écrire : les derniers vers expliquent comment
sont faits les vers : par le poète et par tout l'univers,

les trois voix et la nature. Le poème terminal équilibre le poème initial : la puissance du poète se fonde sur sa docilité, sa perméabilité aux voix. Ajoutons que, poème de la modestie, Sagesse emplit tout le registre, des humbles Feuillantines au Dieu immense ; poème de la sérénité, Sagesse définit la poésie comme l'harmonie qui réunit l'univers à la transcendance qui l'englobe sans rupture.

Ainsi se clôt une époque. Après Les Rayons et les Ombres, *il faudra attendre treize ans et* Les Châtiments *pour assister à ce prodige d'une nouvelle naissance du poète. De l'« écho sonore » défini en 1830 aux recueils d'Olympio, une poésie très variée, proche de la vie quotidienne, mais qui, peu à peu, investit la totalité du réel, s'est constituée en dessinant la stature du poète et en lui conférant son statut. Qui est donc le poète ? C'est la voix qui, « au centre de tout », s'ajoute aux voix du monde et leur donne leur ton juste. Est-ce aussi l'homme Victor Hugo ? Assurément, le poète est encore cet homme, ce mari, cet amant, ce fils, ce père. Une discrétion, toutefois, contient et dissimule les élans du moi. Tout se passe comme si, entre le moi et le poète, une distance était maintenue. Après le drame de Villequier et la catastrophe du Deux-Décembre, dans l'exil, le moi hugolien et le poète universel se rejoindront, le Mage étant, à la fois, l'affirmation triomphante de l'Ego Hugo et la voix universelle d'une humanité traversée et entraînée par le Dieu fluide de l'infini. Aux harmonies humaines, religieuses, poétiques, des recueils de 1831 à 1840, succédera la poésie de cette transcendance violente qui est l'objet immense des* Contemplations.

PIERRE ALBOUY.

LES CHANTS
DU CREPUSCULE

PREFACE

Les quelques vers placés en tête de ce volume indiquent la pensée qu'il contient. Le *prélude* explique les *chants*.

Tout aujourd'hui, dans les idées comme dans les choses, dans la société comme dans l'individu, est à l'état de crépuscule [1]. De quelle nature est ce crépuscule ? de quoi sera-t-il suivi ? Question immense, la plus haute de toutes celles qui s'agitent confusément dans ce siècle où un point d'interrogation se dresse à la fin de tout. La société attend que ce qui est à l'horizon s'allume tout à fait ou s'éteigne complètement. Il n'y a rien de plus à dire.

Quant à ce volume en lui-même, l'auteur n'en dira rien non plus. A quoi bon faire remarquer le fil, à peine visible peut-être, qui lie ce livre aux livres précédents ? C'est toujours la même pensée avec d'autres soucis, la même onde avec d'autres vents, le même front avec d'autres rides, la même vie avec un autre âge.

Il insistera peu sur cela. Il ne laisse même subsister dans ses ouvrages ce qui est personnel que parce que c'est peut-être quelquefois un reflet de ce qui est général. Il ne croit pas que son *individualité*, comme on dit aujourd'hui en assez mauvais style, vaille la peine d'être autrement étudiée. Aussi, quelque idée qu'on veuille bien s'en faire, n'est-elle que très peu clairement entrevue dans ses livres. L'auteur est fort loin de croire que toutes les parties de celui-ci en particulier puissent jamais être considérées comme matériaux positifs pour l'histoire d'un cœur humain quelconque. Il y a dans ce volume beaucoup de choses rêvées.

Ce qui est peut-être exprimé parfois dans ce recueil, ce qui a été la principale préoccupation de l'auteur en jetant çà et là les vers qu'on va lire, c'est cet étrange état crépusculaire de l'âme et de la société dans le siècle où nous vivons ; c'est cette brume au dehors, cette incertitude au dedans ; c'est ce je ne sais quoi d'à demi éclairé qui nous environne. De là, dans ce livre, ces cris d'espoir mêlés d'hésitation, ces chants d'amour coupés de plaintes, cette sérénité pénétrée de tristesse, ces abattements qui se réjouissent tout à coup, ces défaillances relevées soudain, cette tranquillité qui souffre, ces troubles intérieurs qui remuent à peine la surface du vers au dehors, ces tumultes politiques contemplés avec calme, ces retours religieux de la place publique à la famille, cette crainte que tout n'aille s'obscurcissant, et par moments cette foi joyeuse et bruyante à l'épanouissement possible de l'humanité. Dans ce livre, bien petit cependant en présence d'objets si grands, il y a tous les contraires, le doute et le dogme, le jour et la nuit, le coin sombre et le point lumineux, comme dans tout ce que nous voyons, comme dans tout ce que nous pensons en ce siècle ; comme dans nos théories politiques, comme dans nos opinions religieuses, comme dans notre existence domestique ; comme dans l'histoire qu'on nous fait, comme dans la vie que nous nous faisons [1].

Le dernier mot que doit ajouter ici l'auteur, c'est que dans cette époque livrée à l'attente et à la transition, dans cette époque où la discussion est si acharnée, si tranchée, si absolument arrivée à l'extrême, qu'il n'y a guère aujourd'hui d'écoutés, de compris et d'applaudis que deux mots, le Oui et le Non, il n'est pourtant, lui, ni de ceux qui nient, ni de ceux qui affirment.

Il est de ceux qui espèrent.

25 octobre 1835.

PRELUDE

De quel nom te nommer, heure trouble où nous sommes ?
Tous les fronts sont baignés de livides sueurs.
Dans les hauteurs du ciel et dans le cœur des hommes
Les ténèbres partout se mêlent aux lueurs.

Croyances, passions, désespoir, espérances,
Rien n'est dans le grand jour et rien n'est dans la nuit,
Et le monde, sur qui flottent les apparences,
Est à demi couvert d'une ombre où tout reluit.

Le bruit que fait cette ombre assourdit la pensée.
Tout s'y mêle, depuis le chant de l'oiseleur
Jusqu'au frémissement de la feuille froissée
Qui cache un nid peut-être ou qui couve une fleur.

Tout s'y mêle ! les pas égarés hors des voies
Qui cherchent leur chemin dans les champs spacieux ;
Les roseaux verts froissant leurs luisantes courroies ;
Les angelus lointains dispersés dans les cieux[1] ;

Le lierre tressaillant dans les fentes des voûtes ;
Le vent, funeste au loin au nocher qui périt ;
Les chars embarrassés dans les tournants des routes,
S'accrochant par l'essieu comme nous par l'esprit ;

La mendiante en pleurs qui marche exténuée ;
Celui qui dit Satan ou qui dit Jéhova ;
La clameur des passants bientôt diminuée ;
La voix du cœur qui sent, le bruit du pied qui va ;

Les ondes que toi seul, ô Dieu, comptes et nommes ;
L'air qui fuit ; le caillou par le ruisseau lavé ;
Et tout ce que, chargés des vains projets des hommes,
Le soc dit au sillon et la roue au pavé ;

Et la barque, où dans l'ombre on entend une lyre,
Qui passe, et loin du bord s'abandonne au courant,
Et l'orgue des forêts qui sur les monts soupire,
Et cette voix qui sort des villes en pleurant !

Et l'homme qui gémit à côté de la chose ;
Car dans ce siècle, en proie aux sourires moqueurs,
Toute conviction en peu d'instants dépose
Le doute, lie affreuse, au fond de tous les cœurs !

Et de ces bruits divers, redoutable ou propice,
Sort l'étrange chanson que chante sans flambeau
Cette époque en travail, fossoyeur ou nourrice,
Qui prépare une crèche ou qui creuse un tombeau [1] !

— L'orient ! l'orient ! qu'y voyez-vous, poètes ?
Tournez vers l'orient vos esprits et vos yeux ! —
« Hélas ! ont répondu leurs voix longtemps muettes,
Nous voyons bien là-bas un jour mystérieux !

Un jour mystérieux dans le ciel taciturne,
Qui blanchit l'horizon derrière les coteaux,
Pareil au feu lointain d'une forge nocturne
Qu'on voit sans en entendre encore les marteaux !

Mais nous ne savons pas si cette aube lointaine
Vous annonce le jour, le vrai soleil ardent ;

Car, survenus dans l'ombre à cette heure incertaine,
Ce qu'on croit l'orient peut-être est l'occident !

C'est peut-être le soir qu'on prend pour une aurore !
Peut-être ce soleil vers qui l'homme est penché,
Ce soleil qu'on appelle à l'horizon qu'il dore,
Ce soleil qu'on espère est un soleil couché [1] ! »

Seigneur ! est-ce vraiment l'aube qu'on voit éclore ?
Oh ! l'anxiété croît de moment en moment.
N'y voit-on déjà plus ? n'y voit-on pas encore ?
Est-ce la fin, Seigneur, ou le commencement ?

Dans l'âme et sur la terre effrayant crépuscule !
Les yeux pour qui fut fait, dans un autre univers,
Ce soleil inconnu qui vient ou qui recule,
Sont-ils déjà fermés ou pas encore ouverts ?

Ce tumulte confus, où nos esprits s'arrêtent,
Peut-être c'est le bruit, fourmillant en tout lieu,
Des ailes qui partout pour le départ s'apprêtent.
Peut-être en ce moment la terre dit : adieu !

Ce tumulte confus qui frappe notre oreille,
Parfois pur comme un souffle et charmant comme un luth,
Peut-être c'est le bruit d'un Eden qui s'éveille.
Peut-être en ce moment la terre dit : salut !

Là-bas l'arbre frissonne, est-ce allégresse ou plainte ?
Là-bas chante un oiseau, pleure-t-il ? a-t-il ri ?
Là-bas l'océan parle, est-ce joie ? est-ce crainte ?
Là-bas l'homme murmure, est-ce un chant ? est-ce un cri ?

A si peu de clarté nulle âme n'est sereine.
Triste, assis sur le banc qui s'appuie à son mur,
Le vieux prêtre se courbe, et, n'y voyant qu'à peine,
A ce jour ténébreux épèle un livre obscur.

O prêtre ! vainement tu rêves, tu travailles.
L'homme ne comprend plus ce que Dieu révéla.
Partout des sens douteux hérissent leurs broussailles ;
La menace est ici, mais la promesse est là !

Et qu'importe ! bien loin de ce qui doit nous suivre,
Le destin nous emporte, éveillés ou dormant.
Que ce soit pour mourir ou que ce soit pour vivre,
Notre siècle va voir un accomplissement !

Cet horizon, qu'emplit un bruit vague et sonore,
Doit-il pâlir bientôt ? doit-il bientôt rougir ?
Esprit de l'homme ! attends quelques instants encore.
Ou l'Ombre va descendre, ou l'Astre va surgir !

Vers l'orient douteux tourné comme les autres,
Recueillant tous les bruits formidables et doux,
Les murmures d'en haut qui répondent aux nôtres,
Le soupir de chacun et la rumeur de tous,

Le poète, en ses chants où l'amertume abonde,
Reflétait, écho triste et calme cependant,
Tout ce que l'âme rêve et tout ce que le monde
Chante, bégaie ou dit dans l'ombre en attendant[1] !

                                    20 octobre 1835.

I

DICTE APRES JUILLET 1830[1]

I

FRÈRES ! et vous aussi, vous avez vos journées !
Vos victoires, de chêne et de fleurs couronnées,
Vos civiques lauriers, vos morts ensevelis,
Vos triomphes, si beaux à l'aube de la vie,
Vos jeunes étendards, troués à faire envie
      A de vieux drapeaux d'Austerlitz !

Soyez fiers ; vous avez fait autant que vos pères.
Les droits d'un peuple entier conquis par tant de guerres
Vous les avez tirés tout vivants du linceul.
Juillet vous a donné, pour sauver vos familles,
Trois de ces beaux soleils qui brûlent les bastilles[2] ;
      Vos pères n'en ont eu qu'un seul !

Vous êtes bien leurs fils ! c'est leur sang, c'est leur âme
Qui fait vos bras d'airain et vos regards de flamme.
Ils ont tout commencé : vous avez votre tour.
Votre mère, c'est bien cette France féconde
Qui fait, quand il lui plaît, pour l'exemple du monde,
      Tenir un siècle dans un jour !

L'Angleterre jalouse et la Grèce homérique,
Toute l'Europe admire, et la jeune Amérique
Se lève et bat des mains, du bord des océans.
Trois jours vous ont suffi pour briser vos entraves.
Vous êtes les aînés d'une race de braves,
      Vous êtes les fils des géants !

C'est pour vous qu'ils traçaient avec des funérailles
Ce cercle triomphal de plaines de batailles,
Chemin victorieux, prodigieux travail,
Qui, de France parti pour enserrer la terre,
En passant par Moscou, Cadix, Rome et le Caire,
      Va de Jemmape à Montmirail !

Vous êtes les enfants des belliqueux lycées[1] !
Là vous applaudissiez nos victoires passées ;
Tous vos jeux s'ombrageaient des plis d'un étendard.
Souvent Napoléon, plein de grandes pensées,
Passant, les bras croisés, dans vos lignes pressées,
      Aimanta vos fronts d'un regard !

Aigle qu'ils devaient suivre ! aigle de notre armée
Dont la plume sanglante en cent lieux est semée,
Dont le tonnerre un soir s'éteignit dans les flots,
Toi qui les as couvés dans l'aire paternelle,
Regarde, et sois joyeuse, et crie, et bats de l'aile,
      Mère, tes aiglons sont éclos !

II

QUAND notre ville épouvantée,
Surprise un matin et sans voix,
S'éveilla toute garrottée
Sous un réseau d'iniques lois [1],
Chacun de vous dit en son âme :
« C'est une trahison infâme !
Les peuples ont leur lendemain [2]
Pour rendre leur route douteuse
Suffit-il qu'une main honteuse
Change l'écriteau du chemin ?

« La parole éclate et foudroie
Tous les obstacles imprudents ;
Vérité, tu sais comme on broie
Tous les bâillons entre ses dents ;
Un roi peut te fermer son Louvre ;
Ta flamme importune, on la couvre,
On la fait éteindre aux valets ;
Mais elle brûle qui la touche !
Mais on ne ferme pas ta bouche
Comme la porte d'un palais !

« Quoi ! ce que le temps nous amène,
Quoi ! ce que nos pères ont fait,
Ce travail de la race humaine,
Ils nous prendraient tout en effet !
Quoi ! les lois, les chartes, chimère !
Comme un édifice éphémère
Nous verrions, en un jour d'été,
Crouler sous leurs mains acharnées
Ton œuvre de quarante années,
Laborieuse Liberté !

« C'est donc pour eux que les épées
Ont relui du nord au midi !
Pour eux que les têtes coupées
Sur les pavés ont rebondi !
C'est pour ces tyrans satellites

Que nos pères, braves élites,
Ont dépassé Grecs et Romains !
Que tant de villes sont désertes !
Que tant de plaines, jadis vertes,
Sont blanches d'ossements humains !

« Les insensés qui font ce rêve
N'ont-ils donc pas des yeux pour voir,
Depuis que leur pouvoir s'élève,
Comme notre horizon est noir ?
N'ont-ils pas vu dans leur folie
Que déjà la coupe est remplie,
Qu'on les suit des yeux en rêvant,
Qu'un foudre lointain nous éclaire,
Et que le lion populaire
Regarde ses ongles souvent ? »

III

ALORS tout se leva. — L'homme, l'enfant, la femme,
Quiconque avait un bras, quiconque avait une âme,
Tout vint, tout accourut. Et la ville à grand bruit
Sur les lourds bataillons se rua jour et nuit.
En vain boulets, obus, la balle et les mitrailles,
De la vieille cité déchiraient les entrailles ;
Pavés et pans de murs croulant sous mille efforts
Aux portes des maisons amoncelaient les morts ;
Les bouches des canons trouaient au loin la foule ;
Elle se refermait comme une mer qui roule,
Et de son râle affreux ameutant les faubourgs,
Le tocsin haletant bondissait dans les tours !

IV

Trois jours, trois nuits, dans la fournaise
Tout ce peuple en feu bouillonna,
Crevant l'écharpe béarnaise [1]
Du fer de lance d'Iéna.
En vain dix légions nouvelles
Vinrent s'abattre à grand bruit d'ailes
Dans le formidable foyer ;
Chevaux, fantassins et cohortes
Fondaient comme des branches mortes
Qui se tordent dans le brasier !

Comment donc as-tu fait pour calmer ta colère,
Souveraine cité qui vainquis en trois jours ?
Comment donc as-tu fait, ô fleuve populaire,
Pour rentrer dans ton lit et reprendre ton cours ?
O terre qui tremblais, ô tempête, ô tourmente,
Vengeance de la foule au sourire effrayant,
Comment donc as-tu fait pour être intelligente
Et pour choisir en foudroyant ?

C'est qu'il est plus d'un cœur stoïque
Parmi vous, fils de la cité ;
C'est qu'une jeunesse héroïque
Combattait à votre côté.
Désormais, dans toute fortune,
Vous avez une âme commune
Qui dans tous vos exploits a lui.
Honneur au grand jour qui s'écoule !
Hier vous n'étiez qu'une foule :
Vous êtes un peuple aujourd'hui.

Ces mornes conseillers de parjure et d'audace,
Voilà donc à quel peuple ils se sont attaqués !
Fléaux qu'aux derniers rois d'une fatale race
Toujours la Providence envoie aux jours marqués !
Malheureux qui croyaient, dans leur erreur profonde
(Car Dieu les voulait perdre, et Dieu les aveuglait),

Qu'on prenait un matin la liberté d'un monde
        Comme un oiseau dans un filet !

        N'effacez rien. — Le coup d'épée
        Embellit le front du soldat.
        Laissons à la ville frappée
        Les cicatrices du combat.
        Adoptons héros et victimes.
        Emplissons de ces morts sublimes
        Les sépulcres du Panthéon.
        Que nul souvenir ne nous pèse :
        Rendons sa tombe à Louis seize,
        Sa colonne à Napoléon [1] !

                    V

Oh ! laissez-moi pleurer sur cette race morte
Que rapporta l'exil et que l'exil remporte,
Vent fatal qui trois fois déjà les enleva !
Reconduisons au moins ces vieux rois de nos pères.
Rends, drapeau de Fleurus, les honneurs militaires
        A l'oriflamme qui s'en va !

Je ne leur dirai point de mot qui les déchire.
Qu'ils ne se plaignent pas des adieux de la lyre !
Pas d'outrage au vieillard qui s'exile à pas lents !
C'est une piété d'épargner les ruines.
Je n'enfoncerai pas la couronne d'épines
Que la main du malheur met sur des cheveux blancs !

D'ailleurs, infortunés ! ma voix achève à peine
L'hymne de leurs douleurs dont s'allonge la chaîne.
L'exil et les tombeaux dans mes chants sont bénis ;
Et, tandis que d'un règne on saluera l'aurore,
Ma poésie en deuil ira longtemps encore
        De Sainte-Hélène à Saint-Denis [2] !

Mais que la leçon reste, éternelle et fatale,
A ces nains, étrangers sur la terre natale,
Qui font régner les rois pour leurs ambitions ;

Et, pétrifiant tout sous leur groupe immobile,
Tourmentent, accroupis, de leur souffle débile
La cendre rouge encor des révolutions !

VI

Oh ! l'avenir est magnifique !
Jeunes Français, jeunes amis,
Un siècle pur et pacifique
S'ouvre à vos pas mieux affermis.
Chaque jour aura sa conquête.
Depuis la base jusqu'au faîte,
Nous verrons avec majesté,
Comme une mer sur ses rivages,
Monter d'étages en étages
L'irrésistible liberté !

Vos pères, hauts de cent coudées,
Ont été forts et généreux.
Les nations intimidées
Se faisaient adopter par eux.
Ils ont fait une telle guerre
Que tous les peuples de la terre
De la France prenaient le nom,
Quittaient leur passé qui s'écroule,
Et venaient s'abriter en foule
A l'ombre de Napoléon !

Vous n'avez pas l'âme embrasée
D'une moins haute ambition !
Faites libre toute pensée
Et reine toute nation ;
Montrez la liberté dans l'ombre
A ceux qui sont dans la nuit sombre ;
Allez, éclairez le chemin,
Guidez notre marche unanime,
Et faites, vers le but sublime,
Doubler le pas au genre humain !

Que l'esprit dans sa fantaisie
Suive d'un vol plus détaché
Ou les arts, ou la poésie,
Ou la science au front penché !
Qu'ouvert à quiconque l'implore
Le trône ait un écho sonore
Qui, pour rendre le roi meilleur,
Grossisse et répète sans cesse
Tous les conseils de la sagesse,
Toutes les plaintes du malheur !

Revenez prier sur les tombes,
Prêtres ! que craignez-vous encor ?
Qu'allez-vous faire aux catacombes
Tout reluisants de pourpre et d'or ?
Venez ! mais plus de mitre ardente,
Plus de vaine pompe imprudente,
Plus de trône dans le saint lieu !
Rien que l'aumône et la prière !
La croix de bois, l'autel de pierre
Suffit aux hommes comme à Dieu[1] !

VII

Et désormais, chargés du seul fardeau des âmes,
Pauvres comme le peuple, humbles comme les femmes,
Ne redoutez plus rien. Votre église est le port !
Quand longtemps a grondé la bouche du Vésuve,
Quand sa lave, écumant comme un vin dans la cuve,
        Apparaît toute rouge au bord,

Naples s'émeut ; pleurante, effarée et lascive,
Elle accourt, elle étreint la terre convulsive ;
Elle demande grâce au volcan courroucé ;
Point de grâce ! un long jet de cendre et de fumée
Grandit incessamment sur la cime enflammée,
Comme un cou de vautour hors de l'aire dressé.

Soudain un éclair luit ! Hors du cratère immense
La sombre éruption bondit comme en démence.
Adieu le fronton grec et le temple toscan !
La flamme des vaisseaux empourpre la voilure.
La lave se répand comme une chevelure
      Sur les épaules du volcan.

Elle vient, elle vient, cette lave profonde
Qui féconde les champs et fait des ports dans l'onde ;
Plages, mer, archipels, tout tressaille à la fois.
Ses flots roulent, vermeils, fumants, inexorables,
Et Naples et ses palais tremblent, plus misérables
Qu'au souffle de l'orage une feuille des bois !

Chaos prodigieux ! la cendre emplit les rues,
La terre revomit des maisons disparues,
Chaque toit éperdu se heurte au toit voisin,
La mer bout dans le golfe et la plaine s'embrase,
Et les clochers géants, chancelant sur leur base,
      Sonnent d'eux-mêmes le tocsin !

Mais — c'est Dieu qui le veut — tout en brisant des villes,
En comblant les vallons, en effaçant les îles,
En charriant les tours sur son flot en courroux,
Tout en bouleversant les ondes et la terre,
Toujours Vésuve épargne en son propre cratère
L'humble ermitage où prie un vieux prêtre à genoux !

                                10 août 1830.

II

A LA COLONNE [1]

> Plusieurs pétitionnaires demandent
> que la Chambre intervienne pour
> faire transporter les cendres de Na-
> poléon sous la colonne de la place
> Vendôme.
>   Après une courte délibération, la
> Chambre passe à l'ordre du jour.
> (CHAMBRE DES DÉPUTÉS. — *Séance
> du 7 octobre 1830.*)

I

OH ! quand il bâtissait, de sa main colossale,
Pour son trône, appuyé sur l'Europe vassale,
        Ce pilier souverain,
Ce bronze, devant qui tout n'est que poudre et sable,
Sublime monument, deux fois impérissable,
        Fait de gloire et d'airain ;

Quand il le bâtissait, pour qu'un jour dans la ville
Ou la guerre étrangère ou la guerre civile
        Y brisassent leur char,
Et pour qu'il fît pâlir sur nos places publiques
Les frêles héritiers de vos noms magnifiques,
        Alexandre et César !

C'était un beau spectacle [2] ! — Il parcourait la terre
Avec ses vétérans, nation militaire
        Dont il savait les noms ;
Les rois fuyaient ; les rois n'étaient point de sa taille ;
Et, vainqueur, il allait par les champs de bataille
        Glanant tous leurs canons.

Et puis, il revenait avec la grande armée,
Encombrant de butin sa France bien-aimée,
        Son Louvre de granit,

Et les Parisiens poussaient des cris de joie,
Comme font les aiglons, alors qu'avec sa proie
    L'aigle rentre à son nid !

Et lui, poussant du pied tout ce métal sonore,
Il courait à la cuve où bouillonnait encore
    Le monument promis.
Le moule en était fait d'une de ses pensées.
Dans la fournaise ardente il jetait à brassées
    Les canons ennemis !

Puis il s'en revenait gagner quelque bataille.
Il dépouillait encore à travers la mitraille
    Maints affûts dispersés ;
Et, rapportant ce bronze à la Rome française,
Il disait aux fondeurs penchés sur la fournaise :
    — En avez-vous assez ?

C'était son œuvre à lui ! — Les feux du polygone,
Et la bombe, et le sabre, et l'or de la dragonne [1]
    Furent ses premiers jeux.
Général, pour hochets il prit les Pyramides ;
Empereur, il voulut, dans ses vœux moins timides,
    Quelque chose de mieux.

Il fit cette colonne ! — Avec sa main romaine
Il tordit et mêla dans l'œuvre surhumaine
    Tout un siècle fameux,
Les Alpes se courbant sous sa marche tonnante,
Le Nil, le Rhin, le Tibre, Austerlitz rayonnante,
    Eylau froid et brumeux !

Car c'est lui qui, pareil à l'antique Encelade,
Du trône universel essaya l'escalade,
    Qui vingt ans entassa,
Remuant terre et cieux avec une parole,
Wagram sur Marengo, Champaubert sur Arcole,
    Pélion sur Ossa !

Oh ! quand par un beau jour, sur la place Vendôme,
Homme dont tout un peuple adorait le fantôme,
    Tu vins grave et serein,
Et que tu découvris ton œuvre magnifique,

Tranquille, et contenant d'un geste pacifique
        Tes quatre aigles d'airain ;

A cette heure où les tiens t'entouraient par cent mille ;
Où, comme se pressaient autour de Paul-Emile
        Tous les petits romains,
Nous, enfants de six ans, rangés sur ton passage,
Cherchant dans ton cortège un père au fier visage,
        Nous te battions des mains[1] ;

Oh ! qui t'eût dit alors, à ce faîte sublime,
Tandis que tu rêvais sur le trophée opime
        Un avenir si beau,
Qu'un jour à cet affront il te faudrait descendre
Que trois cents avocats oseraient à ta cendre
        Chicaner ce tombeau !

                    II

        ATTENDEZ donc, jeunesse folle,
        Nous n'avons pas le temps encor !
        Que vient-on nous parler d'Arcole,
        Et de Wagram et du Thabor ?
        Pour avoir commandé peut-être
        Quelque armée, et s'être fait maître
        De quelque ville dans son temps,
        Croyez-vous que l'Europe tombe
        S'il n'ameute autour de sa tombe
        Les Démosthènes haletants ?

        D'ailleurs le ciel n'est pas tranquille ;
        Les soucis ne leur manquent pas ;
        L'inégal pavé de la ville
        Fait encor trébucher leurs pas.
        Et pourquoi ces honneurs suprêmes ?
        Ont-ils des monuments eux-mêmes ?
        Quel temple leur a-t-on dressé ?

Etrange peuple que nous sommes !
Laissez passer tous ces grands hommes !
Napoléon est bien pressé !

Toute crainte est-elle étouffée ?
Nous songerons à l'immortel
Quand ils auront tous leur trophée,
Quand ils auront tous leur autel !
Attendons, attendons, mes frères.
Attendez, restes funéraires,
Dépouille de Napoléon,
Que leur courage se rassure
Et qu'ils aient donné leur mesure
Au fossoyeur du Panthéon !

III

AINSI, — cent villes assiégées ;
Memphis, Milan, Cadix, Berlin ;
Soixante batailles rangées ;
L'univers d'un seul homme plein ;
N'avoir rien laissé dans le monde,
Dans la tombe la plus profonde,
Qu'il n'ait dompté, qu'il n'ait atteint ;
Avoir, dans sa course guerrière,
Ravi le Kremlin au czar Pierre,
L'Escurial à Charles-Quint ;

Ainsi, — ce souvenir qui pèse
Sur nos ennemis effarés ;
Ainsi, dans une cage anglaise
Tant de pleurs amers dévorés ;
Cette incomparable fortune,
Cette gloire aux rois importune,
Ce nom si grand, si vite acquis,
Sceptre unique, exil solitaire,
Ne valent pas six pieds de terre
Sous les canons qu'il a conquis !

IV

ENCOR si c'était crainte austère !
Si c'était l'âpre liberté
Qui d'une cendre militaire
N'ose ensemencer la cité ! —
Si c'était la vierge stoïque
Qui proscrit un nom héroïque
Fait pour régner et conquérir,
Qui se rappelle Sparte et Rome,
Et craint que l'ombre d'un grand homme
N'empêche son fruit de mûrir ! —

Mais non ; la liberté sait aujourd'hui sa force.
Un trône est sous sa main comme un gui sur l'écorce
Quand les races de rois manquent au droit juré ;
Nous avons parmi nous vu passer, ô merveille !
        La plus nouvelle et la plus vieille !
Ce siècle, avant trente ans, avait tout dévoré.

La France, guerrière et paisible,
A deux filles du même sang : —
L'une fait l'armée invincible,
L'autre fait le peuple puissant.
La Gloire, qui n'est pas l'aînée,
N'est plus armée et couronnée ;
Ni pavois, ni sceptre oppresseur ;
La Gloire n'est plus décevante,
Et n'a plus rien dont s'épouvante
La Liberté, sa grande sœur[1] !

V

NON, s'ils ont repoussé la relique immortelle,
C'est qu'ils en sont jaloux ! qu'ils tremblent devant elle !
        Qu'ils en sont tout pâlis !

C'est qu'ils ont peur d'avoir l'empereur sur leur tête,
Et de voir s'éclipser leurs lampions de fête
   Au soleil d'Austerlitz !

Pourtant, c'eût été beau ! — lorsque, sous la colonne,
On eût senti présents dans notre Babylone
   Ces ossements vainqueurs,
Qui pourrait dire, au jour d'une guerre civile,
Ce qu'une si grande ombre, hôtesse de la ville,
   Eût mis dans tous les cœurs !

Si jamais l'étranger, ô cité souveraine,
Eût ramené brouter les chevaux de l'Ukraine
   Sur ton sol bien-aimé,
Enfantant des soldats dans ton enceinte émue,
Sans doute qu'à travers ton pavé qui remue
   Ces os eussent germé !

Et toi, colonne ! un jour, descendu sous ta base,
Le pèlerin pensif, contemplant en extase
   Ce débris surhumain,
Serait venu peser, à genoux sur la pierre,
Ce qu'un Napoléon peut laisser de poussière
   Dans le creux de la main [1] !

O merveille ! ô néant ! — tenir cette dépouille !
Compter et mesurer ces os que de sa rouille
   Rongea le flot marin ;
Ce genou qui jamais n'a ployé sous la crainte,
Ce pouce de géant dont tu portes l'empreinte
   Partout sur ton airain !

Contempler le bras fort, la poitrine féconde,
Le talon qui, douze ans, éperonna le monde [2],
   Et, d'un œil filial,
L'orbite du regard qui fascinait la foule,
Ce front prodigieux, ce crâne fait au moule
   Du globe impérial ! —

Et croire entendre, en haut, dans tes noires entrailles,
Sortir du cliquetis des confuses batailles,
   Des bouches du canon,

Des chevaux hennissants, des villes crénelées,
Des clairons, des tambours, du souffle des mêlées,
    Ce bruit : Napoléon !

Rhéteurs embarrassés dans votre toge neuve,
Vous n'avez pas voulu consoler cette veuve[1]
    Vénérable aux partis !
Tout en vous partageant l'empire d'Alexandre,
Vous avez peur d'une ombre et peur d'un peu de cendre :
    Oh ! vous êtes petits !

VI

HÉLAS ! hélas ! garde ta tombe !
Garde ton rocher écumant,
Où t'abattant comme la bombe
Tu vins tomber, tiède et fumant !
Garde ton âpre Sainte-Hélène
Où de ta fortune hautaine
L'œil ébloui voit le revers ;
Garde l'ombre où tu te recueilles,
Ton saule sacré dont les feuilles
S'éparpillent dans l'univers[2] !

Là, du moins, tu dors sans outrage,
Souvent tu t'y sens réveillé
Par les pleurs d'amour et de rage
D'un soldat rouge agenouillé !
Là, si parfois tu te relèves,
Tu peux voir, du haut de ces grèves,
Sur le globe azuré des eaux,
Courir vers ton roc solitaire,
Comme au vrai centre de la terre,
Toutes les voiles des vaisseaux !

VII

Dors, nous t'irons chercher ! ce jour viendra peut-être !
Car nous t'avons pour dieu sans t'avoir eu pour maître !
Car notre œil s'est mouillé de ton destin fatal,
Et, sous les trois couleurs comme sous l'oriflamme,
Nous ne nous pendons pas à cette corde infâme
   Qui t'arrache à ton piédestal !

Oh ! va, nous te ferons de belles funérailles !
Nous aurons bien aussi peut-être nos batailles ;
Nous en ombragerons ton cercueil respecté !
Nous y convîrons tout, Europe, Afrique, Asie !
Et nous t'amènerons la jeune poésie
   Chantant la jeune liberté !

Tu seras bien chez nous ! — couché sous ta colonne,
Dans ce puissant Paris qui fermente et bouillonne,
Sous ce ciel, tant de fois d'orages obscurci,
Sous ces pavés vivants qui grondent et s'amassent,
Où roulent les canons, où les légions passent : —
   Le peuple est une mer aussi.

S'il ne garde aux tyrans qu'abîme et que tonnerre,
Il a pour le tombeau, profond et centenaire
(La seule majesté dont il soit courtisan),
Un long gémissement, infini, doux et sombre,
Qui ne laissera pas regretter à ton ombre
   Le murmure de l'Océan !

9 octobre 1830.

III

HYMNE [1]

Ceux qui pieusement sont morts pour la patrie
Ont droit qu'à leur cercueil la foule vienne et prie.
Entre les plus beaux noms leur nom est le plus beau.
Toute gloire près d'eux passe et tombe éphémère ;
          Et, comme ferait une mère,
La voix d'un peuple entier les berce en leur tombeau !

          Gloire à notre France éternelle !
          Gloire à ceux qui sont morts pour elle !
          Aux martyrs ! aux vaillants ! aux forts !
          A ceux qu'enflamme leur exemple,
          Qui veulent place dans le temple,
          Et qui mourront comme ils sont morts !

C'est pour ces morts, dont l'ombre est ici bienvenue,
Que le haut Panthéon élève dans la nue,
Au-dessus de Paris, la ville aux mille tours,
La reine de nos Tyrs et de nos Babylones,
          Cette couronne de colonnes
Que le soleil levant redore tous les jours !

          Gloire à notre France éternelle !
          Gloire à ceux qui sont morts pour elle !
          Aux martyrs ! aux vaillants ! aux forts !
          A ceux qu'enflamme leur exemple,
          Qui veulent place dans le temple,
          Et qui mourront comme ils sont morts !

Ainsi, quand de tels morts sont couchés dans la tombe,
En vain l'oubli, nuit sombre où va tout ce qui tombe,
Passe sur leur sépulcre où nous nous inclinons ;
Chaque jour, pour eux seuls se levant plus fidèle,
          La gloire, aube toujours nouvelle,
Fait luire leur mémoire et redore leurs noms !

Gloire à notre France éternelle !
Gloire à ceux qui sont morts pour elle !
Aux martyrs ! aux vaillants ! aux forts !
A ceux qu'enflamme leur exemple,
Qui veulent place dans le temple,
Et qui mourront comme ils sont morts !

                                        Juillet 1831.

IV

NOCES ET FESTINS [1]

La salle est magnifique et la table est immense.
Toujours par quelque bout le banquet recommence,
Un magique banquet, sans cesse amoncelé
Dans l'or et le cristal et l'argent ciselé.
A cette table auguste, où siègent peu de sages,
Tous les sexes ont place ainsi que tous les âges.
Guerrier de quarante ans au profil sérieux,
Jeune homme au blond duvet, jeune fille aux doux yeux,
Enfant qui balbutie et vieillard qui bégaye,
Tous mangent, tous ont faim, et leur faim les égaye,
Et les plus acharnés sont, autour des plats d'or,
Ceux qui n'ont plus de dents ou n'en ont pas encor !

Casques, cimiers, fleurons, bannières triomphales,
Les lions couronnés, les vautours bicéphales,
Les étoiles d'argent sur le sinople obscur,
L'abeille dans la pourpre et le lys dans l'azur,
Les chaînes, les chevrons, les lambels, les losanges,
Tout ce que le blason a de formes étranges,
De léopards ailés, d'aigles et de griffons,
Tourbillonne autour d'eux, se cramponne aux plafonds,

Se tord dans l'arabesque entre leurs pieds jetée,
Plonge un bec familier dans leur coupe sculptée,
Et suspend aux lambris maint drapeau rayonnant,
Qui, des poutres du toit jusqu'à leurs fronts traînant,
Les effleure du bout de sa frange superbe,
Comme un oiseau dont l'aile en passant touche l'herbe !
Et comme à ce banquet tout résonne ou reluit,
On y croit voir jouter la lumière et le bruit.

La salle envoie au ciel une rumeur de fête.
Les convives ont tous une couronne en tête,
Tous un trône sous eux où leur orgueil s'assied,
Tous un sceptre à la main, tous une chaîne au pied ;
Car il en est plus d'un qui voudrait fuir peut-être,
Et l'esclave le mieux attaché c'est le maître.

Le pouvoir enivrant qui change l'homme en dieu ;
L'amour, miel et poison, l'amour, philtre de feu,
Fait du souffle mêlé de l'homme et de la femme,
Des frissons de la chair et des rêves de l'âme ;
Le plaisir, fils des nuits, dont l'œil brûlant d'espoir
Languit vers le matin et se rallume au soir ;
Les meutes, les piqueurs, les chasses effrénées
Tout le jour par les champs au son du cor menées ;
La soie et l'or ; les lits de cèdre et de vermeil,
Faits pour la volupté plus que pour le sommeil,
Où, quand votre maîtresse en vos bras est venue,
Sur une peau de tigre on peut la coucher nue ;
Les palais effrontés, les palais imprudents
Qui, du pauvre enviés, lui font grincer des dents ;
Les parcs majestueux, pleins d'horizons bleuâtres,
Où l'œil sous le feuillage entrevoit des albâtres,
Où le grand peuplier tremble auprès du bouleau,
Où l'on entend la nuit des musiques sur l'eau ;
La pudeur des beautés facilement vaincue ;
La justice du juge à prix d'or convaincue ;
La terreur des petits, le respect des passants,
Cet assaisonnement du bonheur des puissants ;
La guerre ; le canon tout gorgé de mitrailles
Qui passe son long cou par-dessus les murailles ;

Le régiment marcheur, polype aux mille pieds ;
La grande capitale aux bruits multipliés ;
Tout ce qui jette au ciel, soit ville, soit armée,
Des vagues de poussière et des flots de fumée ;
Le budget, monstre énorme, admirable poisson
A qui de toutes parts on jette l'hameçon,
Et qui, laissant à flots l'or couler de ses plaies,
Traîne un ventre splendide, écaillé de monnaies [1] ;
Tels sont les mets divins que sur des plats dorés
Leur servent à la fois cent valets affairés,
Et que dans son fourneau, laboratoire sombre,
Souterrain qui flamboie au-dessous d'eux dans l'ombre,
Prépare nuit et jour pour le royal festin
Ce morose alchimiste, appelé le destin !

Le sombre amphitryon ne veut pas de plats vides,
Et la profusion lasse les plus avides ;
Et, pour choisir parmi tant de mets savoureux,
Pour les bien conseiller, sans cesse, derrière eux,
Ils ont leur conscience ou ce qu'ainsi l'on nomme,
Compagnon clairvoyant, guide sûr de tout homme,
A qui, par imprudence et dès les premiers jeux,
Les nourrices des rois crèvent toujours les yeux.

Oh ! ce sont là les grands et les heureux du monde !
O vie intarissable où le bonheur abonde !
O magnifique orgie ! ô superbe appareil !
Comme on s'enivre bien dans un festin pareil !
Comme il doit, à travers ces splendeurs éclatantes,
Vous passer dans l'esprit mille images flottantes !
Que les rires, les voix, les lampes et le vin
Vous doivent faire en l'âme un tourbillon divin !
Et que l'œil ébloui doit errer avec joie
De tout ce qui ruisselle à tout ce qui flamboie !

Mais tout à coup, tandis que l'échanson rieur
Leur verse à tous l'oubli du monde extérieur ;
A l'heure où table, et salle, et valets, et convives,
Et flambeaux couronnés d'auréoles plus vives,
Et l'orchestre caché qui chante jour et nuit,

Epanchent plus de joie, et de flamme, et de bruit,
Hélas ! à cet instant d'ivresse et de délire,
Où le banquet hautain semble éclater de rire,
Narguant le peuple assis à la porte en haillons,
Quelqu'un frappe soudain l'escalier des talons,
Quelqu'un survient, quelqu'un en bas se fait entendre,
Quelqu'un d'inattendu qu'on devrait bien attendre !

Ne fermez pas la porte. Il faut ouvrir d'abord.
Il faut qu'on laisse entrer ! Et tantôt c'est la mort,
Tantôt l'exil qui vient, la bouche haletante,
L'une avec un tombeau, l'autre avec une tente,
La mort au pied pesant, l'exil au pas léger,
Spectre toujours vêtu d'un habit étranger !

Le spectre est effrayant. Il entre dans la salle,
Jette sur tous les fronts son ombre colossale,
Courbe chaque convive ainsi qu'un arbre au vent,
Puis il en choisit un, le plus ivre souvent,
L'arrache du milieu de la table effrayée,
Et l'emporte, la bouche encor mal essuyée !

                                        20 août 1832.

V

NAPOLEON II [1]

I

Mil huit cent onze ! — O temps où des peuples sans
Attendaient prosternés sous un nuage sombre [nombre
          Que le Ciel eût dit oui !
Sentaient trembler sous eux les états centenaires,
Et regardaient le Louvre entouré de tonnerres,
          Comme un Mont-Sinaï !

Courbés comme un cheval qui sent venir son maître,
Ils se disaient entre eux : — Quelqu'un de grand va
L'immense empire attend un héritier demain. [naître !
Qu'est-ce que le Seigneur va donner à cet homme
Qui, plus grand que César, plus grand même que Rome,
Absorbe dans son sort le sort du genre humain ? —

Comme ils parlaient, la nue éclatante et profonde
S'entr'ouvrit, et l'on vit se dresser sur le monde
       L'homme prédestiné,
Et les peuples béants ne purent que se taire,
Car ses deux bras levés présentaient à la terre
       Un enfant nouveau-né [1] !

Au souffle de l'enfant, dôme des Invalides,
Les drapeaux prisonniers sous tes voûtes splendides
Frémirent, comme au vent frémissent les épis ;
Et son cri, ce doux cri qu'une nourrice apaise,
Fit, nous l'avons tous vu, bondir et hurler d'aise
Les canons monstrueux à ta porte accroupis !

Et Lui ! l'orgueil gonflait sa puissante narine ;
Ses deux bras, jusqu'alors croisés sur sa poitrine,
       S'étaient enfin ouverts !
Et l'enfant, soutenu dans sa main paternelle,
Inondé des éclairs de sa fauve prunelle,
       Rayonnait au travers !

Quand il eut bien fait voir l'héritier de ses trônes
Aux vieilles nations comme aux vieilles couronnes,
Eperdu, l'œil fixé sur quiconque était roi,
Comme un aigle arrivé sur une haute cime,
Il cria tout joyeux avec un air sublime :
— L'avenir ! l'avenir ! l'avenir est à moi !

II

      Non, l'avenir n'est à personne !
      Sire ! l'avenir est à Dieu !
      A chaque fois que l'heure sonne.

Tout ici-bas nous dit adieu.
L'avenir ! l'avenir ! mystère !
Toutes les choses de la terre,
Gloire, fortune militaire,
Couronne éclatante des rois,
Victoire aux ailes embrasées,
Ambitions réalisées,
Ne sont jamais sur nous posées
Que comme l'oiseau sur nos toits !

Non, si puissant qu'on soit, non, qu'on rie ou qu'on
Nul ne te fait parler, nul ne peut avant l'heure [pleure,
Ouvrir ta froide main,
O fantôme muet, ô notre ombre, ô notre hôte,
Spectre toujours masqué qui nous suis côte à côte,
Et qu'on nomme demain !

Oh ! demain, c'est la grande chose !
De quoi demain sera-t-il fait ?
L'homme aujourd'hui sème la cause,
Demain Dieu fait mûrir l'effet.
Demain, c'est l'éclair dans la voile,
C'est le nuage sur l'étoile,
C'est un traître qui se dévoile,
C'est le bélier qui bat les tours,
C'est l'astre qui change de zone,
C'est Paris qui suit Babylone ;
Demain, c'est le sapin du trône,
Aujourd'hui, c'en est le velours [1] !

Demain, c'est le cheval qui s'abat blanc d'écume.
Demain, ô conquérant, c'est Moscou qui s'allume,
La nuit, comme un flambeau.
C'est votre vieille garde au loin jonchant la plaine.
Demain, c'est Waterloo ! demain, c'est Sainte-Hélène !
Demain, c'est le tombeau !

Vous pouvez entrer dans les villes
Au galop de votre coursier,
Dénouer les guerres civiles [2]
Avec le tranchant de l'acier ;

Vous pouvez, ô mon capitaine,
Barrer la Tamise hautaine,
Rendre la victoire incertaine
Amoureuse de vos clairons,
Briser toutes portes fermées,
Dépasser toutes renommées,
Donner pour astre à des armées
L'étoile de vos éperons !

Dieu garde la durée et vous laisse l'espace ;
Vous pouvez sur la terre avoir toute la place,
Etre aussi grand qu'un front peut l'être sous le ciel ;
Sire, vous pouvez prendre, à votre fantaisie,
L'Europe à Charlemagne, à Mahomet l'Asie ; —
Mais tu ne prendras pas demain à l'Eternel !

III

O REVERS ! ô leçon ! — Quand l'enfant œ cet homme
Eut reçu pour hochet la couronne de Rome ;
Lorsqu'on l'eut revêtu d'un nom qui retentit ;
Lorsqu'on eut bien montré son front royal qui tremble
Au peuple émerveillé qu'on puisse tout ensemble
      Etre si grand et si petit ;

Quand son père eut pour lui gagné bien des batailles ;
Lorsqu'il eut épaissi de vivantes murailles
Autour du nouveau-né riant sur son chevet ;
Quand ce grand ouvrier, qui savait comme on fonde,
Eut, à coups de cognée, à peu près fait le monde
      Selon le songe qu'il rêvait ;

Quand tout fut préparé par les mains paternelles
Pour doter l'humble enfant de splendeurs éternelles ;
Lorsqu'on eut de sa vie assuré les relais ;
Quand, pour loger un jour ce maître héréditaire,
On eut enraciné bien avant dans la terre
      Les pieds de marbre des palais ;

Lorsqu'on eut pour sa soif posé devant la France
Un vase tout rempli du vin de l'espérance, —
Avant qu'il eût goûté de ce poison doré,
Avant que de sa lèvre il eût touché la coupe,
Un cosaque survint qui prit l'enfant en croupe
  Et l'emporta tout effaré !

IV

Oui, l'aigle, un soir, planait aux voûtes éternelles,
Lorsqu'un grand coup de vent lui cassa les deux ailes ;
Sa chute fit dans l'air un foudroyant sillon[1] ;
Tous alors sur son nid fondirent pleins de joie ;
Chacun selon ses dents se partagea la proie ;
L'Angleterre prit l'aigle, et l'Autriche l'aiglon !

Vous savez ce qu'on fit du géant historique.
Pendant six ans on vit, loin derrière l'Afrique,
  Sous le verrou des rois prudents,
— Oh ! n'exilons personne ! oh ! l'exil est impie ! —
Cette grande figure en sa cage accroupie,
  Ployée, et les genoux aux dents[2] !

Encor si ce banni n'eût rien aimé sur terre !... —
Mais les cœurs de lion sont les vrais cœurs de père.
  Il aimait son fils, ce vainqueur !
Deux choses lui restaient dans sa cage inféconde.
Le portrait d'un enfant et la carte du monde,
  Tout son génie et tout son cœur !

Le soir, quand son regard se perdait dans l'alcôve,
Ce qui se remuait dans cette tête chauve,
Ce que son œil cherchait dans le passé profond,
— Tandis que ses geôliers, sentinelles placées
Pour guetter nuit et jour le vol de ses pensées,
En regardaient passer les ombres sur son front ; —

Ce n'était pas toujours, sire, cette épopée
Que vous aviez naguère écrite avec l'épée ;
      Arcole, Austerlitz, Montmirail ;
Ni l'apparition des vieilles pyramides ;
Ni le pacha du Caire et ses chevaux numides
      Qui mordaient le vôtre au poitrail ;

Ce n'était pas le bruit de bombe et de mitraille
Que vingt ans, sous ses pieds, avait fait la bataille
      Déchaînée en noirs tourbillons,
Quand son souffle poussait sur cette mer troublée
Les drapeaux frissonnants, penchés dans la mêlée
      Comme les mâts des bataillons ;

Ce n'était pas Madrid, le Kremlin et le Phare[1],
La diane au matin fredonnant sa fanfare,
Le bivouac sommeillant dans les feux étoilés,
Les dragons chevelus, les grenadiers épiques,
Et les rouges lanciers fourmillant dans les piques,
Comme des fleurs de pourpre en l'épaisseur des blés ;

Non, ce qui l'occupait, c'est l'ombre blonde et rose
D'un bel enfant qui dort la bouche demi-close,
      Gracieux comme l'Orient,
Tandis qu'avec amour sa nourrice enchantée
D'une goutte de lait au bout du sein restée
      Agace sa lèvre en riant !

Le père alors posait ses coudes sur sa chaise,
Son cœur plein de sanglots se dégonflait à l'aise,
      Il pleurait, d'amour éperdu... —
Sois béni, pauvre enfant, tête aujourd'hui glacée,
Seul être qui pouvais distraire sa pensée
      Du trône du monde perdu !

              v

Tous deux sont morts. — Seigneur, votre droite est ter-
Vous avez commencé par le maître invincible,   [rible !
      Par l'homme triomphant ;

Puis vous avez enfin complété l'ossuaire ;
Dix ans vous ont suffi pour filer le suaire
          Du père et de l'enfant !

Gloire, jeunesse, orgueil, biens que la tombe emporte !
L'homme voudrait laisser quelque chose à la porte,
          Mais la mort lui dit non !
Chaque élément retourne où tout doit redescendre.
L'air reprend la fumée, et la terre la cendre.
          L'oubli reprend le nom.

la perte

VI

          O RÉVOLUTIONS ! j'ignore,
          Moi, le moindre des matelots,
          Ce que Dieu dans l'ombre élabore
          Sous le tumulte de vos flots.
          La foule vous hait et vous raille.
          Mais qui sait comment Dieu travaille [1] ?
          Qui sait si l'onde qui tressaille,
          Si le cri des gouffres amers,
          Si la trombe aux ardentes serres,
          Si les éclairs et les tonnerres,
          Seigneur, ne sont pas nécessaires
          A la perle que font les mers !

          Pourtant cette tempête est lourde
          Aux princes comme aux nations ;
          Oh ! quelle mer aveugle et sourde
          Qu'un peuple en révolutions !
          Que sert ta chanson, ô poète ?
          Ces chants que ton génie émiette
          Tombent à la vague inquiète
          Qui n'a jamais rien entendu !
          Ta voix s'enroue en cette brume,
          Le vent disperse au loin ta plume,
          Pauvre oiseau chantant dans l'écume
          Sur le mât d'un vaisseau perdu !

Longue nuit ! tourmente éternelle !
Le ciel n'a pas un coin d'azur.
Hommes et choses, pêle-mêle,
Vont roulant dans l'abîme obscur.
Tout dérive et s'en va sous l'onde,
Rois au berceau, maîtres du monde,
Le front chauve et la tête blonde,
Grand et petit Napoléon !
Tout s'efface, tout se délie,
Le flot sur le flot se replie,
Et la vague qui passe oublie
Léviathan comme Alcyon !

Août 1832.

VI

SUR LE BAL DE L'HOTEL-DE-VILLE

Ainsi, l'Hôtel-de-Ville illumine son faîte.
Le prince et les flambeaux, tout y brille, et la fête
Ce soir va resplendir sur ce comble éclairé,
Comme l'idée au front du poète sacré !
Mais cette fête, amis, n'est pas une pensée.
Ce n'est pas d'un banquet que la France est pressée,
Et ce n'est pas un bal qu'il faut, en vérité,
A ce tas de douleurs qu'on nomme la cité !

Puissants ! nous ferions mieux de panser quelque plaie
Dont le sage rêveur à cette heure s'effraie,
D'étayer l'escalier qui d'en bas monte en haut,
D'agrandir l'atelier, d'amoindrir l'échafaud,
De songer aux enfants qui sont sans pain dans l'ombre,
De rendre un paradis au pauvre impie et sombre,
Que d'allumer un lustre et de tenir la nuit
Quelques fous éveillés autour d'un peu de bruit [1] !

O reines de nos toits, femmes chastes et saintes,
Fleurs qui de nos maisons parfumez les enceintes,
Vous à qui le bonheur conseille la vertu,
Vous qui contre le mal n'avez pas combattu,
A qui jamais la faim, empoisonneuse infâme,
N'a dit : Vends-moi ton corps, — c'est-à-dire votre âme !
Vous dont le cœur de joie et d'innocence est plein,
Dont la pudeur a plus d'enveloppes de lin
Que n'en avait Isis, la déesse voilée,
Cette fête est pour vous comme une aube étoilée !
Vous riez d'y courir tandis qu'on souffre ailleurs !
C'est que votre belle âme ignore les douleurs ;
Le hasard vous posa dans la sphère suprême ;
Vous vivez, vous brillez, vous ne voyez pas même,
Tant vos yeux éblouis de rayons sont noyés,
Ce qu'au-dessous de vous dans l'ombre on foule aux
                                                [pieds !

Oui, c'est ainsi. — Le prince, et le riche, et le monde
Cherche à vous réjouir, vous pour qui tout abonde.
Vous avez la beauté, vous avez l'ornement ;
La fête vous enivre à son bourdonnement,
Et, comme à la lumière un papillon de soie,
Vous volez à la porte ouverte qui flamboie !
Vous allez à ce bal, et vous ne songez pas
Que parmi ces passants amassés sur vos pas,
En foule émerveillés des chars et des livrées,
D'autres femmes sont là, non moins que vous parées,
Qu'on farde et qu'on expose à vendre au carrefour ;
Spectres où saigne encor la place de l'amour ;
Comme vous pour le bal, belles et demi-nues ;
Pour vous voir au passage, hélas ! exprès venues,
Voilant leur deuil affreux d'un sourire moqueur,
Les fleurs au front, la boue aux pieds, la haine au cœur !

Mai 1833.

VII

O Dieu ! si vous avez la France sous vos ailes,
Ne souffrez pas, Seigneur, ces luttes éternelles ;
Ces trônes qu'on élève et qu'on brise en courant ;
Ces tristes libertés qu'on donne et qu'on reprend ;
Ce noir torrent de lois, de passions, d'idées,
Qui répand sur les mœurs ses vagues débordées ;
Ces tribuns opposant, lorsqu'on les réunit,
Une charte de plâtre aux abus de granit ;
Ces flux et ces reflux de l'onde contre l'onde,
Cette guerre, toujours plus sombre et plus profonde,
Des partis au pouvoir, du pouvoir aux partis ;
L'aversion des grands qui ronge les petits ;
Et toutes ces rumeurs, ces chocs, ces cris sans nombre,
Ces systèmes affreux échafaudés dans l'ombre,
Qui font que le tumulte et la haine et le bruit
Emplissent les discours, et qu'on entend la nuit
A l'heure où le sommeil veut des moments tranquilles,
Les lourds canons rouler sur le pavé des villes[1] !

30 août 1835[2].

VIII

A CANARIS[3]

Canaris ! Canaris ! nous t'avons oublié !
Lorsque sur un héros le temps s'est replié,
Quand le sublime acteur a fait pleurer ou rire,
Et qu'il a dit le mot que Dieu lui donne à dire ;
Quand, venus au hasard des révolutions,
Les grands hommes ont fait leurs grandes actions,

Qu'ils ont jeté leur lustre, étincelant ou sombre,
Et qu'ils sont pas à pas redescendus dans l'ombre,
Leur nom s'éteint aussi. Tout est vain ! tout est vain !
Et jusqu'à ce qu'un jour le poète divin
Qui peut créer un monde avec une parole,
Les prenne, et leur rallume au front une auréole,
Nul ne se souvient d'eux, et la foule aux cent voix
Qui rien qu'en les voyant hurlait d'aise autrefois,
Hélas ! si par hasard devant elle on les nomme,
Interroge et s'étonne, et dit : Quel est cet homme ?
Nous t'avons oublié. Ta gloire est dans la nuit.
Nous faisons bien encor toujours beaucoup de bruit ;
Mais plus de cris d'amour, plus de chants, plus de culte,
Plus d'acclamations pour toi dans ce tumulte !
Le bourgeois ne sait plus épeler ton grand nom.
Soleil qui t'es couché, tu n'as plus de Memnon !
Nous avons un instant crié : — « La Grèce ! Athènes !
Sparte ! Léonidas ! Botzaris ! Démosthènes !
Canaris, demi-dieu de gloire rayonnant !... » —
Puis l'entr'acte est venu, c'est bien, et maintenant
Dans notre esprit, si plein de ton apothéose,
Nous avons tout rayé pour écrire autre chose !
Adieu les héros grecs ! leurs lauriers sont fanés :
Vers d'autres orients nos regards sont tournés.
On n'entend plus sonner ta gloire sur l'enclume
De la presse, géant par qui tout feu s'allume,
Prodigieux cyclope à la tonnante voix,
A qui plus d'un Ulysse a crevé l'œil parfois.
Oh ! la presse ! ouvrier qui chaque jour s'éveille,
Et qui défait souvent ce qu'il a fait la veille ;
Mais qui forge du moins, de son bras souverain,
A toute chose juste une armure d'airain !

Nous t'avons oublié !

                    Mais à toi, que t'importe ?
Il te reste, ô marin, la vague qui t'emporte,
Ton navire, un bon vent toujours prêt à souffler,
Et l'étoile du soir qui te regarde aller.
Il te reste l'espoir, le hasard, l'aventure,

Le voyage à travers une belle nature,
L'éternel changement de choses et de lieux,
La joyeuse arrivée et le départ joyeux ;
L'orgueil qu'un homme libre a de se sentir vivre
Dans un brick fin voilier et bien doublé de cuivre,
Soit qu'il ait à franchir un détroit sinueux,
Soit que, par un beau temps, l'océan monstrueux,
Qui brise quand il veut les rocs et les murailles,
Le berce mollement sur ses larges écailles ;
Soit que l'orage noir, envolé dans les airs,
Le batte à coups pressés de son aile d'éclairs !

Mais il te reste, ô Grec ! ton ciel bleu, ta mer bleue,
Tes grands aigles qui font d'un coup d'aile une lieue,
Ton soleil toujours pur dans toutes les saisons,
La sereine beauté des tièdes horizons,
Ta langue harmonieuse, ineffable, amollie,
Que le temps a mêlée aux langues d'Italie
Comme aux flots de Baïa la vague de Samos ;
Langue d'Homère où Dante a jeté quelques mots !
Il te reste, trésor du grand homme candide,
Ton long fusil sculpté, ton yatagan splendide,
Tes larges caleçons de toile, tes caftans
De velours rouge et d'or, aux coudes éclatants !
Quand ton navire fuit sur les eaux écumeuses,
Fier de ne côtoyer que des rives fameuses,
Il te reste, ô mon Grec, la douceur d'entrevoir
Tantôt un fronton blanc dans les brumes du soir,
Tantôt, sur le sentier qui près des mers chemine,
Une femme de Thèbe ou bien de Salamine,
Paysanne à l'œil fier qui va vendre ses blés
Et pique gravement deux grands bœufs accouplés,
Assise sur un char d'homérique origine,
Comme l'antique Isis des bas-reliefs d'Egine [1] !

Octobre 1832.

IX [1]

SEULE au pied de la tour d'où sort la voix du maître
Dont l'ombre à tout moment au seuil vient apparaître,
Prête à voir en bourreau se changer ton époux,
Pâle et sur le pavé tombée à deux genoux,
Triste Pologne ! hélas ! te voilà donc liée,
Et vaincue, et déjà pour la tombe pliée !
Hélas ! tes blanches mains, à défaut de tes fils,
Pressent sur ta poitrine un sanglant crucifix.
Les baskirs ont marché sur ta robe royale
Où sont encore empreints les clous de leur sandale !
Par instants une voix gronde, on entend le bruit
D'un pas lourd, et l'on voit un sabre qui reluit,
Et toi, serrée au mur qui sous tes pleurs ruisselle,
Levant tes bras meurtris et ton front qui chancelle
Et tes yeux que déjà la mort semble ternir,
Tu dis : France, ma sœur ! ne vois-tu rien venir ?

12 septembre 1835.

X

A L'HOMME QUI A LIVRE UNE FEMME [2]

O HONTE ! ce n'est pas seulement cette femme,
Sacrée alors pour tous, faible cœur, mais grande âme,
Mais c'est lui, c'est son nom dans l'avenir maudit,
Ce sont les cheveux blancs de son père interdit,
C'est la pudeur publique en face regardée
Tandis qu'il s'accouplait à son infâme idée,
C'est l'honneur, c'est la foi, la pitié, le serment,
Voilà ce que ce juif a vendu lâchement !
Juif ! les impurs traitants à qui l'on vend son âme

Attendront bien longtemps avant qu'un plus infâme
Vienne réclamer d'eux, dans quelque jour d'effroi,
Le fond du sac plein d'or qu'on fit vomir sur toi !

Ce n'est pas même un juif ! C'est un payen immonde,
Un renégat, l'opprobre et le rebut du monde,
Un fétide apostat, un oblique étranger
Qui nous donne du moins le bonheur de songer
Qu'après tant de revers et de guerres civiles
Il n'est pas un bandit écumé dans nos villes,
Pas un forçat hideux blanchi dans les prisons,
Qui veuille mordre en France au pain des trahisons !

Rien ne te disait donc dans l'âme, ô misérable !
Que la proscription est toujours vénérable,
Qu'on ne bat pas le sein qui nous donna son lait,
Qu'une fille des rois dont on fut le valet
Ne se met point en vente au fond d'un antre infâme,
Et que, n'étant plus reine, elle était encor femme !

Rentre dans l'ombre où sont tous les monstres flétris
Qui, depuis quarante ans, bavent sur nos débris !
Rentre dans ce cloaque ! et que jamais ta tête,
Dans un jour de malheur ou dans un jour de fête,
Ne songe à reparaître au soleil des vivants !
Qu'ainsi qu'une fumée abandonnée aux vents,
Infecte, et dont chacun se détourne au passage,
Ta vie erre au hasard de rivage en rivage !

Et tais-toi ! que veux-tu balbutier encor !
Dis, n'as-tu pas vendu l'honneur, le vrai trésor ?
Garde tous les soufflets entassés sur ta joue.
Que fait l'excuse au crime et le fard sur la boue !

Sans qu'un ami t'abrite à l'ombre de son toit,
Marche, autre juif errant ! marche avec l'or qu'on voit
Luire à travers les doigts de tes mains mal fermées !
Tous les biens de ce monde en grappes parfumées
Pendent sur ton chemin, car le riche ici-bas
A tout, hormis l'honneur qui ne s'achète pas !

Hâte-toi de jouir, maudit ! et sans relâche
Marche ! et qu'en te voyant on dise : c'est ce lâche !
Marche ! et que le remords soit ton seul compagnon !
Marche ! sans rien pouvoir arracher de ton nom !
Car le mépris public, ombre de la bassesse,
Croît d'année en année et repousse sans cesse,
Et va s'épaississant sur les traîtres pervers
Comme la feuille au front des sapins toujours verts !

Et quand la tombe un jour, cette embûche profonde
Qui s'ouvre tout à coup sous les choses du monde,
Te fera, d'épouvante et d'horreur agité,
Passer de cette vie à la réalité,
La réalité sombre, éternelle, immobile !
Quand, d'instant en instant plus seul et plus débile,
Tu te cramponneras en vain à ton trésor ;
Quand la mort, t'accostant couché sur des tas d'or,
Videra brusquement ta main crispée et pleine
Comme une main d'enfant qu'un homme ouvre sans
Alors, dans cet abîme où tout traître descend,   [peine,
L'un roulé dans la fange et l'autre teint de sang,
Tu tomberas, perdu sur la fatale grève
Que Dante Alighieri vit avec l'œil du rêve !
Tu tomberas damné, désespéré, banni !
Afin que ton forfait ne soit pas impuni,
Et que ton âme, errante au milieu de ces âmes,
Y soit la plus abjecte entre les plus infâmes !
Et lorsqu'ils te verront paraître au milieu d'eux,
Ces fourbes dont l'histoire inscrit les noms hideux,
Que l'or tenta jadis, mais à qui d'âge en âge
Chaque peuple en passant vient cracher au visage,
Tous ceux, les plus obscurs comme les plus fameux,
Qui portent sur leur lèvre un baiser venimeux,
Judas qui vend son Dieu, Leclerc qui vend sa ville [1],
Groupe au louche regard, engeance ingrate et vile,
Tous en foule accourront joyeux sur ton chemin,
Et Louvel indigné repoussera ta main !

Juillet 1835.

XI

A M. LE D. D'O. [1]

PRINCE, vous avait fait une sainte action.
Loin de la haute sphère où rit l'ambition,
Un père et ses enfants, cheveux blancs, têtes blondes,
Marchaient enveloppés de ténèbres profondes,
Prêts à se perdre au fond d'un gouffre de douleurs,
Le père dans le crime et les filles ailleurs.
Comme des voyageurs, lorsque la nuit les gagne,
Vont s'appelant l'un l'autre aux flancs de la montagne,
Au penchant de l'abîme et rampant à genoux,
Ils ont crié vers moi, moi, j'ai crié vers vous.
Je vous ai dit : Voici, tout près du précipice,
Des malheureux perdus dont le pied tremble et glisse !
Oh ! venez à leur aide et tendez-leur la main ! —
Vous vous êtes penché sur le bord du chemin,
Sans demander leurs noms vos mains se sont tendues,
Et vous avez sauvé ces âmes éperdues.
Puis à moi, qui, de joie et de pitié saisi,
Vous contemplais rêveur, vous avez dit : Merci !

C'est bien. C'est noble et grand. —Sous la tente empressée
Que vos mains sur leurs fronts à la hâte ont dressée,
Ils sont là maintenant, recueillant leur espoir,
Leur force et leur courage, et tâchant d'entrevoir,
Grâce à votre rayon qui perce leur nuage,
Quelque horizon moins sombre à leur triste voyage,
Groupe encor frissonnant à sa perte échappé !
Pareil au pauvre oiseau, par l'orage trempé,
Qui, s'abritant d'un chêne aux branches éternelles,
Attend pour repartir qu'il ait séché ses ailes !

Jeune homme au cœur royal, soyez toujours ainsi.
La porte qui fait dire au pauvre : c'est ici !
La main toujours tendue au bord de cet abîme

Où tombe le malheur, d'où remonte le crime !
La clef sainte, qu'on trouve au besoin sans flambeau,
Qui rouvre l'espérance et ferme le tombeau !

Soyez l'abri, le toit, le port, l'appui, l'asile !
Faites au prisonnier qu'on frappe et qu'on exile,
A cette jeune fille, hélas ! vaincue enfin,
Que marchandent dans l'ombre et le froid et la faim,
Au vieillard qui des jours vide la lie amère,
Aux enfants grelottants qui n'ont ni pain ni mère,
Faites aux malheureux, sans cesse, nuit et jour,
Verser sur vos deux mains bien des larmes d'amour !
Car Dieu fait quelquefois sous ces saintes rosées
Regermer des fleurons aux couronnes rasées.

Comme la nue altière, en son sublime essor,
Se laisse dérober son fluide trésor
Par ces flèches de fer au ciel toujours dressées,
Heureux le prince, empli de pieuses pensées,
Qui sent, du haut des cieux sombres et flamboyants,
Tout son or s'en aller aux mains des suppliants !

Décembre 1834.

XII

A CANARIS [1]

D'où vient que ma pensée encor revole à toi,
Grec illustre à qui nul ne songe, excepté moi ?
D'où vient que me voilà, seul et dans la nuit noire,
Grave et triste, essayant de redorer ta gloire ?
Tandis que là, dehors, cent rhéteurs furieux
Grimpent sur des tréteaux pour attirer les yeux,
D'où vient que c'est vers toi que mon esprit retourne,
Vers toi sur qui l'oubli s'enracine et séjourne ?
C'est que tu fus tranquille et grand sous les lauriers.
Nous autres qui chantons, nous aimons les guerriers,
Comme sans doute aussi vous aimez les poètes.
Car ce que nous chantons vient de ce que vous faites !

Car le héros est fort et le poète est saint !
Les poètes profonds qu'aucun souffle n'éteint
Sont pareils au volcan de la Sicile blonde
Que tes regards sans doute ont vu fumer sur l'onde ;
Comme le haut Etna, flamboyant et fécond,
Ils ont la lave au cœur et l'épi sur le front !

Et puis, ce fut toujours un instinct de mon âme ;
Quand ce chaos mêlé de fumée et de flamme,
Quand ce grand tourbillon, par Dieu même conduit
Qui nous emporte tous au jour ou dans la nuit,
A passé sur le front des héros et des sages,
Comme après la tempête on court sur les rivages,
Moi je vais ramasser ceux qu'il jette dehors,
Ceux qui sont oubliés comme ceux qui sont morts !
Va, ne regrette rien. Ta part est la meilleure.
Vieillir dans ce Paris qui querelle et qui pleure
Et qui chante ébloui par mille visions
Comme une courtisane aux folles passions ;
Rouler sur cet amas de têtes sans idées
Pleines chaque matin et chaque soir vidées ;
Croître, fruit ignoré, dans ces rameaux touffus ;
Etre admiré deux jours par tous ces yeux confus ;
Ecouter dans ce gouffre où tout ruisseau s'écoule
Le bruit que fait un nom en tombant sur la foule ;
Si des mœurs du passé quelque reste est debout,
Se répandre à torrents, comme une onde qui bout,
Sur cette forteresse autrefois glorieuse
Par la brèche qu'y fait la presse furieuse ;
Contempler jour et nuit ces flots et leur rumeur,
Et s'y mêler soi-même, inutile rameur ;
Voir de près, haletants sous la main qui les pique,
Les ministres traîner la machine publique,
Charrue embarrassée en des sillons bourbeux
Dont nous sommes le soc et dont ils sont les bœufs ;
Tirer sur le théâtre, en de funèbres drames,
Du choc des passions l'étincelle des âmes,
Et comme avec la main tordre et presser les cœurs
Pour en faire sortir goutte à goutte les pleurs ;
Emplir de son fracas la tribune aux harangues,

Babel où de nouveau se confondent les langues ;
Harceler les pouvoirs ; jeter sur ce qu'ils font
L'écume d'un discours au flot sombre et profond ;
Etre un gond de la porte, une clef de la voûte ;
Si l'on est grand et fort, chaque jour dans sa route
Ecraser des serpents tout gonflés de venins ;
Etre arbuste dans l'herbe et géant chez les nains ;
Tout cela ne vaut pas, ô noble enfant de l'onde,
Le bonheur de flotter sur cette mer féconde
Qui vit partir Argo, qui vit naître Colomb,
D'y jeter par endroits la sonde aux pieds de plomb,
Et de voir, à travers la vapeur du cigare,
Décroître à l'horizon Mantinée ou Mégare !

Que si tu nous voyais, ô fils de l'Archipel,
Quand la presse a battu l'unanime rappel,
Créneler à la hâte un droit qu'on veut détruire,
Ou, foule dévouée à qui veut nous conduire,
Contre un pouvoir pygmée agitant son beffroi,
Nous ruer pêle-mêle à l'assaut d'une loi,
Sur ces combats d'enfants, sur ces frêles trophées [1],
Oh ! que tu jetterais le dédain par bouffées,
Toi qui brises tes fers rien qu'en les secouant,
Toi dont le bras, la nuit, envoie en se jouant,
Avec leurs icoglans [2], leurs noirs, leurs femmes nues,
Les capitans-pachas s'éveiller dans les nues !

Va, que te fait l'oubli de ceux dont tu rirais
Si tu voyais leurs mains et leurs âmes de près ?
Que t'importe ces cœurs faits de cire ou de pierre,
Ces mémoires en qui tout est cendre et poussière,
Ce traitant qui, du peuple infructueux fardeau,
N'est bon qu'à s'emplir d'or comme l'éponge d'eau,
Ce marchand accoudé sur son comptoir avide,
Et ce jeune énervé, face imbécile et vide,
Eunuque par le cœur, qui n'admire à Paris
Que les femmes de race et les chevaux de prix ?
Que t'importe l'oubli de l'Europe, où tout roule,

L'homme et l'événement, sous les pieds de la foule ?
De Paris qui s'éveille et s'endort tour à tour,
Et fait un mauvais rêve en attendant le jour ?
De Londres où l'hôpital ne vaut pas l'hippodrome ?
De Rome qui n'est plus que l'écaille de Rome ?
Et de ceux qui sont rois ou tribuns, et de ceux
Qui tiennent ton Hellé [1] sous leur joug paresseux,
Vandales vernissés, blonds et pâles barbares [2],
Qui viennent au pays des rudes Palikares,
Tout restaurer, mœurs, peuple et monuments, hélas !
Civiliser la Grèce et gratter Phidias [3] !

Et puis, qui sait — candeur que j'admire et que j'aime ! —
Si tu n'as pas fini par t'oublier toi-même !

Que t'importe ! Tandis que, debout sur le port,
Tu vends à quelque Anglais un passage à ton bord ;
Ou que tu fais rouler et ranger sur la grève
Des ballots que longtemps le marchand vit en rêve ;
Ou que ton joyeux rire accueille tes égaux,
Tes amis, les patrons de Corinthe et d'Argos ;
Peut-être en ce moment quelque femme de Grèce,
Dont un bandeau païen serre la noire tresse,
Mère féconde, ou fille avec de vieux parents,
Tourne sur toi ses yeux fixes et transparents,
Se souvient de Psara, de Chio, de Nauplie,
Et de toute la mer de Canaris remplie,
Et, t'admirant de loin comme on admire un roi,
Sans oser te parler, passe en priant pour toi !

18 septembre 1835.

XIII [4]

Il n'avait pas vingt ans. Il avait abusé
De tout ce qui peut être aimé, souillé, brisé.
Il avait tout terni sous ses mains effrontées.
Les blêmes voluptés sur sa trace ameutées
Sortaient, pour l'appeler, de leur repaire impur
Quand son ombre passait à l'angle de leur mur.

Sa sève nuit et jour s'épuisait aux orgies
Comme la cire ardente aux mèches des bougies.
Chassant l'été, l'hiver il posait au hasard
Son coude à l'Opéra sur Gluck ou sur Mozart.
Jamais il ne trempait sa tête dans ces ondes
Qu'Homère et que Shakespeare épanchent si profondes.
Il ne croyait à rien ; jamais il ne rêvait ;
Le bâillement hideux siégeait à son chevet ;
Toujours son ironie, inféconde et morose,
Jappait sur les talons de quelque grande chose ;
Il se faisait de tout le centre et le milieu ;
Il achetait l'amour, il aurait vendu Dieu.
La nature, la mer, le ciel bleu, les étoiles,
Tous ces vents pour qui l'âme a toujours quelques voiles,
N'avaient rien dont son cœur fût dans l'ombre inquiet.
Il n'aimait pas les champs. Sa mère l'ennuyait.
Enfin, ivre, énervé, ne sachant plus que faire,
Sans haine, sans amour, et toujours, ô misère !
Avant la fin du jour blasé du lendemain,
Un soir qu'un pistolet se trouva sous sa main,
Il rejeta son âme au ciel, voûte fatale,
Comme le fond du verre au plafond de la salle !

Jeune homme, tu fus lâche, imbécile et méchant.
Nous ne te plaindrons pas. Lorsque le soc tranchant
A passé, donne-t-on une larme à l'ivraie ?
Mais ce que nous plaindrons d'une douleur bien vraie,
C'est celle sur laquelle un tel fils est tombé,
C'est ta mère, humble femme au dos lent et courbé,
Qui sent fléchir sans toi son front que l'âge plombe,
Et qui fit le berceau de qui lui fait sa tombe !

Nous ne te plaindrons pas, mais ce que nous plaindrons,
Ce qui nous est encor sacré sous les affronts,
C'est cette triste enfant qui jadis pure et tendre
Chantait à sa mansarde où ton or l'alla prendre,
Qui s'y laissa tenter comme au soleil levant,
Croyant la faim derrière et le bonheur devant ;
Qui voit son âme, hélas ! qu'on mutile et qu'on foule,
Eparse maintenant sous les pieds de la foule ;

Qui pleure son parfum par tout souffle enlevé ;
Pauvre vase de fleurs tombé sur le pavé !

Non, ce que nous plaindrons, ce n'est pas toi, vaine ombre,
Chiffre qu'on n'a jamais compté dans aucun nombre,
C'est ton nom jadis pur, maintenant avili,
C'est ton père expiré, ton père enseveli,
Vénérable soldat de notre armée ancienne,
Que ta tombe en s'ouvrant réveille dans la sienne !
Ce sont tes serviteurs, tes parents, tes amis,
Tous ceux qui t'entouraient, tous ceux qui s'étaient mis
Follement à ton ombre, et dont la destinée
Par malheur dans la tienne était enracinée ;
C'est tout ce qu'ont flétri tes caprices ingrats ;
C'est ton chien qui t'aimait et que tu n'aimais pas !

Pour toi, triste orgueilleux, riche au cœur infertile,
Qui vivais impuissant et qui meurs inutile,
Toi qui tranchas tes jours pour faire un peu de bruit,
Sans même être aperçu, retourne dans la nuit !
C'est bien. Sors du festin sans qu'un flambeau s'efface !
Tombe au torrent, sans même en troubler la surface !
Ce siècle a son idée, elle marche à grand pas,
Et toujours à son but ! Ton sépulcre n'est pas
De ceux qui la feront trébucher dans sa route.
Ta porte en se fermant ne vaut pas qu'on l'écoute.
Va donc ! Qu'as-tu trouvé, ton caprice accompli ?
Voluptueux, la tombe, et vaniteux, l'oubli !

Avril 1831.

Certe, une telle mort, ignorée ou connue,
N'importe pas au siècle, et rien n'en diminue ;
On n'en parle pas même et l'on passe à côté.
Mais[1] lorsque, grandissant sous le ciel attristé,
L'aveugle suicide étend son aile sombre,
Et prend à chaque instant plus d'âmes sous son ombre ;
Quand il éteint partout, hors des desseins de Dieu,
Des fronts pleins de lumière et des cœurs pleins de feu ;
Quand Robert[2], qui voilait, peintre au pinceau de flamme,

Sous un regard serein l'orage de son âme,
Rejette le calice avant la fin du jour
Dès qu'il en a vidé ce qu'il contient d'amour ;
Quand Castlereagh[1], ce taon qui piqua Bonaparte,
Cet Anglais mélangé de Carthage et de Sparte,
Se plonge au cœur l'acier et meurt désabusé,
Assouvi de pouvoir, de ruses épuisé ;
Quand Rabbe de poison inonde ses blessures[2] ;
Comme un cerf poursuivi d'aboyantes morsures,
Lorsque Gros[3] haletant se jette, faible et vieux,
Au fleuve, pour tromper sa meute d'envieux ;
Quand de la mère au fils et du père à la fille
Partout ce vent de mort ébranche la famille ;
Lorsqu'on voit le vieillard se hâter au tombeau
Après avoir longtemps trouvé le soleil beau,
Et l'épouse quittant le foyer domestique,
Et l'écolier lisant dans quelque livre antique,
Et tous ces beaux enfants, hélas ! trop tôt mûris,
Qui ne connaissent pas les hommes, qu'à Paris
Souvent un songe d'or jusques au ciel enlève,
Et qui se sont tués quand du haut de leur rêve
De gloire, de vertu, d'amour, de liberté,
Ils sont tombés le front sur la société ; —
Alors le croyant prie et le penseur médite !
Hélas ! l'humanité va peut-être trop vite.
Où tend ce siècle ? où court le troupeau des esprits ?
Rien n'est encor trouvé, rien n'est encor compris ;
Car beaucoup ici-bas sentent que l'espoir tombe,
Et se brisent la tête à l'angle de la tombe
Comme vous briseriez le soir sur le pavé
Un œuf où rien ne germe et qu'on n'a pas couvé !
Mal d'un siècle en travail où tout se décompose !
Quel en est le remède et quelle en est la cause ?
Serait-ce que la foi derrière la raison
Décroît comme un soleil qui baisse à l'horizon ?
Que Dieu n'est plus compté dans ce que l'homme fonde ?
Et qu'enfin il se fait une nuit trop profonde
Dans ces recoins du cœur, du monde inaperçus,
Que peut seule éclairer votre lampe, ô Jésus !
Est-il temps, matelots mouillés par la tempête,

De rebâtir l'autel et de courber la tête ?
Devons-nous regretter ces jours anciens et forts
Où les vivants croyaient ce qu'avaient cru les morts,
Jours de piété grave et de force féconde,
Lorsque la Bible ouverte éblouissait le monde !

Amas sombre et mouvant de méditations !
Problèmes périlleux ! obscures questions
Qui font que, par moments s'arrêtant immobile,
Le poète pensif erre encor dans la ville
A l'heure où sur ses pas on ne rencontre plus
Que le passant tardif aux yeux irrésolus
Et la ronde de nuit, comme un rêve apparue,
Qui va tâtant dans l'ombre à tous les coins de rue !

4 septembre 1835.

XIV

Oh ! n'insultez jamais une femme qui tombe !
Qui sait sous quel fardeau la pauvre âme succombe !
Qui sait combien de jours sa faim a combattu !
Quand le vent du malheur ébranlait leur vertu,
Qui de nous n'a pas vu de ces femmes brisées
S'y cramponner longtemps de leurs mains épuisées !
Comme au bout d'une branche on voit étinceler
Une goutte de pluie où le ciel vient briller,
Qu'on secoue avec l'arbre et qui tremble et qui lutte,
Perle avant de tomber et fange après sa chute !

La faute en est à nous ; à toi, riche ! à ton or !
Cette fange d'ailleurs contient l'eau pure encor.
Pour que la goutte d'eau sorte de la poussière,
Et redevienne perle en sa splendeur première,
Il suffit, c'est ainsi que tout remonte au jour,
D'un rayon de soleil ou d'un rayon d'amour !

6 septembre 1835.

XV

CONSEIL [1]

RIEN encor n'a germé de vos rameaux flottants
Sur notre jeune terre où, depuis quarante ans,
    Tant d'âmes se sont échouées,
Doctrines aux fruits d'or, espoir des nations,
Que la hâtive main des révolutions
    Sur nos têtes a secouées !

Nous attendons toujours ! Seigneur, prenez pitié
Des peuples qui, toujours satisfaits à moitié,
    Vont d'espérance en espérance ;
Et montrez-nous enfin l'homme de votre choix
Parmi tous ces tribuns et parmi tous ces rois
    Que vous essayez à la France !

Qui peut se croire fort, puissant et souverain ?
Qui peut dire en scellant des barrières d'airain :
    Jamais vous ne serez franchies !
Dans ce siècle de bruit, de gloire et de revers,
Où les roseaux penchés au bord des étangs verts
    Durent plus que les monarchies !

Rois ! la bure est souvent jalouse du velours.
Le peuple a froid l'hiver, le peuple a faim toujours.
    Rendez-lui son sort plus facile.
Le peuple souvent porte un bien rude collier.
Ouvrez l'école aux fils, aux pères l'atelier,
    A tous vos bras, auguste asile !

Par la bonté des rois rendez les peuples bons.
Sous d'étranges malheurs souvent nous nous courbons.
    Songez que Dieu seul est le maître.
Un bienfait par quelqu'un est toujours ramassé.
Songez-y, rois minés sur qui pèse un passé
    Gros du même avenir peut-être !

Donnez à tous. Peut-être un jour tous vous rendront !
Donnez, — on ne sait pas quels épis germeront
          Dans notre siècle autour des trônes ! —
De la main droite aux bons, de la gauche aux méchants !
Comme le laboureur sème sa graine aux champs,
          Ensemencez les cœurs d'aumônes !

O Rois ! le pain qu'on porte au vieillard desséché,
La pauvre adolescente enlevée au marché,
Le bienfait souriant, toujours prêt à toute heure,
Qui vient, riche et voilé, partout où quelqu'un pleure,
Le cri reconnaissant d'une mère à genoux,
L'enfant sauvé qui lève, entre le peuple et vous,
Ses deux petites mains sincères et joyeuses,
Sont la meilleure digue aux foules furieuses.

Hélas ! je vous le dis, ne vous endormez pas
Tandis que l'avenir s'amoncelle là-bas !

Il arrive parfois, dans le siècle où nous sommes,
Qu'un grand vent tout à coup soulève à flots les hommes ;
Vent de malheur, formé, comme tous les autans,
De souffles quelque part comprimés trop longtemps ;
Vent qui de tout foyer disperse la fumée ;
Dont s'attise l'idée à cette heure allumée ;
Qui passe sur tout homme, et, torche ou flot amer,
Le fait étinceler ou le fait écumer ;
Ebranle toute digue et toute citadelle ;
Dans la société met à nu d'un coup d'aile
Des sommets jusqu'alors par des brumes voilés,
Des gouffres ténébreux ou des coins étoilés ;
Vent fatal qui confond les meilleurs et les pires,
Arrache mainte tuile au vieux toit des empires,
Et prenant dans l'état, en haut, en bas, partout,
Tout esprit qui dérive et toute âme qui bout,
Tous ceux dont un zéphyr fait remuer les têtes,
Tout ce qui devient onde à l'heure des tempêtes,
Amoncelant dans l'ombre et chassant à la fois
Ces flots, ces bruits, ce peuple, et ces pas et ces voix,

Et ces groupes sans forme et ces rumeurs sans nombre,
Pousse tout cet orage au seuil d'un palais sombre !

Palais sombre en effet, et plongé dans la nuit !
D'où les illusions s'envolent à grand bruit,
Quelques-unes en pleurs, d'autres qu'on entend rire !
C'en est fait. L'heure vient ! le voile se déchire,
Adieu les songes d'or ! On se réveille, on voit
Un spectre aux mains de chair qui vous touche du doigt.
C'est la réalité ! qu'on sent là, qui vous pèse.
On rêvait Charlemagne, on pense à Louis seize !
Heure grande et terrible où, doutant des canons,
La royauté, nommant ses amis par leurs noms,
Recueillant tous les bruits que la tempête apporte,
Attend, l'œil à la vitre et l'oreille à la porte !
Où l'on voit dans un coin, ses filles dans ses bras,
La reine qui pâlit, pauvre étrangère, hélas !
Où les petits enfants des familles royales
De quelque vieux soldat pressent les mains loyales,
Et demandent, avec des sanglots superflus,
Aux valets, qui déjà ne leur répondent plus,
D'où viennent ces rumeurs, ces terreurs, ce mystère,
Et les ébranlements de cette affreuse terre
Qu'ils sentent remuer comme la mer aux vents,
Et qui ne tremble pas sous les autres enfants !

Hélas ! vous crénelez vos mornes Tuileries ;
Vous encombrez les ponts de vos artilleries ;
Vous gardez chaque rue avec un régiment ;
A quoi bon ? à quoi bon ? De moment en moment
La tourbe s'épaissit, grosse et désespérée
Et terrible, et qu'importe, à l'heure où leur marée
Sort et monte en hurlant du fond du gouffre amer,
La mitraille à la foule et la grêle à la mer !

O redoutable époque ! et quels temps que les nôtres !
Où, rien qu'en se serrant les uns contre les autres,
Les hommes dans leurs plis écrasent tours, châteaux,
Donjons, que les captifs rayaient de leurs couteaux.
Créneaux, portes d'airain comme un carton ployées,
Et sur leurs boulevards vainement appuyées

Les pâles garnisons, et les canons de fer
Broyés avec le mur comme l'os dans la chair !

Comment se défendra ce roi qu'un peuple assiège ?
Plus léger sur ce flot que sur l'onde un vain liège,
Plus vacillant que l'ombre aux approches du soir,
Ecoutant sans entendre et regardant sans voir,
Il est là qui frissonne, impuissant, infertile,
Sa main tremble, et sa tête est un crible inutile,
— Hélas ! hélas ! les rois en ont seuls de pareils ! —
Qui laisse tout passer, hors les mauvais conseils !

Que servent maintenant ces sabres, ces épées,
Ces lignes de soldats par des caissons coupées,
Ces bivouacs, allumés dans les jardins profonds,
Dont la lueur sinistre empourpre ses plafonds ;
Ce général choisi, qui déjà, vaine garde,
Sent peut-être à son front sourdre une autre cocarde ;
Et tous ces cuirassiers, soldats vieux ou nouveaux ;
Qui plantent dans la cour des pieux pour leurs chevaux ?
Que sert la grille close et la mèche allumée ?
Il faudrait une tête, et tu n'as qu'une armée !

Que faire de ce peuple à l'immense roulis,
Mer qui traîne du moins une idée en ses plis,
Vaste inondation d'hommes, d'enfants, de femmes,
Flots qui tous ont des yeux, vagues qui sont des âmes ?

Malheur alors ! O Dieu ! faut-il que nous voyions
Le côté monstrueux des révolutions !
Qui peut dompter la mer ? Seigneur ! qui peut répondre
Des ondes de Paris et des vagues de Londre,
Surtout lorsque la ville, ameutée aux tambours,
Sent ramper dans ses flots l'hydre de ses faubourgs !

Dans ce palais fatal où l'empire s'écroule,
Dont la porte bientôt va ployer sous la foule,
Où l'on parle tout bas de passages secrets,
Où le roi sent déjà qu'on le sert de moins près,
Où la mère en tremblant rit à l'enfant qui pleure,

O mon Dieu ! que va-t-il se passer tout à l'heure ?
Comment vont-ils jouer avec ce nid de rois ?
Pourquoi faut-il qu'aux jours où le pauvre aux abois
Sent sa haine des grands de ce qu'il souffre accrue,
Notre faute ou la leur le lâchent dans la rue ?
Temps de deuil où l'émeute en fureur sort de tout !
Où le peuple devient difforme tout à coup !

Malheur donc ! c'est fini. Plus de barrière au trône !
Mais Dieu garde un trésor à qui lui fit l'aumône.
Si le prince a laissé, dans des temps moins changeants,
L'empreinte de ses pas à des seuils indigents,
Si des bienfaits cachés il fut parfois complice,
S'il a souvent dit : grâce ! où la loi dit : supplice !
Ne désespérez pas. Le peuple aux mauvais jours
A pu tout oublier, Dieu se souvient toujours !

Souvent un cri du cœur sorti d'une humble bouche
Désarme, impérieux, une foule farouche
Qui tenait une proie en ses poings triomphants.
Les mères aux lions font rendre les enfants !
Oh ! dans cet instant même où le naufrage gronde,
Où l'on sent qu'un boulet ne peut rien contre une onde,
Où, liquide et fangeuse et pleine de courroux,
La populace à l'œil stupide, aux cheveux roux,
Aboyant sur le seuil comme un chien pour qu'on ouvre,
Arrive, éclaboussant les chapiteaux du Louvre,
Océan qui n'a pas d'heure pour son reflux !
Au moment où l'on voit que rien n'arrête plus
Ce flot toujours grossi, que chaque instant apporte,
Qui veut monter, qui hurle et qui mouille la porte ;
C'est un spectacle auguste et que j'ai vu déjà
Souvent, quand mon regard dans l'histoire plongea,
Qu'une bonne action, cachée en un coin sombre,
Qui sort subitement toute blanche de l'ombre,
Et comme autrefois Dieu qu'elle prend à témoin,
Dit au peuple écumant : Tu n'iras pas plus loin[1] !

28 décembre 1834.

XVI

LE grand homme vaincu peut perdre en un instant
Sa gloire, son empire, et son trône éclatant,
      Et sa couronne qu'on renie,
Tout, jusqu'à ce prestige à sa grandeur mêlé
Qui faisait voir son front dans un ciel étoilé ;
      Il garde toujours son génie !

Ainsi, quand la bataille enveloppe un drapeau,
Tout ce qui n'est qu'azur, écarlate, oripeau,
      Frange d'or, tunique de soie,
Tombe sous la mitraille en un moment haché,
Et, lambeau par lambeau, s'en va comme arraché
      Par le bec d'un oiseau de proie !

Et, qu'importe ! à travers les cris, les pas, les voix,
Et la mêlée en feu qui sur tous à la fois
      Fait tourner son horrible meule,
Au plus haut de la hampe, orgueil des bataillons,
Où pendait cette pourpre envolée en haillons,
      L'aigle de bronze reste seule !

                   21 février 1835.

XVII

A ALPHONSE RABBE [1]

MORT LE 31 DÉCEMBRE 1829

HÉLAS ! que fais-tu donc, ô Rabbe, ô mon ami,
Sévère historien dans la tombe endormi !

Je l'ai pensé souvent dans mes heures funèbres,
Seul près de mon flambeau qui rayait les ténèbres,

O noble ami, pareil aux hommes d'autrefois,
Il manque parmi nous ta voix, ta forte voix
Pleine de l'équité qui gonflait ta poitrine,
Il nous manque ta main qui grave et qui burine,
Dans ce siècle où par l'or les sages sont distraits,
Où l'idée est servante auprès des intérêts,
Temps de fruits avortés et de tiges rompues,
D'instincts dénaturés, de raisons corrompues,
Où, dans l'esprit humain tout étant dispersé,
Le présent au hasard flotte sur le passé !

Si parmi nous ta tête était debout encore,
Cette cime où vibrait l'éloquence sonore,
Au milieu de nos flots tu serais calme et grand.
Tu serais comme un pont posé sur ce courant.

Tu serais pour chacun la voix haute et sensée
Qui fait que tout brouillard s'en va de la pensée,
Et que la vérité, qu'en vain nous repoussions,
Sort de l'amas confus des sombres visions !

Tu dirais aux partis qu'ils font trop de poussière
Autour de la raison pour qu'on la voie entière ;
Au peuple, que la loi du travail est sur tous
Et qu'il est assez fort pour n'être pas jaloux ;
Au pouvoir, que jamais le pouvoir ne se venge,
Et que pour le penseur c'est un spectacle étrange
Et triste quand la loi, figure au bras d'airain,
Déesse qui ne doit avoir qu'un front serein,
Sort à de certains jours de l'urne consulaire
L'œil hagard, écumante et folle de colère !

Et ces jeunes esprits, à qui tu souriais,
Et que leur âge livre aux rêves inquiets,
Tu leur dirais : « Amis, nés pour des temps prospères,
Oh ! n'allez pas errer comme ont erré vos pères !
Laissez mûrir vos fronts ! gardez-vous, jeunes gens,
Des systèmes dorés aux plumages changeants
Qui dans les carrefours s'en vont faire la roue !
Et de ce qu'en vos cœurs l'Amérique secoue,

Peuple à peine essayé, nation de hasard,
Sans tige, sans passé, sans histoire et sans art !
Et de cette sagesse impie, envenimée,
Du cerveau de Voltaire éclose tout armée,
Fille de l'ignorance et de l'orgueil, posant
Les lois des anciens jours sur les mœurs d'à-présent,
Qui refait un chaos partout où fut un monde ;
Qui rudement enfonce, ô démence profonde !
Le casque étroit de Sparte au front du vieux Paris ;
Qui dans les temps passés, mal lus et mal compris,
Viole effrontément tout sage pour lui faire
Un monstre qui serait la terreur de son père !
Si bien que les héros antiques tout tremblants
S'en sont voilé la face, et qu'après trois mille ans,
Par ses embrassements réveillé sous la pierre,
Lycurgue qu'elle épouse enfante Robespierre [1] ! »

Tu nous dirais à tous : « Ne vous endormez pas !
Veillez et soyez prêts ! car déjà pas à pas
La main de l'oiseleur dans l'ombre s'est glissée
Partout où chante un nid couvé par la pensée !
Car les plus nobles cœurs sont vaincus ou sont las !
Car la Pologne aux fers ne peut plus même, hélas !
Mordre le pied du czar appuyé sur sa gorge !
Car on voit chaque jour s'allonger dans la forge
La chaîne que les rois, craignant la Liberté,
Font pour cette géante endormie à côté !
Ne vous endormez pas ! Travaillez sans relâche !
Car les grands ont leur œuvre et les petits leur tâche.
Chacun a son ouvrage à faire. Chacun met
Sa pierre à l'édifice encor loin du sommet.
Qui croit avoir fini pour un roi qu'on dépose
Se trompe. Un roi qui tombe est toujours peu de chose.
Il est plus difficile et c'est un plus grand poids
De relever les mœurs que d'abattre les rois.
Rien chez vous n'est complet. La ruine ou l'ébauche.
L'épi n'est pas formé que votre main le fauche !
Vous êtes encombrés de plans toujours rêvés
Et jamais accomplis. Hommes, vous ne savez,
Tant vous connaissez peu ce qui convient aux âmes,
Que faire des enfants ni que faire des femmes !

Où donc en êtes-vous ? Vous vous applaudissez
Pour quelques blocs de lois au hasard entassés !
Ah ! l'heure du repos pour aucun n'est venue.
Travaillez ! Vous cherchez une chose inconnue,
Vous n'avez pas de foi, vous n'avez pas d'amour,
Rien chez vous n'est encore éclairé du vrai jour !
Crépuscule et brouillards que vos plus clairs systèmes !
Dans vos lois, dans vos mœurs, et dans vos esprits mêmes,
Partout l'aube blanchâtre ou le couchant vermeil !
Nulle part le midi ! nulle part le soleil ! »

Tu parlerais ainsi dans des livres austères,
Comme parlaient jadis les anciens solitaires,
Comme parlent tous ceux devant qui l'on se **tait**,
Et l'on t'écouterait comme on les écoutait.
Et l'on viendrait vers toi dans ce siècle plein d'ombre
Où, chacun se heurtant aux obstacles sans nombre
Que faute de lumière on tâte avec la main,
Le conseil manque à l'âme et le guide au chemin !

Hélas ! à chaque instant des souffles de tempêtes
Amassent plus de brume et d'ombre sur nos têtes.
De moment en moment l'avenir s'assombrit.
Dans le calme du cœur, dans la paix de l'esprit,
Je t'adressais ces vers où mon âme sereine
N'a laissé sur ta pierre écumer nulle haine,
A toi qui dors couché dans le tombeau profond,
A toi qui ne sais plus ce que les hommes font !
Je t'adressais ces vers pleins de tristes présages.
Car c'est bien follement que nous nous croyions sages !
Le combat furieux recommence à gronder
Entre le droit de croître et le droit d'émonder ;
La bataille où les lois attaquent les idées
Se mêle de nouveau sur des mers mal sondées ;
Chacun se sent troublé comme l'eau sous le vent ;
Et moi-même, à cette heure, à mon foyer rêvant,
Voilà, depuis cinq ans qu'on oubliait Procuste
Que j'entends aboyer au seuil du drame auguste
La censure à l'haleine immonde, aux ongles noirs.

Cette chienne au front bas qui suit tous les pouvoirs,
Vile, et mâchant toujours dans sa gueule souillée,
O muse ! quelque pan de ta robe étoilée[1] !

Hélas ! que fais-tu donc, ô Rabbe, ô mon ami,
Sévère historien dans la tombe endormi !

14 septembre 1835.

XVIII

ENVOI DES FEUILLES D'AUTOMNE

A MADAME *** [2]

I

CE livre errant qui va l'aile brisée,
Et que le vent jette à votre croisée
Comme un grêlon à tous les murs cogné,

Hélas ! il sort des tempêtes publiques.
Le froid, la pluie, et mille éclairs obliques
L'ont assailli, le pauvre nouveau-né.

Il est puni d'avoir fui ma demeure.
Après avoir chanté, voici qu'il pleure ;
Voici qu'il boite après avoir plané !

II

EN attendant que le vent le remporte,
Ouvrez, Marie, ouvrez-lui votre porte.
Raccommodez ses vers estropiés !

Dans votre alcôve à tous les vents bien close,
Pour un instant souffrez qu'il se repose,
Qu'il se réchauffe au feu de vos trépieds,

Qu'à vos côtés, à votre ombre, il se couche,
Oiseau plumé, qui, frileux et farouche,
Tremble et palpite, abrité sous vos pieds !

18 janvier 1832.

XIX

ANACRÉON, poète aux ondes érotiques
Qui filtres du sommet des sagesses antiques,
Et qu'on trouve à mi-côte alors qu'on y gravit,
Clair, à l'ombre, épandu sur l'herbe qui revit,
Tu me plais, doux poète au flot calme et limpide !
Quand le sentier qui monte aux cimes est rapide,
Bien souvent, fatigués du soleil, nous aimons
Boire au petit ruisseau tamisé par les monts [1] !

21 août 1835.

XX

I

L'AURORE s'allume ;
L'ombre épaisse fuit ;
Le rêve et la brume
Vont où va la nuit ;
Paupières et roses
S'ouvrent demi-closes ;
Du réveil des choses
On entend le bruit.

Tout chante et murmure,
Tout parle à la fois,
Fumée et verdure,
Les nids et les toits ;
Le vent parle aux chênes,
L'eau parle aux fontaines ;
Toutes les haleines
Deviennent des voix [1] !

Tout reprend son âme,
L'enfant son hochet,
Le foyer sa flamme,
Le luth son archet ;
Folie ou démence,
Dans le monde immense,
Chacun recommence
Ce qu'il ébauchait.

Qu'on pense ou qu'on aime,
Sans cesse agité,
Vers un but suprême,
Tout vole emporté ;
L'esquif cherche un môle,
L'abeille un vieux saule,
La boussole un pôle,
Moi la vérité !

II

VÉRITÉ profonde !
Granit éprouvé
Qu'au fond de toute onde
Mon ancre a trouvé !
De ce monde sombre,
Où passent dans l'ombre
Des songes sans nombre,
Plafond et pavé !

Vérité, beau fleuve
Que rien ne tarit !
Source où tout s'abreuve,
Tige où tout fleurit !
Lampe que Dieu pose
Près de toute cause !
Clarté que la chose
Envoie à l'esprit !

Arbre à rude écorce,
Chêne au vaste front,
Que selon sa force
L'homme ploie ou rompt,
D'où l'ombre s'épanche ;
Où chacun se penche,
L'un sur une branche,
L'autre sur le tronc !

Mont d'où tout ruisselle !
Gouffre où tout s'en va !
Sublime étincelle
Que fait Jéhova !
Rayon qu'on blasphème !
Œil calme et suprême
Qu'au front de Dieu même
L'homme un jour creva[1] !

III

O TERRE ! ô merveilles
Dont l'éclat joyeux
Emplit nos oreilles,
Eblouit nos yeux !
Bords où meurt la vague,
Bois qu'un souffle élague,
De l'horizon vague
Plis mystérieux !

Azur dont se voile
L'eau du gouffre amer,
Quand, laissant ma voile
Fuir au gré de l'air,
Penché sur la lame,
J'écoute avec l'âme
Cet épithalame
Que chante la mer !

Azur non moins tendre
Du ciel qui sourit
Quand, tâchant d'entendre
Je cherche, ô nature,
Ce que dit l'esprit,
La parole obscure
Que le vent murmure,
Que l'étoile écrit !

Création pure !
Etre universel !
Océan, ceinture
De tout sous le ciel [1] !
Astres que fait naître
Le souffle du maître,
Fleurs où Dieu peut-être
Cueille quelque miel !

O champs ! ô feuillages !
Monde fraternel !
Clocher des villages
Humble et solennel !
Mont qui portes l'aire !
Aube fraîche et claire,
Sourire éphémère
De l'astre éternel !

N'êtes-vous qu'un livre,
Sans fin ni milieu,
Où chacun pour vivre
Cherche à lire un peu !
Phrase si profonde
Qu'en vain on la sonde !

L'œil y voit un monde,
L'âme y trouve un Dieu !

Beau livre qu'achèvent
Les cœurs ingénus ;
Où les penseurs rêvent
Des sens inconnus ;
Où ceux que Dieu charge
D'un front vaste et large
Ecrivent en marge :
Nous sommes venus !

Saint livre où la voile
Qui flotte en tous lieux,
Saint livre où l'étoile
Qui rayonne aux yeux,
Ne trace, ô mystère !
Qu'un nom solitaire,
Qu'un nom sur la terre,
Qu'un nom dans les cieux !

Livre salutaire
Où le cœur s'emplit !
Où tout sage austère
Travaille et pâlit !
Dont le sens rebelle
Parfois se révèle !
Pythagore épèle
Et Moïse lit [1] !

Décembre 1834.

XXI [2]

HIER, la nuit d'été, qui nous prêtait ses voiles,
Etait digne de toi, tant elle avait d'étoiles !
Tant son calme était frais ! tant son souffle était doux !
Tant elle éteignait bien ses rumeurs apaisées !

Tant elle répandait d'amoureuses rosées
    Sur les fleurs et sur nous !

Moi, j'étais devant toi, plein de joie et de flamme,
Car tu me regardais avec toute ton âme !
J'admirais la beauté dont ton front se revêt.
Et sans même qu'un mot révélât ta pensée,
La tendre rêverie en ton cœur commencée
    Dans mon cœur s'achevait !

Et je bénissais Dieu, dont la grâce infinie
Sur la nuit et sur toi jeta tant d'harmonie[1],
Qui, pour me rendre calme et pour me rendre heureux,
Vous fit, la nuit et toi, si belles et si pures,
Si pleines de rayons, de parfums, de murmures,
    Si douces toutes deux !

Oh oui, bénissons Dieu dans notre foi profonde !
C'est lui qui fit ton âme et qui créa le monde !
Lui qui charme mon cœur ! lui qui ravit mes yeux !
C'est lui que je retrouve au fond de tout mystère !
C'est lui qui fait briller ton regard sur la terre
    Comme l'étoile aux cieux !

C'est Dieu qui mit l'amour au bout de toute chose,
L'amour en qui tout vit, l'amour sur qui tout pose !
C'est Dieu qui fait la nuit plus belle que le jour.
C'est Dieu qui sur ton corps, ma jeune souveraine,
A versé la beauté, comme une coupe pleine,
    Et dans mon cœur l'amour !

Laisse-toi donc aimer ! — Oh ! l'amour, c'est la vie.
C'est tout ce qu'on regrette et tout ce qu'on envie
Quand on voit sa jeunesse au couchant décliner.
Sans lui rien n'est complet, sans lui rien ne rayonne.
La beauté c'est le front, l'amour c'est la couronne :
    Laisse-toi couronner !

Ce qui remplit une âme, hélas ! tu peux m'en croire,
Ce n'est pas un peu d'or, ni même un peu de gloire,
Poussière que l'orgueil rapporte des combats ;

Ni l'ambition folle, occupée aux chimères,
Qui ronge tristement les écorces amères
      Des choses d'ici-bas ;

Non, il lui faut, vois-tu, l'hymen de deux pensées,
Les soupirs étouffés, les mains longtemps pressées,
Le baiser, parfum pur, enivrante liqueur,
Et tout ce qu'un regard dans un regard peut lire,
Et toutes les chansons de cette douce lyre
      Qu'on appelle le cœur !

Il n'est rien sous le ciel qui n'ait sa loi secrète,
Son lieu cher et choisi, son abri, sa retraite,
Où mille instincts profonds nous fixent nuit et jour ;
Le pêcheur a la barque où l'espoir l'accompagne,
Les cygnes ont le lac, les aigles la montagne,
      Les âmes ont l'amour !

21 mai 1833.

XXII

NOUVELLE CHANSON

SUR UN VIEIL AIR

S'il est un charmant gazon
    Que le ciel arrose,
Où brille en toute saison
    Quelque fleur éclose,
Où l'on cueille à pleine main
Lys, chèvrefeuille et jasmin,
J'en veux faire le chemin
    Où ton pied se pose !

S'il est un sein bien aimant
    Dont l'honneur dispose,
Dont le ferme dévouement
    N'ait rien de morose,

Si toujours ce noble sein
Bat pour un digne dessein,
J'en veux faire le coussin
    Où ton front se pose !

S'il est un rêve d'amour
    Parfumé de rose,
Où l'on trouve chaque jour
    Quelque douce chose,
Un rêve que Dieu bénit,
Où l'âme à l'âme s'unit,
Oh ! j'en veux faire le nid
    Où ton cœur se pose !

18 février 1834.

XXIII

AUTRE CHANSON [1]

L'AUBE naît, et ta porte est close !
Ma belle, pourquoi sommeiller ?
A l'heure où s'éveille la rose
Ne vas-tu pas te réveiller ?

    O ma charmante,
    Ecoute ici
    L'amant qui chante
    Et pleure aussi !

Tout frappe à ta porte bénie.
L'aurore dit : Je suis le jour !
L'oiseau dit : Je suis l'harmonie !
Et mon cœur dit : Je suis l'amour !

> O ma charmante,
> Ecoute ici
> L'amant qui chante
> Et pleure aussi !

Je t'adore ange et t'aime femme.
Dieu qui par toi m'a complété
A fait mon amour pour ton âme
Et mon regard pour ta beauté !

> O ma charmante,
> Ecoute ici
> L'amant qui chante
> Et pleure aussi !

Février 18...

XXIV

OH ! pour remplir de moi ta rêveuse pensée,
Tandis que tu m'attends, par la marche lassée,
Sous l'arbre au bord du lac, loin des yeux importuns,
Tandis que sous tes pieds l'odorante vallée,
Toute pleine de brume au soleil envolée,
Fume comme un beau vase où brûlent des parfums ;

Que tout ce que tu vois, les coteaux et les plaines,
Les doux buissons de fleurs aux charmantes haleines,
        La vitre au vif éclair,
Le pré vert, le sentier qui se noue aux villages,
Et le ravin profond débordant de feuillages
        Comme d'ondes la mer,

Que le bois, le jardin, la maison, la nuée,
Dont midi ronge au loin l'ombre diminuée,
Que tous les points confus qu'on voit là-bas trembler,
Que la branche aux fruits mûrs ; que la feuille séchée,
Que l'automne, déjà par septembre ébauchée,
Que tout ce qu'on entend ramper, marcher, voler,

Que ce réseau d'objets qui t'entoure et te presse,
Et dont l'arbre amoureux qui sur ton front se dresse
        Est le premier chaînon ;
Herbe et feuille, onde et terre, ombre, lumière et flamme,
Que tout prenne une voix, que tout devienne une âme,
        Et te dise mon nom !

                        Enghien [1], 19 septembre 1834.

XXV

Puisque j'ai mis ma lèvre à ta coupe encor pleine ;
Puisque j'ai dans tes mains posé mon front pâli ;
Puisque j'ai respiré parfois la douce haleine
De ton âme, parfum dans l'ombre enseveli ;

Puisqu'il me fut donné de t'entendre me dire
Les mots où se répand le cœur mystérieux ;
Puisque j'ai vu pleurer, puisque j'ai vu sourire
Ta bouche sur ma bouche et tes yeux sur mes yeux ;

Puisque j'ai vu briller sur ma tête ravie
Un rayon de ton astre, hélas ! voilé toujours ;
Puisque j'ai vu tomber dans l'onde de ma vie
Une feuille de rose arrachée à tes jours ;

Je puis maintenant dire aux rapides années :
— Passez ! passez toujours ! je n'ai plus à vieillir !
Allez-vous-en avec vos fleurs toutes fanées ;
J'ai dans l'âme une fleur que nul ne peut cueillir !

Votre aile en le heurtant ne fera rien répandre
Du vase où je m'abreuve et que j'ai bien rempli.
Mon âme a plus de feu que vous n'avez de cendre !
Mon cœur a plus d'amour que vous n'avez d'oubli !

                    1er janvier 1835. Minuit et demi.

XXVI

A MADEMOISELLE J.

CHANTEZ ! chantez ! jeune inspirée !
La femme qui chante est sacrée
Même aux jaloux, même aux pervers !
La femme qui chante est bénie !
Sa beauté défend son génie.
Les beaux yeux sauvent les beaux vers !

Moi que déchire tant de rage,
J'aime votre aube sans orage ;
Je souris à vos yeux sans pleurs.
Chantez donc vos chansons divines.
A moi la couronne d'épines !
A vous la couronne de fleurs !

Il fut un temps, un temps d'ivresse,
Où l'aurore qui vous caresse
Rayonnait sur mon beau printemps ;
Où l'orgueil, la joie et l'extase,
Comme un vin pur d'un riche vase,
Débordaient de mes dix-sept ans !

Alors, à tous mes pas présente,
Une chimère éblouissante
Fixait sur moi ses yeux dorés ;
Alors, prés verts, ciels bleus, eaux vives,
Dans les riantes perspectives
Mes regards flottaient égarés !

Alors je disais aux étoiles :
O mon astre, en vain tu te voiles,
Je sais que tu brilles là-haut !
Alors je disais à la rive :
Vous êtes la gloire, et j'arrive,
Chacun de mes jours est un flot !

Je disais au bois : Forêt sombre,
J'ai comme toi des bruits sans nombre.
A l'aigle : Contemple mon front !
Je disais aux coupes vidées :
Je suis plein d'ardentes idées
Dont les âmes s'enivreront !

Alors, du fond de vingt calices,
Rosée, amour, parfums, délices,
Se répandaient sur mon sommeil ;
J'avais des fleurs plein mes corbeilles ;
Et, comme un vif essaim d'abeilles,
Mes pensées volaient au soleil !

Comme un clair de lune bleuâtre
Et le rouge brasier du pâtre
Se mirent au même ruisseau ;
Comme dans les forêts mouillées
A travers le bruit des feuillées
On entend le bruit d'un oiseau ;

Tandis que tout me disait : J'aime !
Ecoutant tout hors de moi-même,
Ivre d'harmonie et d'encens,
J'entendais, ravissant murmure,
Le chant de toute la nature
Dans le tumulte de mes sens !

Et roses par avril fardées,
Nuits d'été de lune inondées,
Sentiers couverts de pas humains,
Tout, l'écueil aux hanches énormes,
Et les vieux troncs d'arbres difformes
Qui se penchent sur les chemins,

Me parlaient cette langue austère,
Langue de l'ombre et du mystère,
Qui demande à tous : Que sait-on ?
Qui, par moments presque étouffée,
Chante des notes pour Orphée,
Prononce des mots pour Platon !

La terre me disait : Poète !
Le ciel me répétait : Prophète !
Marche ! parle ! enseigne ! bénis !
Penche l'urne des chants sublimes !
Verse aux vallons noirs comme aux cimes,
Dans les aires et dans les nids !

Ces temps sont passés. — A cette heure,
Heureux pour quiconque m'effleure,
Je suis triste au dedans de moi.
J'ai sous mon toit un mauvais hôte.
Je suis la tour splendide et haute
Qui contient le sombre beffroi.

L'ombre en mon cœur s'est épanchée.
Sous mes prospérités cachée
La douleur pleure en ma maison ;
Un ver ronge ma grappe mûre ;
Toujours un tonnerre murmure
Derrière mon vague horizon [1] !

L'espoir mène à des portes closes.
Cette terre est pleine de choses
Dont nous ne voyons qu'un côté [2].
Le sort de tous nos vœux se joue ;
Et la vie est comme la roue
D'un char dans la poudre emporté !

A mesure que les années,
Plus pâles et moins couronnées,
Passent sur moi du haut du ciel,
Je vois s'envoler mes chimères
Comme des mouches éphémères
Qui n'ont pas su faire de miel !

Vainement j'attise en moi-même
L'amour, ce feu doux et suprême
Qui brûle sur tous les trépieds,
Et toute mon âme enflammée
S'en va dans le ciel en fumée
Ou tombe en cendre sous mes pieds !

Mon étoile a fui sous la nue.
La rose n'est plus revenue
Se poser sur mon rameau noir.
Au fond de la coupe est la lie,
Au fond des rêves la folie,
Au fond de l'aurore le soir !

Toujours quelque bouche flétrie,
Souvent par ma pitié nourrie,
Dans tous mes travaux m'outragea.
Aussi que de tristes pensées,
Aussi que de cordes brisées
Pendent à ma lyre déjà !

Mon avril se meurt feuille à feuille [1] ;
Sur chaque branche que je cueille
Croît l'épine de la douleur.
Toute herbe a pour moi sa couleuvre ;
Et la haine monte à mon œuvre
Comme un bouc au cytise en fleur !

La nature grande et touchante,
La nature qui vous enchante,
Blesse mes regards attristés.
Le jour est dur, l'aube est meilleure.
Hélas ! la voix qui me dit : Pleure !
Est celle qui vous dit : Chantez !

Chantez ! chantez ! belle inspirée !
Saluez cette aube dorée
Qui jadis aussi m'enivra.
Tout n'est pas sourire et lumière.
Quelque jour de votre paupière
Peut-être une larme éclora !

Alors je vous plaindrai, pauvre **âme** !
Hélas ! les larmes d'une femme,
Ces larmes où tout est amer,
Ces larmes où tout est sublime,
Viennent d'un plus profond abîme
Que les gouttes d'eau de la mer !

                              1er mars 1835.

XXVII

La pauvre fleur disait au papillon céleste :
　　　　— Ne fuis pas !
Vois comme nos destins sont différents. Je reste,
　　　　Tu t'en vas !

Pourtant nous nous aimons, nous vivons sans les hommes
　　　　Et loin d'eux,
Et nous nous ressemblons, et l'on dit que nous sommes
　　　　Fleurs tous deux !

Mais, hélas ! l'air t'emporte et la terre m'enchaîne.
　　　　Sort cruel !
Je voudrais embaumer ton vol de mon haleine
　　　　Dans le ciel !

Mais non, tu vas trop loin ! — Parmi des fleurs sans
　　　　Vous fuyez,　　　　　　　　[nombre
Et moi je reste seule à voir tourner mon ombre
　　　　A mes pieds.

Tu fuis, puis tu reviens ; puis tu t'en vas encore
　　　　Luire ailleurs.
Aussi me trouves-tu toujours à chaque aurore
　　　　Toute en pleurs !

Oh ! pour que notre amour coule des jours fidèles,
　　　　O mon roi,
Prends comme moi racine, ou donne-moi des ailes
　　　　Comme à toi !

ENVOI A ***

Roses et papillons, la tombe nous rassemble
　　　　Tôt ou tard.

Pourquoi l'attendre, dis ? Veux-tu pas vivre ensemble
      Quelque part ?

Quelque part dans les airs, si c'est là que se berce
      Ton essor !
Aux champs, si c'est aux champs que ton calice verse
      Son trésor !

Où tu voudras ! qu'importe ! oui, que tu sois haleine
      Ou couleur,
Papillon rayonnant, corolle à demi pleine,
      Aile ou fleur !

Vivre ensemble, d'abord ! c'est le bien nécessaire
      Et réel !
Après on peut choisir au hasard, ou la terre
      Ou le ciel !

                7 décembre 1834.

XXVIII

AU BORD DE LA MER [1]

Vois, ce spectacle est beau. — Ce paysage immense
Qui toujours devant nous finit et recommence ;
Ces blés, ces eaux, ces prés, ce bois charmant aux yeux ;
Ce chaume où l'on entend rire un groupe joyeux ;
L'océan qui s'ajoute à la plaine où nous sommes ;
Ce golfe, fait par Dieu, puis refait par les hommes,
Montrant la double main empreinte en ses contours,
Et des amas de rocs sous des monceaux de tours ;
Ces landes, ces forêts, ces crêtes déchirées ;
Ces antres à fleur d'eau qui boivent les marées ;
Cette montagne, au front de nuages couvert,
Qui dans un de ses plis porte un beau vallon vert,

Comme un enfant des fleurs dans un pan de sa robe ;
La ville que la brume à demi nous dérobe,
Avec ses mille toits bourdonnants et pressés ;
Ce bruit de pas sans nombre et de rameaux froissés,
De voix et de chansons qui par moments s'élève ;
Ces lames que la mer amincit sur la grève,
Où les longs cheveux verts des sombres goëmons
Tremblent dans l'eau moirée avec l'ombre des monts ;
Cet oiseau qui voyage et cet oiseau qui joue ;
Ici cette charrue, et là-bas cette proue,
Traçant en même temps chacune leur sillon ;
Ces arbres et ces mâts, jouets de l'aquilon ;
Et là-bas, par-delà les collines lointaines,
Ces horizons remplis de formes incertaines ;
Tout ce que nous voyons, brumeux ou transparent,
Flottant dans les clartés, dans les ombres errant,
Fuyant, debout, penché, fourmillant, solitaire,
Vagues, rochers, gazons, — regarde, c'est la terre !

Et là-haut, sur ton front, ces nuages[1] si beaux
Où pend et se déchire une pourpre en lambeaux ;
Cet azur, qui ce soir sera l'ombre infinie ;
Cet espace qu'emplit l'éternelle harmonie ;
Ce merveilleux soleil, ce soleil radieux
Si puissant à changer toute forme à nos yeux
Que parfois, transformant en métaux les bruines,
On ne voit plus dans l'air que splendides ruines,
Entassements confus, amas étincelants
De cuivres et d'airains l'un sur l'autre croulants,
Cuirasses, boucliers, armures dénouées,
Et caparaçons d'or aux croupes des nuées ;
L'éther, cet océan si liquide et si bleu,
Sans rivage et sans fond, sans borne et sans milieu,
Que l'oscillation de toute haleine agite,
Où tout ce qui respire, ou remue, ou gravite,
A sa vague et son flot, à d'autres flots uni,
Où passent à la fois, mêlés dans l'infini,
Air tiède et vents glacés, aubes et crépuscules,
Bises d'hiver, ardeur des chaudes canicules,
Les parfums de la fleur et ceux de l'encensoir,

Les astres scintillant sur la robe du soir,
Et les brumes de gaze, et la douteuse étoile,
Paillette qui se perd dans les plis noirs du voile,
La clameur des soldats qu'enivre le tambour,
Le froissement du nid qui tressaille d'amour,
Les souffles, les échos, les brouillards, les fumées,
Mille choses que l'homme encor n'a pas nommées,
Les flots de la lumière et les ondes du bruit,
Tout ce qu'on voit le jour, tout ce qu'on sent la nuit ;
Eh bien ! nuage, azur, espace, éther, abîmes,
Ce fluide océan, ces régions sublimes
Toutes pleines de feux, de lueurs, de rayons,
Où l'âme emporte l'homme, où tous deux nous fuyons,
Où volent sur nos fronts, selon des lois profondes,
Près de nous les oiseaux et loin de nous les mondes,
Cet ensemble ineffable, immense, universel,
Formidable et charmant, — contemple, c'est le ciel !

Oh oui ! la terre est belle et le ciel est superbe ;
Mais quand ton sein palpite et quand ton œil reluit,
Quand ton pas gracieux court si léger sur l'herbe
Que le bruit d'une lyre est moins doux que son bruit ;

Lorsque ton frais sourire, aurore de ton âme,
Se lève rayonnant sur moi qu'il rajeunit,
Et de ta bouche rose, où naît sa douce flamme,
Monte jusqu'à ton front comme l'aube au zénith ;

Quand, parfois, sans te voir, ta jeune voix m'arrive,
Disant des mots confus qui m'échappent souvent,
Bruit d'une eau qui se perd sous l'ombre de sa rive
Chanson d'oiseau caché qu'on écoute en rêvant ;

Lorsque ma poésie, insultée et proscrite,
Sur ta tête un moment se repose en chemin ;
Quand ma pensée en deuil sous la tienne s'abrite,
Comme un flambeau de nuit sous une blanche main ;

Quand nous nous asseyons tous deux dans la vallée ;
Quand ton âme, soudain apparue en tes yeux,
Contemple avec les pleurs d'une sœur exilée,
Quelque vertu sur terre ou quelque étoile aux cieux ;

Quand brille sous tes cils, comme un feu sous les bran-
Ton beau regard, terni par de longues douleurs ;   [ches,
Quand sous les maux passés tout à coup tu te penches,
Que tu veux me sourire et qu'il te vient des pleurs ;

Quand mon corps et ma vie à ton souffle résonnent,
Comme un tremblant clavier qui vibre à tout moment ;
Quand tes doigts, se posant sur mes doigts qui frissonnent,
Font chanter dans mon cœur un céleste instrument ;

Lorsque je te contemple, ô mon charme suprême !
Quand ta noble nature, épanouie aux yeux,
Comme l'ardent buisson qui contenait Dieu même,
Ouvre toutes ses fleurs et jette tous ses feux ;

Ce qui sort à la fois de tant de douces choses,
Ce qui de ta beauté s'exhale nuit et jour,
Comme un parfum formé du souffle de cent roses,
C'est bien plus que la terre et le ciel, — c'est l'amour !

                                        7 octobre 1834.

XXIX

        Puisque nos heures sont remplies
        De trouble et de calamités ;
        Puisque les choses que tu lies
        Se détachent de tous côtés ;

        Puisque nos pères et nos mères
        Sont allés où nous irons tous,
        Puisque des enfants, têtes chères,
        Se sont endormis avant nous ;

Puisque la terre où tu t'inclines
Et que tu mouilles de tes pleurs,
A déjà toutes nos racines
Et quelques-unes de nos fleurs ;

Puisqu'à la voix de ceux qu'on aime
Ceux qu'on aima mêlent leurs voix ;
Puisque nos illusions même
Sont pleines d'ombres d'autrefois ;

Puisqu'à l'heure où l'on boit l'extase
On sent la douleur déborder,
Puisque la vie est comme un vase
Qu'on ne peut emplir ni vider ;

Puisqu'à mesure qu'on avance
Dans plus d'ombre on se sent flotter ;
Puisque la menteuse espérance
N'a plus de conte à nous conter ;

Puisque le cadran, quand il sonne,
Ne nous promet rien pour demain,
Puisqu'on ne connaît plus personne
De ceux qui vont dans le chemin,

Mets ton esprit hors de ce monde !
Mets ton rêve ailleurs qu'ici-bas !
Ta perle n'est pas dans notre onde !
Ton sentier n'est point sous nos pas !

Quand la nuit n'est pas étoilée,
Viens te bercer aux flots des mers ;
Comme la mort elle est voilée,
Comme la vie ils sont amers.

L'ombre et l'abîme ont un mystère
Que nul mortel ne pénétra ;
C'est Dieu qui leur dit de se taire
Jusqu'au jour où tout parlera !

D'autres yeux de ces flots sans nombre
Ont vainement cherché le fond ;

D'autres yeux se sont emplis d'ombre
A contempler ce ciel profond !

Toi, demande au monde nocturne
De la paix pour ton cœur désert !
Demande une goutte à cette urne !
Demande un chant à ce concert !

Plane au-dessus des autres femmes,
Et laisse errer tes yeux si beaux
Entre le ciel où sont les âmes
Et la terre où sont les tombeaux !

19 février 1835.

XXX

ESPOIR EN DIEU

ESPÈRE, enfant ! demain ! et puis demain encore !
Et puis toujours demain ! croyons dans l'avenir.
Espère ! et chaque fois que se lève l'aurore,
Soyons là pour prier comme Dieu pour bénir !

Nos fautes, mon pauvre ange, ont causé nos souffrances.
Peut-être qu'en restant bien longtemps à genoux,
Quand il aura béni toutes les innocences,
Puis tous les repentirs, Dieu finira par nous !

7 octobre 1834.

XXXI

PUISQUE mai tout en fleurs dans les prés nous réclame,
Viens ! ne te lasse pas de mêler à ton âme
La campagne, les bois, les ombrages charmants,

Les larges clairs de lune au bord des flots dormants,
Le sentier qui finit où le chemin commence,
Et l'air et le printemps et l'horizon immense,
L'horizon que ce monde attache humble et joyeux
Comme une lèvre au bas de la robe des cieux !
Viens ! et que le regard des pudiques étoiles
Qui tombe sur la terre à travers tant de voiles,
Que l'arbre pénétré de parfums et de chants,
Que le souffle embrasé de midi dans les champs,
Et l'ombre et le soleil et l'onde et la verdure,
Et le rayonnement de toute la nature
Fassent épanouir, comme une double fleur,
La beauté sur ton front et l'amour dans ton cœur !

21 mai 1835.

XXXII

A LOUIS B.[1]

Ami, le voyageur que vous avez connu,
Et dont tant de douleurs ont mis le cœur à nu,
Monta, comme le soir s'épanchait sur la terre,
Triste et seul, dans la tour lugubre et solitaire ;
Tour sainte où la pensée est mêlée au granit,
Où l'homme met son âme, où l'oiseau fait son nid !

Il gravit la spirale, aux marches presque usées,
Dont le mur s'entrouvrait aux bises aiguisées,
Sans regarder les toits amoindris sous ses pieds,
Puis entra sous la voûte aux arceaux étayés
Où la cloche, attendant la prière prochaine,
Dormait, oiseau d'airain, dans sa cage de chêne !

Vaste et puissante cloche au battant monstrueux [2] !
Un câble aux durs replis chargeait son cou noueux.

L'œil qui s'aventurait sous sa coupole sombre
Y voyait s'épaissir de larges cercles d'ombre.
Les reflets sur ses bords se fondaient mollement.
Au fond tout était noir. De moment en moment,
Sous cette voûte obscure où l'air vibrait encore
On sentait remuer comme un lambeau sonore.
On entendait des bruits glisser sur les parois,
Comme si, se parlant d'une confuse voix,
Dans cette ombre, où dormaient leurs légions ailées,
Les notes chuchotaient, à demi réveillées.
Bruits douteux pour l'oreille et de l'âme écoutés !
Car, même en sommeillant, sans souffle et sans clartés,
Toujours le volcan fume et la cloche soupire.
Toujours de cet airain la prière transpire,
Et l'on n'endort pas plus la cloche aux sons pieux
Que l'eau sur l'océan ou le vent dans les cieux !

La cloche ! écho du ciel placé près de la terre !
Voix grondante qui parle à côté du tonnerre,
Faite pour la cité comme lui pour la mer !
Vase plein de rumeur qui se vide dans l'air !

Sur cette cloche, auguste et sévère surface,
Hélas ! chaque passant avait laissé sa trace.
Partout des mots impurs creusés dans le métal
Rompaient l'inscription du baptême natal.
On distinguait encore, au sommet ciselée,
Une couronne à coups de couteau mutilée.
Chacun, sur cet airain par Dieu même animé,
Avait fait son sillon où rien n'avait germé !
Ils avaient semé là, ceux-ci leur vie immonde,
Ceux-là leurs vœux perdus comme une onde dans l'onde,
D'autres l'amour des sens, dans la fange accroupi,
Et tous l'impiété, ce chaume sans épi.
Tout était profané dans la cloche bénie.
La rouille s'y mêlait, autre amère ironie !
Sur le nom du Seigneur l'un avait mis son nom,
Où le prêtre dit oui, l'autre avait écrit non !
Lâche insulte ! affront vil ! vain outrage d'une heure
Que fait tout ce qui passe à tout ce qui demeure !

Alors tandis que l'air se jouait dans les cieux,
Et que sur les chemins gémissaient les essieux,
Que les champs exhalaient leurs senteurs embaumées,
Les hommes leurs rumeurs et les toits leurs fumées,
Il sentit, à l'aspect du bronze monument [1],
Comme un arbre inquiet qui sent confusément
Des ailes se poser sur ses feuilles froissées,
S'abattre sur son front un essaim de pensées.

I

Seule en ta sombre tour, aux faîtes dentelés,
D'où ton souffle descend sur les toits ébranlés,
O cloche suspendue au milieu des nuées
Par ton vaste roulis si souvent remuées,
Tu dors en ce moment dans l'ombre, et rien ne luit
Sous ta voûte profonde où sommeille le bruit.
Oh ! tandis qu'un esprit qui jusqu'à toi s'élance,
Silencieux aussi, contemple ton silence,
Sens-tu, par cet instinct vague et plein de douceur
Qui révèle toujours une sœur à la sœur,
Qu'à cette heure où s'endort la soirée expirante,
Une âme est près de toi, non moins que toi vibrante,
Qui bien souvent aussi jette un bruit solennel,
Et se plaint dans l'amour comme toi dans le ciel !

II

Oh ! dans mes premiers temps de jeunesse et d'aurore,
Lorsque ma conscience était joyeuse encore,
Sur son vierge métal mon âme avait aussi
Son auguste origine écrite comme ici,
Et sans doute à côté quelque inscription sainte,
Et, n'est-ce pas, ma mère ? une couronne empreinte !

Mais des passants aussi, d'impérieux passants
Qui vont toujours au cœur par le chemin des sens,
Qui, lorsque le hasard jusqu'à nous les apporte,
Montent notre escalier et poussent notre porte,
Qui viennent bien souvent trouver l'homme au saint lieu,
Et qui le font tinter pour d'autres que pour Dieu,
Les passions, hélas ! tourbe un jour accourue,
Pour visiter mon âme ont monté de la rue,
Et de quelque couteau se faisant un burin,
Sans respect pour le verbe écrit sur son airain,
Toutes, mêlant ensemble injure, erreur, blasphème,
L'ont rayée en tous sens comme ton bronze même
Où le nom du Seigneur, ce nom grand et sacré,
N'est pas plus illisible et plus défiguré !

III

Mais qu'importe à la cloche et qu'importe à mon âme !
Qu'à son heure, à son jour, l'esprit saint les réclame,
Les touche l'une et l'autre et leur dise : chantez !
Soudain, par toute voie et de tous les côtés,
De leur sein ébranlé, rempli d'ombres obscures,
A travers leur surface, à travers leurs souillures,
Et la cendre et la rouille, amas injurieux,
Quelque chose de grand s'épandra dans les cieux !

Ce sera l'hosanna de toute créature !
Ta pensée, ô Seigneur ! ta parole, ô nature !
Oui, ce qui sortira, par sanglots, par éclairs,
Comme l'eau du glacier, comme le vent des mers,
Comme le jour à flots des urnes de l'aurore,
Ce qu'on verra jaillir, et puis jaillir encore,
Du clocher toujours droit, du front toujours debout,
Ce sera l'harmonie immense qui dit tout !
Tout ! les soupirs du cœur, les élans de la foule ;
Le cri de ce qui monte et de ce qui s'écroule ;
Le discours de chaque homme à chaque passion ;

L'adieu qu'en s'en allant chante l'illusion ;
L'espoir éteint ; la barque échouée à la grève ;
La femme qui regrette et la vierge qui rêve ;
La vertu qui se fait de ce que le malheur
A de plus douloureux, hélas, et de meilleur ;
L'autel enveloppé d'encens et de fidèles ;
Les mères retenant les enfants auprès d'elles ;
La nuit qui chaque soir fait taire l'univers
Et ne laisse ici-bas la parole qu'aux mers ;
Les couchants flamboyants ; les aubes étoilées ;
Les heures de soleil et de lune mêlées ;
Et les monts et les flots proclamant à la fois
Ce grand nom qu'on retrouve au fond de toute voix ;
Et l'hymne inexpliqué qui, parmi des bruits d'ailes,
Va de l'aire de l'aigle au nid des hirondelles ;
Et ce cercle dont l'homme a si tôt fait le tour,
L'innocence, la foi, la prière et l'amour !
Et l'éternel reflet de lumière et de flamme
Que l'âme verse au monde et que Dieu verse à l'âme [1] !

                              IV

Oh ! c'est alors qu'émus et troublés par ces chants,
Le peuple dans la ville et l'homme dans les champs,
Et le sage attentif aux voix intérieures,
A qui l'éternité fait oublier les heures,
S'inclinent en silence ; et que l'enfant joyeux
Court auprès de sa mère et lui montre les cieux ;
C'est alors que chacun sent un baume qui coule
Sur tous ses maux cachés ; c'est alors que la foule
Et le cœur isolé qui souffre obscurément
Boivent au même vase un même enivrement ;
Et que la vierge, assise au rebord des fontaines,
Suspend sa rêverie à ces rumeurs lointaines ;
C'est alors que les bons, les faibles, les méchants,
Tous à la fois, la veuve en larmes, les marchands
Dont l'échoppe a poussé sous le sacré portique

Comme un champignon vil au pied d'un chêne antique,
Et le croyant soumis prosterné sous la tour,
Ecoutent, effrayés et ravis tour à tour,
Comme on rêve au bruit sourd d'une mer écumante,
La grande âme d'airain qui là-haut se lamente !

v

HYMNE de la nature et de l'humanité [1] !
Hymne par tout écho sans cesse répété !
Grave, inouï, joyeux, désespéré, sublime !
Hymne qui des hauts lieux ruisselle dans l'abîme,
Et qui des profondeurs du gouffre harmonieux,
Comme une onde en brouillard, remonte dans les cieux !
Cantique qu'on entend sur les monts, dans les plaines,
Passer, chanter, pleurer par toutes les haleines,
Ecumer dans le fleuve et frémir dans les bois,
A l'heure où nous voyons s'allumer à la fois,
Au bord du ravin sombre, au fond du ciel bleuâtre,
L'étoile du berger avec le feu du pâtre !
Hymne qui le matin s'évapore des eaux
Et qui le soir s'endort dans le nid des oiseaux !
Verbe que dit la cloche aux cloches ébranlées,
Et que l'âme redit aux âmes consolées !
Psaume immense et sans fin que ne traduiraient pas
Tous les mots fourmillants des langues d'ici-bas,
Et qu'exprime en entier dans un seul mot suprême
Celui qui dit : je prie, et celui qui dit : j'aime !

Et ce psaume éclatant, cet hymne aux chants vainqueurs
Qui tinte dans les airs moins haut que dans les cœurs,
Pour sortir plus à flots de leurs gouffres sonores,
De l'âme et de la cloche ouvrira tous les pores.
Toutes deux le diront d'une ineffable voix,
Pure comme le bruit des sources dans les bois,
Chaste comme un soupir de l'amour qui s'ignore,
Vierge comme le chant que chante chaque aurore.

Alors tout parlera dans les deux instruments
D'amour et d'harmonie et d'extase écumants.
Alors, non seulement ce qui sur la surface
Reste du verbe saint que chaque jour efface,
Mais tout ce que grava dans leur bronze souillé
Le passant imbécile avec son clou rouillé,
L'ironie et l'affront, les mots qui perdent l'âme,
La couronne tronquée et devenue infâme,
Tout puisant vie et souffle en leurs vibrations,
Tout se transfigurant dans leurs commotions,
Mêlera, sans troubler l'ensemble séraphique,
Un chant plaintif et tendre à leur voix magnifique!
Oui, le blasphème inscrit sur le divin métal
Dans ce concert sacré perdra son cri fatal ;
Chaque mot qui renie et chaque mot qui doute
Dans ce torrent d'amour exprimera sa goutte ;
Et, pour faire éclater l'hymne pur et serein,
Rien ne sera souillure et tout sera l'airain !

VI

OH ! c'est un beau triomphe à votre loi sublime,
Seigneur, pour vos regards dont le feu nous ranime
C'est un spectacle auguste, ineffable, et bien doux
A l'homme comme à l'ange, à l'ange comme à vous,
Qu'une chose, en passant par l'impie avilie,
Qui, dès que votre esprit la touche, se délie,
Et, sans même songer à son indigne affront,
Chante, l'amour au cœur et le blasphème au front !

Voilà sur quelle pente, en ruisseaux divisée,
S'écoulait flots à flots l'onde de sa pensée,
Grossie à chaque instant par des sanglots du cœur.
La nuit, que la tristesse aime comme une sœur,
Quand il redescendit, avait couvert le monde ;

Il partit ; et la vie, incertaine et profonde,
Emporta vers des jours plus mauvais ou meilleurs,
Vers des événements amoncelés ailleurs,
Cet homme au flanc blessé, ce front sévère où tremble
Une âme en proie au sort, soumise et tout ensemble
Rebelle au dur battant qui la vient tourmenter,
De verre pour gémir, d'airain pour résister.

Août 1834.

XXXIII

DANS L'EGLISE DE *** [1]

I

C'ÉTAIT une humble église, au cintre surbaissé,
          L'église où nous entrâmes,
Où depuis trois cents ans avaient déjà passé
          Et pleuré bien des âmes.

Elle était triste et calme à la chute du jour,
          L'église où nous entrâmes;
L'autel sans serviteur, comme un cœur sans amour
          Avait éteint ses flammes.

Les antiennes du soir, dont autrefois saint Paul
          Réglait les chants fidèles,
Sur les stalles du chœur d'où s'élance leur vol
          Avaient ployé leurs ailes.

L'ardent musicien qui sur tous à pleins bords
          Verse la sympathie,
L'homme-esprit n'était plus dans l'orgue, vaste corps
          Dont l'âme était partie.

La main n'était plus là, qui, vivante, et jetant
  Le bruit par tous les pores,
Tout à l'heure pressait le clavier palpitant,
  Plein de notes sonores,

Et les faisait jaillir sous son doigt souverain
  Qui se crispe et s'allonge,
Et ruisseler le long des grands tubes d'airain
  Comme l'eau d'une éponge[1].

L'orgue majestueux se taisait gravement
  Dans la nef solitaire;
L'orgue, le seul concert, le seul gémissement
  Qui mêle aux cieux la terre !

La seule voix qui puisse, avec le flot dormant
  Et les forêts bénies,
Murmurer ici-bas quelque commencement
  Des choses infinies !

L'église s'endormait à l'heure où tu t'endors,
  O sereine nature !
A peine quelque lampe au fond des corridors
  Etoilait l'ombre obscure.

A peine on entendait flotter quelque soupir,
  Quelque basse parole,
Comme en une forêt qui vient de s'assoupir
  Un dernier oiseau vole ;

Hélas ! et l'on sentait, de moment en moment,
  Sous cette voûte sombre,
Quelque chose de grand, de saint et de charmant
  S'évanouir dans l'ombre !

Elle était triste et calme à la chute du jour,
  L'église où nous entrâmes ;
L'autel sans serviteur, comme un cœur sans amour,
  Avait éteint ses flammes.

Votre front se pencha, morne et tremblant alors,
        Comme une nef qui sombre,
Tandis qu'on entendait dans la ville au dehors
        Passer des voix sans nombre.

                    II [1]

Et ces voix qui passaient disaient joyeusement :
        « Bonheur ! gaîté ! délices !
A nous les coupes d'or pleines d'un vin charmant !
        A d'autres les calices !

« Jouissons ! l'heure est courte, et tout fuit promptement ;
        L'urne est vite remplie !
Le nœud de l'âme au corps, hélas ! à tout moment
        Dans l'ombre se délie !

« Tirons de chaque objet ce qu'il a de meilleur,
        La chaleur de la flamme,
Le vin du raisin mûr, le parfum de la fleur,
        Et l'amour de la femme !

« Epuisons tout ! Usons du printemps enchanté
        Jusqu'au dernier zéphire,
Du jour jusqu'au dernier rayon, de la beauté
        Jusqu'au dernier sourire !

« Allons jusqu'à la fin de tout, en bien vivant,
        D'ivresses en ivresses.
Une chose qui meurt, mes amis, a souvent
        De charmantes caresses !

« Dans le vin que je bois ce que j'aime le mieux
        C'est la dernière goutte.
L'enivrante saveur du breuvage joyeux
        Souvent s'y cache toute !

« Sur chaque volupté pourquoi nous hâter tous,
        Sans plonger dans son onde,
Pour voir si quelque perle, ignorée avant nous,
        N'est pas sous l'eau profonde ?

« Que sert de n'effleurer qu'à peine ce qu'on tient,
    Quand on a les mains pleines,
Et de vivre essoufflé comme un enfant qui vient
    De courir dans les plaines ?

« Jouissons à loisir ! Du loisir tout renaît !
    Le bonheur nous convie !
Faisons, comme un tison qu'on heurte au dur chenet,
    Etinceler la vie !

« N'imitons pas ce fou que l'ennui tient aux fers,
    Qui pleure et qui s'admire.
Toujours les plus beaux fruits d'ici-bas sont offerts
    Aux belles dents du rire !

« Les plus tristes d'ailleurs, comme nous qui rions,
    Souillent parfois leur âme.
Pour fondre ces grands cœurs il suffit des rayons
    De l'or ou de la femme.

« Ils tombent comme nous malgré leur fol orgueil
    Et leur vaine amertume ;
Les flots les plus hautains, dès que vient un écueil,
    S'écroulent en écume !

« Vivons donc ! et buvons, du soir jusqu'au matin,
    Pour l'oubli de nous-même !
Et déployons gaîment la nappe du festin,
    Linceul du chagrin blême !

« L'ombre attachée aux pas du beau plaisir vermeil,
    C'est la tristesse sombre.
Marchons les yeux toujours tournés vers le soleil,
    Nous ne verrons pas l'ombre !

« Qu'importe le malheur, le deuil, le désespoir
    Que projettent nos joies,
Et que derrière nous quelque chose de noir
    Se traîne sur nos voies !

« Nous ne le savons pas ! — Arrière les douleurs,
      Et les regrets moroses !
Faut-il donc, en fanant des couronnes de fleurs,
      Avoir pitié des roses ?

« Les vrais biens dans ce monde, — et l'autre est impor-
      C'est tout ce qui nous fête,   [tun ! —
Tout ce qui met un chant, un rayon, un parfum,
      Autour de notre tête !

« Ce n'est jamais demain, c'est toujours aujourd'hui !
      C'est la joie et le rire !
C'est un sein éclatant, peut-être plein d'ennui,
      Qu'on baise et qui soupire !

« C'est l'orgie opulente, enviée au dehors,
      Contente, épanouie,
Qui rit, et qui chancelle, et qui boit à pleins bords,
      De flambeaux éblouie ! »

III

Et tandis que ces voix, que tout semblait grossir,
      Voix d'une ville entière,
Disaient : Santé, bonheur, joie, orgueil et plaisir !
      Votre œil disait : Prière !

IV

Elles parlaient tout haut et vous parliez tout bas :
      — « Dieu qui m'avez fait naître,
Vous m'avez réservée ici pour des combats
      Dont je tremble, ô mon maître !

« Ayez pitié ! L'esquif où chancellent mes pas
      Est sans voile et sans rames.
Comme pour les enfants, pourquoi n'avez-vous pas
      Des anges pour les femmes ?

« Je sais que tous nos jours ne sont rien, Dieu tonnant,
      Devant vos jours sans nombre.
Vous seul êtes réel, palpable et rayonnant ;
      Tout le reste est de l'ombre.

« Je le sais. Mais cette ombre où nos cœurs sont flottants,
      J'y demande ma route.
Quelqu'un répondra-t-il ? Je prie, et puis i'attends,
      J'appelle, et puis j'écoute.

« Nul ne vient. Seulement, par instants, sous mes pas,
      Je sens d'affreuses trames.
Comme pour les enfants, pourquoi n'avez-vous pas
      Des anges pour les femmes ?

« Seigneur ! autour de moi, ni le foyer joyeux,
      Ni la famille douce,
Ni l'orgueilleux palais qui touche presque aux cieux,
      Ni le nid dans la mousse,

« Ni le fanal pieux qui montre le chemin,
      Ni pitié, ni tendresse,
Hélas ! ni l'amitié qui nous serre la main,
      Ni l'amour qui la presse,

« Seigneur, autour de moi rien n'est resté debout.
      Je pleure et je végète,
Oubliée au milieu des ruines de tout,
      Comme ce qu'on rejette !

« Pourtant je n'ai rien fait à ce monde d'airain,
      Vous le savez vous-même.
Toutes mes actions passent le front serein
      Devant votre œil suprême.

« Jusqu'à ce que le pauvre en ait pris la moitié,
      Tout ce que j'ai me pèse.
Personne ne me plaint. Moi, de tous j'ai pitié.
      Moi, je souffre et j'apaise !

« Jamais de votre haine ou de votre faveur
      Je n'ai dit : Que m'importe !

J'ai toujours au passant que je voyais rêveur
     Enseigné votre porte.

« Vous le savez. — Pourtant mes pleurs, que vous voyez,
     Seigneur, qui les essuie ?
Tout se rompt sous ma main, tout tremble sous mes
     Tout croule où je m'appuie.   [pieds,

« Ma vie est sans bonheur, mon berceau fut sans jeux.
     Cette loi, c'est la vôtre !
Tous les rayons de jour de mon ciel orageux
     S'en vont l'un après l'autre.

« Je n'ai plus même, hélas ! le flux et le reflux
     Des clartés et des ombres.
Mon esprit chaque jour descend de plus en plus
     Parmi les rêves sombres.

« On dit que sur les cœurs pleins de trouble et d'effroi
     Votre grâce s'épanche.
Soutenez-moi, Seigneur ! Seigneur, soutenez-moi,
     Car je sens que tout penche ! »

V

Et moi, je contemplais celle qui priait Dieu
     Dans l'enceinte sacrée,
La trouvant grave et douce et digne du saint lieu,
     Cette belle éplorée.

Et je lui dis, tâchant de ne pas la troubler,
     La pauvre enfant qui pleure,
Si par hasard dans l'ombre elle entendait parler
     Quelque autre voix meilleure,

Car, au déclin des ans comme au matin des jours,
     Joie, extase ou martyre,
Un autel que rencontre une femme a toujours
     Quelque chose à lui dire.

VI

« O MADAME ! pourquoi ce chagrin qui vous suit ?
        Pourquoi pleurer encore,
Vous, femme au cœur charmant, sombre comme la nuit,
        Douce comme l'aurore ?

« Qu'importe que la vie, inégale ici-bas
        Pour l'homme et pour la femme,
Se dérobe et soit prête à rompre sous vos pas ?
        N'avez-vous pas votre âme ?

« Votre âme qui bientôt fuira peut-être ailleurs
        Vers les régions pures,
Et vous emportera plus loin que nos douleurs,
        Plus loin que nos murmures !

« Soyez comme l'oiseau, posé pour un instant
        Sur des rameaux trop frêles,
Qui sent ployer la branche et qui chante pourtant,
        Sachant qu'il a des ailes ! »

                    25 octobre 1834. Aux Roches.

XXXIV

ECRIT SUR LA PREMIERE PAGE

D'UN PETRARQUE

QUAND d'une aube d'amour mon âme se colore,
Quand je sens ma pensée, ô chaste amant de Laure,
Loin du souffle glacé d'un vulgaire moqueur,
Eclore feuille à feuille au plus profond du cœur,

Je prends ton livre saint qu'un feu céleste embrase,
Où si souvent murmure à côté de l'extase
La résignation au sourire fatal,
Ton beau livre, où l'on voit, comme un flot de cristal
Qui sur un sable d'or coule à sa fantaisie,
Tant d'amour ruisseler sur tant de poésie !
Je viens à ta fontaine [1], ô maître ! et je relis
Tes vers mystérieux par la grâce amollis,
Doux trésor, flot d'amour qui, dans les bois recluse,
Laisse après cinq cents ans son odeur à Vaucluse !
Et tandis que je lis, rêvant, presque priant,
Celui qui me verrait me verrait souriant,
Car, loin des bruits du monde et des sombres orgies,
Tes pudiques chansons, tes nobles élégies,
Vierges au doux profil, sœurs au regard d'azur,
Passent devant mes yeux, portant sur leur front pur.
Dans les sonnets sculptés, comme dans des amphores,
Ton beau style, étoilé de fraîches métaphores [2] !

                                        14 octobre 1835.

XXXV [3]

LES autres en tout sens laissent aller leur vie,
Leur âme, leur désir, leur instinct, leur envie ;
Tout marche en eux, au gré des choses qui viendront,
L'action sans idée et le pied sans le front ;
Ils suivent au hasard le projet ou le rêve,
Toute porte qui s'ouvre ou tout vent qui s'élève ;
Le présent les absorbe en sa brièveté.
Ils ne seront jamais et n'ont jamais été ;
Ils sont, et voilà tout. Leur esprit flotte et doute.
Ils vont, le voyageur ne tient pas à la route,
Et tout s'efface en eux à mesure, l'ennui
Par la joie, oui par non, hier par aujourd'hui.
Ils vivent jour à jour et pensée à pensée.
Aucune règle au fond de leurs vœux n'est tracée ;

Nul accord ne les tient dans ses proportions.
Quand ils pensent une heure, au gré des passions,
Rien de lointain ne vient de derrière leur vie
Retentir dans l'idée à cette heure suivie ;
Et pour leur cœur terni l'amour est sans douleurs,
Le passé sans racine et l'avenir sans fleurs.

Mais vous qui répandez tant de jour sur son âme,
Vous qui depuis douze ans, tour à tour ange et femme,
Me soutenant là-haut ou m'aidant ici-bas,
M'avez pris sous votre aile ou calmé dans vos bras ;
Vous qui, mettant toujours le cœur dans la parole,
Rendez visible aux yeux, comme un vivant symbole,
Le calme intérieur par la paix du dehors,
La douceur de l'esprit par la santé du corps,
La bonté par la joie, et, comme les dieux même,
La suprême vertu par la beauté suprême ;
Vous, mon phare, mon but, mon pôle, mon aimant,
Tandis que nous flottons à tout événement,
Vous savez que toute âme a sa règle auprès d'elle ;
Tout en vous est serein, rayonnant et fidèle,
Vous ne dérangez pas le tout harmonieux,
Et vous êtes ici comme une sphère aux cieux !
Rien ne se heurte en vous ; tout se tient avec grâce ;
Votre âme en souriant à votre esprit s'enlace ;
Votre vie, où les pleurs se mêlent quelquefois,
Secrète comme un nid qui gémit dans les bois,
Comme un flot lent et sourd qui coule sur des mousses,
Est un concert charmant des choses les plus douces ;
Bonté, vertu, beauté, frais sourire, œil de feu,
Toute votre nature est un hymne vers Dieu.
Il semble, en vous voyant si parfaite et si belle,
Qu'une pure musique, égale et solennelle,
De tous vos mouvements se dégage en marchant.
Les autres sont des bruits, vous, vous êtes un chant !

17 octobre 1834. Aux Roches.

XXXVI

Toi ! sois bénie à jamais !
Eve qu'aucun fruit ne tente !
Qui de la vertu contente
Habites les purs sommets !
Ame sans tache et sans rides,
Baignant tes ailes candides,
A l'ombre et bien loin des yeux,
Dans un flot mystérieux,
Moiré de reflets splendides !

Sais-tu ce qu'en te voyant
L'indigent dit quand tu passes ?
— « Voici le front plein de grâces
Qui sourit au suppliant !
Notre infortune la touche.
Elle incline à notre couche
Un visage radieux ;
Et les mots mélodieux
Sortent charmants de sa bouche ! » —

Sais-tu, les yeux vers le ciel,
Ce que dit la pauvre veuve ?
— « Un ange au fiel qui m'abreuve
Est venu mêler son miel.
Comme à l'herbe la rosée,
Sur ma misère épuisée,
Ses bienfaits sont descendus.
Nos cœurs se sont entendus,
Elle heureuse, et moi brisée !

J'ai senti que rien d'impur
Dans sa gaîté ne se noie,
Et que son front a la joie
Comme le ciel a l'azur.
Son œil de même a su lire

Que le deuil qui me déchire
N'a que de saintes douleurs.
Comme elle a compris mes pleurs,
Moi, j'ai compris son sourire ! » —

Pour parler des orphelins,
Quand, près du foyer qui tremble,
Dans mes genoux je rassemble
Tes enfants de ton cœur pleins ;
Quand je leur dis l'hiver sombre,
La faim, et les maux sans nombre
Des petits abandonnés,
Et qu'à peine sont-ils nés
Qu'ils s'en vont pieds nus dans l'ombre ;

Tandis que, silencieux,
Le groupe écoute et soupire,
Sais-tu ce que semblent dire
Leurs yeux pareils à tes yeux ?
— « Vous qui n'avez rien sur terre,
Venez chez nous ! pour vous plaire
Nous nous empresserons tous ;
Et vous aurez comme nous
Votre part de notre mère ! » —

Sais-tu ce que dit mon cœur ?
— « Elle est indulgente et douce,
Et sa lèvre ne repousse
Aucune amère liqueur.
Mère pareille à sa fille [1],
Elle luit dans ma famille
Sur mon front que l'ombre atteint.
Le front se ride et s'éteint,
La couronne toujours brille ! » —

Au-dessus des passions,
Au-dessus de la colère,
Ton noble esprit ne sait faire
Que de nobles actions.
Quand jusqu'à nous tu te penches,

C'est ainsi que tu t'épanches
Sur nos cœurs que tu soumets.
D'un cygne il ne peut jamais
Tomber que des plumes blanches !

18 octobre 1835.

XXXVII

A MADEMOISELLE LOUISE B.[1]

I

L'ANNÉE en s'enfuyant par l'année est suivie.
Encore une qui meurt ! encore un pas du temps ;
Encore une limite atteinte dans la vie !
Encore un sombre hiver jeté sur nos printemps !

Le temps ! les ans ! les jours ! mots que la foule ignore !
Mots profonds qu'elle croit à d'autres mots pareils !
Quand l'heure tout à coup lève sa voix sonore,
Combien peu de mortels écoutent ses conseils !

L'homme les use, hélas ! ces fugitives heures,
En folle passion, en folle volupté,
Et croit que Dieu n'a pas fait de choses meilleures
Que les chants, les banquets, le rire et la beauté !

Son temps dans les plaisirs s'en va sans qu'il y pense.
Imprudent ! est-il sûr de demain ? d'aujourd'hui ?
En dépensant ses jours sait-il ce qu'il dépense ?
Le nombre en est compté par un autre que lui.

A peine lui vient-il une grave pensée
Quand, au sein du festin qui satisfait ses vœux,
Ivre, il voit tout à coup de sa tête affaissée
Tomber en même temps les fleurs et les cheveux ;

Quand ses projets hâtifs l'un sur l'autre s'écroulent ;
Quand ses illusions meurent à son côté ;
Quand il sent le niveau de ses jours qui s'écoulent
Baisser rapidement comme un torrent d'été.

Alors en chancelant il s'écrie, il réclame,
Il dit : Ai-je donc bu toute cette liqueur ?
Plus de vin pour ma soif ! plus d'amour pour mon âme !
Qui donc vide à la fois et ma coupe et mon cœur ?

Mais rien ne lui répond. — Et triste, et le front blême,
De ses débiles mains, de son souffle glacé,
Vainement il remue, en s'y cherchant lui-même,
Ce tas de cendre éteint qu'on nomme le passé !

II

Ainsi nous allons tous. — Mais vous dont l'âme est forte,
Vous dont le cœur est grand, vous dites : — Que m'im-
                    Si le temps fuit toujours,   [porte
Et si toujours un souffle emporte quand il passe,
Pêle-mêle à travers la durée et l'espace,
                    Les hommes et les jours ! —

Car vous avez le goût de ce qui seul peut vivre ;
Sur Dante ou sur Mozart, sur la note ou le livre,
                    Votre front est courbé.
Car vous avez l'amour des choses immortelles ;
Rien de ce que le temps emporte sur ses ailes
                    Des vôtres n'est tombé !

Quelquefois, quand l'esprit vous presse et vous réclame,
Une musique en feu s'échappe de votre âme,
                    Musique aux chants vainqueurs,

Au souffle pur, plus doux que l'aile des zéphires,
Qui palpite, et qui fait vibrer comme des lyres
   Les fibres de nos cœurs !

Dans ce siècle où l'éclair reluit sur chaque tête,
Où le monde, jeté de tempête en tempête,
   S'écrie avec frayeur,
Vous avez su vous faire, en la nuit qui redouble,
Une sérénité qui traverse sans trouble
   L'orage extérieur !

Soyez toujours ainsi ! l'amour d'une famille,
Le centre autour duquel tout gravite et tout brille ;
   La sœur qui nous défend ;
Prodigue d'indulgence et de blâme économe ;
Femme au cœur grave et doux ; sérieuse avec l'homme,
   Folâtre avec l'enfant !

Car pour garder toujours la beauté de son âme,
Pour se remplir le cœur, riche ou pauvre, homme ou
   De pensers bienveillants,   [femme,
Vous avez ce qu'on peut, après Dieu, sur la terre,
Contempler de plus saint et de plus salutaire,
   Un père en cheveux blancs !

      31 décembre 1831.

XXXVIII

QUE NOUS AVONS LE DOUTE EN NOUS [1]

     A Mademoiselle Louise B.

        [femme ! —
DE nos jours, — plaignez-nous, vous, douce et noble
L'intérieur de l'homme offre un sombre tableau.
Un serpent est visible en la source de l'eau,
Et l'incrédulité rampe au fond de notre âme.

Vous qui n'avez jamais de sourire moqueur
Pour les accablements dont une âme est troublée,
Vous qui vivez sereine, attentive et voilée,
Homme par la pensée et femme par le cœur,

Si vous me demandez, vous muse, à moi poète,
D'où vient qu'un rêve obscur semble agiter mes jours,
Que mon front est couvert d'ombres, et que toujours,
Comme un rameau dans l'air, ma vie est inquiète ;

Pourquoi je cherche un sens au murmure des vents ;
Pourquoi souvent, morose et pensif dès la veille,
Quand l'horizon blanchit à peine, je m'éveille
Même avant les oiseaux, même avant les enfants ;

Et pourquoi, quand la brume a déchiré ses voiles,
Comme dans un palais dont je ferais le tour
Je vais dans le vallon, contemplant tour à tour
Et le tapis de fleurs et le plafond d'étoiles ?

Je vous dirai qu'en moi je porte un ennemi,
Le doute, qui m'emmène errer dans le bois sombre,
Spectre myope et sourd, qui, fait de jour et d'ombre,
Montre et cache à la fois toute chose à demi !

Je vous dirai qu'en moi j'interroge à toute heure
Un instinct qui bégaye, en mes sens prisonnier,
Près du besoin de croire un désir de nier,
Et l'esprit qui ricane auprès du cœur qui pleure !

Aussi vous me voyez souvent parlant tout bas,
Et, comme un mendiant à la bouche affamée
Qui rêve assis devant une porte fermée,
On dirait que j'attends quelqu'un qui n'ouvre pas.

Le doute ! mot funèbre et qu'en lettres de flammes
Je vois écrit partout, dans l'aube, dans l'éclair,
Dans l'azur de ce ciel, mystérieux et clair,
Transparent pour les yeux, impénétrable aux âmes !

C'est notre mal à nous, enfants des passions
Dont l'esprit n'atteint pas votre calme sublime ;
A nous dont le berceau, risqué sur un abîme,
Vogua sur le flot noir des révolutions.

Les superstitions, ces hideuses vipères,
Fourmillent sous nos fronts où tout germe est flétri.
Nous portons dans nos cœurs le cadavre pourri
De la religion qui vivait dans nos pères.

Voilà pourquoi je vais, triste et réfléchissant ;
Pourquoi souvent, la nuit, je regarde et j'écoute,
Solitaire, et marchant au hasard sur la route
A l'heure où le passant semble étrange au passant.

Heureux qui peut aimer, et qui dans la nuit noire,
Tout en cherchant la foi, peut rencontrer l'amour !
Il a du moins la lampe en attendant le jour.
Heureux ce cœur ! Aimer, c'est la moitié de croire.

                                        13 octobre 1835.

XXXIX

DATE LILIA [1]

OH ! si vous rencontrez quelque part sous les cieux
Une femme au front pur, au pas grave, aux doux yeux,
Que suivent quatre enfants dont le dernier chancelle,
Les surveillant bien tous, et, s'il passe auprès d'elle
Quelque aveugle indigent que l'âge appesantit,
Mettant une humble aumône aux mains du plus petit ;
Si, quand la diatribe autour d'un nom s'élance,

Vous voyez une femme écouter en silence,
Et douter, puis vous dire : — Attendons pour juger.
Quel est celui de nous qu'on ne pourrait charger ?
On est prompt à ternir les choses les plus belles.
La louange est sans pieds et le blâme a des ailes. —
Si, lorsqu'un souvenir, ou peut-être un remords,
Ou le hasard vous mène à la cité des morts,
Vous voyez, au détour d'une secrète allée,
Prier sur un tombeau dont la route est foulée,
Seul avec des enfants, un être gracieux
Qui pleure en souriant comme l'on pleure aux cieux ;
Si de ce sein brisé la douleur et l'extase
S'épanchent comme l'eau des fêlures d'un vase ;
Si rien d'humain ne reste à cet angle éploré ;
Si, terni par le deuil, son œil chaste et sacré,
Bien plus levé là-haut que baissé vers la tombe,
Avec tant de regret sur la terre retombe
Qu'on dirait que son cœur n'a pas encor choisi
Entre sa mère au ciel et ses enfants ici ;

Quand, vers Pâque ou Noël, l'église, aux nuits tombantes,
S'emplit de pas confus et de cires flambantes,
Quand la fumée en flots déborde aux encensoirs
Comme la blanche écume aux lèvres des pressoirs,
Quand au milieu des chants d'hommes, d'enfants, de
Une âme selon Dieu sort de toutes ces âmes,   [femmes,
Si, loin des feux, des voix, des bruits et des splendeurs,
Dans un repli perdu parmi les profondeurs,
Sur quatre jeunes fronts groupés près du mur sombre,
Vous voyez se pencher un regard voilé d'ombre
Où se mêle, plus doux encor que solennel,
Le rayon virginal au rayon maternel ;

Oh ! qui que vous soyez, bénissez-la. C'est elle !
La sœur, visible aux yeux, de mon âme immortelle !
Mon orgueil, mon espoir, mon abri, mon recours !
Toit de mes jeunes ans qu'espèrent mes vieux jours !
C'est elle ! la vertu sur ma tête penchée ;
La figure d'albâtre en ma maison cachée ;
L'arbre qui, sur la route où je marche à pas lourds,

Verse des fruits souvent et de l'ombre toujours ;
La femme dont ma joie est le bonheur suprême ;
Qui, si nous chancelons, ses enfants ou moi-même,
Sans parole sévère et sans regard moqueur,
Les soutient de la main et me soutient du cœur ;
Celle qui, lorsqu'au mal, pensif, je m'abandonne,
Seule peut me punir et seule me pardonne ;
Qui de mes propres torts me console et m'absout ;
A qui j'ai dit : toujours ! et qui m'a dit : partout !
Elle ! tout dans un mot ! c'est dans ma froide brume
Une fleur de beauté que la bonté parfume !
D'une double nature hymen mystérieux !
La fleur est de la terre et le parfum des cieux !

16 septembre 1834.

LES VOIX INTERIEURES

La Porcia [1] de Shakespeare parle quelque part de cette *musique que tout homme a en soi.* — Malheur, dit-elle, à qui ne l'entend pas ! — Cette musique, la nature aussi l'a en elle. Si le livre qu'on va lire est quelque chose, il est l'écho, bien confus et bien affaibli sans doute, mais fidèle, l'auteur le croit, de ce chant qui répond en nous au chant que nous entendons hors de nous.

Au reste, cet écho intime et secret étant, aux yeux de l'auteur, la poésie même, ce volume, avec quelques nuances nouvelles peut-être et les développements que le temps a amenés, ne fait que continuer ceux qui l'ont précédé. Ce qu'il contient, les autres le contenaient ; à cette différence près que dans *les Orientales,* par exemple, la fleur serait plus épanouie, dans *les Voix intérieures,* la goutte de rosée ou de pluie serait plus cachée. La poésie, en supposant que ce soit ici le lieu de prononcer un si grand mot, la poésie est comme Dieu : une et inépuisable.

Si l'homme a sa voix, si la nature a la sienne, les événements ont aussi la leur. L'auteur a toujours pensé que la mission du poète était de fondre dans un même groupe de chants cette triple parole qui renferme un triple enseignement, car la première s'adresse plus particulièrement au cœur, la seconde à l'âme, la troisième à l'esprit. *Tres radios* [2].

Et puis, dans l'époque où nous vivons, tout l'homme

ne se retrouve-t-il pas là ? N'est-il pas entièrement com-
pris sous ce triple aspect de notre vie : Le foyer, le
champ, la rue ? Le foyer, qui est notre cœur même ; le
champ, où la nature nous parle ; la rue, où tempête, à
travers les coups de fouet des partis, cet embarras de
charrettes qu'on appelle les événements politiques.

Et, disons-le en passant, dans cette mêlée d'hommes,
de doctrines et d'intérêts qui se ruent si violemment
tous les jours sur chacune des œuvres qu'il est donné
à ce siècle de faire, le poète a une fonction sérieuse.
Sans parler même ici de son influence civilisatrice, c'est
à lui qu'il appartient d'élever, lorsqu'ils le méritent, les
événements politiques à la dignité d'événements histo-
riques. Il faut, pour cela, qu'il jette sur ses contempo-
rains ce tranquille regard que l'histoire jette sur le
passé ; il faut que, sans se laisser tromper aux illusions
d'optique, aux mirages menteurs, aux voisinages mo-
mentanés, il mette dès à présent tout en perspective,
diminuant ceci, grandissant cela. Il faut qu'il ne trempe
dans aucune voie de fait. Il faut qu'il sache se main-
tenir, au-dessus du tumulte, inébranlable, austère et
bienveillant ; indulgent quelquefois, chose difficile, im-
partial toujours, chose plus difficile encore ; qu'il ait
dans le cœur cette sympathique intelligence des révo-
lutions qui implique le dédain de l'émeute, ce grave res-
pect du peuple qui s'allie au mépris de la foule ; que
son esprit ne concède rien aux petites colères ni aux
petites vanités ; que son éloge comme son blâme prenne
souvent à rebours, tantôt l'esprit de cour, tantôt l'esprit
de faction. Il faut qu'il puisse saluer le drapeau trico-
lore sans insulter les fleurs de lys ; il faut qu'il puisse
dans le même livre, presque à la même page, flétrir
« l'homme qui a vendu une femme » et louer un noble
jeune prince pour une bonne action bien faite, glorifier
la haute idée sculptée sur l'arc de l'Etoile et consoler
la triste pensée enfermée dans la tombe de Charles X [1].
Il faut qu'il soit attentif à tout, sincère en tout, désin-
téressé sur tout, et que, nous l'avons déjà dit ailleurs,
il ne dépende de rien, pas même de ses propres ressen-
timents, pas même de ses griefs personnels ; sachant

être, dans l'occasion, tout à la fois irrité comme homme et calme comme poète. Il faut enfin que, dans ces temps livrés à la lutte furieuse des opinions, au milieu des attractions violentes que sa raison devra subir sans dévier, il ait sans cesse présent à l'esprit ce but sévère : être de tous les partis par leur côté généreux, n'être d'aucun par leur côté mauvais.

La puissance du poète est faite d'indépendance.

L'auteur, on le voit, ne se dissimule aucune des conditions rigoureuses de la mission qu'il s'est imposée, en attendant qu'un meilleur vienne. Le résultat de l'art ainsi compris, c'est l'adoucissement des esprits et des mœurs, c'est la civilisation même[1]. Ce résultat, quoique l'auteur de ce livre soit bien peu de chose pour une fonction si haute, il continuera d'y tendre par toutes les voies ouvertes à sa pensée, par le théâtre comme par le livre, par le roman comme par le drame, par l'histoire comme par la poésie. Il tâche, il essaie, il entreprend. Voilà tout. Bien des sympathies, nobles et intelligentes, l'appuient. S'il réussit, c'est à elles et non à lui que sera dû le succès.

Quant à la dédicace placée en tête de ce volume, l'auteur, surtout après les lignes qui précèdent, pense n'avoir pas besoin de dire combien est calme et religieux le sentiment qui l'a dictée. On le comprendra, en présence de ces deux monuments, le trophée de l'Etoile, le tombeau de son père, l'un national, l'autre domestique, tous deux sacrés, il ne pouvait y avoir place dans son âme que pour une pensée grave, paisible et sereine. Il signale une omission, et, en attendant qu'elle soit réparée où elle doit l'être, il la répare ici autant qu'il est en lui. Il donne à son père cette pauvre feuille de papier, tout ce qu'il a, en regrettant de n'avoir pas de granit. Il agit comme tout autre agirait dans la même situation. C'est donc tout simplement un devoir qu'il accomplit, rien de plus, rien de moins, et qu'il accomplit comme s'accomplissent les devoirs, sans bruit, sans colère, sans étonnement. Personne ne s'étonnera non plus de le voir faire ce qu'il fait. Après tout, la France peut bien, sans trop de souci, laisser tomber une feuille de son épaisse et glorieuse couronne ; cette feuille, un fils doit la ramasser. Une nation est grande, une famille est petite ; ce qui n'est rien pour l'une est tout pour l'autre. La France a le droit d'oublier, la famille a le droit de se souvenir.

24 juin 1837. Paris.

I

Ce siècle est grand et fort. Un noble instinct le mène.
Partout on voit marcher l'Idée en mission ;
Et le bruit du travail, plein de parole humaine,
Se mêle au bruit divin de la création.

Partout, dans les cités et dans les solitudes,
L'homme est fidèle au lait dont nous le nourrissions ;
Et dans l'informe bloc des sombres multitudes
La pensée en rêvant sculpte des nations [1].

L'échafaud vieilli croule, et la Grève se lave [2].
L'émeute se rendort [3]. De meilleurs jours sont prêts.
Le peuple a sa colère et le volcan sa lave
Qui dévaste d'abord et qui féconde après.

Des poètes puissants, têtes par Dieu touchées,
Nous jettent les rayons de leurs fronts inspirés [4].
L'art a de frais vallons où les âmes penchées
Boivent la poésie à des ruisseaux sacrés.

Pierre à pierre, en songeant aux vieilles mœurs éteintes,
Sous la société qui chancelle à tous vents,
Le penseur reconstruit ces deux colonnes saintes,
Le respect des vieillards et l'amour des enfants.

Le devoir, fils du droit, sous nos toits domestiques

Habite comme un hôte auguste et sérieux.
Les mendiants groupés dans l'ombre des portiques
Ont moins de haine au cœur et moins de flamme aux
[yeux.

L'austère vérité n'a plus de portes closes.
Tout verbe est déchiffré. Notre esprit éperdu,
Chaque jour, en lisant dans le livre des choses,
Découvre à l'univers un sens inattendu.

O poètes ! le fer et la vapeur ardente
Effacent de la terre, à l'heure où vous rêvez,
L'antique pesanteur, à tout objet pendante,
Qui sous les lourds essieux broyait les durs pavés [1].

L'homme se fait servir par l'aveugle matière.
Il pense, il cherche, il crée ! A son souffle vivant
Les germes dispersés dans la nature entière
Tremblent comme frissonne une forêt au vent !

Oui, tout va, tout s'accroît. Les heures fugitives
Laissent toutes leur trace. Un grand siècle a surgi.
Et, contemplant de loin de lumineuses rives,
L'homme voit son destin comme un fleuve élargi.

Mais parmi ces progrès dont notre âge se vante,
Dans tout ce grand éclat d'un siècle éblouissant,
Une chose, ô Jésus, en secret m'épouvante,
C'est l'écho de ta voix qui va s'affaiblissant [2].

15 avril 1837.

II

SUNT LACRYMÆ RERUM [3]

I

IL est mort. Rien de plus. Nul groupe populaire,
Urne d'où se répand l'amour et la colère,
N'a jeté sur son nom pitié, gloire ou respect.

Aucun signe n'a lui. Rien n'a changé l'aspect
De ce siècle orageux, mer de récifs bordée,
Où le fait, ce flot sombre, écume sur l'idée.
Nul temple n'a gémi dans nos villes. Nul glas
N'a passé sur nos fronts criant : Hélas ! hélas !
La presse aux mille voix, cette louve hargneuse,
A peine a retourné sa tête dédaigneuse ;
Nous ne l'avons pas vue, irritée et grondant,
Donner à cette pourpre un dernier coup de dent.
Et chacun vers son but, la marée à la grève,
La foule vers l'argent, le penseur vers son rêve,
Tout a continué de marcher, de courir,
Et rien n'a dit au monde : Un roi vient de mourir [1] !

II

SOMBRES canons rangés devant les Invalides [2],
Comme des sphinx au pied des grandes pyramides,
Dragons d'airain, hideux, verts, énormes, béants,
Gardiens de ce palais, bâti pour des géants,
Qui dresse et fait au loin reluire à la lumière
Un casque monstrueux sur sa tête de pierre !
A ce bruit qui jadis vous eût fait rugir tous,
— Le roi de France est mort ! — d'où vient qu'aucun de
Comme un lion captif qui secouerait sa chaîne, [vous,
Aucun n'a tressailli sur sa base de chêne,
Et n'a, se réveillant par un subit effort,
Dit à son noir voisin : — Le roi de France est mort ! —
D'où vient qu'il s'est fermé sans vos salves funèbres,
Ce cercueil qu'on clouait là-bas dans les ténèbres ?
Et que rien n'est sorti de vos mornes affûts,
Pas même, ô canons sourds, ce murmure confus
Qu'au vague battement de ses ailes livides
Le vent des nuits arrache à des armures vides ?
C'est que, prostitués dans nos troubles civils,
Vous êtes comme nous fiers, sonores et vils !

C'est que, rouillés, vieillis, rivés à votre place,
Toujours agenouillés devant tout ce qui passe,
Retirés des combats, et dans ce coin obscur
Par des soldats boiteux gardés sous un vieux mur,
Vains foudres de parade oubliés de l'armée,
Autour de tout vainqueur faisant de la fumée,
Réservés pour la pompe et la solennité,
Vous avez pris racine en cette lâcheté !
Soyez flétris ! canons que la guerre repousse,
Dont la voix sans terreur dans les fêtes s'émousse,
Vous qui glorifiez de votre cri profond
Ceux qui viennent, toujours, jamais ceux qui s'en vont !
Vous qui, depuis trente ans, noirs courtisans de bronze,
Avez, comme Henri Quatre adorant Louis Onze,
Toujours tout applaudi, toujours tout salué,
Vous taisant seulement quand le peuple a hué !
Lâches, vous préférez ceux que le sort préfère !
Dans le moule brûlant le fondeur pour vous faire
Mit l'étain et le cuivre et l'oubli du vaincu ;
Car qui meurt exilé pour vous n'a pas vécu,
Car vos poumons de fer, où gronde une âpre haleine,
Sont muets pour Goritz, comme pour Sainte-Hélène !
Soyez flétris !

            Mais non. C'est à nous, insensés,
Que le mépris revient. Vous nous obéissez.
Vous êtes prisonniers et vous êtes esclaves.
La guerre qui vous fit de ses bouillantes laves
Vous fit pour la bataille, et nous vous avons pris
Pour vous éclabousser des fanges de Paris,
Pour vous sceller au seuil d'un palais centenaire,
Et pour vous mettre au ventre un éclair sans tonnerre !
C'est nous qu'il faut flétrir, nous qui, déshonorés,
Donnons notre âme abjecte à ces bronzes sacrés.
Nous passons dans l'opprobre ! hélas ! ils y demeurent.
Mornes captifs ! le jour où des rois proscrits meurent,
Vous ne pouvez, jetant votre fumée à flots,
Prolonger sur Paris vos éclatants sanglots,
Et, pareils à des chiens liés à des murailles,
D'un hurlement plaintif suivre leurs funérailles !

Muets, et vos longs cous baissés vers les pavés,
Vous restez là pensifs, et, tristes, vous rêvez
Aux hommes, froids esprits, cœurs bas, âmes douteuses,
Qui font faire à l'airain tant de choses honteuses [1] !

III

Vous vous taisez. — Mais moi, moi dont parfois le chant
Se refuse à l'aurore et jamais au couchant,
Moi que jadis à Reims Charle admit comme un hôte [2],
Moi qui plaignis ses maux, moi qui blâmai sa faute,
Je ne me tairai pas. Je descendrai, courbé,
Jusqu'au caveau profond, où dort ce roi tombé ;
Je suspendrai ma lampe à cette voûte noire ;
Et sans cesse, à côté de sa triste mémoire,
Mon esprit, dans ces temps d'oubli contagieux,
Fera veiller dans l'ombre un vers religieux !

Et que m'importe à moi qui, déployant mon aile,
Touche parfois d'en bas à la lyre éternelle,
A moi qui n'ai d'amour que pour l'onde et les champs,
Et pour tout ce qui souffre, excepté les méchants,
A moi qui prends souci, quand la nef s'aventure,
De tous les matelots risqués dans la mâture,
Et dont la pitié grave hésite quelquefois
De la sueur du peuple à la sueur des rois,
Que m'importe après tout que depuis six années
Ce roi fût retranché des têtes couronnées,
Froide ruine au bord de nos flots écumants,
Vain fantôme penché sur les événements !
Qu'il ne changeât de rien ni le poids ni le nombre,
Que, rasé dès longtemps, son front plongeât dans l'ombre,
Et que déjà, vieillard sans trône et sans pavois,
Il eût subi l'exil, première mort des rois !
Je le dirai, sans peur que la haine renaisse,
Son avènement pur eut pour sœur ma jeunesse ;

Saint-Remi nous reçut sous son mur triomphant
Tous deux le même jour, lui vieux, moi presque enfant ;
Et moi je ne veux pas, harpe[1] qu'il a connue,
Qu'on mette mon roi mort dans une bière nue !
Tandis qu'au loin la foule emplit l'air de ses cris,
L'auguste piété, servante des proscrits,
Qui les ensevelit dans sa plus blanche toile,
N'aura pas, dans la nuit que son regard étoile,
Demandé vainement à ma pensée en deuil
Un lambeau de velours pour couvrir ce cercueil !

IV

OH ! que Versaille était superbe
Dans ces jours purs de tout affront
Où les prospérités en gerbe
S'épanouissaient sur son front !
Là, tout faste était sans mesure ;
Là, tout arbre avait sa parure ;
Là, tout homme avait sa dorure ;
Tout du maître suivait la loi.
Comme au même but vont cent routes,
Là les grandeurs abondaient toutes ;
L'olympe ne pendait aux voûtes
Que pour compléter le grand roi !

Vers le temps où naissaient nos pères
Versailles rayonnait encor.
Les lions ont de grands repaires ;
Les princes ont des palais d'or.
Chaque fois que, foule asservie,
Le peuple au cœur rongé d'envie
Contemplait du fond de sa vie
Ce fier château si radieux,
Rentrant dans sa nuit plus livide,
Il emportait dans son œil vide
Un éblouissement splendide
De rois, de femmes et de dieux !

Alors riaient dans l'espérance
Trois enfants sous ces nobles toits,
Les deux Louis, aînés de France,
Le beau Charles, comte d'Artois.
Tous trois nés sous les dais de soie,
Frêles enfants, mais pleins de joie
Comme ceux qu'un chaud soleil noie
De rayons purs sous le ciel bleu.
Oh ! d'un beau sort quelle semence !
Près d'eux le roi d'où tout commence,
Au-dessous d'eux le peuple immense,
Au-dessus la bonté de Dieu !

V

QUI leur eût dit alors l'austère destinée ?
Qui leur eût dit qu'un jour cette France, inclinée
　　　　Sous leurs fronts de fleurons chargés,
Ne se souviendrait d'eux ni de leur morne histoire,
Pas plus que l'océan sans fond et sans mémoire
　　　　Ne se souvient des naufragés !

Que, chaînes, lys, dauphins, un jour les Tuileries
Verraient l'illustre amas des vieilles armoiries
　　　　S'écrouler de leur plafond nu,
Et qu'en ces temps lointains que le mystère couvre,
Un Corse, encore à naître, au noir fronton du Louvre
　　　　Sculpterait un aigle inconnu !

Que leur royal Saint-Cloud se meublait pour un autre,
Et qu'en ces fiers jardins du rigide Lenôtre,
　　　　Amour de leurs yeux éblouis,
Beaux parcs où dans les jeux croissait leur jeune force,
Les chevaux de Crimée[1] un jour mordraient l'écorce
　　　　Des vieux arbres du grand Louis !

VI

Dans ces temps radieux, dans cette aube enchantée,
Dieu ! comme avec terreur leur mère épouvantée
Les eût contre son cœur pressés, pâle et sans voix,
Si quelque vision, troublant ces jours de fêtes,
Eût jeté tout à coup sur ces fragiles têtes
Ce cri terrible : — Enfants ! vous serez rois tous trois !

Et la voix prophétique aurait pu dire encore :
« — Enfants, que votre aurore est une triste aurore !
Que les sceptres pour vous sont d'odieux présents !
D'où vient donc que le Dieu qui punit Babylone
Vous fait à pareille heure éclore au pied du trône ?
Et qu'avez-vous donc fait, ô pauvres innocents ?

          « Beaux enfants qu'on berce et qu'on flatte,
          Tout surpris, vous si purs, si doux,
          Que des vieux en robe écarlate
          Viennent vous parler à genoux !
          Quand les sévères Malesherbes
          Ont relevé leurs fronts superbes,
          Vous courez jouer dans les herbes,
          Sans savoir que tout doit finir,
          Et que votre race qui sombre
          Porte à ses deux bouts couverts d'ombre
          Ravaillac dans le passé sombre,
          Robespierre dans l'avenir !

          « Dans ce Louvre où de vieux murs gardent
          Les portraits des rois hasardeux,
          Allez voir comme vous regardent
          Charles premier et Jacques deux[1] !
          Sur vous un nuage s'étale.
          Sol étranger, terre natale,
          L'émeute, la guerre fatale,
          Dévoreront vos jours maudits.

De vous trois, enfants sur qui pèse
L'antique masure française,
Le premier sera Louis seize,
Le dernier sera Charles dix !

« Que l'aîné, peu crédule à la vie, à la gloire,
Au peuple ivre d'amour, sache d'une nuit noire
D'avance emplir son cœur de courage pourvu ;
Qu'il rêve un ciel de pluie, un tombereau qui roule,
Et là-bas, tout au fond, au-dessus de la foule,
Quelque étrange échafaud dans la brume entrevu !

« Frères par la naissance et par le malheur frères,
Les deux autres fuiront, battus des vents contraires.
Le règne de Louis, roi de quelques bannis,
Commence dans l'exil, celui de Charle y tombe.
L'un n'aura pas de sacre et l'autre pas de tombe.
A l'un Reims doit manquer, à l'autre Saint-Denis[1] ! »

VII

QUEL rêve horrible ! — C'est l'histoire.
De nos pères couchés dans les tombeaux profonds
Ce qu'aucun n'aurait voulu croire,
Nous l'avons vu, nous qui vivons !

Tous ces maux, et d'autres encore,
Sont tombés sur ces fronts de la main du Seigneur.
Maintenant croyez à l'aurore !
Maintenant croyez au bonheur !

Croyez au ciel pur et sans rides !
Saluez l'avenir qui vous flatte si bien !
L'avenir, fantôme aux mains vides,
Qui promet tout et qui n'a rien !

O rois ! ô familles tronquées !
Brusques écroulements des vieilles majestés !
O calamités embusquées
Au tournant des prospérités !

Tout colosse a des pieds de sable.
Votre abîme est, Seigneur, un abîme infini.
Louis quinze fut le coupable,
Louis seize fut le puni !

La peine se trompe et dévie.
Celui qui fit le mal, c'est la loi du Très-Haut,
A le trône et la longue vie,
Et l'innocent a l'échafaud.

Les fautes que l'aïeul peut faire
Te poursuivront, ô fils ! en vain tu t'en défends.
Quand il a neigé sous le père,
L'avalanche est pour les enfants !

Révolutions ! mer profonde !
Que de choses, hélas ! pleines d'enseignement,
Dans les ténèbres de votre onde
On voit flotter confusément [1] !

VIII

CHARLES DIX ! — Oh ! le Dieu qui retire et qui donne
Forgea pour cette tête une lourde couronne !
L'empire était penchant et les temps étaient durs.
Une ombre quand il vint couvrait encor nos murs,
L'ombre de l'empereur, figure colossale.
Peuple, armée, et la France, et l'Europe vassale,
Par cette vaste main depuis quinze ans pétris,
Demandaient un grand règne, et, pour remplir Paris
Ainsi qu'après César Auguste remplit Rome,
Napoléon il fallait plus qu'un homme.

Charles ne fut qu'un homme. A ce faîte il eut peur.
Le gouffre attire. Pris d'un vertige trompeur,
Dans l'abîme, fermant les yeux à la lumière,
Il se précipita la tête la première.
Silence à son tombeau! car tout vient de finir.
A peine il aura teint d'un vague souvenir
Le peuple à l'eau pareil, qui passe, clair ou sombre,
Près de tout sans en prendre autre chose que l'ombre!

Je n'aurai pas pour lui de reproches amers.
Je ne suis pas l'oiseau qui crie au bord des mers
Et qui, voyant tomber la foudre des nuées,
Jette aux marins perdus ses sinistres huées.
Des passions de tous isolé bien souvent,
Je n'ai jamais cherché les baisers que nous vend
Et l'hymne dont nous berce avec sa voix flatteuse
La popularité, cette grande menteuse.
Aussi n'attendez pas que j'achète aujourd'hui
Des louanges pour moi par des affronts pour lui.
Qu'un autre, aux rois déchus donnant un nom sévère
Fasse un vil pilori de leur fatal calvaire ;
Moi je n'affligerai pas plus, ô Charles dix,
Ton cercueil maintenant que ton exil jadis !

IX

REPOSE, fils de France, en ta tombe exilée !
Dormez, sire ! — Il convient que cette ombre voilée,
Que ce vieux pasteur mort sans peuple et sans trou-
Roi presque séculaire, ait au moins le repos,   [peaux,
Qu'il ait au moins la paix où la mort nous convie,
Puisqu'il eut le travail d'une si dure vie !
Peuple ! soyons cléments ! soyons forts ! oublions !
Jamais l'odeur des morts n'attire les lions.
La haine d'un grand peuple est une haine grande
Qui veut que le pardon au sépulcre descende

Et n'a pour ennemis que ceux qui sont debout.
Hélas ! quel poids encor pourrions-nous après tout
Jeter sur ce vieillard cassé par la misère,
Qui dort sous le fardeau de la terre étrangère !

Roi, puissant, vous l'avez brisé ; c'est un grand pas.
Il faut l'épargner mort. Et moi, je ne crois pas
Qu'il soit digne du peuple en qui Dieu se reflète [1]
De joindre au bras qui tue une main qui soufflette.

X

Nous, pasteurs des esprits, qui, du bord du chemin,
Regardons tous les pas que fait le genre humain,
Poètes, par nos chants, penseurs, par nos idées,
Hâtons vers la raison les âmes attardées !
Hâtons l'ère où viendront s'unir d'un nœud loyal
Le travail populaire et le labeur royal ;
Où colère et puissance auront fait leur divorce ;
Où tous ceux qui sont forts auront peur de leur force,
Et d'un saint tremblement frémiront à la fois,
Rois, devant leurs devoirs, peuples, devant leurs droits !
Aidons tous ces grands faits que le Seigneur envoie
Pour ouvrir une route ou pour clore une voie,
Les révolutions dont la surface bout,
Les changements soudains qui font vaciller tout,
A dégager du fond des nuages de l'âme,
A poser au-dessus des lois comme une flamme
Ce sentiment profond en nous tous replié
Que l'homme appelle doute et la femme pitié !
Expliquons au profit de la sainte clémence
Ces hauts événements où l'état recommence,
Et qui font, quand l'œil va des vaincus aux vainqueurs,
Trembler la certitude humaine au fond des cœurs !
Faisons venir bientôt l'heure où l'on pourra dire
Que sur le froid sépulcre on ne doit rien écrire

Hors des mots de pardon, d'espérance et de paix ;
Et que, l'empereur mort comme les vieux Capets,
On a tort d'exiler, lorsque rien ne bouillonne,
Eux de leur Saint-Denis et lui de sa colonne[1].
A quoi sert, Dieu clément, cette vaine action ?
Et comment se fait-il que la Proscription
Ne brise pas ses dents au marbre de la tombe ?
N'est-ce donc pas assez que, cygne, aigle ou colombe,
Dès qu'un vent de malheur lui jette un nid de rois,
Sortant de ce bois noir qu'on appelle les lois,
Cette hyène, acharnée aux grandes races mortes,
Vienne, là, sous nos murs, les ronger à nos portes !

Un jour, — mais nous serons couchés sous le gazon
Quand cette aube de Dieu blanchira l'horizon ! —
Un jour on comprendra, même en changeant de règne,
Qu'aucune loi ne peut, sans que l'équité saigne,
Faire expier à tous ce qu'a commis un seul,
Et faire boire au fils ce qu'a versé l'aïeul[2].
On fera ce que nul aujourd'hui ne peut faire.
Quand un aiglon royal tombera de sa sphère,
On ne l'abattra pas sur l'aigle foudroyé.
Et, tout en gardant bien le droit qu'il a payé
De mettre le pouvoir sur un front comme un signe
Et de donner le trône et le Louvre au plus digne,
Un grand peuple pourra, sans être épouvanté,
Voir un enfant de plus jouer dans la cité.
Car tous les cœurs diront : C'est une juste aumône
De laisser la patrie à qui n'a plus le trône !
Alors, jetant enfin l'ancre dans un port sûr,
Ayant les biens germés sur nos maux, et l'azur
Du ciel nouveau dont Dieu nous donne la tempête,
Proscription ! nos fils broieront du pied ta tête !
Démon qui tiens du tigre et qui tiens du serpent !
Dans les prospérités invisible et rampant,
Qui, lâche et patient, épiant en silence
Ce que dans son palais le roi dit, rêve, ou pense,
Horrible, en attendant l'heure d'être lâché,
Vis, monstre ténébreux, sous le trône caché !

O poésie ! au ciel ton vol se réfugie [1]
Quand les partis hurlants luttent à pleine orgie,
Quand la nécessité sous son code étouffant
Brise le fort, le faible, hélas ! l'innocent même,
Et sourde et sans pitié promène l'anathème
Du front blanc du vieillard au front pur de l'enfant !

Tu fuis alors à tire-d'aile
Vers le ciel éternel et pur,
Vers la lumière à tous fidèle,
Vers l'innocence, vers l'azur !
Afin que ta pureté fière
N'ait pas la fange et la poussière
Des vils chemins par nous frayés,
Et que, nuages et tempêtes,
Tout ce qui passe sur nos têtes
Ne puisse passer qu'à tes pieds !

Tu sais qu'étoile sans orbite,
L'homme erre au gré de tous les vents ;
Tu sais que l'injustice habite
Dans la demeure des vivants ;
Et que nos cœurs sont des arènes
Où les passions souveraines,
Groupe horrible en vain combattu,
Lionnes, louves affamées,
Tigresses de taches semées,
Dévorent la chaste vertu !

Tout ce qui souffre est plein de haine.
Tout ce qui vit traîne un remords.
Les morts seuls ont rompu leur chaîne.
Tout est méchant, hormis les morts !
Aussi, voyant partout la vie
Palpiter de rage et d'envie,
Et que parmi nous rien n'est beau,
Si parfois, oiseau solitaire,
Tu redescends sur cette terre,
Tu te poses sur un tombeau !

15 mai 1837.

III

QUELLE est la fin de tout ? la vie, ou bien la tombe ?
Est-ce l'onde où l'on flotte ? est-ce l'onde où l'on tombe ?
De tant de pas croisés quel est le but lointain ?
Le berceau contient-il l'homme ou bien le destin [1] ?
Sommes-nous ici-bas, dans nos maux, dans nos joies,
Des rois prédestinés ou de fatales proies ?

O seigneur, dites-nous, dites-nous, ô Dieu fort,
Si vous n'avez créé l'homme que pour le sort ?
Si déjà le calvaire est caché dans la crèche
Et si les nids soyeux, dorés par l'aube fraîche,
Où la plume naissante éclôt parmi des fleurs,
Sont faits pour les oiseaux ou pour les oiseleurs ?

24 mars 1837.

IV

A L'ARC DE TRIOMPHE [2]

I

TOI dont la courbe au loin, par le couchant dorée,
S'emplit d'azur céleste, arche démesurée ;
Toi qui lèves si haut ton front large et serein,
Fait pour changer sous lui la campagne en abîme,
Et pour servir de base à quelque aigle sublime
Qui viendra s'y poser et qui sera d'airain !

O vaste entassement ciselé par l'histoire !
Monceau de pierre assis sur un monceau de gloire !
        Edifice inouï !

Toi que l'homme par qui notre siècle commence,
De loin, dans les rayons de l'avenir immense,
      Voyait, tout ébloui !

Non, tu n'es pas fini quoique tu sois superbe !
Non ; puisque aucun passant, dans l'ombre assis sur
Ne fixe un œil rêveur à ton mur triomphant,   [l'herbe [1],
Tandis que triviale, errante et vagabonde,
Entre tes quatre pieds toute la ville abonde
Comme une fourmilière aux pieds d'un éléphant !

A ta beauté royale il manque quelque chose.
Les siècles vont venir pour ton apothéose
      Qui te l'apporteront.
Il manque sur ta tête un sombre amas d'années
Qui pendent pêle-mêle et toutes ruinées
      Aux brèches de ton front !

Il te manque la ride et l'antiquité fière,
Le passé, pyramide où tout siècle a sa pierre,
Les chapiteaux brisés, l'herbe sur les vieux fûts ;
Il manque sous ta voûte où notre orgueil s'élance
Ce bruit mystérieux qui se mêle au silence,
Le sourd chuchotement des souvenirs confus !

La vieillesse couronne et la ruine achève.
Il faut à l'édifice un passé dont on rêve,
      Deuil, triomphe ou remords.
Nous voulons, en foulant son enceinte pavée,
Sentir dans la poussière à nos pieds soulevée
      De la cendre des morts !

Il faut que le fronton s'effeuille comme un arbre.
Il faut que le lichen, cette rouille du marbre,
De sa lèpre dorée au loin couvre le mur ;
Et que la vétusté, par qui tout art s'efface,
Prenne chaque sculpture et la ronge à la face,
Comme un avide oiseau qui dévore un fruit mûr.

Il faut qu'un vieux dallage ondule sous les portes,
Que le lierre vivant grimpe aux acanthes mortes [2],

Que l'eau dorme aux fossés,
Que la cariatide, en sa lente révolte,
Se refuse, enfin lasse, à porter l'archivolte [1],
       Et dise : C'est assez !

Ce n'est pas, ce n'est pas entre des pierres neuves
Que la bise et la nuit pleurent comme des veuves.
Hélas ! d'un beau palais le débris est plus beau.
Pour que la lune émousse à travers la nuit sombre
L'ombre par le rayon et le rayon par l'ombre,
Il lui faut la ruine à défaut du tombeau !

Voulez-vous qu'une tour, voulez-vous qu'une église
Soient de ces monuments dont l'âme idéalise
       La forme et la hauteur,
Attendez que de mousse elles soient revêtues,
Et laissez travailler à toutes les statues
       Le temps, ce grand sculpteur !

Il faut que le vieillard, chargé de jours sans nombre,
Menant son jeune fils sous l'arche pleine d'ombre,
Nomme Napoléon comme on nomme Cyrus,
Et dise en la montrant de ses mains décharnées :
« Vois cette porte énorme ! elle a trois mille années.
C'est par là qu'ont passé des hommes disparus ! »

II

OH ! Paris est la cité mère [2] !
Paris est le lieu solennel
Où le tourbillon éphémère
Tourne sur un centre éternel !
Paris ! feu sombre ou pure étoile !
Morne Isis couverte d'un voile [3] !
Araignée à l'immense toile
Où se prennent les nations !
Fontaine d'urnes obsédée !
Mamelle sans cesse inondée

Où pour se nourrir de l'idée
Viennent les générations !

Quand Paris se met à l'ouvrage
Dans sa forge aux mille clameurs,
A tout peuple, heureux, brave ou sage,
Il prend ses lois, ses dieux, ses mœurs.
Dans sa fournaise, pêle-mêle,
Il fond, transforme et renouvelle
Cette science universelle
Qu'il emprunte à tous les humains ;
Puis il rejette aux peuples blêmes
Leurs sceptres et leurs diadèmes,
Leurs préjugés et leurs systèmes,
Tout tordus par ses fortes mains !

Paris, qui garde, sans y croire,
Les faisceaux et les encensoirs,
Tous les matins dresse une gloire,
Eteint un soleil tous les soirs ;
Avec l'idée, avec le glaive,
Avec la chose, avec le rêve,
Il refait, recloue et relève
L'échelle de la terre aux cieux ;
Frère des Memphis[1] et des Romes,
Il bâtit au siècle où nous sommes
Une Babel pour tous les hommes,
Un Panthéon pour tous les dieux !

Ville qu'un orage enveloppe !
C'est elle, hélas ! qui, nuit et jour,
Réveille le géant Europe
Avec sa cloche et son tambour !
Sans cesse, qu'il veille ou qu'il dorme,
Il entend la cité difforme
Bourdonner sur sa tête énorme
Comme un essaim dans la forêt.
Toujours Paris s'écrie et gronde.
Nul ne sait, question profonde !
Ce que perdrait le bruit du monde
Le jour où Paris se tairait !

III

Il se taira pourtant [1] ! — Après bien des aurores,
Bien des mois, bien des ans, bien des siècles couchés,
Quand cette rive où l'eau se brise aux ponts sonores
Sera rendue aux joncs murmurants et penchés ;

Quand la Seine fuira de pierres obstruée,
Usant quelque vieux dôme écroulé dans ses eaux,
Attentive au doux vent qui porte à la nuée
Le frisson du feuillage et le chant des oiseaux ;

Lorsqu'elle coulera, la nuit, blanche dans l'ombre,
Heureuse, en endormant son flot longtemps troublé,
De pouvoir écouter enfin ces voix sans nombre
Qui passent vaguement sous le ciel étoilé ;

Quand de cette cité, folle et rude ouvrière,
Qui, hâtant les destins à ses murs réservés,
Sous son propre marteau s'en allant en poussière,
Met son bronze en monnaie et son marbre en pavés ;

Quand, des toits, des clochers, des ruches tortueuses,
Des porches, des frontons, des dômes pleins d'orgueil
Qui faisaient cette ville, aux voix tumultueuses,
Touffue, inextricable et fourmillante à l'œil,

Il ne restera plus dans l'immense campagne,
Pour toute pyramide et pour tout panthéon,
Que deux tours de granit faites par Charlemagne [2],
Et qu'un pilier d'airain fait par Napoléon ;

Toi, tu compléteras le triangle sublime !
L'airain sera la gloire et le granit la foi ;
Toi, tu seras la porte ouverte sur la cime
Qui dit : il faut monter pour venir jusqu'à moi !

Tu salueras là-bas cette église si vieille,
Cette colonne altière au nom toujours accru,
Debout peut-être encore, ou tombée, et pareille
Au clairon monstrueux d'un Titan disparu.

Et sur ces deux débris que les destins rassemblent,
Pour toi l'aube fera resplendir à la fois
Deux signes triomphants qui de loin se ressemblent.
De près l'un est un glaive et l'autre est une croix !

Sur vous trois poseront mille ans de notre France.
La colonne est le chant d'un règne à peine ouvert,
C'est toi qui finiras l'hymne qu'elle commence.
Elle dit : Austerlitz ! tu diras : Champaubert [1] !

IV

ARCHE ! alors tu seras éternelle et complète,
Quand tout ce que la Seine en son onde reflète
      Aura fui pour jamais,
Quand de cette cité qui fut égale à Rome
Il ne restera plus qu'un ange, un aigle, un homme,
      Debout sur trois sommets !

C'est alors que le roi, le sage, le poète,
Tous ceux dont le passé presse l'âme inquiète,
T'admireront vivante auprès de Paris mort ;
Et, pour mieux voir ta face où flotte un sombre rêve,
Lèveront à demi ton lierre, ainsi qu'on lève
Un voile sur le front d'une aïeule qui dort !

Sur ton mur qui pour eux n'aura rien de vulgaire,
Ils chercheront nos mœurs, nos héros, notre guerre,
      Tous pensifs à tes pieds ;
Ils croiront voir, le long de ta frise animée,
Revivre le grand peuple avec la grande armée !
      — « Oh ! diront-ils, voyez !

« Là, c'est le régiment, ce serpent des batailles,
Traînant sur mille pieds ses luisantes écailles,
Qui tantôt, furieux, se roule au pied des tours,
Tantôt, d'un mouvement formidable et tranquille,
Troue un rempart de pierre et traverse une ville
Avec son front sonore où battent vingt tambours !

« Là-haut, c'est l'empereur avec ses capitaines,
Qui songe s'il ira vers ces terres lointaines
     Où se tourne son char,
Et s'il doit préférer pour vaincre ou se défendre
La courbe d'Annibal ou l'angle d'Alexandre
     Au carré de César.

« Là, c'est l'artillerie aux cent gueules de fonte,
D'où la fumée à flots monte, tombe et remonte,
Qui broie une cité, détruit les garnisons,
Ruine par la brèche incessamment accrue
Tours, dômes, ponts, clochers, et, comme une charrue,
Creuse une horrible rue à travers les maisons ! »

Et tous les souvenirs qu'à ton front taciturne
Chaque siècle en passant versera de son urne
     Leur reviendront au cœur.
Ils feront de ton mur jaillir ta vieille histoire,
Et diront, en posant un panache de gloire
     Sur ton cimier vainqueur :

— « Oh ! que tout était grand dans cette époque antique !
Si les ans n'avaient pas dévasté ce portique,
Nous en retrouverions encor bien des lambeaux !
Mais le temps, grand semeur de la ronce et du lierre,
Touche les monuments d'une main familière,
Et déchire le livre aux endroits les plus beaux ! »

V

Non, le temps n'ôte rien aux choses.
Plus d'un portique à tort vanté
Dans ses lentes métamorphoses

Arrive enfin à la beauté.
Sur les monuments qu'on révère
Le temps jette un charme sévère
De leur façade à leur chevet.
Jamais, quoiqu'il brise et qu'il rouille,
La robe dont il les dépouille
Ne vaut celle qu'il leur revêt.

C'est le temps qui creuse une ride
Dans un claveau[1] trop indigent ;
Qui sur l'angle d'un marbre aride
Passe son pouce intelligent ;
C'est lui qui, pour corriger l'œuvre,
Mêle une vivante couleuvre
Aux nœuds d'une hydre de granit.
Je crois voir rire un toit gothique
Quand le temps dans sa frise antique
Ote une pierre et met un nid !

Aussi, quand vous venez, c'est lui qui vous accueille ;
Lui qui verse l'odeur du vague chèvrefeuille
Sur ce pavé souillé peut-être d'ossements ;
Lui qui remplit d'oiseaux les sculptures farouches,
Met la vie en leurs flancs, et de leurs mornes bouches
　　　Fait sortir mille cris charmants !

Si quelque Vénus toute nue
Gémit, pauvre marbre désert,
C'est lui, dans la verte avenue,
Qui la caresse et qui la sert.
A l'abri d'un porche héraldique
Sous un beau feuillage pudique
Il la cache jusqu'au nombril ;
Et sous son pied blanc et superbe
Etend les mille fleurs de l'herbe,
Cette mosaïque d'avril !

La mémoire des morts demeure
Dans les monuments ruinés.
Là, douce et clémente, à toute heure,
Elle parle aux fronts inclinés.

Elle est là, dans l'âme affaissée
Filtrant de pensée en pensée,
Comme une nymphe au front dormant
Qui, seule sous l'obscure voûte
D'où son eau suinte goutte à goutte,
Penche son vase tristement !

VI

Mais, hélas ! hélas ! dit l'histoire,
Bien souvent le passé couvre plus d'un secret
Dont sur un mur vieilli la tache reparaît !
    Toute ancienne muraille est noire !

Souvent, par le désert et par l'ombre absorbé,
L'édifice déchu ressemble au roi tombé.
    Plus de gloire où n'est plus la foule !
Rome est humiliée et Venise est en deuil.
La ruine de tout commence par l'orgueil ;
    C'est le premier fronton qui croule !

Athène est triste, et cache au front du Parthénon
Les traces de l'Anglais et celles du canon [1],
    Et, pleurant ses tours mutilées,
Rêve à l'artiste grec qui versa de sa main
Quelque chose de beau comme un sourire humain
    Sur le profil des propylées !

Thèbe a des temples morts où rampe en serpentant
La vipère au front plat, au regard éclatant,
    Autour de la colonne torse ;
Et, seul, quelque grand aigle habite en souverain
Les piliers de Rhamsès d'où les lames d'airain
    S'en vont comme une vieille écorce !

Dans les débris de Gur [2], pleins du cri des hiboux,
Le tigre en marchant ploie et casse les bambous,

D'où s'envole le vautour chauve,
Et la lionne au pied d'un mur mystérieux
Met le groupe inquiet des lionceaux sans yeux
        Qui fouillent sous son ventre fauve.

La morne Palenquè[1] gît dans les marais verts.
A peine entre ses blocs d'herbe haute couverts
        Entend-on le lézard qui bouge.
Ses murs sont obstrués d'arbres au fruit vermeil
Où volent, tout moirés par l'ombre et le soleil,
        De beaux oiseaux de cuivre rouge !

Muette en sa douleur, Jumièges[2] gravement
Etouffe un triste écho sous son portail normand,
        Et laisse chanter sur ses tombes
Tous ces nids dans ses tours abrités et couvés
D'où le souffle du soir fait sur les noirs pavés
        Neiger des plumes de colombes !

Comme une mère sombre, et qui, dans sa fierté,
Cache sous son manteau son enfant so700000offleté,
        L'Egypte au bord du Nil assise
Dans sa robe de sable enfonce enveloppés
Ses colosses camards à la face frappés
        Par le pied brutal de Cambyse[3].

C'est que toujours les ans contiennent quelque affront.
Toute ruine, hélas ! pleure et penche le front !

                    VII

MAIS toi ! rien n'atteindra ta majesté pudique,
Porte sainte ! jamais ton marbre véridique
        Ne sera profané.
Ton cintre virginal sera pur sous la nue ;
Et les peuples à naître accourront tête nue
        Vers ton front couronné !

Toujours le pâtre, au loin accroupi dans les seigles,
Verra sur ton sommeil planer un cercle d'aigles.
Les chênes à tes blocs noueront leur large tronc.
La gloire sur ta cime allumera son phare.
Ce n'est qu'en te chantant une haute fanfare
Que sous ton arc altier les siècles passeront !

Jamais rien qui ressemble à quelque ancienne honte
N'osera sur ton mur où le flot des ans monte
        Répandre sa noirceur.
Tu pourras, dans ces champs où vous resterez seules,
Contempler fièrement les deux tours tes aïeules,
        La colonne ta sœur !

C'est qu'on n'a pas caché de crime dans ta base,
Ni dans tes fondements de sang qui s'extravase !
C'est qu'on ne te fit point d'un ciment hasardeux !
C'est qu'aucun noir forfait, semé dans ta racine
Pour jeter quelque jour son ombre à ta ruine,
Ne mêle à tes lauriers son feuillage hideux !

Tandis que ces cités, dans leurs cendres enfouies,
Furent pleines jadis d'actions inouïes,
        Ivres de sang versé,
Si bien que le Seigneur a dit à la nature :
Refais-toi des palais dans cette architecture
        Dont l'homme a mal usé !

Aussi tout est fini. Le chacal les visite ;
Les murs vont décroissant sous l'herbe parasite ;
L'étang s'installe et dort sous le dôme brisé ;
Sur les Nérons sculptés marche la bête fauve ;
L'antre se creuse où fut l'incestueuse alcôve.
Le tigre peut venir où le crime a passé !

VIII

Oh ! dans ces jours lointains où l'on n'ose descendre,
Quand trois mille ans auront passé sur notre cendre
A nous qui maintenant vivons, pensons, allons,
Quand nos fosses auront fait place à des sillons,

Si, vers le soir, un homme assis sur la colline
S'oublie à contempler cette Seine orpheline,
O Dieu ! de quel aspect triste et silencieux
Les lieux où fut Paris étonneront ses yeux !
Si c'est l'heure où déjà des vapeurs sont tombées
Sur le couchant rougi de l'or des scarabées [1],
Si la touffe de l'arbre est noire sur le ciel,
Dans ce demi-jour pâle où plus rien n'est réel,
Ombre où la fleur s'endort, où s'éveille l'étoile,
De quel œil il verra, comme à travers un voile,
Comme un songe aux contours grandissants et noyés,
La plaine immense et brune apparaître à ses pieds,
S'élargir lentement dans le vague nocturne,
Et comme une eau qui s'enfle et monte aux bords de
Absorbant par degrés forêt, coteau, gazon,   [l'urne,
Quand la nuit sera noire, emplir tout l'horizon !
Oh ! dans cette heure sombre où l'on croit voir les choses
Fuir, sous une autre forme étrangement écloses [2],
Quelle extase de voir dormir, quand rien ne luit,
Ces champs dont chaque pierre a contenu du bruit !
Comme il tendra l'oreille aux rumeurs indécises !
Comme il ira rêvant des figures assises
Dans le buisson penché, dans l'arbre au bord des eaux,
Dans le vieux pan de mur que lèchent les roseaux !
Qu'il cherchera de vie en ce tombeau suprême !
Et comme il se fera, s'éblouissant lui-même,
A travers la nuit trouble et les rameaux touffus,
Des visions de chars et de passants confus !
— Mais non, tout sera mort. Plus rien dans cette plaine
Qu'un peuple évanoui dont elle est encor pleine ;
Que l'œil éteint de l'homme et l'œil vivant de Dieu ;
Un arc, une colonne, et, là-bas, au milieu
De ce fleuve argenté dont on entend l'écume,
Une église échouée à demi dans la brume !

O spectacle ! — ainsi meurt ce que les peuples font !
Qu'un tel passé pour l'âme est un gouffre profond !
Pour ce passant pieux quel poids que notre histoire !
Surtout si tout à coup réveillant sa mémoire,
L'année a ce soir-là ramené dans son cours

Une des grandes nuits, veilles de nos grands jours,
Où l'empereur, rêvant un lendemain de gloire,
Dormait en attendant l'aube d'une victoire !

Lorsqu'enfin, fatigué de songes, vers minuit,
Las d'écouter au seuil de ce monde détruit,
Après s'être accoudé longtemps, oubliant l'heure,
Au bord de ce néant immense où rien ne pleure,
Il aura lentement regagné son chemin ;
Quand dans ce grand désert, pur de tout pas humain,
Rien ne troublera plus cette pudeur que Rome
Ou Paris ruiné doit avoir devant l'homme ;
Lorsque la solitude, enfin libre et sans bruit,
Pourra continuer ce qu'elle fait la nuit,
Si quelque être animé veille encor dans la plaine,
Peut-être verra-t-il, comme sous une haleine,
Soudain un pâle éclair de ta tête jaillir,
Et la colonne au loin répondre et tressaillir !
Et ses soldats de cuivre et tes soldats de pierre
Ouvrir subitement leur pesante paupière !
Et tous s'entre-heurter, réveil miraculeux !
Tels que d'anciens guerriers d'un âge fabuleux
Qu'un noir magicien, loin des temps où nous sommes,
Jadis aurait faits marbre et qu'il referait hommes !
Alors l'aigle d'airain à ton faîte endormi,
Superbe, et tout à coup se dressant à demi,
Sur ces héros baignés du feu de ses prunelles
Secouera largement ses ailes éternelles !
D'où viendra ce réveil ? d'où viendront ces clartés ?
Et ce vent qui, soufflant sur ces guerriers sculptés,
Les fera remuer sur ta face hautaine
Comme tremble un feuillage autour du tronc d'un chêne ?
Qu'importe ? Dieu le sait. Le mystère est dans tout.
L'un à l'autre à voix basse ils se diront : Debout !
Ceux de quatre-vingt-seize et de mil huit cent onze,
Ceux que conduit au ciel la spirale de bronze,
Ceux que scelle à la terre un socle de granit,
Tous, poussant au combat le cheval qui hennit,
Le drapeau qui se gonfle et le canon qui roule,
A l'immense mêlée ils se rueront en foule !

Alors on entendra sur ton mur les clairons,
Les bombes, les tambours, le choc des escadrons,
Les cris, et le bruit sourd des plaines ébranlées,
Sortir confusément des pierres ciselées,
Et du pied au sommet du pilier souverain
Cent batailles rugir avec des voix d'airain.
Tout à coup, écrasant l'ennemi qui s'effare,
La victoire aux cent voix sonnera sa fanfare.
De la colonne à toi les cris se répondront.
Et puis tout se taira sur votre double front ;
Une rumeur de fête emplira la vallée,
Et Notre-Dame au loin, aux ténèbres mêlée,
Illuminant sa croix ainsi qu'un labarum [1],
Vous chantera dans l'ombre un vague Te Deum !

Monument ! voilà donc la rêverie immense
Qu'à ton ombre déjà le poète commence !
Piédestal qu'eût aimé Bélénus ou Mithra [2] !
Arche aujourd'hui guerrière, un jour religieuse !
Rêve en pierre ébauché ! porte prodigieuse
D'un palais de géants qu'on se figurera !

Quand d'un lierre poudreux je couvre tes sculptures,
Lorsque je vois, au fond des époques futures,
La liste des héros sur ton mur constellé
Reluire et rayonner, malgré les destinées,
A travers les rameaux des profondes années,
Comme à travers un bois brille un ciel étoilé ;

Quand ma pensée ainsi, vieillissant ton attique [3],
Te fait de l'avenir un passé magnifique,
Alors sous ta grandeur je me courbe effrayé,
J'admire, et, fils pieux, passant que l'art anime,
Je ne regrette rien devant ton mur sublime
Que Phidias absent et mon père oublié !

                              2 février 1837 [4].

V

DIEU EST TOUJOURS LA [1]

I

QUAND l'été vient, le pauvre adore !
L'été, c'est la saison de feu,
C'est l'air tiède et la fraîche aurore ;
L'été, c'est le regard de Dieu.

L'été, la nuit bleue et profonde
S'accouple au jour limpide et clair ;
Le soir est d'or, la plaine est blonde ;
On entend des chansons dans l'air.

L'été, la nature éveillée
Partout se répand en tous sens,
Sur l'arbre en épaisse feuillée,
Sur l'homme en bienfaits caressants.

Tout ombrage alors semble dire :
Voyageur, viens te reposer !
Elle met dans l'aube un sourire,
Elle met dans l'onde un baiser.

Elle cache et recouvre d'ombre,
Loin du monde sourd et moqueur,
Une lyre dans le bois sombre,
Une oreille dans notre cœur !

Elle donne vie et pensée
Aux pauvres de l'hiver sauvés,
Du soleil à pleine croisée,
Et le ciel pur qui dit : Vivez !

Sur les chaumières dédaignées
Par les maîtres et les valets,
Joyeuse, elle jette à poignées
Les fleurs qu'elle vend aux palais.

Son luxe aux pauvres seuils s'étale.
Ni les parfums ni les rayons
N'ont peur, dans leur candeur royale,
De se salir à des haillons.

Sur un toit où l'herbe frissonne
Le jasmin veut bien se poser.
Le lys ne méprise personne,
Lui qui pourrait tout mépriser !

Alors la masure où la mousse
Sur l'humble chaume a débordé
Montre avec une fierté douce
Son vieux mur de roses brodé.

L'aube alors de clartés baignée,
Entrant dans le réduit profond,
Dore la toile d'araignée
Entre les poutres du plafond.

Alors l'âme du pauvre est pleine.
Humble, il bénit ce Dieu lointain
Dont il sent la céleste haleine
Dans tous les souffles du matin !

L'air le réchauffe et le pénètre.
Il fête le printemps vainqueur.
Un oiseau chante à sa fenêtre,
La gaîté chante dans son cœur !

Alors, si l'orphelin s'éveille,
Sans toit, sans mère et priant Dieu,
Une voix lui dit à l'oreille :
« Eh bien ! viens sous mon dôme bleu !

« Le Louvre est égal aux chaumières
Sous ma coupole de saphirs.
Viens sous mon ciel plein de lumières,
Viens sous mon ciel plein de zéphirs !

« J'ai connu ton père et ta mère
Dans leurs bons et leurs mauvais jours.
Pour eux la vie était amère,
Mais moi je fus douce toujours.

« C'est moi qui sur leur sépulture
Ai mis l'herbe qui la défend.
Viens, je suis la grande nature !
Je suis l'aïeule, et toi l'enfant.

« Viens, j'ai des fruits d'or, j'ai des roses,
J'en remplirai tes petits bras,
Je te dirai de douces choses,
Et peut-être tu souriras !

« Car je voudrais te voir sourire,
Pauvre enfant si triste et si beau !
Et puis tout bas j'irais le dire
A ta mère dans son tombeau ! »

Et l'enfant à cette voix tendre,
De la vie oubliant le poids,
Rêve et se hâte de descendre
Le long des coteaux dans les bois.

Là du plaisir tout a la forme ;
L'arbre a des fruits, l'herbe a des fleurs ;
Il entend dans le chêne énorme
Rire les oiseaux querelleurs.

Dans l'onde, il mire son visage ;
Tout lui parle ; adieu son ennui !
Le buisson l'arrête au passage,
Et le caillou joue avec lui.

Le soir, point d'hôtesse cruelle
Qui l'accueille d'un front hagard.
Il trouve l'étoile si belle
Qu'il s'endort à son doux regard !

— Oh ! qu'en dormant rien ne t'oppresse !
Dieu sera là pour ton réveil ! —
La lune vient qui le caresse
Plus doucement que le soleil.

Car elle a de plus molles trêves
Pour nos travaux et nos douleurs.
Elle fait éclore les rêves,
Lui ne fait naître que les fleurs !

Oh ! quand la fauvette dérobe
Son nid sous les rameaux penchants,
Lorsqu'au soleil séchant sa robe
Mai tout mouillé rit dans les champs

J'ai souvent pensé dans mes veilles
Que la nature au front sacré
Dédiait tout bas ses merveilles
A ceux qui l'hiver ont pleuré !

Pour tous et pour le méchant même
Elle est bonne, Dieu le permet,
Dieu le veut, mais surtout elle aime
Le pauvre que Jésus aimait !

Toujours sereine et pacifique,
Elle offre à l'auguste indigent
Des dons de reine magnifique,
Des soins d'esclave intelligent !

A-t-il faim ? au fruit de la branche
Elle dit : — Tombe, ô fruit vermeil !
A-t-il soif ? — Que l'onde s'épanche !
A-t-il froid ? — Lève-toi, soleil !

II

Mais hélas ! juillet fait sa gerbe ;
L'été, lentement effacé,
Tombe feuille à feuille dans l'herbe
Et jour à jour dans le passé.

Puis octobre perd sa dorure ;
Et les bois dans les lointains bleus
Couvrent de leur rousse fourrure
L'épaule des coteaux frileux.

L'hiver des nuages sans nombre
Sort, et chasse l'été du ciel,
Pareil au temps, ce faucheur sombre
Qui suit le semeur éternel !

Le pauvre alors s'effraie et prie.
L'hiver, hélas ! c'est Dieu qui dort ;
C'est la faim livide et maigrie
Qui tremble auprès du foyer mort !

Il croit voir une main de marbre
Qui, mutilant le jour obscur,
Retire tous les fruits de l'arbre
Et tous les rayons de l'azur.

Il pleure, la nature est morte !
O rude hiver ! ô dure loi !
Soudain un ange ouvre sa porte
Et dit en souriant : C'est moi !

Cet ange qui donne et qui tremble,
C'est l'aumône aux yeux de douceur,
Au front crédule, et qui ressemble
A la foi dont elle est la sœur !

« Je suis la Charité, l'amie
Qui se réveille avant le jour,
Quand la nature est rendormie,
Et que Dieu m'a dit : A ton tour !

« Je viens visiter ta chaumière
Veuve de l'été si charmant !
Je suis fille de la prière.
J'ai des mains qu'on ouvre aisément.

« J'accours, car la saison est dure,
J'accours, car l'indigent a froid !
J'accours, car la tiède verdure
Ne fait plus d'ombre sur le toit !

« Je prie, et jamais je n'ordonne.
Chère à tout homme quel qu'il soit,
Je laisse la joie à qui donne
Et je l'apporte à qui reçoit. »

O figure auguste et modeste,
Où le Seigneur mêla pour nous
Ce que l'ange a de plus céleste,
Ce que la femme a de plus doux !

Au lit du vieillard solitaire
Elle penche un front gracieux,
Et rien n'est plus beau sur la terre
Et rien n'est plus grand sous les cieux,

Lorsque, réchauffant leurs poitrines
Entre ses genoux triomphants,
Elle tient dans ses mains divines
Les pieds nus des petits enfants !

Elle va dans chaque masure,
Laissant au pauvre réjoui
Le vin, le pain frais, l'huile pure,
Et le courage épanoui !

Et le feu ! le beau feu folâtre,
A la pourpre ardente pareil,
Qui fait qu'amené devant l'âtre
L'aveugle croit rire au soleil !

Puis elle cherche au coin des bornes,
Transis par la froide vapeur,
Ces enfants qu'on voit nus et mornes
Et se mourant avec stupeur.

Oh ! voilà surtout ceux qu'elle aime !
Faibles fronts dans l'ombre engloutis !
Parés d'un triple diadème,
Innocents, pauvres et petits !

Ils sont meilleurs que nous ne sommes !
Elle leur donne en même temps,
Avec le pain qu'il faut aux hommes,
Le baiser qu'il faut aux enfants !

Tandis que leur faim secourue
Mange ce pain de pleurs noyé,
Elle étend sur eux dans la rue
Son bras des passants coudoyé.

Et si, le front dans la lumière,
Un riche passe en ce moment,
Par le bord de sa robe altière
Elle le tire doucement !

Puis pour eux elle prie encore
La grande foule au cœur étroit,
La foule qui, dès qu'on l'implore,
S'en va comme l'eau qui décroît !

« — Oh ! malheureux celui qui chante
Un chant joyeux, peut-être impur,
Pendant que la bise méchante
Mord un pauvre enfant sous son mur !

« Oh ! la chose triste et fatale,
Lorsque chez le riche hautain
Un grand feu tremble dans la salle,
Reflété par un grand festin,

« De voir, quand l'orgie enrouée
Dans la pourpre s'égaie et rit,
A peine une toile trouée
Sur les membres de Jésus-Christ !

« Oh ! donnez-moi pour que je donne !
J'ai des oiseaux nus dans mon nid.
Donnez, méchants, Dieu vous pardonne !
Donnez, ô bons, Dieu vous bénit !

« Heureux ceux que mon zèle enflamme !
Qui donne aux pauvres prête à Dieu [1].
Le bien qu'on fait parfume l'âme ;
On s'en souvient toujours un peu !

« Le soir, au seuil de sa demeure,
Heureux celui qui sait encor
Ramasser un enfant qui pleure,
Comme un avare un sequin d'or !

« Le vrai trésor rempli de charmes,
C'est un groupe pour vous priant
D'enfants qu'on a trouvés en larmes
Et qu'on a laissés souriant !

« Les biens que je donne à qui m'aime,
Jamais Dieu ne les retira.
L'or que sur le pauvre je sème
Pour le riche au ciel germera ! »

III

OH ! que l'été brille ou s'éteigne,
Pauvres, ne désespérez pas !
Le Dieu qui souffrit et qui règne
A mis ses pieds où sont vos pas !

Pour vous couvrir il se dépouille ;
Bon même pour l'homme fatal
Qui, comme l'airain dans la rouille,
Va s'endurcissant dans le mal !

Tendre, même en buvant l'absinthe,
Pour l'impie au regard obscur
Qui l'insulte sans plus de crainte
Qu'un passant qui raie un vieux mur !

Ils ont beau traîner sur les claies
Ce Dieu mort dans leur abandon ;
Ils ne font couler de ses plaies
Qu'un intarissable pardon.

Il n'est pas l'aigle altier qui vole,
Ni le grand lion ravisseur ;
Il compose son auréole
D'une lumineuse douceur !

Quand sur nous une chaîne tombe,
Il la brise anneau par anneau.
Pour l'esprit il se fait colombe,
Pour le cœur il se fait agneau !

Vous pour qui la vie est mauvaise,
Espérez ! il veille sur vous !
Il sait bien ce que cela pèse,
Lui qui tomba sur ses genoux !

Il est le Dieu de l'Evangile ;
Il tient votre cœur dans sa main,
Et c'est une chose fragile
Qu'il ne veut pas briser, enfin !

Lorsqu'il est temps que l'été meure
Sous l'hiver sombre et solennel,
Même à travers le ciel qui pleure
On voit son sourire éternel !

Car sur les familles souffrantes,
L'hiver, l'été, a nuit, le jour,
Avec des urnes différentes
Dieu verse à grands flots son amour !

Et dans ses bontés éternelles
Il penche sur l'humanité
Ces mères aux triples mamelles,
La nature et la charité.

11 février 1837.

VI [1]

« Oh ! vivons ! disent-ils dans leur enivrement.
Voyez la longue table et le festin charmant
          Qui rayonne dans nos demeures !
Nous semons tous nos biens n'importe en quels sillons.
Riches, nous dépensons, nous perdons, nous pillons
          Nos onces d'or ; jeunes, nos heures.

« Jette ta vieille Bible, ô jeune homme pieux !
Quitte église et collège, et viens chez nous ! — Joyeux,
          Entourés de cent domestiques,
Buvant, chantant, riant, nous n'insultons pas Dieu,
Et nous lui permettons de montrer son ciel bleu
          Par le cintre de nos portiques !

« De quoi te servira ton labeur ennuyeux ?
Sais-tu ce que diront les belles aux doux yeux
          Dont le sourire vaut un trône ?
— O jeune homme inutile ! — Et puis elles riront.
— Oh ! que de peine il prend pour donner à son front
          La couleur de son livre jaune !

« Nous, éblouis de feux, de concerts, de seins nus,
Nous vivons ! — Nous avons des bonheurs inconnus
          A la foule avare et grossière,
Quand dans l'orchestre, où rien ne grandit qu'en trem-
La fanfare, tantôt montant, tantôt croulant,   [blant,
          S'enfle en onde ou vole en poussière !

« L'homme à tout ce qu'il fait dans tous les temps mêla
La musique et les chants. — Amis c'est pour cela
          Que la Guerre qui nous enivre,
Noble déesse à qui tout enfants nous songions [2],
Fait chanter en avant des sombres légions
          Les clairons aux bouches de cuivre !

« O rois, pour vous la guerre et pour nous le plaisir !
Vous vivez par l'orgueil et nous par le désir.
   Nous avons tous notre part d'âmes.
Nous avons, les uns craints et les autres aimés,
Vous les empires, nous les boudoirs parfumés,
   Vous les hommes, et nous les femmes.

« Prêtres, mages, docteurs, savants, nous font pitié !
Pauvres songeurs qui vont expliquant à moitié
   L'ombre dont l'Eternel se voile,
Tantôt lisant un livre et hués des valets,
Tantôt assis la nuit sur le toit des palais,
   Epelant d'étoile en étoile [1] !

« Fous qui cherchent un centre au globe obscur du ciel !
Nous, rions ! — Il n'est rien ici-bas de réel
   Que ce que tient la main de l'homme.
Donnons leur saint bonheur pour les plaisirs maudits,
Pour une Eve au front pur leur vague paradis,
   Et leur sphère pour une pomme !

« Qu'est-ce que la science à côté de l'amour ?
L'hiver donne la neige et le soleil le jour.
   Aimons ! chantons ! trêve aux paroles !
Préférons, puisque enfin, nos cœurs flambent encor,
Aux discours larmoyants le choc des coupes d'or,
   Aux vieux sages les belles folles !

« Nature, nous buvons aux flots que tu répands !
Toujours nous nous hâtons de jouir aux dépens
   Du penseur prudent qui diffère.
Nous ne songeons, prenant les biens sans les choisir,
Qu'à dissoudre ici-bas toute chose en plaisir.
   Quant à Dieu, nous le laissons faire ! »

Le sage cependant, qui songe à leur destin,
Ramasse tristement les miettes du festin,
   Tandis que l'un l'autre ils s'enchantent ;
Puis il donne ce pain aux pauvres oubliés,
Aux mendiants rêveurs, en leur disant : — Priez,
   Priez pour ces hommes qui chantent !

        4 mars 1837.

VII

A VIRGILE

O Virgile ! ô poète ! ô mon maître divin [1] !
Viens, quittons cette ville au cri sinistre et vain,
Qui, géante, et jamais ne fermant la paupière,
Presse un flot écumant entre ses flancs de pierre,
Lutèce, si petite au temps de tes Césars,
Et qui jette aujourd'hui, cité pleine de chars,
Sous le nom éclatant dont le monde la nomme,
Plus de clarté qu'Athène et plus de bruit que Rome.

Pour toi qui dans les bois fais, comme l'eau des cieux,
Tomber de feuille en feuille un vers mystérieux,
Pour toi dont la pensée emplit ma rêverie,
J'ai trouvé, dans une ombre où rit l'herbe fleurie,
Entre Buc et Meudon, dans un profond oubli,
— Et quand je dis Meudon, suppose Tivoli [2] ! —
J'ai trouvé, mon poète, une chaste vallée
A des coteaux charmants nonchalamment mêlée,
Retraite favorable à des amants cachés,
Faite de flots dormants et de rameaux penchés,
Où midi baigne en vain de ses rayons sans nombre
La grotte et la forêt, frais asiles de l'ombre !

Pour toi je l'ai cherchée, un matin, fier, joyeux,
Avec l'amour au cœur et l'aube dans les yeux ;
Pour toi je l'ai cherchée, accompagné de celle
Qui sait tous les secrets que mon âme recèle,
Et qui, seule avec moi sous les bois chevelus,
Serait ma Lycoris si j'étais ton Gallus [3].

Car elle a dans le cœur cette fleur large et pure,
L'amour mystérieux de l'antique nature !
Elle aime comme nous, maître, ces douces voix,
Ce bruit de nids joyeux qui sort des sombres bois,

Et, le soir, tout au fond de la vallée étroite,
Les coteaux renversés dans le lac qui miroite,
Et, quand le couchant morne a perdu sa rougeur,
Les marais irrités des pas du voyageur,
Et l'humble chaume, et l'antre obstrué d'herbe verte,
Et qui semble une bouche avec terreur ouverte,
Les eaux, les prés, les monts, les refuges charmants,
Et les grands horizons pleins de rayonnements !

Maître ! puisque voici la saison des pervenches,
Si tu veux, chaque nuit, en écartant les branches,
Sans éveiller d'échos à nos pas hasardeux,
Nous irons tous les trois, c'est-à-dire tous deux,
Dans ce vallon sauvage, et de la solitude,
Rêveurs, nous surprendrons la secrète attitude.
Dans la brune clairière où l'arbre au tronc noueux
Prend le soir un profil humain et monstrueux [1],
Nous laisserons fumer, à côté d'un cytise,
Quelque feu qui s'éteint sans pâtre qui l'attise,
Et, l'oreille tendue à leurs vagues chansons,
Dans l'ombre, au clair de lune, à travers les buissons,
Avides, nous pourrons voir à la dérobée
Les satyres dansants qu'imite Alphésibée [2].

23 mars 18...

VIII

VENEZ que je vous parle, ô jeune enchanteresse !
Dante vous eût faite ange et Virgile déesse.
Vous avez le front haut, le pied vif et charmant,
Une bouche qu'entr'ouvre un bel air d'enjouement,
Et vous pourriez porter, fière entre les plus fières,
La cuirasse d'azur des antiques guerrières.

Tout essaim de beautés, gynécée ou sérail,
Madame, admirerait vos lèvres de corail.

Cellini sourirait à votre grâce pure,
Et, dans un vase grec sculptant votre figure,
Il vous ferait sortir d'un beau calice d'or,
D'un lys qui devient femme en restant lys encor,
Ou d'un de ces lotus qui lui doivent la vie,
Etranges fleurs de l'art que la nature envie !

Venez que je vous parle, ô belle aux yeux divins !
Pour la première fois quand près de vous je vins,
Ce fut un jour doré. Ce souvenir, madame,
A-t-il comme en mon cœur son rayon dans votre âme ?
Vous souriez. Mettez votre main dans ma main,
Venez. Le printemps rit, l'ombre est sur le chemin,
L'air est tiède, et là-bas, dans les forêts prochaines,
La mousse épaisse et verte abonde au pied des chênes

21 avril 1837.

IX

PENDANT QUE LA FENETRE
ETAIT OUVERTE

POÈTE, ta fenêtre était ouverte au vent,
Quand celle à qui tout bas ton cœur parle souvent
    Sur ton fauteuil posait sa tête :
— « Oh ! disait-elle, ami, ne vous y fiez pas !
Parce que maintenant, attachée à vos pas,
    Ma vie à votre ombre s'arrête ;

« Parce que mon regard est fixé sur vos yeux ;
Parce que je n'ai plus de sourire joyeux
    Que pour votre grave sourire ;
Parce que, de l'amour me faisant un linceul,
Je vous offre mon cœur comme un livre où vous seul
    Avez encor le droit d'écrire ;

« Il n'est pas dit qu'enfin je n'aurai pas un jour
La curiosité de troubler votre amour
          Et d'alarmer votre œil sévère,
Et l'inquiet caprice et le désir moqueur
De renverser soudain la paix de votre cœur
          Comme un enfant renverse un verre !

« Hommes, vous voulez tous qu'une femme ait longtemps
Des fiertés, des hauteurs, puis vous êtes contents,
          Dans votre orgueil que rien ne brise,
Quand, aux feux de l'amour qui rayonne sur nous,
Pareille à ces fruits verts que le soleil fait doux,
          La hautaine devient soumise !

« Aimez-moi d'être ainsi ! — Ces hommes, ô mon roi,
Que vous voyez passer si froids autour de moi,
          Empressés près des autres femmes,
Je n'y veux pas songer, car le repos vous plaît ;
Mais mon œil endormi ferait, s'il le voulait,
          De tous ces fronts jaillir des flammes ! »

Elle parlait, charmante et fière et tendre encor,
Laissant sur le dossier de velours à clous d'or
          Déborder sa manche traînante ;
Et toi tu croyais voir à ce beau front si doux
Sourire ton vieux livre ouvert sur tes genoux,
          Ton Iliade rayonnante !

Beau livre que souvent vous lisez tous les deux !
Elle aime comme toi ces combats hasardeux
          Où la guerre agite ses ailes.
Femme, elle ne hait pas, en t'y voyant rêver,
Le poète qui chante Hélène, et fait lever
          Les plus vieux devant les plus belles.

Elle vient là, du haut de ses jeunes amours,
Regarder quelquefois dans le flot des vieux jours
          Quelle ombre y fait cette chimère ;
Car, ainsi que d'un mont tombent de vives eaux,
Le passé murmurant sort et coule à ruisseaux
          De ton flanc, ô géant Homère !

                                        26 février 1837.

X

A ALBERT DURER [1]

Dans les vieilles forêts où la sève à grands flots
Court du fût noir de l'aulne au tronc blanc des bouleaux,
Bien des fois, n'est-ce pas ? à travers la clairière,
Pâle, effaré, n'osant regarder en arrière,
Tu t'es hâté, tremblant et d'un pas convulsif,
O mon maître Albert Dure, ô vieux peintre pensif [2] !

On devine, devant tes tableaux qu'on vénère,
Que dans les noirs taillis ton œil visionnaire
Voyait distinctement, par l'ombre recouverts,
Le faune aux doigts palmés, le sylvain aux yeux verts,
Pan, qui revêt de fleurs l'antre où tu te recueilles,
Et l'antique dryade aux mains pleines de feuilles.

Une forêt pour toi, c'est un monde hideux [3].
Le songe et le réel s'y mêlent tous les deux.
Là se penchent rêveurs les vieux pins, les grands ormes
Dont les rameaux tordus font cent coudes difformes [4],
Et dans ce groupe sombre agité par le vent
Rien n'est tout à fait mort ni tout à fait vivant.
Le cresson boit ; l'eau court ; les frênes sur les pentes,
Sous la broussaille horrible et les ronces grimpantes,
Contractent lentement leurs pieds noueux et noirs ;
Les fleurs au cou de cygne ont les lacs pour miroirs ;
Et, sur vous qui passez et l'avez réveillée,
Mainte chimère étrange à la gorge écaillée,
D'un arbre entre ses doigts serrant les larges nœuds,
Du fond d'un antre obscur fixe un œil lumineux.
O végétation ! esprit ! matière ! force !
Couverte de peau rude ou de vivante écorce [5] !

Aux bois, ainsi que toi, je n'ai jamais erré,
Maître, sans qu'en mon cœur l'horreur ait pénétré,

Sans voir tressaillir l'herbe, et, par le vent bercées,
Pendre à tous les rameaux de confuses pensées.
Dieu seul, ce grand témoin des faits mystérieux,
Dieu seul le sait, souvent, en de sauvages lieux,
J'ai senti, moi qu'échauffe une secrète flamme,
Comme moi palpiter et vivre avec une âme,
Et rire, et se parler dans l'ombre à demi-voix,
Les chênes monstrueux qui remplissent les bois.

20 avril 1837.

XI

PUISQU'ICI-BAS toute âme
    Donne à quelqu'un
Sa musique, sa flamme,
    Ou son parfum ;

Puisqu'ici toute chose
    Donne toujours
Son épine ou sa rose
    A ses amours ;

Puisqu'avril donne aux chênes
    Un bruit charmant ;
Que la nuit donne aux peines
    L'oubli dormant ;

Puisque l'air à la branche
    Donne l'oiseau ;
Que l'aube à la pervenche
    Donne un peu d'eau ;

Puisque, lorsqu'elle arrive
    S'y reposer,
L'onde amère à la rive
    Donne un baiser ;

Je te donne, à cette heure,
    Penché sur toi,
La chose la meilleure
    Que j'aie en moi !

Reçois donc ma pensée,
    Triste d'ailleurs,
Qui, comme une rosée,
    T'arrive en pleurs !

Reçois mes vœux sans nombre,
    O mes amours !
Reçois la flamme ou l'ombre
    De tous mes jours !

Mes transports pleins d'ivresses,
    Purs de soupçons,
Et toutes les caresses
    De mes chansons !

Mon esprit qui sans voile
    Vogue au hasard,
Et qui n'a pour étoile
    Que ton regard !

Ma muse, que les heures
    Bercent rêvant,
Qui, pleurant quand tu pleures,
    Pleure souvent !

Reçois, mon bien céleste,
    O ma beauté,
Mon cœur, dont rien ne reste,
    L'amour ôté !

                              19 mai 1836.

XII

A OL. [1]

O POÈTE ! je vais dans ton âme blessée
Remuer jusqu'au fond ta profonde pensée.

Tu ne l'avais pas vue encor ; ce fut un soir,
A l'heure où dans le ciel les astres se font voir,
Qu'elle apparut soudain à tes yeux, fraîche et belle,
Dans un lieu radieux qui rayonnait moins qu'elle.
Ses cheveux pétillaient de mille diamants ;
Un orchestre tremblait à tous ses mouvements
Tandis qu'elle enivrait la foule haletante,
Blanche avec des yeux noirs, jeune, grande, éclatante.
Tout en elle était feu qui brille, ardeur qui rit.
La parole parfois tombait de son esprit
Comme un épi doré du sac de la glaneuse,
Ou sortait de sa bouche en vapeur lumineuse.
Chacun se récriait, admirant tour à tour
Son front plein de pensée éclose avant l'amour,
Son sourire entr'ouvert comme une vive aurore,
Et son ardente épaule, et, plus ardente encore,
Comme les soupiraux d'un centre étincelant,
Ses yeux où l'on voyait luire son cœur brûlant.
Elle allait et passait comme un oiseau de flamme,
Mettant sans le savoir le feu dans plus d'une âme,
Et dans les yeux fixés sur tous ses pas charmants
Jetant de toutes parts des éblouissements !

Toi, tu la contemplais n'osant approcher d'elle,
Car le baril de poudre a peur de l'étincelle.

26 mai 1837.

XIII

JEUNE homme, ce méchant fait une lâche guerre[1].
Ton indignation ne l'épouvante guère.
Crois-moi donc, laisse en paix, jeune homme au noble
Ce Zoïle à l'œil faux, ce malheureux moqueur.   [cœur,
Ton mépris ? mais c'est l'air qu'il respire. Ta haine ?
La haine est son odeur, sa sueur, son haleine :
Il sait qu'il peut souiller sans peur les noms fameux,
Et que pour qu'on le touche il est trop venimeux.
Il ne craint rien ; pareil au champignon difforme
Poussé dans une nuit au pied d'un chêne énorme,
Qui laisse les chevreaux autour de lui paissant
Essayer leur dent folle à l'arbuste innocent ;
Sachant qu'il porte en lui des vengeances trop sûres,
Tout gonflé de poison il attend les morsures.

                                        18 mai 1837.

XIV

AVRIL. — A LOUIS B.[2]

LOUIS, voici le temps de respirer les roses,
Et d'ouvrir bruyamment les vitres longtemps closes ;
          Le temps d'admirer en rêvant
Tout ce que la nature a de beautés divines
Qui flottent sur les monts, les bois et les ravines,
          Avec l'onde, l'ombre et le vent !

Louis, voici le temps de reposer son âme
Dans ce calme sourire empreint de vague flamme
          Qui rayonne au front du ciel pur ;
De dilater son cœur ainsi qu'une eau qui fume,
Et d'en faire envoler la nuée et la brume
          A travers le limpide azur !

O Dieu ! que les amants sous les vertes feuillées
S'en aillent, par l'hiver pauvres ailes mouillées !
　　　Qu'ils errent, joyeux et vainqueurs !
Que le rossignol chante, oiseau dont la voix tendre
Contient de l'harmonie assez pour en répandre
　　　Sur tout l'amour qui sort des cœurs !

Que, blé qui monte, enfant qui joue, eau qui murmure,
Fleur rose où le semeur rêve une pêche mûre,
　　　Que tout semble rire ou prier !
Que le chevreau gourmand, furtif et plein de grâces,
De quelque arbre incliné mordant les feuilles basses,
　　　Fasse accourir le chevrier !

Qu'on songe aux deuils passés en se disant : qu'était-ce ?
Que rien sous le soleil ne garde de tristesse !
　　　Qu'un nid chante sur les vieux troncs !
Nous, tandis que de joie au loin tout vibre et tremble,
Allons dans la forêt, et là, marchant ensemble,
　　　Si vous voulez, nous songerons,

Nous songerons tous deux à cette belle fille
Qui dort là-bas sous l'herbe où le bouton d'or brille,
　　　Où l'oiseau cherche un grain de mil,
Et qui voulait avoir, et qui, triste chimère,
S'était fait cet hiver promettre par sa mère,
　　　Une robe verte en avril.

　　　　　　　　　　　　　　Avril 1837.

XV

LA VACHE [1]

DEVANT la blanche ferme où parfois vers midi
Un vieillard vient s'asseoir sur le seuil attiédi,
Où cent poules gaîment mêlent leurs crêtes rouges,
Où, gardiens du sommeil, les dogues dans leurs bouges

Ecoutent les chansons du gardien du réveil,
Du beau coq vernissé qui reluit au soleil,
Une vache était là tout à l'heure arrêtée.
Superbe, énorme, rousse et de blanc tachetée,
Douce comme une biche avec ses jeunes faons,
Elle avait sous le ventre un beau groupe d'enfants,
D'enfants aux dents de marbre, aux cheveux en brous-
Frais, et plus charbonnés que de vieilles murailles, [sailles
Qui, bruyants, tous ensemble, à grands cris appelant
D'autres qui, tout petits, se hâtaient en tremblant,
Dérobant sans pitié quelque laitière absente,
Sous leur bouche joyeuse et peut-être blessante
Et sous leurs doigts pressant le lait par mille trous,
Tiraient le pis fécond de la mère au poil roux.
Elle, bonne et puissante et de son trésor pleine,
Sous leurs mains par moments faisant frémir à peine
Son beau flanc plus ombré qu'un flanc de léopard,
Distraite, regardait vaguement quelque part.

Ainsi, Nature ! abri de toute créature !
O mère universelle ! indulgente Nature !
Ainsi, tous à la fois, mystiques et charnels,
Cherchant l'ombre et le lait sous tes flancs éternels,
Nous sommes là, savants, poètes, pêle-mêle,
Pendus de toutes parts à ta forte mamelle !
Et tandis qu'affamés, avec des cris vainqueurs,
A tes sources sans fin désaltèrant nos cœurs,
Pour en faire plus tard notre sang et notre âme,
Nous aspirons à flots ta lumière et ta flamme,
Les feuillages, les monts, les prés verts, le ciel bleu,
Toi, sans te déranger, tu rêves à ton Dieu !

15 mai 1837.

XVI

PASSE [1]

C'ÉTAIT un grand château du temps de Louis treize.
Le couchant rougissait ce palais oublié.
Chaque fenêtre au loin, transformée en fournaise,
Avait perdu sa forme et n'était plus que braise.
Le toit disparaissait dans les rayons noyé.

Sous nos yeux s'étendait, gloire antique abattue,
Un de ces parcs dont l'herbe inonde le chemin,
Où dans un coin, de lierre à demi revêtue,
Sur un piédestal gris, l'hiver, morne statue,
Se chauffe avec un feu de marbre sous sa main.

O deuil ! le grand bassin dormait, lac solitaire.
Un Neptune verdâtre y moisissait dans l'eau.
Les roseaux cachaient l'onde et l'eau rongeait la terre.
Et les arbres mêlaient leur vieux branchage austère,
D'où tombaient autrefois des rimes pour Boileau.

On voyait par moments errer dans la futaie
De beaux cerfs qui semblaient regretter les chasseurs ;
Et, pauvres marbres blancs qu'un vieux tronc d'arbre
Seules, sous la charmille, hélas ! changée en haie, [étaie,
Soupirer Gabrielle et Vénus, ces deux sœurs !

Les manteaux relevés par la longue rapière,
Hélas ! ne passaient plus dans ce jardin sans voix ;
Les tritons avaient l'air de fermer la paupière.
Et, dans l'ombre, entr'ouvrant ses mâchoires de pierre,
Un vieux antre ennuyé bâillait au fond du bois.

Et je vous dis alors : — Ce château dans son ombre
A contenu l'amour, frais comme en votre cœur,
Et la gloire, et le rire, et les fêtes sans nombre,
Et toute cette joie aujourd'hui le rend sombre,
Comme un vase noircit rouillé par sa liqueur.

Dans cet antre, où la mousse a recouvert la dalle,
Venait, les yeux baissés et le sein palpitant,
Ou la belle Caussade ou la jeune Candale,
Qui, d'un royal amant conquête féodale,
En entrant disait Sire, et Louis en sortant[1].

Alors comme aujourd'hui, pour Candale ou Caussade,
La nuée au ciel bleu mêlait son blond duvet,
Un doux rayon dorait le toit grave et maussade,
Les vitres flamboyaient sur toute la façade,
Le soleil souriait, la nature rêvait !

Alors comme aujourd'hui, deux cœurs unis, deux âmes,
Erraient sous ce feuillage où tant d'amour a lui ;
Il nommait sa duchesse un ange entre les femmes,
Et l'œil plein de rayons et l'œil rempli de flammes
S'éblouissaient l'un l'autre, alors comme aujourd'hui !

Au loin dans le bois vague on entendait des rires.
C'étaient d'autres amants, dans leur bonheur plongés.
Par moments un silence arrêtait leurs délires.
Tendre, il lui demandait : D'où vient que tu soupires ?
Douce, elle répondait : D'où vient que vous songez ?

Tous deux, l'ange et le roi, les mains entrelacées,
Ils marchaient, fiers, joyeux, foulant le vert gazon,
Ils mêlaient leurs regards, leur souffle, leurs pensées... —
O temps évanouis ! ô splendeurs éclipsées !
O soleils descendus derrière l'horizon !

1ᵉʳ avril 1835.

XVII

SOIREE EN MER[2]

Près du pêcheur qui ruisselle,
Quand tous deux, au jour baissant,
Nous errons dans la nacelle,

Laissant chanter l'homme frêle
Et gémir le flot puissant ;

Sous l'abri que font les voiles
Lorsque nous nous asseyons,
Dans cette ombre où tu te voiles
Quand ton regard aux étoiles
Semble cueillir des rayons ;

Quand tous deux nous croyons lire
Ce que la nature écrit,
Réponds, ô toi que j'admire,
D'où vient que mon cœur soupire ?
D'où vient que ton front sourit ?

Dis, d'où vient qu'à chaque lame
Comme une coupe de fiel,
La pensée emplit mon âme ?
C'est que moi je vois la rame
Tandis que tu vois le ciel !

C'est que je vois les flots sombres,
Toi, les astres enchantés !
C'est que, perdu dans leurs nombres,
Hélas ! je compte les ombres
Quand tu comptes les clartés !

Chacun, c'est la loi suprême,
Rame, hélas ! jusqu'à la fin.
Pas d'homme, ô fatal problème !
Qui ne laboure ou ne sème
Sur quelque chose de vain !

L'homme est sur un flot qui gronde.
L'ouragan tord son manteau.
Il rame en la nuit profonde,
Et l'espoir s'en va dans l'onde
Par les fentes du bateau.

Sa voile que le vent troue
Se déchire à tout moment,

De sa route l'eau se joue,
Les obstacles sur sa proue
Ecument incessamment !

Hélas ! hélas ! tout travaille
Sous tes yeux, ô Jéhova !
De quelque côté qu'on aille,
Partout un flot qui tressaille,
Partout un homme qui va !

Où vas-tu ? — Vers la nuit noire.
Où vas-tu ? — Vers le grand jour.
Toi ? — Je cherche s'il faut croire.
Et toi ? — Je vais à la gloire.
Et toi ? — Je vais à l'amour.

Vous allez tous à la tombe !
Vous allez à l'inconnu !
Aigle, vautour, ou colombe,
Vous allez où tout retombe
Et d'où rien n'est revenu !

Vous allez où vont encore
Ceux qui font le plus de bruit !
Où va la fleur qu'avril dore !
Vous allez où va l'aurore !
Vous allez où va la nuit !

A quoi bon toutes ces peines ?
Pourquoi tant de soins jaloux ?
Buvez l'onde des fontaines,
Secouez le gland des chênes,
Aimez, et rendormez-vous !

Lorsque ainsi que des abeilles
On a travaillé toujours ;
Qu'on a rêvé des merveilles ;
Lorsqu'on a sur bien des veilles
Amoncelé bien des jours ;

Sur votre plus belle rose,
Sur votre lys le plus beau,
Savez-vous ce qui se pose ?
C'est l'oubli pour toute chose,
Pour tout homme le tombeau !

Car le Seigneur nous retire
Les fruits à peine cueillis.
Il dit : Echoue ! au navire.
Il dit à la flamme : Expire !
Il dit à la fleur : Pâlis !

Il dit au guerrier qui fonde :
— Je garde le dernier mot.
Monte, monte, ô roi du monde !
La chute la plus profonde
Pend au sommet le plus haut. —

Il a dit à la mortelle :
— Vite ! éblouis ton amant.
Avant de mourir sois belle.
Sois un instant étincelle,
Puis cendre éternellement ! —

Cet ordre auquel tu t'opposes
T'enveloppe et l'engloutit.
Mortel, plains-toi, si tu l'oses,
Au Dieu qui fit ces deux choses,
Le ciel grand, l'homme petit !

Chacun, qu'il doute ou qu'il nie,
Lutte en frayant son chemin ;
Et l'éternelle harmonie
Pèse comme une ironie
Sur tout ce tumulte humain !

Tous ces faux biens qu'on envie
Passent comme un soir de mai.
Vers l'ombre, hélas ! tout dévie.
Que reste-t-il de la vie,
Excepté d'avoir aimé !

Ainsi je courbe ma tête
Quand tu redresses ton front.
Ainsi, sur l'onde inquiète,
J'écoute, sombre poète,
Ce que les flots me diront.

Ainsi, pour qu'on me réponde,
J'interroge avec effroi ;
Et dans ce gouffre où je sonde
La fange se mêle à l'onde... —
Oh ! ne fais pas comme moi !

Que sur la vague troublée
J'abaisse un sourcil hagard ;
Mais toi, belle âme voilée,
Vers l'espérance étoilée
Lève un tranquille regard !

Tu fais bien. Vois les cieux luire.
Vois les astres s'y mirer.
Un instinct là-haut t'attire.
Tu regardes Dieu sourire ;
Moi, je vois l'homme pleurer !

> 9 novembre 1836. Minuit et demi.

XVIII

DANS Virgile parfois, dieu tout près d'être un ange,
Le vers porte à sa cime une lueur étrange.
C'est que, rêvant déjà ce qu'à présent on sait,
Il chantait presque à l'heure où Jésus vagissait.
C'est qu'à son insu même il est une des âmes
Que l'orient lointain teignait de vagues flammes.
C'est qu'il est un des cœurs que, déjà sous les cieux,
Dorait le jour naissant du Christ mystérieux !

Dieu voulait qu'avant tout, rayon du Fils de l'homme,
L'aube de Bethléem blanchît le front de Rome [1].

> Nuit du 21 au 22 mars 1837.

XIX

A UN RICHE

JEUNE HOMME ! je te plains ; et cependant j'admire
Ton grand parc enchanté qui semble nous sourire,
Qui fait, vu de ton seuil, le tour de l'horizon,
Grave ou joyeux suivant le jour et la saison,
Coupé d'herbe et d'eau vive, et remplissant huit lieues
De ses vagues massifs et de ses ombres bleues.
J'admire ton domaine, et pourtant je te plains !
Car dans ces bois touffus de tant de grandeur pleins,
Où le printemps épanche un faste sans mesure,
Quelle plus misérable et plus pauvre masure
Qu'un homme usé, flétri, mort pour l'illusion,
Riche et sans volupté, jeune et sans passion,
Dont le cœur délabré, dans ses recoins livides,
N'a plus qu'un triste amas d'anciennes coupes vides,
Vases brisés qui n'ont rien gardé que l'ennui,
Et d'où l'amour, la joie et la candeur ont fui !

Oui, tu me fais pitié, toi qui crois faire envie !
Ce splendide séjour sur ton cœur, sur ta vie,
Jette une ombre ironique, et rit en écrasant
Ton front terne et chétif d'un cadre éblouissant.

Dis-moi, crois-tu, vraiment, posséder ce royaume
D'ombre et de fleurs, où l'arbre arrondi comme un dôme,
L'étang, lame d'argent que le couchant fait d'or,
L'allée entrant au bois comme un noir corridor,
Et là, sur la forêt, ce mont qu'une tour garde,
Font un groupe si beau pour l'âme qui regarde !
Lieu sacré pour qui sait dans l'immense univers,
Dans les prés, dans les eaux et dans les vallons verts,
Retrouver les profils de la face éternelle
Dont le visage humain n'est qu'une ombre charnelle !

Que fais-tu donc ici ? Jamais on ne te voit,
Quand le matin blanchit l'angle ardoisé du toit,
Sortir, songer, cueillir la fleur, coupe irisée
Que la plante à l'oiseau tend pleine de rosée,
Et parfois t'arrêter, laissant pendre à ta main
Un livre interrompu, debout sur le chemin,
Quand le bruit du vent coupe en strophes incertaines
Cette longue chanson qui coule des fontaines.

Jamais tu n'as suivi de sommets en sommets
La ligne des coteaux qui fait rêver ; jamais
Tu n'as joui de voir, sur l'eau qui le reflète,
Quelque saule noueux tordu comme un athlète.
Jamais, sévère esprit au mystère attaché,
Tu n'as questionné le vieux orme penché
Qui regarde à ses pieds toute la plaine vivre
Comme un sage qui rêve attentif à son livre.

L'été, lorsque le jour est par midi frappé,
Lorsque la lassitude a tout enveloppé,
A l'heure où l'andalouse et l'oiseau font la sieste,
Jamais le faon peureux, tapi dans l'antre agreste,
Ne te voit, à pas lents, loin de l'homme importun,
Grave, et comme ayant peur de réveiller quelqu'un,
Errer dans les forêts ténébreuses et douces
Où le silence dort sur le velours des mousses.

Que te fait tout cela ? Les nuages des cieux,
La verdure et l'azur sont l'ennui de tes yeux.
Tu n'es pas de ces fous qui vont, et qui s'en vantent,
Tendant partout l'oreille aux voix qui partout chantent,
Rendant grâce au Seigneur d'avoir fait le printemps,
Qui ramassent un nid, ou contemplent longtemps
Quelque noir champignon, monstre étrange de l'herbe.
Toi, comme un sac d'argent, tu vois passer la gerbe.
Ta futaie, en avril, sous ses bras plus nombreux
A l'air de réclamer bien des pas amoureux,
Bien des cœurs soupirants, bien des têtes pensives ;

Toi qui jouis aussi sous ses branches massives,
Tu songes, calculant le taillis qui s'accroît,

Que Paris, ce vieillard qui, l'hiver, a si froid,
Attend, sous ses vieux quais percés de rampes neuves,
Ces longs serpents de bois qui descendent les fleuves !
Ton regard voit, tandis que notre œil flotte au loin,
Les blés d'or en farine et la prairie en foin ;
Pour toi le laboureur est un rustre qu'on paie ;
Pour toi toute fumée ondulant, noire ou gaie,
Sur le clair paysage, est un foyer impur
Où l'on cuit quelque viande à l'angle d'un vieux mur.
Quand le soir tend le ciel de ses moires ardentes
Au dos d'un fort cheval assis, jambes pendantes,
Quand les bouviers hâlés, de leurs bras vigoureux
Piquent tes bœufs géants qui par le chemin creux
Se hâtent pêle-mêle et s'en vont à la crèche,
Toi, devant ce tableau, tu rêves à la brèche
Qu'il faudra réparer, en vendant tes silos,
Dans ta rente qui tremble aux pas de don Carlos[1] !

Au crépuscule, après un long jour monotone,
Tu t'enfermes chez toi. Les tièdes nuits d'automne
Versent leur chaste haleine aux coteaux veloutés.
Tu n'en sais rien. D'ailleurs, qu'importe ! A tes côtés,
Belles, leurs bruns cheveux appliqués sur les tempes,
Fronts roses empourprés par le reflet des lampes,
Des femmes aux yeux purs sont assises, formant
Un cercle frais qui brode et cause doucement ;
Toutes, dans leurs discours où rien n'ose apparaître,
Cachant leurs vœux, leur âme et leur cœur que peut-être
Embaume un vague amour, fleur qu'on ne cueille pas,
Parfum qu'on sentirait en se baissant tout bas.
Tu n'en sais rien. Tu fais, parmi ces élégies,
Tomber ton froid sourire, où, sous quatre bougies,
D'autres hommes et toi, dans un coin attablés
Autour d'un tapis vert, bruyants, vous querellez
Les caprices du whist, du brelan ou de l'hombre. —
La fenêtre est pourtant pleine de lune et d'ombre !

O risible insensé ! vraiment, je te le dis,
Cette terre, ces prés, ces vallons arrondis,
Nids de feuilles et d'herbe où jasent les villages,

Ces blés où les moineaux ont leurs joyeux pillages,
Ces champs qui, l'hiver même, ont d'austères appas,
Ne t'appartiennent point : tu ne les comprends pas.

Vois-tu, tous les passants, les enfants, les poètes,
Sur qui ton bois répand ses ombres inquiètes,
Le pauvre jeune peintre épris de ciel et d'air,
L'amant plein d'un seul nom, le sage au cœur amer,
Qui viennent rafraîchir dans cette solitude,
Hélas ! l'un son amour et l'autre son étude,
Tous ceux qui, savourant la beauté de ce lieu,
Aiment, en quittant l'homme, à s'approcher de Dieu,
Et qui, laissant ici le bruit vague et morose
Des troubles de leur âme, y prennent quelque chose
De l'immense repos de la création,
Tous ces hommes, sans or et sans ambition,
Et dont le pied poudreux ou tout mouillé par l'herbe
Te fait rire emporté par ton landau superbe,
Sont dans ce parc touffu, que tu crois sous ta loi,
Plus riches, plus chez eux, plus les maîtres que toi,
Quoique de leur forêt que ta main grille et mure
Tu puisses couper l'ombre et vendre le murmure !

Pour eux rien n'est stérile en ces asiles frais.
Pour qui les sait cueillir tout a des dons secrets.
De partout sort un flot de sagesse abondante.
L'esprit qu'a déserté la passion grondante,
Médite à l'arbre mort, aux débris du vieux pont.
Tout objet dont le bois se compose répond
A quelque objet pareil dans la forêt de l'âme.
Un feu de pâtre éteint parle à l'amour en flamme.
Tout donne des conseils au penseur, jeune ou vieux.
On se pique aux chardons ainsi qu'aux envieux ;
La feuille invite à croître ; et l'onde, en coulant vite,
Avertit qu'on se hâte et que l'heure nous quitte.
Pour eux rien n'est muet, rien n'est froid, rien n'est mort.
Un peu de plume en sang leur éveille un remord ;
Les sources sont des pleurs ; la fleur qui boit aux fleuves,
Leur dit : Souvenez-vous, ô pauvres âmes veuves !

Pour eux l'antre profond cache un songe étoilé ;
Et la nuit, sous l'azur d'un beau ciel constellé,
L'arbre sur ses rameaux, comme à travers ses branches,
Leur montre l'astre d'or et les colombes blanches,
Choses douces aux cœurs par le malheur ployés,
Car l'oiseau dit : Aimez ! et l'étoile : Croyez !

Voilà ce que chez toi verse aux âmes souffrantes
La chaste obscurité des branches murmurantes !
Mais toi, qu'en fais-tu ? dis. — Tous les ans, en flots d'or,
Ce murmure, cette ombre, ineffable trésor,
Ces bruits de vent qui joue et d'arbre qui tressaille,
Vont s'enfouir au fond de ton coffre qui bâille ;
Et tu changes ces bois où l'amour s'enivra,
Toute cette nature, en loge à l'opéra !

Encor si la musique arrivait à ton âme !
Mais entre l'art et toi l'or met son mur infâme.
L'esprit qui comprend l'art comprend le reste aussi.
Tu vas donc dormir là ! sans te douter qu'ainsi
Que tous ces verts trésors que dévore ta bourse,
Gluck est une forêt et Mozart une source.

Tu dors ; et quand parfois la mode, en souriant,
Te dit : Admire, riche ! alors, joyeux, criant,
Tu surgis, demandant comment l'auteur se nomme,
Pourvu que toutefois la muse soit un homme !
Car tu te roidiras dans ton étrange orgueil
Si l'on t'apporte, un soir, quelque musique en deuil,
Urne que la pensée a chauffée à sa flamme,
Beau vase où s'est versé tout le cœur d'une femme[1].

O seigneur malvenu de ce superbe lieu !
Caillou vil incrusté dans ces rubis en feu !
Maître pour qui ces champs sont pleins de sourdes
Gui parasite enflé de la sève des chênes !   [haines !
Pauvre riche ! — Vis donc, puisque cela pour toi
C'est vivre. Vis sans cœur, sans pensée et sans foi.
Vis pour l'or, chose vile, et l'orgueil, chose vaine.
Végète, toi qui n'as que du sang dans la veine,

Toi qui ne sens pas Dieu frémir dans le roseau,
Regarder dans l'aurore et chanter dans l'oiseau !

Car, — et bien que tu sois celui qui rit aux belles
Et, le soir, se récrie aux romances nouvelles, —
Dans les coteaux penchants où fument les hameaux,
Près des lacs, près des fleurs, sous les larges rameaux,
Dans tes propres jardins, tu vas aussi stupide,
Aussi peu clairvoyant dans ton instinct cupide,
Aussi sourd à la vie, à l'harmonie, aux voix,
Qu'un loup sauvage errant au milieu des grands bois [1] !

22 mai 1837.

XX

REGARDEZ : les enfants se sont assis en rond.
Leur mère est à côté, leur mère au jeune front
        Qu'on prend pour une sœur aînée ;
Inquiète, au milieu de leurs jeux ingénus,
De sentir s'agiter leurs chiffres inconnus
        Dans l'urne de la destinée.

Près d'elle naît leur rire et finissent leurs pleurs,
Et son cœur est si pur et si pareil aux leurs.
        Et sa lumière est si choisie,
Qu'en passant à travers les rayons de ses jours,
La vie aux mille soins, laborieux et lourds,
        Se transfigure en poésie !

Toujours elle les suit, veillant et regardant,
Soit que janvier rassemble au coin de l'âtre ardent
        Leur joie aux plaisirs occupée ;
Soit qu'un doux vent de mai, qui ride le ruisseau,
Remue au-dessus d'eux les feuilles, vert monceau
        D'où tombe une ombre découpée.

Parfois, lorsque, passant près d'eux, un indigent
Contemple avec envie un beau hochet d'argent
      Que sa faim dévorante admire,
La mère est là ; pour faire, au nom du Dieu vivant,
Du hochet une aumône, un ange de l'enfant,
      Il ne lui faut qu'un doux sourire !

Et moi qui, mère, enfants, les vois tous sous mes yeux,
Tandis qu'auprès de moi les petits sont joyeux
      Comme des oiseaux sur les grèves,
Mon cœur gronde et bouillonne, et je sens lentement,
Couvercle soulevé par un flot écumant,
      S'entr'ouvrir mon front plein de rêves [1].

12 juin 1837.

XXI

DANS ce jardin antique où les grandes allées
Passent sous les tilleuls si chastes, si voilées
Que toute fleur qui s'ouvre y semble un encensoir,
Où, marquant tous ses pas de l'aube jusqu'au soir,
L'heure met tour à tour dans les vases de marbre
Les rayons du soleil et les ombres de l'arbre,
Anges, vous le savez, oh ! comme avec amour,
Rêveur, je regardais dans la clarté du jour
Jouer l'oiseau qui vole et la branche qui plie,
Et de quels doux pensers mon âme était remplie,
Tandis que l'humble enfant dont je baise le front,
Avec son pas joyeux pressant mon pas moins prompt,
Marchait en m'entraînant vers la grotte où le lierre
Met une barbe verte au vieux fleuve de pierre !

20 février 1837.

XXII

A DES OISEAUX ENVOLES [1]

ENFANTS ! — Oh ! revenez ! Tout à l'heure, imprudent,
Je vous ai de ma chambre exilés en grondant,
Rauque et tout hérissé de paroles moroses.
Et qu'aviez-vous donc fait, bandits aux lèvres roses ?
Quel crime ? quel exploit ? quel forfait insensé ?
Quel vase du Japon en mille éclats brisé [2] ?
Quel vieux portrait crevé ? Quel beau missel gothique
Enrichi par vos mains d'un dessin fantastique ?
Non, rien de tout cela. Vous aviez seulement,
Ce matin, restés seuls dans ma chambre un moment,
Pris, parmi ces papiers que mon esprit colore,
Quelques vers, groupe informe, embryons près d'éclore,
Puis vous les aviez mis, prompts à vous accorder,
Dans le feu, pour jouer, pour voir, pour regarder
Dans une cendre noire errer des étincelles,
Comme brillent sur l'eau de nocturnes nacelles,
Ou comme, de fenêtre en fenêtre, on peut voir
Des lumières courir dans les maisons le soir.

Voilà tout. Vous jouiez et vous croyiez bien faire.

Belle perte, en effet ! beau sujet de colère !
Une strophe, mal née au doux bruit de vos jeux,
Qui remuait les mots d'un vol trop orageux !
Une ode qui chargeait d'une rime gonflée
Sa stance paresseuse en marchant essoufflée !
De lourds alexandrins l'un sur l'autre enjambant
Comme des écoliers qui sortent de leur banc !
Un autre eût dit : — Merci ! Vous ôtez une proie
Au feuilleton méchant qui bondissait de joie
Et d'avance poussait des rires infernaux
Dans l'antre qu'il se creuse au bas des grands jour-
Moi, je vous ai grondés. Tort grave et ridicule ! [naux. —

Nains charmants que n'eût pas voulu fâcher Hercule,
Moi, je vous ai fait peur. J'ai, rêveur triste et dur,
Reculé brusquement ma chaise jusqu'au mur,
Et, vous jetant ces noms dont l'envieux vous nomme,
J'ai dit : — Allez-vous-en ! laissez-moi seul ! — Pauvre
Seul ! le beau résultat ! le beau triomphe ! seul ! [homme !
Comme on oublie un mort roulé dans son linceul,
Vous m'avez laissé là, l'œil fixé sur ma porte,
Hautain, grave et puni. — Mais vous, que vous importe !
Vous avez retrouvé dehors la liberté,
Le grand air, le beau parc, le gazon souhaité,
L'eau courante où l'on jette une herbe à l'aventure,
Le ciel bleu, le printemps, la sereine nature,
Ce livre des oiseaux et des bohémiens,
Ce poème de Dieu qui vaut mieux que les miens,
Où l'enfant peut cueillir la fleur, strophe vivante,
Sans qu'une grosse voix tout à coup l'épouvante !
Moi, je suis resté seul, toute joie ayant fui,
Seul avec ce pédant qu'on appelle l'ennui.
Car, depuis le matin assis dans l'antichambre,
Ce docteur, né dans Londre, un dimanche, en décembre,
Qui ne vous aime pas, ô mes pauvres petits,
Attendait pour entrer que vous fussiez sortis.
Dans l'angle où vous jouiez il est là qui soupire,
Et je le vois bâiller, moi qui vous voyais rire !

Que faire ? lire un livre ? oh non ! — dicter des vers ?
A quoi bon ? — Emaux bleus ou blancs, céladons verts,
Sphère qui fait tourner tout le ciel sur son axe,
Les beaux insectes peints sur mes tasses de Saxe,
Tout m'ennuie, et je pense à vous. En vérité,
Vous partis, j'ai perdu le soleil, la gaîté,
Le bruit joyeux qui fait qu'on rêve, le délire
De voir le tout petit s'aider du doigt pour lire,
Les fronts pleins de candeur qui disent toujours oui,
L'éclat de rire franc, sincère, épanoui,
Qui met subitement des perles sur les lèvres,
Les beaux grands yeux naïfs admirant mon vieux Sèvres,
La curiosité qui cherche à tout savoir,
Et les coudes qu'on pousse en disant : Viens donc voir !

Oh ! certes, les esprits, les sylphes et les fées
Que le vent dans ma chambre apporte par bouffées,
Les gnomes accroupis là-haut, près du plafond,
Dans les angles obscurs que mes vieux livres font,
Les lutins familiers, nains à la longue échine,
Qui parlent dans les coins à mes vases de Chine,
Tout l'invisible essaim de ces démons joyeux
A dû rire aux éclats, quand là, devant leurs yeux,
Ils vous ont vus saisir dans la boîte aux ébauches
Ces hexamètres nus, boiteux, difformes, gauches,
Les traîner au grand jour, pauvres hiboux fâchés,
Et puis, battant des mains, autour du feu penchés,
De tous ces corps hideux soudain tirant une âme,
Avec ces vers si laids faire une belle flamme !

Espiègles radieux que j'ai fait envoler,
Oh ! revenez ici chanter, danser, parler,
Tantôt, groupe folâtre, ouvrir un gros volume,
Tantôt courir, pousser mon bras qui tient ma plume,
Et faire dans le vers que je viens retoucher
Saillir soudain un angle aigu comme un clocher
Qui perce tout à coup un horizon de plaines.
Mon âme se réchauffe à vos douces haleines.
Revenez près de moi, souriant de plaisir,
Bruire et gazouiller, et sans peur obscurcir
Le vieux livre où je lis de vos ombres penchées,
Folles têtes d'enfants ! gaîtés effarouchées !

J'en conviens, j'avais tort, et vous aviez raison.
Mais qui n'a quelquefois grondé hors de saison ?
Il faut être indulgent. Nous avons nos misères.
Les petits pour les grands ont tort d'être sévères.
Enfants ! chaque matin, votre âme avec amour
S'ouvre à la joie ainsi que la fenêtre au jour.
Beau miracle, vraiment, que l'enfant, gai sans cesse,
Ayant tout le bonheur, ait toute la sagesse !
Le destin vous caresse en vos commencements.
Vous n'avez qu'à jouer et vous êtes charmants.   [mes
Mais nous, nous qui pensons, nous qui vivons, nous som-
Hargneux, tristes, mauvais, ô mes chers petits hommes !

On a ses jours d'humeur, de déraison, d'ennui.
Il pleuvait ce matin. Il fait froid aujourd'hui.
Un nuage mal fait dans le ciel tout à l'heure
A passé. Que nous veut cette cloche qui pleure ?
Puis on a dans le cœur quelque remords. Voilà
Ce qui nous rend méchants. Vous saurez tout cela,
Quand l'âge à votre tour ternira vos visages,
Quand vous serez plus grands, c'est-à-dire moins sages.

J'ai donc eu tort. C'est dit. Mais c'est assez punir,
Mais il faut pardonner, mais il faut revenir.
Voyons, faisons la paix, je vous prie à mains jointes.
Tenez, crayons, papiers, mon vieux compas sans pointes,
Mes laques et mes grès, qu'une vitre défend,
Tous ces hochets de l'homme enviés par l'enfant,
Mes gros chinois ventrus faits comme des concombres,
Mon vieux tableau trouvé sous d'antiques décombres,
Je vous livrerai tout, vous toucherez à tout !
Vous pourrez sur ma table être assis ou debout,
Et chanter, et traîner, sans que je me récrie,
Mon grand fauteuil de chêne et de tapisserie,
Et sur mon banc sculpté jeter tous à la fois
Vos jouets anguleux qui déchirent le bois !
Je vous laisserai même, et gaîment, et sans crainte,
O prodige ! en vos mains tenir ma bible peinte,
Que vous n'avez touchée encor qu'avec terreur,
Où l'on voit Dieu le père en habit d'empereur !

Et puis, brûlez les vers dont ma table est semée,
Si vous tenez à voir ce qu'ils font de fumée !
Brûlez ou déchirez ! — Je serais moins clément
Si c'était chez Méry, le poète charmant [1],
Que Marseille la grecque, heureuse et noble ville,
Blonde fille d'Homère, a fait fils de Virgile.
Je vous dirais : — « Enfants, ne touchez que des yeux
A ces vers qui demain s'envoleront aux cieux.
Ces papiers, c'est le nid, retraite caressée,
Où du poète ailé rampe encor la pensée.
Oh ! n'en approchez pas ! car les vers nouveau-nés,
Au manuscrit natal encore emprisonnés,

Souffrent entre vos mains innocemment cruelles.
Vous leur blessez le pied, vous leur froissez les ailes ;
Et, sans vous en douter, vous leur faites ces maux
Que les petits enfants font aux petits oiseaux. » —

Mais qu'importe les miens ! — Toute ma poésie,
C'est vous, et mon esprit suit votre fantaisie.
Vous êtes les reflets et les rayonnements
Dont j'éclaire mon vers si sombre par moments.
Enfants, vous dont la vie est faite d'espérance,
Enfants, vous dont la joie est faite d'ignorance,
Vous n'avez pas souffert et vous ne savez pas,
Quand la pensée en nous a marché pas à pas,
Sur le poète morne et fatigué d'écrire
Quelle douce chaleur répand votre sourire !
Combien il a besoin, quand sa tête se rompt,
De la sérénité qui luit sur votre front ;
Et quel enchantement l'enivre et le fascine,
Quand le charmant hasard de quelque cour voisine,
Où vous vous ébattez sous un arbre penchant,
Mêle vos joyeux cris à son douloureux chant !

Revenez donc, hélas ! revenez dans mon ombre,
Si vous ne voulez pas que je sois triste et sombre,
Pareil, dans l'abandon où vous m'avez laissé,
Au pêcheur d'Etretat, d'un long hiver lassé,
Qui médite appuyé sur son coude, et s'ennuie
De voir à sa fenêtre un ciel rayé de pluie.

23 avril 1837.

XXIII

A QUOI je songe ? — Hélas ! loin du toit où vous êtes,
Enfants, je songe à vous ! à vous, mes jeunes têtes,
Espoir de mon été déjà penchant et mûr,
Rameaux dont, tous les ans, l'ombre croît sur mon mur,

Douces âmes à peine au jour épanouies,
Des rayons de votre aube encor tout éblouies !
Je songe aux deux petits qui pleurent en riant,
Et qui font gazouiller sur le seuil verdoyant,
Comme deux jeunes fleurs qui se heurtent entre elles,
Leurs jeux charmants mêlés de charmantes querelles !
Et puis, père inquiet, je rêve aux deux aînés
Qui s'avancent déjà de plus de flot baignés,
Laissant pencher parfois leur tête encor naïve,
L'un déjà curieux, l'autre déjà pensive !

Seul et triste au milieu des chants des matelots,
Le soir, sous la falaise, à cette heure où les flots,
S'ouvrant et se fermant comme autant de narines,
Mêlent au vent des cieux mille haleines marines,
Où l'on entend dans l'air d'ineffables échos
Qui viennent de la terre ou qui viennent des eaux,
Ainsi je songe ! — à vous, enfants, maison, famille,
A la table qui rit, au foyer qui pétille,
A tous les soins pieux que répandent sur vous
Votre mère si tendre et votre aïeul si doux [1] !
Et tandis qu'à mes pieds s'étend, couvert de voiles,
Le limpide océan, ce miroir des étoiles,
Tandis que les nochers laissent errer leurs yeux
De l'infini des mers à l'infini des cieux,
Moi, rêvant à vous seuls, je contemple et je sonde
L'amour que j'ai pour vous dans mon âme profonde,
Amour doux et puissant qui toujours m'est resté.
Et cette grande mer est petite à côté !

15 juillet 1837. — Fécamp. —
Ecrit au bord de la mer [2].

XXIV

UNE NUIT QU'ON ENTENDAIT
LA MER SANS LA VOIR [1]

QUELS sont ces bruits sourds ?
Ecoutez vers l'onde
Cette voix profonde
Qui pleure toujours
Et qui toujours gronde,
Quoiqu'un son plus clair
Parfois l'interrompe... —
Le vent de la mer
Souffle dans sa trompe.

Comme il pleut ce soir !
N'est-ce pas, mon hôte ?
Là-bas, à la côte,
Le ciel est bien noir,
La mer est bien haute !
On dirait l'hiver ;
Parfois on s'y trompe... —
Le vent de la mer
Souffle dans sa trompe.

Oh ! marins perdus [2] !
Au loin, dans cette ombre
Sur la nef qui sombre,
Que de bras tendus
Vers la terre sombre !
Pas d'ancre de fer
Que le flot ne rompe. —
Le vent de la mer
Souffle dans sa trompe.

Nochers imprudents !
Le vent dans la voile
Déchire la toile
Comme avec les dents !
Là-haut pas d'étoile !
L'un lutte avec l'air,
L'autre est à la pompe. —
Le vent de la mer
Souffle dans sa trompe.

C'est toi, c'est ton feu
Que le nocher rêve,
Quand le flot s'élève,
Chandelier que Dieu
Pose sur la grève,
Phare au rouge éclair
Que la brume estompe ! —
Le vent de la mer
Souffle dans sa trompe.

17 juillet 1836.

XXV

TENTANDA VIA EST [1]

NE vous effrayez pas, douce mère inquiète
Dont la bonté partout dans la maison s'émiette,
De le voir si petit, si grave et si pensif.
Comme un pauvre oiseau blanc qui, seul sur un récif,
Voit l'océan vers lui monter du fond de l'ombre,
Il regarde déjà la vie immense et sombre.
Il rêve de la voir s'avancer pas à pas.
O mère au cœur divin, ne vous effrayez pas,

Vous en qui, — tant votre âme est un charmant mé-
L'ange voit un enfant et l'enfant voit un ange.   [lange ! —

Allons, mère, sans trouble et d'un air triomphant
Baisez-moi le grand front de ce petit enfant.
Ce n'est pas un savant, ce n'est pas un prodige,
C'est un songeur ; tant mieux. Soyez fière, vous dis-je !
La méditation du génie est la sœur,
Mère, et l'enfant songeur fait un homme penseur,
Et la pensée est tout, et la pensée ardente
Donne à Milton le ciel, donne l'enfer à Dante !
Un jour il sera grand. L'avenir glorieux
Attend, n'en doutez pas, l'enfant mystérieux
Qui veut savoir comment chaque chose se nomme,
Et questionne tout, un mur autant qu'un homme.
Qui sait si, ramassant à terre sans effort
Le ciseau colossal de Michel-Ange mort,
Il ne doit pas, livrant au granit des batailles,
Faire au marbre étonné de superbes entailles ?
Ou, comme Bonaparte ou bien François premier,
Prendre, joueur d'échecs, l'Europe pour damier ?
Qui sait s'il n'ira point, voguant à toute voile,
Ajoutant à son œil, que l'ombre humaine voile,
L'œil du long télescope au regard effrayant,
Ou l'œil de la pensée encor plus clairvoyant,
Saisir, dans l'azur vaste ou dans la mer profonde,
Un astre comme Herschell[1], comme Colomb un monde ?

Qui sait ? Laissez grandir ce petit sérieux.
Il ne voit même pas nos regards curieux.
Peut-être que déjà ce pauvre enfant fragile
Rêve, comme rêvait l'enfant qui fut Virgile,
Au combat que poursuit le poète éclatant ;
Et qu'il veut, aussi lui, tenter, vaincre, et sortant
Par un chemin nouveau de la sphère où nous sommes,
Voltiger, nom ailé, sur les bouches des hommes[2].

9 juin 1837.

XXVI

Jeune fille, l'amour, c'est d'abord un miroir
Où la femme coquette et belle aime à se voir,
   Et, gaie ou rêveuse, se penche ;
Puis, comme la vertu, quand il a votre cœur,
Il en chasse le mal et le vice moqueur,
   Et vous fait l'âme pure et blanche ;

Puis on descend un peu, le pied vous glisse... — Alors
C'est un abîme ! en vain la main s'attache aux bords,
   On s'en va dans l'eau qui tournoie ! —
L'amour est charmant, pur, et mortel. N'y crois pas !
Tel l'enfant, par un fleuve attiré pas à pas,
   S'y mire, s'y lave et s'y noie.

        25 février 1837.

XXVII

APRES UNE LECTURE DE DANTE [1]

Quand le poète peint l'enfer, il peint sa vie :
Sa vie, ombre qui fuit de spectres poursuivie ;
Forêt mystérieuse où ses pas effrayés
S'égarent à tâtons hors des chemins frayés ;
Noir voyage obstrué de rencontres difformes ;
Spirale aux bords douteux, aux profondeurs énormes,
Dont les cercles hideux vont toujours plus avant
Dans une ombre où se meut l'enfer vague et vivant !
Cette rampe se perd dans la brume indécise ;

Au bas de chaque marche une plainte est assise,
Et l'on y voit passer avec un faible bruit
Des grincements de dents blancs dans la sombre nuit.
Là sont les visions, les rêves, les chimères ;
Les yeux que la douleur change en sources amères,
L'amour, couple enlacé, triste, et toujours brûlant,
Qui dans un tourbillon passe une plaie au flanc [1] ;
Dans un coin la vengeance et la faim, sœurs impies,
Sur un crâne rongé côte à côte accroupies [2] ;
Puis la pâle misère, au sourire appauvri ;
L'ambition, l'orgueil, de soi-même nourri,
Et la luxure immonde, et l'avarice infâme,
Tous les manteaux de plomb dont peut se charger
Plus loin, la lâcheté, la peur, la trahison   [l'âme [3] !
Offrant des clefs à vendre et goûtant du poison ;
Et puis, plus bas encore, et tout au fond du gouffre,
Le masque grimaçant de la Haine qui souffre !

Oui, c'est bien là la vie, ô poète inspiré,
Et son chemin brumeux d'obstacles encombré.
Mais, pour que rien n'y manque, en cette route étroite
Vous nous montrez toujours debout à votre droite
Le génie au front calme, aux yeux pleins de rayons,
Le Virgile serein qui dit : Continuons !

6 août 1836.

XXVIII

PENSAR, DUDAR [4]

A Mlle LOUISE B. [5] —

JE vous l'ai déjà dit, notre incurable plaie,
Notre nuage noir qu'aucun vent ne balaie,
Notre plus lourd fardeau, notre pire douleur,
Ce qui met sur nos fronts la ride et la pâleur,

Ce qui fait flamboyer l'enfer sur nos murailles,
C'est l'âpre anxiété qui nous tient aux entrailles,
C'est la fatale angoisse et le trouble profond
Qui fait que notre cœur en abîmes se fond,
Quand un matin le sort, qui nous a dans sa serre,
Nous mettant face à face avec notre misère,
Nous jette brusquement, lui notre maître à tous,
Cette question sombre : — Ame, que croyez-vous ?
C'est l'hésitation redoutable et profonde
Qui prend, devant ce sphinx qu'on appelle le monde,
Notre esprit effrayé plus encor qu'ébloui,
Qui n'ose dire non et ne peut dire oui !

C'est là l'infirmité de toute notre race.
De quoi l'homme est-il sûr ? qui demeure ? qui passe ?
Quel est le chimérique et quel est le réel ?
Quand l'explication viendra-t-elle du ciel ?
D'où vient qu'en nos sentiers que le sophisme encombre
Nous trébuchons toujours ? d'où vient qu'esprits faits
                                        [d'ombre,
Nous tremblons tous, la nuit, à l'heure où lentement
La brume monte au cœur ainsi qu'au firmament[1] ?
Que l'aube même est sombre et cache un grand pro-
Et que plus d'un penseur, ô misère suprême !   [blème ?
Jusque dans les enfants trouvant de noirs écueils,
Doute auprès des berceaux comme auprès des cercueils ?

Voyez : cet homme est juste, il est bon ; c'est un sage.
Nul fiel intérieur ne verdit son visage ;
Si par quelques endroits son cœur est déjà mort,
Parmi tous ses regrets il n'a pas un remord ;
Les ennemis qu'il a, s'il faut qu'il s'en souvienne,
Lui viennent de leur haine et non pas de la sienne ;
C'est un sage — du temps d'Aurèle ou d'Adrien.
Il est pauvre, et s'y plaît. Il ne tombe plus rien
De sa tête vieillie aux rumeurs apaisées,
Rien que des cheveux blancs et de douces pensées.
Tous les hommes pour lui d'un seul flanc sont sortis,
Et, frère aux malheureux, il est père aux petits.

Sa vie est simple, et fuit la ville qui bourdonne.
Les champs où tout guérit, les champs où tout pardonne,
Les villageois dansant au bruit des tambourins,
Quelque ancien livre grec où revivent sereins
Les vieux héros d'Athène et de Lacédémone,
Les enfants rencontrés à qui l'on fait l'aumône,
Le chien à qui l'on parle et dont l'œil vous comprend,
L'étude d'un insecte en des mousses errant,
Le soir, quelque humble vieille au logis ramenée :
Voilà de quels rayons est faite sa journée.
Chaque jour, car pour lui chaque jour passe ainsi,
Quand le soleil descend, il redescend aussi ;
Il regagne, abordé des passants qui l'accueillent,
Son toit sur qui, l'hiver, de grands chênes s'effeuillent.
Si sa table, où jamais rien ne peut abonder,
N'a qu'un maigre repas, il sourit, sans gronder
La servante au front gris, qui sous les ans chancelle,
A qui manque aujourd'hui la force et non le zèle ;
Puis il rentre à sa chambre où le sommeil l'attend.
Et là, seul, que fait-il ? lui, ce juste content ?
Lui, ce cœur sans désirs, sans fautes et sans peines ?
Il pense, il rêve, il doute... — O ténèbres humaines !

Sombre loi ! tout est donc brumeux et vacillant !

Oh ! surtout dans ces jours où tout s'en va croulant,
Où le malheur saisit notre âme qui dévie,
Et souffle affreusement sur notre folle vie,
Où le sort envieux nous tient, où l'on n'a plus
Que le caprice obscur du flux et du reflux,
Qu'un livre déchiré, qu'une nuit ténébreuse,
Qu'une pensée en proie au gouffre qui se creuse,
Qu'un cœur désemparé de ses illusions,
Frêle esquif démâté, sur qui les passions,
Matelots furieux, qu'en vain l'esprit écoute,
Trépignent, se battant pour le choix de la route ;
Quand on ne songe plus, triste et mourant effort,
Qu'à chercher un salut, une boussole, un port,
Une ancre où l'on s'attache, un phare où l'on s'adresse,
Oh ! comme avec terreur, pilotes en détresse,

Nous nous apercevons qu'il nous manque la foi,
La foi, ce pur flambeau qui rassure l'effroi,
Ce mot d'espoir écrit sur la dernière page,
Cette chaloupe où peut se sauver l'équipage !

Comment donc se fait-il, ô pauvres insensés,
Que nous soyons si fiers ? — Dites, vous qui pensez,
Vous que le sort expose, âme toujours sereine,
Si modeste à la gloire et si douce à la haine,
Vous dont l'esprit, toujours égal et toujours pur,
Dans la calme raison, cet immuable azur,
Bien haut, bien loin de nous, brille, grave et candide,
Comme une étoile fixe au fond du ciel splendide,
Soleil que n'atteint pas, tant il est abrité,
Ce roulis de l'abîme et de l'immensité,
Où flottent, dispersés par les vents qui s'épanchent,
Tant d'astres fatigués et de mondes qui penchent !
Hélas ! que vous devez méditer à côté
De l'arrogance unie à notre cécité !
Que vous devez sourire en voyant notre gloire !
Et, comme un feu brillant jette une vapeur noire,
Que notre fol orgueil au néant appuyé
Vous doit jeter dans l'âme une étrange pitié !

Hélas ! ayez pitié, mais une pitié tendre ;
Car nous écoutons tout sans pouvoir rien entendre !

Cette absence de foi, cette incrédulité,
Ignorance ou savoir, sagesse ou vanité,
Est-ce, de quelque nom que notre orgueil la nomme,
Le vice de ce siècle ou le malheur de l'homme ?
Est-ce un mal passager ? est-ce un mal éternel ?
Dieu peut-être a fait l'homme ainsi pour que le ciel,
Plein d'ombres pour nos yeux, soit toujours notre étude ?
Dieu n'a scellé dans l'homme aucune certitude.
Penser, ce n'est pas croire. A peine par moment
Entend-on une voix dire confusément :
— « Ne vous y fiez pas, votre œuvre est périssable !
Tout ce que bâtit l'homme est bâti sur le sable ;
Ce qu'il fait tôt ou tard par l'herbe est recouvert ;
Ce qu'il dresse est dressé pour le vent du désert.

Tous ces asiles vains où vous mettez votre âme,
Gloire qui n'est que pourpre, amour qui n'est que
L'altière ambition aux manteaux étoilés   [flamme,
Qui livre à tous les vents ses pavillons gonflés,
La richesse toujours assise sur sa gerbe,
La science de loin si haute et si superbe,
Le pouvoir sous le dais, le plaisir sous les fleurs,
Tentes que tout cela ! l'édifice est ailleurs.
Passez outre ! cherchez plus loin les biens sans nombre.
Une tente, ô mortels, ne contient que de l'ombre. »

On entend cette voix et l'on rêve longtemps.
Et l'on croit voir le ciel, moins obscur par instants,
Comme à travers la brume on distingue des rives,
Presque entr'ouvert, s'emplir de vagues perspectives !

Que croire ? Oh ! j'ai souvent, d'un œil peut-être expert,
Fouillé ce noir problème où la sonde se perd !
Ces vastes questions dont l'aspect toujours change,
Comme la mer tantôt cristal et tantôt fange,
J'en ai tout remué ! la surface et le fond !
J'ai plongé dans ce gouffre et l'ai trouvé profond !

Je vous atteste, ô vents du soir et de l'aurore,
Etoiles de la nuit, je vous atteste encore,
Par l'austère pensée à toute heure asservi,
Que de fois j'ai tenté, que de fois j'ai gravi,
Seul, cherchant dans l'espace un point qui me réponde,
Ces hauts lieux d'où l'on voit la figure du monde !
Le glacier sur l'abîme ou le cap sur les mers !
Que de fois j'ai songé sur les sommets déserts,
Tandis que fleuves, champs, forêts, cités, ruines,
Gisaient derrière moi dans les plis des collines,
Que tous les monts fumaient comme des encensoirs,
Et qu'au loin l'océan, répandant ses flots noirs,
Sculptant des fiers écueils la haute architecture[1],
Mêlait son bruit sauvage à l'immense nature !

Et je disais aux flots : Flots qui grondez toujours !
Je disais aux donjons, croulant avec leurs tours :

Tours où vit le passé ! donjons que les années
Mordent incessamment de leurs dents acharnées !
Je disais à la nuit : Nuit pleine de soleils !
Je disais aux torrents, aux fleurs, aux fruits vermeils,
A ces formes sans nom que la mort décompose,
Aux monts, aux champs, aux bois : Savez-vous quelque
[chose ?

Bien des fois, à cette heure où le soir et le vent
Font que le voyageur s'achemine en rêvant,
Je me suis dit en moi : — Cette grande nature,
Cette création qui sert la créature,
Sait tout ! Tout serait clair pour qui la comprendrait ! —
Comme un muet qui sait le mot d'un grand secret
Et dont la lèvre écume à ce mot qu'il déchire,
Il semble par moment qu'elle voudrait tout dire.
Mais Dieu le lui défend ! En vain vous écoutez.
Aucun verbe en ces bruits l'un par l'autre heurtés !
Cette chanson qui sort des campagnes fertiles,
Mêlée à la rumeur qui déborde des villes,
Les tonnerres grondants, les vents plaintifs et sourds,
La vague de la mer, gueule ouverte toujours,
Qui vient, hurle, et s'en va, puis sans fin recommence,
Toutes ces voix ne sont qu'un bégaiement immense !

L'homme seul peut parler et l'homme ignore, hélas !
Inexplicable arrêt ! quoi qu'il rêve ici-bas,
Tout se voile à ses yeux sous un nuage austère.
Et l'âme du mourant s'en va dans le mystère !
Aussi repousser Rome et rejeter Sion,
Rire, et conclure tout par la négation,
Comme c'est plus aisé, c'est ce que font les hommes.
Le peu que nous croyons tient au peu que nous sommes.

Puisque Dieu l'a voulu, c'est qu'ainsi tout est mieux !
Plus de clarté peut-être aveuglerait nos yeux.
Souvent la branche casse où trop de fruit abonde.
Que deviendrions-nous si, sans mesurer l'onde,
Le Dieu vivant, du haut de son éternité,
Sur l'humaine raison versait la vérité ?
Le vase est trop petit pour la contenir toute.

Il suffit que chaque âme en recueille une goutte,
Même à l'erreur mêlée ! Hélas ! tout homme en soi
Porte un obscur repli qui refuse la foi.
Dieu ! la mort ! mots sans fond qui cachent un abîme !
L'épouvante saisit le cœur le plus sublime
Dès qu'il s'est hasardé sur de si grandes eaux.
On ne les franchit pas tout d'un vol. Peu d'oiseaux
Traversent l'océan sans reposer leur aile.
Il n'est pas de croyant si pur et si fidèle
Qui ne tremble et n'hésite à de certains moments.
Quelle âme est sans faiblesse et sans accablements ?
Enfants ! résignons-nous et suivons notre route.
Tout corps traîne son ombre, et tout esprit son doute.

                                        8 septembre 1835.

XXIX

A EUGENE VICOMTE H. [1]

Puisqu'il plut au Seigneur de te briser, poète ;
Puisqu'il plut au Seigneur de comprimer ta tête
                De son doigt souverain,
D'en faire une urne sainte à contenir l'extase,
D'y mettre le génie, et de sceller ce vase
                Avec un sceau d'airain ;

Puisque le Seigneur Dieu t'accorda, noir mystère !
Un puit pour ne point boire, une voix pour te taire,
                Et souffla sur ton front,
Et, comme une nacelle errante et d'eau remplie,
Fit rouler ton esprit à travers la folie,
                Cet océan sans fond ;

Puisqu'il voulut ta chute, et que la mort glacée,
Seule, te fît revivre en rouvrant ta pensée
                Pour un autre horizon ;

Puisque Dieu, t'enfermant dans la cage charnelle,
Pauvre aigle, te donna l'aile et non la prunelle,
      L'âme et non la raison ;

Tu pars du moins, mon frère, avec ta robe blanche !
Tu retournes à Dieu comme l'eau qui s'épanche
      Par son poids naturel !
Tu retournes à Dieu, tête de candeur pleine,
Comme y va la lumière, et comme y va l'haleine
      Qui des fleurs monte au ciel !

Tu n'as rien dit de mal, tu n'as rien fait d'étrange.
Comme une vierge meurt, comme s'envole un ange,
      Jeune homme, tu t'en vas !
Rien n'a souillé ta main ni ton cœur ; dans ce monde
Où chacun court, se hâte, et forge, et crie, et gronde,
      A peine tu rêvas !

Comme le diamant, quand le feu le vient prendre,
Disparaît tout entier, et sans laisser de cendre,
      Au regard ébloui,
Comme un rayon s'enfuit sans rien jeter de sombre,
Sur la terre après toi tu n'as pas laissé d'ombre,
      Esprit évanoui !

Doux et blond compagnon de toute mon enfance [1],
Oh ! dis-moi, maintenant, frère marqué d'avance
      Pour un morne avenir,
Maintenant que la mort a rallumé ta flamme,
Maintenant que la mort a réveillé ton âme,
      Tu dois te souvenir !

Tu dois te souvenir de nos jeunes années !
Quand les flots transparents de nos deux destinées
      Se côtoyaient encor,
Lorsque Napoléon flamboyait comme un phare,
Et qu'enfants nous prêtions l'oreille à sa fanfare
      Comme une meute au cor !

Tu dois te souvenir des vertes Feuillantines,
Et de la grande allée où nos voix enfantines,

Nos purs gazouillements,
Ont laissé dans les coins des murs, dans les fontaines,
Dans le nid des oiseaux et dans le creux des chênes,
        Tant d'échos si charmants !

O temps ! jours radieux ! aube trop tôt ravie !
Pourquoi Dieu met-il donc le meilleur de la vie
        Tout au commencement ?
Nous naissions ! on eût dit que le vieux monastère
Pour nous voir rayonner ouvrait avec mystère
        Son doux regard dormant.

T'en souviens-tu, mon frère ? après l'heure d'étude,
Oh ! comme nous courions dans cette solitude !
        Sous les arbres blottis,
Nous avions, en chassant quelque insecte qui saute,
L'herbe jusqu'aux genoux, car l'herbe était bien haute,
        Nos genoux bien petits.

Vives têtes d'enfants par la course effarées,
Nous poursuivions dans l'air cent ailes bigarrées ;
        Le soir nous étions las,
Nous revenions, jouant avec tout ce qui joue,
Frais, joyeux, et tous deux baisés à pleine joue
        Par notre mère, hélas !

                                    [hommes !
Elle grondait : — Voyez ! comme ils sont faits ! ces
Les monstres ! ils auront cueilli toutes nos pommes !
        Pourtant nous les aimons.
Madame, les garçons sont les soucis des mères,
Car ils ont la fureur de courir dans les pierres
        Comme font les démons ! —

Puis un même sommeil, nous berçant comme un hôte,
Tous deux au même lit nous couchait côte à côte ;
        Puis un même réveil.
Puis, trempé dans un lait sorti chaud de l'étable,
Le même pain faisait rire à la même table
        Notre appétit vermeil !

Et nous recommencions nos jeux, cueillant par gerbe
Les fleurs, tous les bouquets qui réjouissent l'herbe,
      Le lys à Dieu pareil,
Surtout ces fleurs de flamme et d'or qu'on voit, si belles,
Luire à terre en avril comme des étincelles
      Qui tombent du soleil !

On nous voyait tous deux, gaîté de la famille,
Le front épanoui, courir sous la charmille,
      L'œil de joie enflammé... —
Hélas ! hélas ! quel deuil pour ma tête orpheline !
Tu vas donc désormais dormir sur la colline,
      Mon pauvre bien-aimé !

Tu vas dormir là-haut sur la colline verte,
Qui, livrée à l'hiver, à tous les vents ouverte,
      A le ciel pour plafond ;
Tu vas dormir, poussière, au fond d'un lit d'argile ;
Et moi je resterai parmi ceux de la ville
      Qui parlent et qui vont !

Et moi je vais rester, souffrir, agir et vivre ;
Voir mon nom se grossir dans les bouches de cuivre
      De la célébrité ;
Et cacher, comme à Sparte, en riant quand on entre,
Le renard envieux qui me ronge le ventre,
      Sous ma robe abrité !

Je vais reprendre, hélas ! mon œuvre commencée,
Rendre ma barque frêle à l'onde courroucée,
      Lutter contre le sort ;
Enviant souvent ceux qui dorment sans murmure,
Comme un doux nid couvé pour la saison future,
      Sous l'aile de la mort !

J'ai d'austères plaisirs. Comme un prêtre à l'église,
Je rêve à l'art qui charme, à l'art qui civilise,
      Qui change l'homme un peu,
Et qui, comme un semeur qui jette au loin sa graine,
En semant la nature à travers l'âme humaine,
      Y fera germer Dieu !

Quand le peuple au théâtre écoute ma pensée,
J'y cours, et là, courbé vers la foule pressée,
          L'étudiant de près,
Sur mon drame touffu dont le branchage plie,
J'entends tomber ses pleurs comme la large pluie
          Aux feuilles des forêts !

Mais quel labeur aussi ! que de flots ! quelle écume !
Surtout lorsque l'envie, au cœur plein d'amertume,
          Au regard vide et mort,
Fait, pour les vils besoins de ses luttes vulgaires,
D'une bouche d'ami qui souriait naguères
          Une bouche qui mord [1] !

Quelle vie ! et quel siècle alentour ! — Vertu, gloire,
Pouvoir, génie et foi, tout ce qu'il faudrait croire,
          Tout ce que nous valons,
Le peu qui nous restait de nos splendeurs décrues,
Est traîné sur la claie et suivi dans les rues
          Par le rire en haillons !

Combien de calomnie et combien de bassesse !
Combien de pamphlets vils qui flagellent sans cesse
          Quiconque vient du ciel,
Et qui font, la blessant de leur lance payée,
Boire à la vérité, pâle et crucifiée,
          Leur éponge de fiel !

Combien d'acharnements sur toutes les victimes !
Que de rhéteurs, penchés sur le bord des abîmes,
          Riant, ô cruauté !
De voir l'affreux poison qui de leurs doigts découle,
Goutte à goutte, ou par flots, quand leurs mains sur la
          Tordent l'impiété !   [foule

L'homme, vers le plaisir se ruant par cent voies,
Ne songe qu'à bien vivre et qu'à chercher des proies ;
          L'argent est adoré ;
Hélas ! nos passions ont des serres infâmes
Où pend, triste lambeau, tout ce qu'avaient nos âmes
          De chaste et de sacré !

A quoi bon, cependant ? à quoi bon tant de haine,
Et faire tant de mal, et prendre tant de peine,
            Puisque la mort viendra !
Pour aller avec tous où tous doivent descendre !
Et pour n'être après tout qu'une ombre, un peu de
            Sur qui l'herbe croîtra !   [cendre

A quoi bon s'épuiser en voluptés diverses ?
A quoi bon se bâtir des fortunes perverses
            Avec les maux d'autrui ?
Tout s'écroule ; et, fruit vert qui pend à la ramée,
Demain ne mûrit pas pour la bouche affamée
            Qui dévore aujourd'hui !

Ce que nous croyons être avec ce que nous sommes,
Beauté, richesse, honneurs, ce que rêvent les hommes,
            Hélas ! et ce qu'ils font,
Pêle-mêle, à travers les chants ou les huées,
Comme c'est emporté par rapides nuées
            Dans un oubli profond !

Et puis quelle éternelle et lugubre fatigue
De voir le peuple enflé monter jusqu'à sa digue,
            Dans ces terribles jeux !
Sombre océan d'esprits dont l'eau n'est pas sondée,
Et qui vient faire autour de toute grande idée
            Un murmure orageux !

Quel choc d'ambitions luttant le long des routes,
Toutes contre chacune et chacune avec toutes !
            Quel tumulte ennemi !
Comme on raille d'en bas tout astre qui décline !... —
Oh ! ne regrette rien sur la haute colline
            Où tu t'es endormi !

Là, tu reposes, toi ! Là, meurt toute voix fausse.
Chaque jour, du Levant au Couchant, sur ta fosse
            Promenant son flambeau,
L'impartial soleil, pareil à l'espérance,
Dore des deux côtés sans choix ni préférence
            La croix de ton tombeau !

Là, tu n'entends plus rien que l'herbe et la broussaille,
Le pas du fossoyeur dont la terre tressaille,
     La chute du fruit mûr,
Et, par moments, le chant, dispersé dans l'espace,
Du bouvier qui descend dans la plaine et qui passe
          Derrière le vieux mur [1] !

                                        6 mars 1837.

XXX

A OLYMPIO [2]

UN jour l'ami qui reste à ton cœur qu'on déchire
          Contemplait tes malheurs,
Et, tandis qu'il parlait, ton sublime sourire
          Se mêlait à ses pleurs :

I

« TE voilà donc, ô toi dont la foule rampante
          Admirait la vertu,
Déraciné, flétri, tombé sur une pente
          Comme un cèdre abattu !

« Te voilà sous les pieds des envieux sans nombre
          Et des passants rieurs,
Toi dont le front superbe accoutumait à l'ombre
          Les fronts inférieurs !

« Ta feuille est dans la poudre, et ta racine austère
          Est découverte aux yeux.
Hélas ! tu n'as plus rien d'abrité dans la terre
          Ni d'éclos dans les cieux !

« Jeune homme, on vénérait jadis ton œil sévère,
     Ton front calme et tonnant ;
Ton nom était de ceux qu'on craint et qu'on révère,
     Hélas ! et maintenant

« Les méchants, accourus pour dechirer ta vie,
     L'ont prise entre leurs dents,
Et les hommes alors se sont avec envie
     Penchés pour voir dedans !

« Avec des cris de joie ils ont compté tes plaies
     Et compté tes douleurs,
Comme sur une pierre on compte des monnaies
     Dans l'antre des voleurs.

« Ta chaste renommée, aux exemples utiles,
     N'a plus rien qui reluit,
Sillonnée en tous sens par les hideux reptiles
     Qui viennent dans la nuit.

« Eclairée à la flamme, à toute heure visible,
     De ton nom rayonnant,
Au bord du grand chemin, ta vie est une cible
     Offerte à tout venant

« Où cent flèches, toujours sifflant dans la nuit noire,
     S'enfoncent tour à tour,
Chacun cherchant ton cœur, l'un visant à ta gloire
     Et l'autre à ton amour !

« Ta réputation, dont souvent nous nous sommes
     Ecriés en rêvant,
Se disperse et s'en va dans les discours des hommes,
     Comme un feuillage au vent !

« Ton âme, qu'autrefois on prenait pour arbitre
     Du droit et du devoir,
Est comme une taverne où chacun à la vitre
     Vient regarder le soir,

« Afin d'y voir à table une orgie aux chants grêles,
        Au propos triste et vain,
Qui renverse à grand bruit les cœurs pleins de querelles
        Et les brocs pleins de vin !

« Tes ennemis ont pris ta belle destinée
        Et l'ont brisée en fleur.
Ils ont fait de ta gloire aux carrefours traînée
        Ta plus grande douleur !

« Leurs mains ont retourné ta robe, dont le lustre
        Irritait leur fureur ;
Avec la même pourpre ils t'ont fait vil d'illustre,
        Et forçat d'empereur !

« Nul ne te défend plus. On se fait une fête
        De tes maux aggravés.
On ne parle de toi qu'en secouant la tête,
        Et l'on dit : Vous savez !

« Hélas ! pour te haïr tous les cœurs se rencontrent.
        Tous t'ont abandonné.
Et tes amis pensifs sont comme ceux qui montrent
        Un palais ruiné.

II

MAIS va, pour qui comprend ton âme haute et grave,
        Tu n'en es que plus grand.
Ta vie a, maintenant que l'obstacle l'entrave,
        La rumeur du torrent.

« Tous ceux qui de tes jours orageux et sublimes
        S'approchent sans effroi
Reviennent en disant qu'ils ont vu des abîmes
        En se penchant sur toi !

« Mais peut-être, à travers l'eau de ce gouffre immense
     Et de ce cœur profond,
On verrait cette perle appelée innocence,
     En regardant au fond !

« On s'arrête aux brouillards dont ton âme est voilée,
     Mais moi, juge et témoin,
Je sais qu'on trouverait une voûte étoilée
     Si l'on allait plus loin !

« Et qu'importe, après tout, que le monde t'assiège
     De ses discours mouvants,
Et que ton nom se mêle à ces flocons de neige
     Poussés à tous les vents !

« D'ailleurs que savent-ils ? Nous devrions nous taire.
     De quel droit jugeons-nous ?
Nous qui ne voyons rien au ciel ou sur la terre
     Sans nous mettre à genoux !

« La certitude — hélas ! insensés que nous sommes
     De croire à l'œil humain ! —
Ne séjourne pas plus dans la raison des hommes
     Que l'onde dans leur main.

« Elle mouille un moment, puis s'écoule infidèle,
     Sans que l'homme, ô douleur !
Puisse désaltérer à ce qui reste d'elle
     Ses lèvres ou son cœur !

« L'apparence de tout nous trompe et nous fascine.
     Est-il jour ? Est-il nuit ?
Rien d'absolu. Tout fruit contient une racine,
     Toute racine un fruit.

« Le même objet qui rend votre visage sombre
     Fait ma sérénité.
Toute chose ici-bas par une face est ombre
     Et par l'autre clarté.

« Le lourd nuage, effroi des matelots livides
   Sur le pont accroupis,
Pour le brun laboureur dont les champs sont arides
   Est un sac plein d'épis !

« Pour juger un destin il en faudrait connaître
   Le fond mystérieux ;
Ce qui gît dans la fange aura bientôt peut-être
   Des ailes dans les cieux !

« Cette âme se transforme, elle est tout près d'éclore,
   Elle rampe, elle attend,
Aujourd'hui larve informe, et demain dès l'aurore
   Papillon éclatant !

III

« Tu souffres cependant ! toi sur qui l'ironie
   Epuise tous ses traits,
Et qui te sens poursuivre, et par la calomnie
   Mordre aux endroits secrets !

« Tu fuis, pâle et saignant, et, pénétrant dans l'ombre
   Par ton flanc déchiré,
La tristesse en ton âme ainsi qu'en un puits sombre
   Goutte à goutte a filtré !

« Tu fuis, lion blessé, dans une solitude,
   Rêvant sur ton destin,
Et le soir te retrouve en la même attitude
   Où t'a vu le matin !

« Là, pensif, cherchant l'ombre où ton âme repose,
   L'ombre que nous aimons ;
Ne songeant quelquefois, de l'aube à la nuit close,
   Qu'à la forme des monts ;

« Attentif aux ruisseaux, aux mousses étoilées,
     Aux champs silencieux,
A la virginité des herbes non foulées,
     A la beauté des cieux ;

« Ou parfois contemplant, de quelque grève austère,
     L'esquif en proie aux flots
Qui fuit, rompant les fils qui liaient à la terre
     Les cœurs des matelots ;

« Contemplant le front vert et la noire narine
     De l'antre ténébreux
Et l'arbre qui, rongé par la bise marine,
     Tord ses bras douloureux,

« Et l'immense océan où la voile s'incline,
     Où le soleil descend,
L'océan qui respire ainsi qu'une poitrine,
     S'enflant et s'abaissant ;

« Du haut de la falaise aux rumeurs infinies,
     Du fond des bois touffus,
Tu mêles ton esprit aux grandes harmonies
     Pleines de sens confus,

« Qui, tenant ici-bas toute chose embrassée,
     Vont de l'aigle au serpent,
Que toute voix grossit, et que sur la pensée
     La nature répand !

IV

« CONSOLE-TOI, poète ! — Un jour, bientôt peut-être,
     Les cœurs te reviendront,
Et pour tous les regards on verra reparaître
     Les flammes de ton front.

« Tous les côtés ternis de ta gloire outragée,
          Nettoyés un matin,
Seront comme une dalle avec soin épongée
          Après un grand festin.

« En vain tes ennemis auront armé le monde
          De leur rire moqueur,
Et sur les grands chemins répandu comme l'onde
          Les secrets de ton cœur.

« En vain ils jetteront leur rage humiliée
          Sur ton nom ravagé,
Comme un chien qui remâche une chair oubliée
          Sur l'os déjà rongé.

« Ils ne prévaudront pas, ces hommes qui t'entourent
          De leurs obscurs réseaux.
Ils passeront ainsi que ces lueurs qui courent
          A travers les roseaux.

« Ils auront bien toujours pour toi toute la haine
          Des démons pour le Dieu ;
Mais un souffle éteindra leur bouche impure pleine
          De paroles de feu.

« Ils s'évanouiront, et la foule ravie
          Verra, d'un œil pieux,
Sortir de ce tas d'ombre amassé par l'envie
          Ton front majestueux !

« En attendant, regarde en pitié cette foule
          Qui méconnaît tes chants,
Et qui de toutes parts se répand et s'écoule
          Dans les mauvais penchants.

« Laisse en ce noir chaos qu'aucun rayon n'éclaire
          Ramper les ignorants ;
L'orgueilleux dont la voix grossit dans la colère
          Comme l'eau des torrents ;

« La beauté sans amour dont les pas nous entraînent,
        Femme aux yeux exercés
Dont la robe flottante est un piège où se prennent
        Les pieds des insensés ;

« Les rhéteurs qui de bruit emplissent leur parole
        Quand nous les écoutons ;
Et ces hommes sans foi, sans culte, sans boussole,
        Qui vivent à tâtons ;

« Et les flatteurs courbés, aux douceurs familières,
        Aux fronts bas et rampants ;
Et les ambitieux qui sont comme des lierres
        L'un sur l'autre grimpants !

« Non, tu ne portes pas, ami, la même chaîne
        Que ces hommes d'un jour.
Ils sont vils, et toi grand. Leur joug est fait de haine,
        Le tien est fait d'amour !

« Tu n'as rien de commun avec le monde infime
        Au souffle empoisonneur ;
Car c'est pour tous les yeux un spectacle sublime
        Quand la main du Seigneur

« Loin du sentier banal où la foule se rue
        Sur quelque illusion,
Laboure le génie avec cette charrue
        Qu'on nomme passion ! »

Et quand il eut fini, toi que la haine abreuve,
Tu lui dis d'une voix attendrie un instant,
Voix pareille à la sienne et plus haute pourtant,
Comme la grande mer qui parlerait au fleuve ;

« Ne me console point et ne t'afflige pas.
        Je suis calme et paisible.
Je ne regarde point le monde d'ici-bas,
        Mais le monde invisible.

« Les hommes sont meilleurs, ami, que tu ne crois.
          Mais le sort est sévère.
C'est lui qui teint de vin ou de lie à son choix
          Le pur cristal du verre.

« Moi, je rêve ! écoutant le cyprès soupirer
          Autour des croix d'ébène,
Et murmurer le fleuve et la cloche pleurer
          Dans un coin de la plaine,

« Recueillant le cri sourd de l'oiseau qui s'enfuit,
          Du char traînant la gerbe,
Et la plainte qui sort des roseaux, et le bruit
          Que fait la touffe d'herbe,

« Prêtant l'oreille aux flots qui ne peuvent dormir,
          A l'air dans la nuée,
J'erre sur les hauts lieux d'où l'on entend gémir
          Toute chose créée !

« Là, je vois, comme un vase allumé sur l'autel,
          Le toit lointain qui fume ;
Et le soir je compare aux purs flambeaux du ciel
          Tout flambeau qui s'allume.

« Là, j'abandonne aux vents mon esprit sérieux,
          Comme l'oiseau sa plume ;
Là, je songe au malheur de l'homme, et j'entends mieux
          Le bruit de cette enclume,

« Là, je contemple, ému, tout ce qui s'offre aux yeux,
          Onde, terre, verdure ;
Et je vois l'homme au loin, mage mystérieux,
          Traverser la nature !

« Pourquoi me plaindre, ami ? Tout homme à tout
          Souffre des maux sans nombre.   *moment*
Moi, sur qui vient la nuit, j'ai gardé seulement
          Dans mon horizon sombre,

« Comme un rayon du soir au front d'un mont obscur,
    L'amour, divine flamme,
L'amour, qui dore encor ce que j'ai de plus pur
    Et de plus haut dans l'âme !

« Sans doute en mon avril, ne sachant rien à fond,
    Jeune, crédule, austère,
J'ai fait des songes d'or comme tous ceux qui font
    Des songes sur la terre !

« J'ai vu la vie en fleur sur mon front s'élever
    Pleine de douces choses.
Mais quoi ! me crois-tu donc assez fou pour rêver
    L'éternité des roses ?

« Les chimères, qu'enfant mes mains croyaient toucher,
    Maintenant sont absentes ;
Et je dis au bonheur ce que dit le nocher
    Aux rives décroissantes.

« Qu'importe ! je m'abrite en un calme profond,
    Plaignant surtout les femmes ;
Et je vis l'œil fixé sur le ciel où s'en vont
    Les ailes et les âmes.

« Dieu nous donne à chacun notre part du destin,
    Au fort, au faible, au lâche,
Comme un maître soigneux levé dès le matin
    Divise à tous leur tâche.

« Soyons grands. Le grand cœur à Dieu même est pareil.
    Laissons, doux ou funestes,
Se croiser sur nos pieds la foudre et le soleil,
    Ces deux clartés célestes.

« Laissons gronder en bas cet orage irrité
    Qui toujours nous assiège ;
Et gardons au-dessus notre tranquillité,
    Comme le mont sa neige.

« Va, nul mortel ne brise avec la passion,
        Vainement obstinée,
Cette âpre loi que l'un nomme Expiation
        Et l'autre Destinée [1].

« Hélas ! de quelque nom que, broyé sous l'essieu,
        L'orgueil humain la nomme,
Roue immense et fatale, elle tourne sur Dieu,
        Elle roule sur l'homme ! »

                                        15 octobre 1835.

XXXI

    LA tombe dit à la rose :
    — Des pleurs dont l'aube t'arrose
    Que fais-tu, fleur des amours ?
    La rose dit à la tombe :
    — Que fais-tu de ce qui tombe
    Dans ton gouffre ouvert toujours ?

    La rose dit : — Tombeau sombre,
    De ces pleurs je fais dans l'ombre
    Un parfum d'ambre et de miel.
    La tombe dit : — Fleur plaintive,
    De chaque âme qui m'arrive
    Je fais un ange du ciel !

                                        3 juin 1837.

XXXII

O MUSE, contiens-toi ! muse aux hymnes d'airain [2] !
Muse de la loi juste et du droit souverain !
Toi dont la bouche abonde en mots trempés de flamme,
Etincelles de feu qui sortent de ton âme,

Oh ! ne dis rien encore et laisse-les aller !
Attends que l'heure vienne où tu puisses parler.
Endure le spectacle en vierge résignée.
Qu'à peine un mouvement de ta lèvre indignée
Révèle ton courroux au fond du cœur grondant.
Dans ce siècle où chacun, noyant ou fécondant,
Se répand au hasard comme l'eau d'un orage,
Où l'on ne voit partout qu'impuissance et que rage,
Qu'inutiles fardeaux qu'on s'obstine à rouler,
Que Samsons écrasés sous ce qu'ils font crouler,
Le plus fort est celui qui tient sa force en bride.
L'océan quelquefois montre à peine une ride.
Jusqu'au jour d'éclater, plus proche qu'on ne croit,
Ne te dépense pas. Qui se contient s'accroît.

Aie au milieu de tous l'attitude élevée
D'une lente déesse à punir réservée,
Qui, recueillant sa force ainsi qu'un saint trésor,
Pourrait depuis longtemps et ne veut pas encor !

Va cependant ! — contemple et le ciel et le monde.
Et que tous ceux qui font quelque travail immonde,
Que ces trafiquants vils épris d'un sac d'argent,
Que ces menteurs publics, au langage changeant,
Pleins de méchanceté dans leur âme hypocrite
Et dorés au dehors de quelque faux mérite,
Tous ceux, grands ou petits, que marque un sceau fatal,
Que l'envieux bâtard accroupi dans le mal,
Que ce tribun valet, plus lâche qu'une femme,
Qui dans les carrefours vend sa parole infâme,
Toujours prêt pour de l'or à souffleter la loi,
Forgeant l'émeute au peuple ou la censure au roi,
Que l'ami faux par qui la haine s'ensemence,
Et ceux qui nuit et jour occupent leur démence
D'une orgie effrontée au tumulte hideux,
Te regardent passer tranquille au milieu d'eux,
Saluant gravement les fronts que tu révères,
Muette, et l'œil pourtant plein de choses sévères !

Fouille ces cœurs profonds de ton regard ardent.
Et que, lorsque le peuple ira se demandant :
— Sur qui donc va tomber, dans la foule éperdue,
Cette foudre en éclairs dans ses yeux suspendue ? —
Chacun d'eux, contemplant son œuvre avec effroi,
Se dise en frissonnant : C'est peut-être sur moi !

En attendant, demeure impassible et sereine.
Qu'aucun pan de ta robe en leur fange ne traîne ;
Et que tous ces pervers tremblent dès à présent
De voir auprès de toi, formidable, et posant
Son ongle de lion sur ta lyre étoilée,
Ta colère superbe à tes pieds muselée !

                                        6 septembre 1836.

LES RAYONS

ET LES OMBRES

Un poète a écrit le *Paradis perdu* ; un autre poète a écrit les *Ténèbres* [1].

Entre Eden et les Ténèbres il y a le monde ; entre le commencement et la fin il y a la vie ; entre le premier homme et le dernier homme il y a l'homme [2].

L'homme existe de deux façons : selon la société et selon la nature. Dieu met en lui la passion ; la société y met l'action ; la nature y met la rêverie.

De la passion combinée avec l'action, c'est-à-dire de la vie dans le présent et de l'histoire dans le passé, naît le drame. De la passion mêlée à la rêverie naît la poésie proprement dite.

Quand la peinture du passé descend jusqu'aux détails de la science, quand la peinture de la vie descend jusqu'aux finesses de l'analyse, le drame devient roman. Le roman n'est autre chose que le drame développé en dehors des proportions du théâtre, tantôt par la pensée, tantôt par le cœur.

Du reste, il y a du drame dans la poésie, et il y a de la poésie dans le drame. Le drame et la poésie se pénètrent comme toutes les facultés dans l'homme, comme tous les rayonnements dans l'univers. L'action a des moments de rêverie. Macbeth dit : *Le martinet chante sur la tour.* Le Cid dit : *Cette obscure clarté qui tombe des étoiles.* Scapin dit : *Le ciel s'est déguisé ce soir en scaramouche* [3]. Nul ne se dérobe dans ce monde au ciel bleu, aux arbres verts, à la nuit sombre, au bruit du vent, au chant des oiseaux. Aucune créature ne peut s'abstraire de la création.

De son côté, la rêverie a des minutes d'action. L'idylle à Gallus est pathétique comme un cinquième acte ; le quatrième livre de l'*Enéide* est une tragédie ; il y a une ode d'Horace qui est devenue une comédie de Molière. *Donec gratus eram tibi*, c'est le *Dépit amoureux*[1].

Tout se tient, tout est complet, tout s'accouple et se féconde par l'accouplement. La société se meut dans la nature ; la nature enveloppe la société.

L'un des deux yeux du poète est pour l'humanité, l'autre pour la nature. Le premier de ces yeux s'appelle l'observation, le second s'appelle l'imagination.

De ce double regard toujours fixé sur son double objet naît au fond du cerveau du poète cette inspiration une et multiple, simple et complexe, qu'on nomme le génie.

Déclarons-le bien vite et dès à présent, dans tout ce qu'on vient de lire comme dans tout ce qu'on va lire encore, l'auteur de ce livre, et cela devrait aller sans dire, est aussi loin de songer à lui-même qu'aucun de ses lecteurs. L'humble et grave artiste doit avoir le droit d'expliquer l'art, tête nue et l'œil baissé. Si obscur et si insuffisant qu'il soit, on ne peut lui interdire, en présence des pures et éternelles conditions de la gloire, cette contemplation qui est sa vie. L'homme respire, l'artiste aspire. Et d'ailleurs quel est le pauvre pâtre, enivré de fleurs et ébloui d'étoiles, qui ne s'est écrié, au moins une fois en sa vie, en laissant tremper ses pieds nus dans le ruisseau où boivent ses brebis : Je voudrais être empereur !

Maintenant, continuons.

Des choses immortelles ont été faites de nos jours par de grands et nobles poètes personnellement et directement mêlés aux agitations quotidiennes de la vie politique[2]. Mais, à notre sens, un poète complet, que le hasard ou sa volonté aurait mis à l'écart, du moins pour le temps qui lui serait nécessaire, et préservé, pendant ce temps, de tout contact immédiat avec les gouvernements et les partis pourrait faire, aussi, lui, une grande œuvre.

Nul engagement, nulle chaîne. La liberté serait dans ses idées comme dans ses actions. Il serait libre dans sa bienveillance pour ceux qui travaillent, dans son aversion pour ceux qui nuisent, dans son amour pour ceux qui servent, dans sa pitié pour ceux qui souffrent. Il serait libre de barrer le chemin à tous les mensonges, de quelque part et de quelque parti qu'ils vinssent ; libre de s'atteler aux principes embourbés dans les intérêts ; libre de se pencher sur toutes les misères ; libre de s'agenouiller devant tous les dévouements. Aucune haine contre le roi dans son affection pour le peuple ; aucune injure pour les dynasties régnantes dans ses consolations aux dynasties tombées ; aucun outrage aux races mortes dans sa sympathie pour les rois de l'avenir. Il vivrait dans la nature, il habiterait avec la société. Suivant son inspiration, sans autre but que de penser et de faire penser, avec un cœur plein d'effusion, avec un regard rempli de paix, il irait voir en ami, à son heure, le printemps dans la prairie, le prince dans son Louvre, le proscrit dans sa prison. Lorsqu'il blâmerait çà et là une loi dans les codes humains, on saurait qu'il passe les nuits et les jours à étudier dans les choses éternelles le texte des codes divins. Rien ne le troublerait dans sa profonde et austère contemplation ; ni le passage bruyant des événements publics, car il se les assimilerait et en ferait entrer la signification dans son œuvre ; ni le voisinage accidentel de quelque grande douleur privée, car l'habitude de penser donne la facilité de consoler ; ni même la commotion intérieure de ses propres souffrances personnelles, car à travers ce qui se déchire en nous on entrevoit Dieu, et, quand il aurait pleuré, il méditerait.

Dans ses drames, vers et prose, pièces et romans, il mettrait l'histoire et l'invention, la vie des peuples et la vie des individus, le haut enseignement des crimes royaux comme dans la tragédie antique, l'utile peinture des vices populaires comme dans la vieille comédie. Voilant à dessein les exceptions honteuses, il inspirerait la vénération pour la vieillesse, en montrant la vieillesse toujours grande ; la compassion pour la femme, en montrant la femme toujours faible ; le culte des affections naturelles, en montrant qu'il y a toujours, et dans tous les cas, quelque chose de sacré, de divin et de vertueux dans les deux grands sentiments sur lesquels le monde repose depuis Adam et Eve, la paternité, la maternité [1]. Enfin, il relèverait partout la dignité de la créature humaine en faisant voir qu'au fond de tout homme, si désespéré et si perdu qu'il soit, Dieu a mis une étincelle qu'un souffle d'en haut peut toujours raviver, que la cendre ne cache point, que la fange même n'éteint pas, — l'âme.

Dans ses poèmes il mettrait les conseils au temps présent, les esquisses rêveuses de l'avenir ; le reflet, tantôt éblouissant, tantôt sinistre, des événements contemporains ; les panthéons, les tombeaux, les ruines, les souvenirs ; la charité pour les pauvres, la tendresse pour les misérables ; les saisons, le soleil, les champs, la mer, les montagnes ; les coups d'œil furtifs dans le sanctuaire de l'âme où l'on aperçoit sur un autel mystérieux, comme par la porte entr'ouverte d'une chapelle, toutes ces belles urnes d'or, la foi, l'espérance, la poésie, l'amour ; enfin il y mettrait cette profonde peinture du moi qui est peut-être l'œuvre la plus large, la plus générale et la plus universelle qu'un penseur puisse faire.

Comme tous les poètes qui méditent et qui superposent constamment leur esprit à l'univers, il laisserait rayonner, à travers toutes ses créations, poèmes ou drames, la splendeur de la création de Dieu [2]. On entendrait les oiseaux chanter dans ses tragédies ; on verrait l'homme souffrir dans ses paysages. Rien de plus divers en apparence que ses poèmes ; au fond rien de plus un et de plus cohérent. Son œuvre, prise dans sa synthèse, ressemblerait à la terre ; des productions de toute sorte, une seule idée première pour toutes les conceptions, des fleurs de toute espèce, une même sève pour toutes les racines.

Il aurait le culte de la conscience comme Juvénal, lequel sentait jour et nuit « un témoin en lui-même », *nocte dieque suum gestare in pectore testem* ; le culte de la pensée comme Dante, qui nomme les damnés « ceux qui ne pensent plus », *le gente dolorose ch'anno*

perduto il ben del intelletto ; le culte de la nature com-
me saint Augustin, qui, sans crainte d'être déclaré pan-
théiste, appelle le ciel « une créature intelligente »,
Cœlum cœli creatura est aliqua intellectualis [1].

Et ce que ferait ainsi, dans l'ensemble de son œuvre,
avec tous ses drames, avec toutes ses poésies, avec tou-
tes ses pensées amoncelées, ce poète, ce philosophe, cet
esprit, ce serait, disons-le ici, la grande épopée mysté-
rieuse dont nous avons tous chacun un chant en nous-
mêmes, dont Milton a écrit le prologue et Byron l'épi-
logue : le Poème de l'Homme.

Cette vie imposante de l'artiste civilisateur, ce vaste
travail de philosophie et d'harmonie, cet idéal du poème
et du poète, tout penseur a le droit de se les proposer
comme but, comme ambition, comme principe et comme
fin. L'auteur l'a déjà dit d'ailleurs et plus d'une fois, il
est un de ceux qui tentent avec persévérance, conscience
et loyauté. Rien de plus. Il ne laisse pas aller au hasard
ce qu'on veut bien appeler son inspiration. Il se tourne
constamment vers l'homme, vers la nature ou vers Dieu.
A chaque ouvrage nouveau qu'il met au jour, il soulève
un coin du voile qui cache sa pensée ; et déjà peut-être
les esprits attentifs aperçoivent-ils quelque unité dans
cette collection d'œuvres au premier aspect isolées et
divergentes.

L'auteur pense que tout poète véritable, indépen-
damment des pensées qui lui viennent de son organisa-
tion propre et des pensées qui lui viennent de la vérité
éternelle, doit contenir la somme des idées de son temps.

Quant à cette poésie qu'il publie aujourd'hui, il en
parlera peu. Ce qu'il voudrait qu'elle fût, il vient de le
dire dans les pages qui précèdent ; ce qu'elle est, le lec-
teur l'appréciera.

On trouvera dans ce volume, à quelques nuances près,
la même manière de voir les faits et les hommes que
dans les trois volumes de poésie qui le précèdent immé-
diatement et qui appartiennent à la seconde période de
la pensée de l'auteur, publiés, l'un en 1831, l'autre en
1835, et le dernier en 1837. Ce livre les continue. Seule-
ment, dans *les Rayons et les Ombres*, peut-être l'horizon

est-il plus élargi, le ciel plus bleu, le calme plus profond.

Plusieurs pièces de ce volume montreront au lecteur que l'auteur n'est pas infidèle à la mission qu'il s'était assignée à lui-même dans le prélude des *Voix intérieures* :

Pierre à pierre, en songeant aux croyances éteintes,
Sous la société qui tremble à tous les vents
Le penseur reconstruit ces deux colonnes saintes,
Le respect des vieillards et l'amour des enfants.

Pour ce qui est des questions de style et de forme, il n'en parlera point. Les personnes qui veulent bien lire ce qu'il écrit savent depuis longtemps que, s'il admet quelquefois, en de certains cas, le vague et le demi-jour dans la pensée, il les admet plus rarement dans l'expression. Sans méconnaître la grande poésie du Nord représentée en France même par d'admirables poètes, il a toujours eu un goût vif pour la forme méridionale et précise. Il aime le soleil. La Bible est son livre. Virgile et Dante sont ses divins maîtres. Toute son enfance, à lui poète, n'a été qu'une longue rêverie mêlée d'études exactes. C'est cette enfance qui a fait son esprit ce qu'il est. Il n'y a d'ailleurs aucune incompatibilité entre l'exact et le poétique. Le nombre est dans l'art comme dans la science. L'algèbre est dans l'astronomie, et l'astronomie touche à la poésie[1] ; l'algèbre est dans la musique, et la musique touche à la poésie.

L'esprit de l'homme a trois clefs qui ouvrent tout : le chiffre, la lettre, la note.

Savoir, penser, rêver. Tout est là.

4 mai 1840.

I

FONCTION DU POETE

I

Pourquoi t'exiler, ô poète,
Dans la foule où nous te voyons ?
Que sont pour ton âme inquiète
Les partis, chaos sans rayons ?
Dans leur atmosphère souillée
Meurt ta poésie effeuillée ;
Leur souffle égare ton encens ;
Ton cœur, dans leurs luttes serviles,
Est comme ces gazons des villes
Rongés par les pieds des passants.

Dans les brumeuses capitales
N'entends-tu pas avec effroi,
Comme deux puissances fatales,
Se heurter le peuple et le roi ?
De ces haines que tout réveille
A quoi bon emplir ton oreille,
O poète, ô maître, ô semeur ?
Tout entier au Dieu que tu nommes,
Ne te mêle pas à ces hommes
Qui vivent dans une rumeur !

Va résonner, âme épurée,
Dans le pacifique concert !
Va t'épanouir, fleur sacrée,
Sous les larges cieux du désert !
O rêveur, cherche les retraites,
Les abris, les grottes discrètes,
Et l'oubli pour trouver l'amour,
Et le silence, afin d'entendre
La voix d'en haut, sévère et tendre,
Et l'ombre, afin de voir le jour !

Va dans les bois ! va sur les plages !
Compose tes chants inspirés
Avec la chanson des feuillages
Et l'hymne des flots azurés !
Dieu t'attend dans les solitudes ;
Dieu n'est pas dans les multitudes ;
L'homme est petit, ingrat et vain.
Dans les champs tout vibre et soupire.
La nature est la grande lyre,
Le poète est l'archet divin !

Sors de nos tempêtes, ô sage !
Que pour toi l'empire en travail,
Qui fait son périlleux passage
Sans boussole et sans gouvernail,
Soit comme un vaisseau qu'en décembre
Le pêcheur, du fond de sa chambre
Où pendent les filets séchés,
Entend la nuit passer dans l'ombre
Avec un bruit sinistre et sombre
De mâts frissonnants et penchés !

II

— Hélas ! hélas ! dit le poète,
J'ai l'amour des eaux et des bois ;
Ma meilleure pensée est faite

De ce que murmure leur voix.
La création est sans haine.
Là, point d'obstacle et point de chaîne.
Les prés, les monts, sont bienfaisants ;
Les soleils m'expliquent les roses ;
Dans la sérénité des choses
Mon âme rayonne en tous sens.

Je vous aime, ô sainte nature !
Je voudrais m'absorber en vous ;
Mais, dans ce siècle d'aventure,
Chacun, hélas ! se doit à tous.
Toute pensée est une force.
Dieu fit la sève pour l'écorce,
Pour l'oiseau les rameaux fleuris,
Le ruisseau pour l'herbe des plaines,
Pour les bouches, les coupes pleines,
Et le penseur pour les esprits !

Dieu le veut, dans les temps contraires,
Chacun travaille et chacun sert.
Malheur à qui dit à ses frères :
Je retourne dans le désert !
Malheur à qui prend des sandales
Quand les haines et les scandales
Tourmentent le peuple agité ;
Honte au penseur qui se mutile,
Et s'en va, chanteur inutile,
Par la porte de la cité !

Le poète en des jours impies
Vient préparer des jours meilleurs.
Il est l'homme des utopies !
Les pieds ici, les yeux ailleurs.
C'est lui qui sur toutes les têtes,
En tout temps, pareil aux prophètes,
Dans sa main, où tout peut tenir,
Doit, qu'on l'insulte ou qu'on le loue,
Comme une torche qu'il secoue,
Faire flamboyer l'avenir !

Il voit, quand les peuples végètent !
Ses rêves, toujours pleins d'amour,
Sont faits des ombres que lui jettent
Les choses qui seront un jour.
On le raille. Qu'importe ? il pense.
Plus d'une âme inscrit en silence
Ce que la foule n'entend pas.
Il plaint ses contempteurs frivoles,
Et maint faux sage à ses paroles
Rit tout haut et songe tout bas !

Foule qui répands sur nos rêves
Le doute et l'ironie à flots,
Comme l'océan sur les grèves
Répand son râle et ses sanglots,
L'idée auguste qui t'égaie
A cette heure encore bégaie ;
Mais de la vie elle a le sceau !
Eve contient la race humaine,
Un œuf l'aiglon, un gland le chêne !
Une utopie est un berceau !

De ce berceau, quand viendra l'heure,
Vous verrez sortir, éblouis,
Une société meilleure
Pour des cœurs mieux épanouis,
Le devoir que le droit enfante,
L'ordre saint, la foi triomphante,
Et les mœurs, ce groupe mouvant
Qui toujours, joyeux ou morose,
Sur ses pas sème quelque chose
Que la loi récolte en rêvant !

Mais, pour couver ces puissants germes,
Il faut tous les cœurs inspirés,
Tous les cœurs purs, tous les cœurs fermes,
De rayons divins pénétrés.
Sans matelots la nef chavire ;
Et, comme aux deux flancs d'un navire,
Il faut que Dieu, de tous compris,

Pour fendre la foule insensée,
Aux deux côtés de sa pensée
Fasse ramer de grands esprits !

Loin de vous, saintes théories,
Codes promis à l'avenir,
Ce rhéteur aux lèvres flétries,
Sans espoir et sans souvenir,
Qui jadis suivait votre étoile,
Mais qui, depuis, jetant le voile
Où s'abrite l'illusion,
A laissé violer son âme
Par tout ce qu'ont de plus infâme
L'avarice et l'ambition !

Géant d'orgueil à l'âme naine,
Dissipateur du vrai trésor,
Qui, repu de science humaine,
A voulu se repaître d'or,
Et, portant des valets au maître
Son faux sourire d'ancien prêtre
Qui vendit sa divinité,
S'enivre, à l'heure où d'autres pensent,
Dans cette orgie impure où dansent
Les abus au rire effronté [1] !

Loin ces scribes au cœur sordide,
Qui dans l'ombre ont dit sans effroi
A la corruption splendide :
Courtisane, caresse-moi !
Et qui parfois, dans leur ivresse,
Du temple où rêva leur jeunesse
Osent reprendre les chemins,
Et, leurs faces encor fardées,
Approcher les chastes idées,
L'odeur de la débauche aux mains !

Loin ces docteurs dont se défie
Le sage, sévère à regret !

Qui font de la philosophie
Une échoppe à leur intérêt !
Marchands vils qu'une église abrite !
Qu'on voit, noire engeance hypocrite,
De sacs d'or gonfler leur manteau,
Troubler le prêtre qui contemple,
Et sur les colonnes du temple
Clouer leur immonde écriteau !

Loin de vous ces jeunes infâmes
Dont les jours, comptés par la nuit,
Se passent à flétrir des femmes
Que la faim aux antres conduit !
Lâches à qui, dans leur délire,
Une voix secrète doit dire :
Cette femme que l'or salit,
Que souille l'orgie où tu tombes,
N'eut à choisir qu'entre deux tombes :
La morgue hideuse ou ton lit !

Loin de vous les vaines colères
Qui s'agitent au carrefour !
Loin de vous ces chats populaires
Qui seront tigres quelque jour !
Les flatteurs du peuple ou du trône !
L'égoïste qui de sa zone
Se fait le centre et le milieu !
Et tous ceux qui, tisons sans flamme,
N'ont pas dans leur poitrine une âme,
Et n'ont pas dans leur âme un Dieu !

Si nous n'avions que de tels hommes,
Juste Dieu ! comme avec douleur
Le poète au siècle où nous sommes
Irait criant : Malheur ! malheur !
On le verrait voiler sa face ;
Et, pleurant le jour qui s'efface,
Debout au seuil de sa maison,
Devant la nuit prête à descendre,

Sinistre, jeter de la cendre
Aux quatre points de l'horizon !

Tels que l'autour dans les nuées,
On entendrait rire, vainqueurs,
Les noirs poètes des huées,
Les Aristophanes moqueurs.
Pour flétrir nos hontes sans nombre,
Pétrone, réveillé dans l'ombre,
Saisirait son stylet romain.
Autour de notre infâme époque
L'ïambe boiteux d'Archiloque
Bondirait, le fouet à la main [1] !

Mais Dieu jamais ne se retire.
Non ! jamais, par les monts caché,
Ce soleil, vers qui tout aspire,
Ne s'est complètement couché !
Toujours, pour les mornes vallées,
Pour les âmes d'ombre aveuglées,
Pour les cœurs que l'orgueil corrompt,
Il laisse au-dessus de l'abîme,
Quelques rayons sur une cime,
Quelques vérités sur un front !

Courage donc ! esprit, pensées,
Cerveaux d'anxiétés rongés,
Cœurs malades, âmes blessées,
Vous qui priez, vous qui songez !

O générations ! courage !
Vous qui venez comme à regret,
Avec le bruit que fait l'orage
Dans les arbres de la forêt !

Douteurs errant sans but ni trêve,
Qui croyez, étendant la main,
Voir les formes de votre rêve
Dans les ténèbres du chemin !

Philosophes dont l'esprit souffre,
Et qui, pleins d'un effroi divin,
Vous cramponnez au bord du gouffre,
Pendus aux ronces du ravin !

Naufragés de tous les systèmes,
Qui de ce flot triste et vainqueur
Sortez tremblants et de vous-mêmes
N'avez sauvé que votre cœur !

Sages qui voyez l'aube éclore
Tous les matins parmi les fleurs,
Et qui revenez de l'aurore,
Trempés de célestes lueurs !

Lutteurs qui pour laver vos membres
Avant le jour êtes debout !
Rêveurs qui rêvez dans vos chambres,
L'œil perdu, dans l'ombre de tout !

Vous, hommes de persévérance,
Qui voulez toujours le bonheur,
Et tenez encor l'espérance,
Ce pan du manteau du Seigneur !

Chercheurs qu'une lampe accompagne !
Pasteurs armés de l'aiguillon !
Courage à tous sur la montagne !
Courage à tous dans le vallon !

Pourvu que chacun de vous suive
Un sentier ou bien un sillon ;
Que, flot sombre, il ait Dieu pour rive,
Et, nuage, pour aquilon ;

Pourvu qu'il ait sa foi qu'il garde,
Et qu'en sa joie ou sa douleur
Parfois doucement il regarde
Un enfant, un astre, une fleur ;

Pourvu qu'il sente, esclave ou libre,
Tenant à tout par un côté,
Vibrer en lui par quelque fibre
L'universelle humanité ;

Courage ! — Dans l'ombre et l'écume
Le but apparaîtra bientôt !
Le genre humain dans une brume,
C'est l'énigme et non pas le mot !

Assez de nuit et de tempête
A passé sur vos fronts penchés.
Levez les yeux ! levez la tête !
La lumière est là-haut ! marchez !

Peuples ! écoutez le poète !
Ecoutez le rêveur sacré !
Dans votre nuit, sans lui complète,
Lui seul a le front éclairé !
Des temps futurs perçant les ombres,
Lui seul distingue en leurs flancs sombres
Le germe qui n'est pas éclos.
Homme, il est doux comme une femme.
Dieu parle à voix basse à son âme
Comme aux forêts et comme aux flots !

C'est lui qui, malgré les épines,
L'envie et la dérision,
Marche, courbé dans vos ruines,
Ramassant la tradition.
De la tradition féconde
Sort tout ce qui couvre le monde,
Tout ce que le ciel peut bénir.
Toute idée, humaine ou divine,
Qui prend le passé pour racine
A pour feuillage l'avenir.

Il rayonne ! il jette sa flamme
Sur l'éternelle vérité !
Il la fait resplendir pour l'âme
D'une merveilleuse clarté !
Il inonde de sa lumière
Ville et déserts, Louvre et chaumière,
Et les plaines et les hauteurs !

A tous d'en haut il la dévoile ;
Car la poésie est l'étoile
Qui mène à Dieu rois et pasteurs [1] !

25 mars-1er avril 1839.

II

LE SEPT AOUT MIL HUIT CENT VINGT-NEUF [2]

C'ÉTAIT le sept août. O sombre destinée !
C'était le premier jour de leur dernière année.

Seuls dans un lieu royal, côte à côte marchant,
Deux hommes, par endroits du coude se touchant,
Causaient. Grand souvenir qui dans mon cœur se grave !
Le premier avait l'air fatigué, triste et grave,
Comme un trop faible front qui porte un lourd projet.
Une double épaulette à couronne chargeait
Son uniforme vert à ganse purpurine,
Et l'ordre et la toison faisaient sur sa poitrine,
Près du large cordon moiré de bleu changeant,
Deux foyers lumineux, l'un d'or, l'autre d'argent.
C'était un roi ; vieillard à la tête blanchie,
Penché du poids des ans et de la monarchie.
L'autre était un jeune homme étranger chez les rois,
Un poète, un passant, une inutile voix.

Ils se parlaient tous deux, sans témoins, sans mystère,
Dans un grand cabinet, simple, nu, solitaire,
Majestueux pourtant. Ce que les hommes font
Laisse une empreinte aux murs. Sous ce même plafond
Avaient passé jadis, ô splendeurs effacées !
De grands événements et de grandes pensées.
Là, derrière son dos, croisant ses fortes mains,
Ebranlant le plancher sous ses pas surhumains,
Bien souvent l'Empereur quand il était le maître,
De la porte en rêvant allait à la fenêtre.

Dans un coin une table, un fauteuil de velours,
Miraient dans le parquet leurs pieds dorés et lourds.
Par une porte en vitre, au dehors, l'œil en foule
Apercevait au loin des armoires de Boulle [1],
Des vases du Japon, des laques, des émaux,
Et des chandeliers d'or aux immenses rameaux.
Un salon rouge orné de glaces de Venise,
Plein de ces bronzes grecs que l'esprit divinise,
Multipliait sans fin ses lustres de cristal ;
Et, comme une statue à lames de métal,
On voyait, casque au front, luire dans l'encoignure
Un garde argent et bleu d'une fière tournure.

Or entre le poète et le vieux roi courbé,
De quoi s'agissait-il ?

                    D'un pauvre ange tombé
Dont l'amour refaisait l'âme avec son haleine [2] ;
De Marion, lavée ainsi que Madeleine,
Qui boitait et traînait son pas estropié,
La censure, serpent, l'ayant mordue au pied.

Le poète voulait faire un soir apparaître
Louis treize, ce roi sur qui régnait un prêtre ;
— Tout un siècle, marquis, bourreaux, fous, bateleurs ;
Et que la foule vînt, et qu'à travers des pleurs,
Par moments, dans un drame étincelant et sombre,
Du pâle cardinal on crût voir passer l'ombre [3].

Le vieillard hésitait : — Que sert de mettre à nu
Louis treize, ce roi chétif et mal venu ?
A quoi bon remuer un mort dans une tombe ?
Que veut-on ? où court-on ? sait-on bien où l'on tombe ?
Tout n'est-il pas déjà croulant de tout côté ?
Tout ne s'en va-t-il pas dans trop de liberté ?
N'est-il pas temps plutôt, après quinze ans d'épreuve,
De relever la digue et d'arrêter le fleuve ?
Certe, un roi peut reprendre alors qu'il a donné.
Quant au théâtre, il faut, le trône étant miné,
Etouffer des deux mains sa flamme trop hardie ;

Car la foule est le peuple, et d'une comédie
Peut jaillir l'étincelle aux livides rayons
Qui met le feu dans l'ombre aux révolutions [1]. —
Puis il niait l'histoire et, quoi qu'il en puisse être,
A ce jeune rêveur disputait son ancêtre ;
L'accueillant bien d'ailleurs, bon, royal, gracieux,
Et le questionnant sur ses propres aïeux.

Tout en laissant aux rois les noms dont on les nomme,
Le poète luttait fermement, comme un homme
Epris de liberté, passionné pour l'art,
Respectueux pourtant pour ce noble vieillard.
Il disait : — Tout est grave en ce siècle, où tout penche.
L'art, tranquille et puissant, veut une allure franche.
Les rois morts sont sa proie ; il faut la lui laisser.
Il n'est pas ennemi ; pourquoi le courroucer,
Et le livrer dans l'ombre à des tortionnaires,
Lui dont la main fermée est pleine de tonnerres ?
Cette main, s'il l'ouvrait, redoutable envoyé,
Sur la France éblouie et le Louvre effrayé,
On s'épouvanterait — trop tard, s'il faut le dire —
D'y voir subitement tant de foudres reluire !
Oh ! les tyrans d'en bas nuisent au roi d'en haut.
Le peuple est toujours là qui prend la muse au mot,
Quand l'indignation, jusqu'au roi qu'on révère,
Monte du front pensif de l'artiste sévère !
— Sire, à ce qui chancelle est-on bien appuyé ?
La censure est un toit mauvais, mal étayé,
Toujours prêt à tomber sur les noms qu'il abrite.
Sire, un souffle imprudent, loin de l'éteindre, irrite
Le foyer, tout à coup terrible et tournoyant,
Et d'un art lumineux fait un art flamboyant !
D'ailleurs, ne cherchât-on que la splendeur royale,
Pour cette nation moqueuse, mais loyale,
Au lieu des grands tableaux qu'offrait le grand Louis,
Roi-soleil, fécondant les lys épanouis,
Qui, tenant sous son sceptre un monde en équilibre,
Faisait Racine heureux, laissait Molière libre,
Quel spectacle, grand Dieu ! qu'un groupe de censeurs
Armés et parlant bas, vils esclaves chasseurs,

A plat ventre couchés, épiant l'heure où rentre
Le drame, fier lion, dans l'histoire, son antre ! —

Ici, voyant vers lui, d'un front plus incliné,
Se tourner doucement le vieillard étonné,
Il hasardait plus loin sa pensée inquiète,
Et, laissant de côté le drame et le poète,
Attentif, il sondait le dessein vaste et noir
Qu'au fond de ce roi triste il venait d'entrevoir.
Se pourrait-il ? quelqu'un aurait cette espérance ?
Briser le droit de tous ! retrancher à la France,
Comme on ôte un jouet à l'enfant dépité,
De l'air, de la lumière, et de la liberté !
Le roi ne voudrait pas ! lui, roi sage et roi juste !

Puis, choisissant les mots pour cette oreille auguste,
Il disait que les temps ont des flots souverains ;
Que rien, ni ponts hardis, ni canaux souterrains,
Jamais, excepté Dieu, rien n'arrête et ne dompte
Le peuple qui grandit ou l'océan qui monte ;
Que le plus fort vaisseau sombre et se perd souvent
Qui veut rompre de front et la vague et le vent ;
Et que, pour s'y briser, dans la lutte insensée,
On a derrière soi, roche partout dressée,
Tout son siècle, les mœurs, l'esprit qu'on veut braver,
Le port même où la nef aurait pu se sauver !
Il osait s'effrayer. Fils d'une Vendéenne [1],
Cœur n'ayant plus d'amour, mais n'ayant pas de haine,
Il suppliait qu'au moins on l'en crût un moment,
Lui qui sur le passé s'incline gravement,
Et dont la piété, lierre qui s'enracine,
Hélas, s'attache aux rois comme à toute ruine !
Le destin a parfois de formidables jeux.
Les rois doivent songer dans ces jours orageux
Où, mer qui vient, esprit des temps, nuée obscure,
Derrière l'horizon quelque chose murmure !
A quoi bon provoquer d'avance, et soulever
Les générations qu'on entend arriver ?
Pour des regards distraits la France était sereine ;
Mais dans ce ciel troublé d'un peu de brume à peine,

Où tout semblait azur, où rien n'agitait l'air,
Lui, rêveur, il voyait par instants un éclair ! —

Charles dix souriant répondit : — O poète !

Le soir, tout rayonnait de lumière et de fête.
Regorgeant de soldats, de princes, de valets,
Saint-Cloud joyeux et vert, autour du fier palais
Dont la Seine en fuyant reflète les beaux marbres,
Semblait avec amour presser sa touffe d'arbres.
L'arc de triomphe [1] orné de victoires d'airain,
Le Louvre étincelant, fleurdelysé, serein,
Lui répondaient de loin du milieu de la ville ;
Tout ce royal ensemble avait un air tranquille,
Et, dans le calme aspect d'un repos solennel,
Je ne sais quoi de grand qui semblait éternel.

Holyrood ! Holyrood ! ô fatale abbaye [2],
    Où la loi du destin, dure, amère, obéie,
            S'inscrit de tous côtés !
Cloître ! palais ! tombeau ! qui sous tes murs austères
Gardes les rois, la mort et Dieu ; trois grands mystères,
            Trois sombres majestés !

Château découronné ! Vallée expiatoire !
Où le penseur entend dans l'air et dans l'histoire,
Comme un double conseil pour nos ambitions,
Comme une double voix qui se mêle et qui gronde,
            La rumeur de la mer profonde,
Et le bruit éloigné des révolutions !

Solitude où parfois des collines prochaines
On voit venir les faons qui foulent sous les chênes
            Le gazon endormi,
Et qui, pour aspirer le vent dans la clairière,
Effarés, frissonnants, sur leurs pieds de derrière
            Se dressent à demi !

Fière église où priait le roi des temps antiques,
Grave, ayant pour pavé sous les arches gothiques
Les tombeaux paternels qu'il usait du genou !
Porte où superbement tant d'archers et de gardes
Veillaient, multipliant l'éclair des hallebardes,
Et qu'un pâtre aujourd'hui ferme avec un vieux clou !

Prairie où, quand la guerre agitait leurs rivages,
Les grands lords montagnards comptaient leurs clans
       Et leurs noirs bataillons ;   [sauvages.
Où maintenant sur l'herbe, au soleil, sous des lierres,
Les vieilles aux pieds nus qui marchent dans les pierres
       Font sécher des haillons !

Holyrood ! Holyrood ! la ronce est sur tes dalles.
Le chevreau broute au bas de tes tours féodales.
O fureur des rivaux ardents à se chercher !
Amours ! — Darnley ! Rizzio [1] ! quel néant est le vôtre !
       Tous deux sont là — l'un près de l'autre ; —
L'un est une ombre, et l'autre une tache au plancher !

Hélas ! que de leçons sous tes voûtes funèbres !
Oh ! que d'enseignements on lit dans les ténèbres
       Sur ton seuil renversé,
Sur tes murs tout empreints d'une étrange fortune,
Vaguement éclairés dans ce reflet de lune
       Que jette le passé !

O palais, sois béni ! soyez bénie, ô ruine !
Qu'une auguste auréole à jamais t'illumine !
Devant tes noirs créneaux, pieux, nous nous courbons,
Car le vieux roi de France a trouvé sous ton ombre
Cette hospitalité mélancolique et sombre
Qu'on reçoit et qu'on rend de Stuarts à Bourbons !

                          10-13 juin 1839.

III

AU ROI LOUIS-PHILIPPE, APRES L'ARRET
DE MORT PRONONCE LE 12 JUILLET 1839 [1]

PAR votre ange envolée ainsi qu'une colombe !
Par ce royal enfant, doux et frêle roseau !
Grâce encore une fois ! grâce au nom de la tombe !
      Grâce au nom du berceau !

               12 juillet. Minuit.

IV

REGARD JETE DANS UNE MANSARDE

I

L'ÉGLISE est vaste et haute. A ses clochers superbes
L'ogive en fleur suspend ses trèfles et ses gerbes ;
Son portail resplendit, de sa rose pourvu ;
Le soir fait fourmiller sous la voussure énorme
Anges, vierges, le ciel, l'enfer sombre et difforme,
Tout un monde effrayant comme un rêve entrevu.

Mais ce n'est pas l'église, et ses voûtes sublimes,
Ses porches, ses vitraux, ses lueurs, ses abîmes,
Sa façade et ses tours, qui fascine mes yeux ;
Non ; c'est, tout près, dans l'ombre où l'âme aime à
                                   [descendre
Cette chambre d'où sort un chant sonore et tendre,
Posée au bord d'un toit comme un oiseau joyeux.

Oui, l'édifice est beau, mais cette chambre est douce.
J'aime le chêne altier moins que le nid de mousse ;
J'aime le vent des prés plus que l'âpre ouragan ;
Mon cœur, quand il se perd vers les vagues béantes,
Préfère l'algue obscure aux falaises géantes.
Et l'heureuse hirondelle au splendide océan.

II

FRAIS réduit ! à travers une claire feuillée
Sa fenêtre petite et comme émerveillée
S'épanouit auprès du gothique portail.
Sa verte jalousie à trois clous accrochée,
Par un bout s'échappant, par l'autre rattachée,
S'ouvre coquettement comme un grand éventail.

Au dehors un beau lys, qu'un prestige environne,
Emplit de sa racine et de sa fleur couronne
— Tout près de la gouttière où dort un chat sournois —
Un vase à forme étrange en porcelaine bleue
Où brille, avec des paons ouvrant leur large queue,
Ce beau pays d'azur que rêvent les Chinois.

Et dans l'intérieur par moments luit et passe
Une ombre, une figure, une fée, une grâce,
Jeune fille du peuple au chant plein de bonheur,
Orpheline, dit-on, et seule en cet asile,
Mais qui parfois a l'air, tant son front est tranquille,
De voir distinctement la face du Seigneur.

On sent, rien qu'à la voir, sa dignité profonde.
De ce cœur sans limon nul vent n'a troublé l'onde.
Ce tendre oiseau qui jase ignore l'oiseleur.
L'aile du papillon a toute sa poussière.
L'âme de l'humble vierge a toute sa lumière.
La perle de l'aurore est encor dans la fleur.

A l'obscure mansarde il semble que l'œil voie
Aboutir doucement tout un monde de joie,
La place, les passants, les enfants, leurs ébats,
Les femmes sous l'église à pas lents disparues,
Les fronts épanouis par la chanson des rues,
Mille rayons d'en haut, mille reflets d'en bas.

Fille heureuse ! autour d'elle ainsi qu'autour d'un temple,
Tout est modeste et doux, tout donne un bon exemple.
L'abeille fait son miel, la fleur rit au ciel bleu,
La tour répand de l'ombre, et, devant la fenêtre,
Sans faute, chaque soir, pour obéir au maître,
L'astre allume humblement sa couronne de feu.

Sur son beau col, empreint de virginité pure,
Point d'altière dentelle ou de riche guipure ;
Mais un simple mouchoir noué pudiquement.
Pas de perle à son front, mais aussi pas de ride,
Mais un œil chaste et vif, mais un regard limpide.
Où brille le regard que sert le diamant ?

III

L'ANGLE de la cellule abrite un lit paisible.
Sur la table est ce livre où Dieu se fait visible,
La légende des saints, seul et vrai panthéon.
Et dans un coin obscur, près de la cheminée,
Entre la bonne Vierge et le buis de l'année,
Quatre épingles au mur fixent Napoléon.

Cet aigle en cette cage ! — et pourquoi non ? dans l'om-
                                                    [bre
De cette chambre étroite et calme, où rien n'est sombre,
Où dort la belle enfant, douce comme son lys,
Où tant de paix, de grâce et de joie est versée,
Je ne hais pas d'entendre au fond de ma pensée
Le bruit des lourds canons roulant vers Austerlitz.

Et près de l'empereur devant qui tout s'incline,
— Ô légitime orgueil de la pauvre orpheline ! —
Brille une croix d'honneur, signe humble et triomphant,
Croix d'un soldat, tombé comme tout héros tombe,
Et qui, père endormi, fait du fond de sa tombe
Veiller un peu de gloire auprès de son enfant.

IV

CROIX de Napoléon ! joyau guerrier ! pensée !
Couronne de laurier de rayons traversée !
Quand il menait ses preux aux combats acharnés,
Il la laissait, afin de conquérir la terre,
Pendre sur tous les fronts durant toute la guerre ;
Puis, la grande œuvre faite, il leur disait : Venez !

Puis il donnait sa croix à ces hommes stoïques,
Et des larmes coulaient de leurs yeux héroïques ;
Muets, ils admiraient leur demi-dieu vainqueur ;
On eût dit qu'allumant leur âme avec son âme,
En touchant leur poitrine avec son doigt de flamme,
Il leur faisait jaillir cette étoile du cœur !

V

LE matin elle chante et puis elle travaille,
Sérieuse, les pieds sur sa chaise de paille,
Cousant, taillant, brodant quelques dessins choisis ;
Et, tandis que, songeant à Dieu, simple et sans crainte,
Cette vierge accomplit sa tâche auguste et sainte,
Le silence rêveur à sa porte est assis.

Ainsi, Seigneur, vos mains couvrent cette demeure.
Dans cet asile obscur, qu'aucun souci n'effleure,

Rien qui ne soit sacré, rien qui ne soit charmant !
Cette âme, en vous priant pour ceux dont la nef sombre,
Peut monter chaque soir vers vous sans faire d'ombre
Dans la sérénité de votre firmament !

Nul danger ! nul écueil ! — Si ! l'aspic est dans l'herbe !
Hélas ! hélas ! le ver est dans le fruit superbe !
Pour troubler une vie il suffit d'un regard.
Le mal peut se montrer même aux clartés d'un cierge.
La curiosité qu'a l'esprit de la vierge
Fait une plaie au cœur de la femme plus tard.

Plein de ces chants honteux, dégoût de la mémoire,
Un vieux livre est là-haut sur une vieille armoire,
Par quelque vil passant dans cette ombre oublié ;
Roman du dernier siècle ! œuvre d'ignominie !
Voltaire alors régnait, ce singe de génie
Chez l'homme en mission par le diable envoyé [1].

VI

ÉPOQUE qui gardas, de vin, de sang rougie,
Même en agonisant, l'allure de l'orgie !
O dix-huitième siècle, impie et châtié [2] !
Société sans dieu, qui par Dieu fus frappée !
Qui, brisant sous la hache et le sceptre et l'épée,
Jeune offensas l'amour, et vieille la pitié !

Table d'un long festin qu'un échafaud termine !
Monde, aveugle pour Christ, que Satan illumine !
Honte à tes écrivains devant les nations !
L'ombre de tes forfaits est dans leur renommée
Comme d'une chaudière il sort une fumée,
Leur sombre gloire sort des révolutions !

VII

FRÊLE barque assoupie à quelques pas d'un gouffre !
Prends garde, enfant ! cœur tendre où rien encor ne
O pauvre fille d'Eve ! ô pauvre jeune esprit ! [souffre !
Voltaire, le serpent, le doute, l'ironie,
Voltaire est dans un coin de ta chambre bénie !
Avec son œil de flamme il t'espionne, et rit[1].

Oh ! tremble ! ce sophiste a sondé bien des fanges !
Oh ! tremble ! ce faux sage a perdu bien des anges !
Ce démon, noir milan, fond sur les cœurs pieux,
Et les brise, et souvent, sous ses griffes cruelles,
Plume à plume j'ai vu tomber ces blanches ailes
Qui font qu'une âme vole et s'enfuit dans les cieux !

Il compte de ton sein les battements sans nombre.
Le moindre mouvement de ton esprit dans l'ombre,
S'il penche un peu vers lui, fait resplendir son œil.
Et, comme un loup rôdant, comme un tigre qui guette,
Par moments, de Satan, visible au seul poète,
La tête monstrueuse apparaît à ton seuil !

VIII

HÉLAS ! si ta main chaste ouvrait ce livre infâme,
Tu sentirais soudain Dieu mourir dans ton âme.
Ce soir tu pencherais ton front triste et boudeur
Pour voir passer au loin dans quelque verte allée
Les chars étincelants à la roue étoilée,
Et demain tu rirais de la sainte pudeur !

Ton lit, troublé la nuit de visions étranges,
Ferait fuir le sommeil, le plus craintif des anges !
Tu ne dormirais plus, tu ne chanterais plus,
Et ton esprit, tombé dans l'océan des rêves,
Irait, déraciné comme l'herbe des grèves,
Du plaisir à l'opprobre et du flux au reflux !

IX

Oh ! la croix de ton père est là qui te regarde !
La croix du vieux soldat mort dans la vieille garde !
Laisse-toi conseiller par elle, ange tenté !
Laisse-toi conseiller, guider, sauver peut-être
Par ce lys fraternel penché sur ta fenêtre,
Qui mêle son parfum à ta virginité !

Par toute ombre qui passe en baissant la paupière !
Par les vieux saints rangés sous le portail de pierre !
Par la blanche colombe aux rapides adieux !
Par l'orgue ardent dont l'hymne en longs sanglots se
Laisse-toi conseiller par la pensive église !   [brise !
Laisse-toi conseiller par le ciel radieux !

Laisse-toi conseiller par l'aiguille ouvrière,
Présente à ton labeur, présente à ta prière,
Qui dit tout bas : Travaille ! — Oh ! crois-la ! — Dieu,
Fit naître du travail, que l'insensé repousse,   [vois-tu,
Deux filles, la vertu, qui fait la gaîté douce,
Et la gaîté, qui rend charmante la vertu !

Entends ces mille voix, d'amour accentuées,
Qui passent dans le vent, qui tombent des nuées,
Qui montent vaguement des seuils silencieux,
Que la rosée apporte avec ses chastes gouttes,
Que le chant des oiseaux te répète, et qui toutes
Te disent à la fois : Sois pure sous les cieux !

Sois pure sous les cieux ! comme l'onde et l'aurore,
Comme le joyeux nid, comme la tour sonore,
Comme la gerbe blonde, amour du moissonneur,
Comme l'astre incliné, comme la fleur penchante,
Comme tout ce qui rit, comme tout ce qui chante,
Comme tout ce qui dort dans la paix du Seigneur !

Sois calme. Le repos va du cœur au visage ;
La tranquillité fait la majesté du sage.
Sois joyeuse. La foi vit sans l'austérité ;
Un des reflets du ciel, c'est le rire des femmes ;
La joie est la chaleur que jette dans les âmes
Cette clarté d'en haut qu'on nomme Vérité.

La joie est pour l'esprit une riche ceinture.
La joie adoucit tout dans l'immense nature.
Dieu sur les vieilles tours pose le nid charmant
Et la broussaille en fleur qui luit dans l'herbe épaisse ;
Car la ruine même autour de sa tristesse
A besoin de jeunesse et de rayonnement !

Sois bonne. La bonté contient les autres choses.
Le Seigneur indulgent sur qui tu te reposes
Compose de bonté le penseur fraternel.
La bonté, c'est le fond des natures augustes.
D'une seule vertu Dieu fait le cœur des justes,
Comme d'un seul saphir la coupole du ciel.

Ainsi, tu resteras, comme un lys, comme un cygne,
Blanche entre les fronts purs marqués d'un divin signe
Et tu seras de ceux qui, sans peur, sans ennuis,
Des saintes actions amassant la richesse,
Rangent leur barque au port, leur vie à la sagesse
Et, priant tous les soirs, dorment toutes les nuits !

LE POÈTE A LUI-MÊME

TANDIS que sur les bois, les prés et les charmilles,
S'épanchent la lumière et la splendeur des cieux,
Toi, poète serein, répands sur les familles,

Répands sur les enfants et sur les jeunes filles,
Répands sur les vieillards ton chant religieux !

Montre du doigt la rive à tous ceux qu'une voile
Traîne sur le flot noir par les vents agité ;
Aux vierges, l'innocence, heureuse et noble étoile ;
A la foule, l'autel que l'impiété voile ;
Aux jeunes, l'avenir ; aux vieux, l'éternité !

Fais filtrer ta raison dans l'homme et dans la femme.
Montre à chacun le vrai du côté saisissant.
Que tout penseur en toi trouve ce qu'il réclame.
Plonge Dieu dans les cœurs, et jette dans chaque âme
Un mot révélateur, propre à ce qu'elle sent.

Ainsi, sans bruit, dans l'ombre, ô songeur solitaire,
Ton esprit, d'où jaillit ton vers que Dieu bénit,
Du peuple sous tes pieds perce le crâne austère ; —
Comme un coin lent et sûr, dans les flancs de la terre
La racine du chêne entr'ouvre le granit [1].

                                        24-29 juin 1839.

V

On croyait dans ces temps [2] où le pâtre nocturne,
Loin dans l'air, au-dessus de son front taciturne,
Voyait parfois, témoin par l'ombre recouvert,
Dans un noir tourbillon de tonnerre et de pluie,
Passer rapidement la figure éblouie
D'un prophète emporté par l'Esprit au désert !

On croyait dans les jours du barde et du trouvère !
Quand tout un monde armé se ruait au Calvaire,
            Pour délivrer la croix,
Et pour voir le lac sombre où Jésus sauva Pierre,
L'Horeb et le Cédron, et les portes de pierre
            Du sépulcre des rois [3] !

On croyait dans ce siècle où tout était prière ;
Où Louis, au moment de ravir La Vallière,
S'arrêtait éperdu devant un crucifix ;
Où l'autel rayonnait près du trône prospère ;
Où, quand le roi disait : Dieu seul est grand, mon père ?
L'évêque répondait : Dieu seul est grand, mon fils !

Les pâtres maintenant dorment dans les ravines ;
Jérusalem est turque ; et les moissons divines
        N'ont plus de moissonneur ;
La royauté décline et le peuple se lève.
— Hélas ! l'homme aujourd'hui ne croit plus, ma.. il
        Lequel vaut mieux, Seigneur ?   [rêve. —

                         26 mars 1839.

VI

SUR UN HOMME POPULAIRE

O PEUPLE ! sous ce crâne où rien n'a pénétré,
Sous l'auguste sourcil morose et vénéré
        Du tribun et du cénobite,
Sous ce front dont un jour les révolutions
Feront en l'entr'ouvrant sortir les visions,
        Une pensée affreuse habite.

Dans l'Inde ainsi parfois le passant curieux
Contemple avec respect un mont mystérieux,
        Cime des nuages touchée,
Rêve et croit respirer, sans approcher trop près,
Dans ces rocs, dans ces eaux, dans ces mornes forêts,
        Une divinité cachée.

L'intérieur du mont en pagode est sculpté.
Puis vient enfin le jour de la solennité.
        On brise la porte murée.
Le peuple accourt poussant des cris tumultueux ; —

L'idole alors, fœtus aveugle et monstrueux,
　　Sort de la montagne éventrée [1].

　　　　　　　　　　　　　　　　　10 avril 1839.

VII

LE MONDE ET LE SIECLE

Que faites-vous, Seigneur ? à quoi sert votre ouvrage ?
A quoi bon l'eau du fleuve et l'éclair de l'orage ?
Les prés ? les ruisseaux purs qui lavent le gazon ?
Et, sur les coteaux verts dont s'emplit l'horizon,
Les immenses troupeaux aux fécondes haleines
Que l'aboiement des chiens chasse à travers les plaines ?
Pourquoi, dans ce doux mois où l'air tremble attiédi,
Quand un calice s'ouvre aux souffles de midi,
Y plonger, ô Seigneur, l'abeille butinante,
Et changer toute fleur en cloche bourdonnante ?
Pourquoi le brouillard d'or qui monte des hameaux ?
Pourquoi l'ombre et la paix qui tombent des rameaux ?
Pourquoi le lac d'azur semé de molles îles ?
Pourquoi les bois profonds, les grottes, les asiles ?
A quoi bon, chaque soir, quand luit l'été vermeil,
Comme un charbon ardent déposant le soleil
Au milieu des vapeurs par les vents remuées,
Allumer au couchant un brasier de nuées ?
Pourquoi rougir la vigne et jeter aux vieux murs
Le rayon qui revient gonfler les raisins mûrs ?
A quoi bon incliner sur ses axes mobiles
Ce globe monstrueux avec toutes ses villes,
Et ses monts et ses mers qui flottent alentour,
A quoi bon, ô Seigneur, l'incliner tour à tour,
Pour que l'ombre l'éteigne ou que le jour le dore,
Tantôt vers la nuit sombre et tantôt vers l'aurore ?
A quoi vous sert le flot, le nuage, le bruit
Qu'en secret dans la fleur fait le germe du fruit ?

A quoi bon féconder les éthers et les ondes,
Faire à tous les soleils des ceintures de mondes,
Peupler d'astres errants l'arche énorme des cieux,
Seigneur ! et sur nos fronts, d'où rayonnent nos yeux,
Entasser en tous sens des millions de lieues
Et du vague infini poser les plaines bleues ?
Pourquoi sur les hauteurs et dans les profondeurs
Cet amas effrayant d'ombres et de splendeurs ?
A quoi bon parfumer, chauffer, nourrir et luire,
Tout aimer, et, Dieu bon ! incessamment traduire,
Pour l'œil intérieur comme pour l'œil charnel,
L'éternelle pensée en spectacle éternel ?
Si c'est pour qu'en ce siècle où la loi tombe en cendre
L'homme passe sans voir, sans croire, sans comprendre,
Sans rien chercher dans l'ombre, et sans lever les yeux
Vers les conseils divins qui flottent dans les cieux,
Sous la forme sacrée ou sous l'éclatant voile
Tantôt d'une nuée et tantôt d'une étoile !
Si c'est pour que ce temps fasse, en son morne ennui,
De l'opprimé d'hier l'oppresseur d'aujourd'hui ;
Pour qu'on s'entre-déchire à propos de cent rêves ;
Pour que le peuple, foule où dorment tant de sèves,
Aussi bien que les rois, — grave et haute leçon ! —
Ait la brutalité pour dernière raison,
Et réponde, troupeau qu'on tue ou qui lapide,
A l'aveugle boulet par le pavé stupide !
Si c'est pour que l'émeute ébranle la cité !
Pour que tout soit tyran, même la liberté !
Si c'est pour que l'honneur des anciens gentilshommes,
Par eux-mêmes amené dans l'ornière où nous sommes,
Aux projets des partis s'attelle tristement ;
Si c'est pour qu'à sa haine on ajoute un serment
Comme à son vieux poignard on remet une lame ;
Si c'est pour que le prince, homme né d'une femme,
Né pour briller bien vite et pour vivre bien peu,
S'imagine être roi comme vous êtes Dieu !
Si c'est pour que la joie aux justes soit ravie ;
Pour que l'iniquité règne, pour que l'envie,
Emplissant tant de fronts de brasiers dévorants,
Fasse petits des cœurs que l'amour ferait grands !

Si c'est pour que le prêtre, infirme et triste apôtre,
Marche avec ses deux yeux, ouvrant l'un, fermant l'autre,
Insulte à la nature au nom du verbe écrit,
Et ne comprenne pas qu'ici tout est l'esprit,
Que Dieu met comme en nous son souffle dans l'argile,
Et que l'arbre et la fleur commentent l'Evangile [1] !
Si c'est pour que personne enfin, grand ou petit,
Pas même le vieillard que l'âge appesantit,
Personne, du tombeau sondant les avenues,
N'ait l'austère souci des choses inconnues,
Et que, pareil au bœuf par l'instinct assoupi,
Chacun trace un sillon sans songer à l'épi !
Car l'humanité, morne et manquant de prophètes,
Perd l'admiration des œuvres que vous faites ;
L'homme ne sent plus luire en son cœur triomphant
Ni l'aube, ni le lys, ni l'ange, ni l'enfant,
Ni l'âme, ce rayon fait de lumière pure,
Ni la création, cette immense figure !

De là vient que souvent je rêve et que je dis :
— Est-ce que nous serions condamnés et maudits ?
Est-ce que ces vivants, chétivement prospères,
Seraient déshérités du souffle de leurs pères ?
O Dieu ! considérez les hommes de ce temps,
Aveugles, loin de vous sous tant d'ombre flottants.
Eteignez vos soleils, ou rallumez leur flamme !
Reprenez votre monde, ou donnez-leur une âme !

17 juin 1839.

VIII

A M. LE D. DE ***[2]

JULES, votre château, tour vieille et maison neuve,
Se mire dans la Loire, à l'endroit où le fleuve,
Sous Blois, élargissant son splendide bassin,
Comme une mère presse un enfant sur son sein

En lui parlant tout bas d'une voix recueillie,
Serre une île charmante en ses bras qu'il replie.
Vous avez tous les biens que l'homme peut tenir.
Déjà vous souriez, voyant l'été venir,
Et vous écouterez bientôt sous le feuillage
Les rires éclatants qui montent du village.
Vous vivez ! avril passe, et voici maintenant
Que mai, le mois d'amour, mai rose et rayonnant,
Mai dont la robe verte est chaque jour plus ample,
Comme un lévite enfant chargé d'orner le temple,
Suspend aux noirs rameaux, qu'il gonfle en les touchant,
Les fleurs d'où sort l'encens, les nids d'où sort le chant.

Et puis vous m'écrivez que votre cheminée
Surcharge en ce moment sa frise blasonnée
D'un tas d'anciens débris autrefois triomphants,
De glaives, de cimiers essayés des enfants,
Qui souillent les doigts blancs de vos belles duchesses ;
Et qu'enfin — et c'est là d'où viennent vos richesses, —
Vos paysans, piquant les bœufs de l'aiguillon,
Ont ouvert un sépulcre en creusant un sillon.
Votre camp de César a subi leur entaille.
Car vous avez à vous tout un champ de bataille,
Et vos durs bûcherons, tout hâlés par le vent,
Du bruit de leur cognée ont troublé bien souvent,
Avec les noirs corbeaux s'enfuyant par volées,
Les ombres des héros à vos chênes mêlées.

Ami, vous le savez, spectateur sérieux,
J'ai rêvé bien des fois dans ces champs glorieux,
Qui, forcés par le soc, eux, vieux témoins des guerres,
A donner des moissons comme des champs vulgaires,
Pareils au roi déchu qui, craignant le réveil,
Revoit sa gloire en songe aux heures du sommeil,
Le jour, laissent marcher le bouvier dans leurs seigles,
Et reçoivent, la nuit, la visite des aigles !

Oh ! respectez, enfant d'un siècle où tout se vend,
Rome morte à côté d'un village vivant !
Que votre piété, qui sur tout veut descendre,
Laisse en paix cette terre ou plutôt cette cendre !

Vivez content ! dès l'aube, en vos secrets chemins,
Errez avec la main d'une femme en vos mains ;
Contemplez, du milieu de tant de douces choses,
Dieu qui se réjouit dans la maison des roses ;
Et puis, le soir, au fond d'un coffre vermoulu,
Prenez ce vieux Virgile où tant de fois j'ai lu !
Cherchez l'ombre, et, tandis que dans la galerie
Jase et rit au hasard la folle causerie,
Vous, éclairant votre âme aux antiques clartés,
Lisez mon doux Virgile, ô Jule, et méditez !

Car les temps sont venus qu'a prédits le poète.
Aujourd'hui, dans ces champs, vaste plaine muette,
Parfois le laboureur, sur le sillon courbé,
Trouve un noir javelot qu'il croit des cieux tombé,
Puis heurte pêle-mêle, au fond du sol qu'il fouille,
Casques vides, vieux dards qu'amalgame la rouille,
Et, rouvrant des tombeaux pleins de débris humains,
Pâlit de la grandeur des ossements romains[1] !

9 juin 1839.

IX

A Mlle FANNY DE P.[2]

O vous que votre âge défend,
Riez ! tout vous caresse encore.
Jouez ! chantez ! soyez l'enfant !
Soyez la fleur ; soyez l'aurore !

Quant au destin, n'y songez pas.
Le ciel est noir, la vie est sombre.
Hélas ! que fait l'homme ici-bas ?
Un peu de bruit dans beaucoup d'ombre.

Le sort est dur, nous le voyons.
Enfant ! souvent l'œil plein de charmes

Qui jette le plus de rayons
Répand aussi le plus de larmes.

Vous que rien ne vient éprouver,
Vous avez tout, joie et délire,
L'innocence qui fait rêver,
L'ignorance qui fait sourire.

Vous avez, lys sauvé des vents,
Cœur occupé d'humbles chimères,
Ce calme bonheur des enfants,
Pur reflet du bonheur des mères.

Votre candeur vous embellit.
Je préfère à toute autre flamme
Votre prunelle que remplit
La clarté qui sort de votre âme.

Pour vous ni soucis ni douleurs,
La famille vous idolâtre.
L'été, vous courez dans les fleurs ;
L'hiver, vous jouez près de l'âtre.

La poésie, esprit des cieux,
Près de vous, enfant, s'est posée ;
Votre mère l'a dans ses yeux,
Votre père dans sa pensée.

Profitez de ce temps si doux !
Vivez ! — La joie est vite absente ;
Et les plus sombres d'entre nous
Ont eu leur aube éblouissante.

Comme on prie avant de partir,
Laissez-moi vous bénir, jeune âme, —
Ange qui serez un martyr !
Enfant qui serez une femme !

14 février 1840, minuit.

X

COMME dans les étangs assoupis sous les bois,
Dans plus d'une âme on voit deux choses à la fois,
Le ciel, qui teint les eaux à peine remuées
Avec tous ses rayons et toutes ses nuées,
Et la vase, — fond morne, affreux, sombre et dormant,
Où des reptiles noirs fourmillent vaguement.

                                        7 mai 1839.

XI

FIAT VOLUNTAS [1]

PAUVRE femme ! son lait à sa tête est monté.
Et, dans ses froids salons, le monde a répété,
Parmi les vains propos que chaque jour emporte,
Hier, qu'elle était folle, aujourd'hui, qu'elle est morte ;
Et, seul au champ des morts, je foule ce gazon,
Cette tombe où sa vie a suivi sa raison !

Folle ! morte ! pourquoi ? Mon Dieu ! pour peu de chose !
Pour un fragile enfant dont la paupière est close,
Pour un doux nouveau-né, tête aux fraîches couleurs,
Qui naguère à son sein, comme une mouche aux fleurs,
Pendait, riait, pleurait, et, malgré ses prières,
Troublant tout leur sommeil durant des nuits entières,
Faisait mille discours, pauvre petit ami !
Et qui ne dit plus rien, car il est endormi.

Quand elle vit son fils, le soir d'un jour bien sombre,
Car elle l'appelait son fils, cette vaine ombre !
Quand elle vit l'enfant glacé dans sa pâleur,
— Oh ! ne consolez point une telle douleur ! —
Elle ne pleura pas. Le lait avec la fièvre
Soudain troubla sa tête et fit trembler sa lèvre ;

Et depuis ce jour-là, sans voir et sans parler,
Elle allait devant elle et regardait aller.
Elle cherchait dans l'ombre une chose perdue,
Son enfant disparu dans la vague étendue ;
Et par moments penchait son oreille en marchant,
Comme si sous la terre elle entendait un chant.

Une femme du peuple, un jour que dans la rue
Se pressait sur ses pas une foule accourue,
Rien qu'à la voir souffrir devina son malheur.
Les hommes, en voyant ce beau front sans couleur,
Et cet œil froid toujours suivant une chimère,
S'écriaient : Pauvre folle ! Elle dit : Pauvre mère !

Pauvre mère, en effet ! Un soupir étouffant
Parfois coupait sa voix qui murmurait : L'enfant !
Parfois elle semblait, dans la cendre enfouie,
Chercher une lueur au ciel évanouie ;
Car la jeune âme enfuie, hélas ! de sa maison
Avait en s'en allant emporté sa raison !

On avait beau lui dire, en parlant à voix basse,
Que la vie est ainsi ; que tout meurt, que tout passe ;
Et qu'il est des enfants, — mères, sachez-le bien ! —
Que Dieu, qui prête tout et qui ne donne rien,
Pour rafraîchir nos fronts avec leurs ailes blanches,
Met comme des oiseaux pour un jour sur nos branches !
On avait beau lui dire, elle n'entendait pas.
L'œil fixe, elle voyait toujours devant ses pas
S'ouvrir les bras charmants de l'enfant qui l'appelle.
Elle avait des hochets fait une humble chapelle. [forts. —
C'est ainsi qu'elle est morte — en deux mois, sans ef-
Car rien n'est plus puissant que ces petits bras morts
Pour tirer promptement les mères dans la tombe.
Où l'enfant est tombé bientôt la femme tombe.
Qu'est-ce qu'une maison dont le seuil est désert ?
Qu'un lit sans un berceau ? Dieu clément ! à quoi sert
Le regard maternel sans l'enfant qui repose ?
A quoi bon ce sein blanc sans cette bouche rose ?

Après avoir longtemps, le cœur mort, les yeux morts,

Erré sur le tombeau comme étant en dehors,
— Longtemps ! ce sont ici des paroles humaines,
Hélas ! il a suffi de bien peu de semaines ! —
Malheureuse ! en deux mois tout s'est évanoui.
Hier elle était folle, elle est morte aujourd'hui !

Il suffit qu'un oiseau vienne sur une rive
Pour qu'un deuxième oiseau tout en hâte l'y suive.
Sur deux il en est un toujours qui va devant.
Après avoir à peine ouvert son aile au vent,
Il vint, le bel enfant, s'abattre sur la tombe ;
Elle y vint après lui, comme une autre colombe.

On a creusé la terre, et là, sous le gazon,
On a mis la nourrice auprès du nourrisson.

Et moi je dis : — Seigneur ! votre règle est austère !
Seigneur ! vous avez mis partout un noir mystère,
Dans l'homme et dans l'amour, dans l'arbre et dans l'oi-
Et jusque dans ce lait que réclame un berceau,   [seau,
Ambroisie et poison, doux miel, liqueur amère,
Fait pour nourrir l'enfant ou pour tuer la mère !

                                    17 février 1837.

XII

A LAURE, DUCH. D'A. * [1]

Puisqu'ils n'ont pas compris dans leur étroite sphère [2],
Qu'après tant de splendeur, de puissance et d'orgueil,
Il était grand et beau que la France dût faire
L'aumône d'une fosse à ton noble cercueil ;

---

* Le conseil municipal de la ville de Paris a refusé de donner
six pieds de terre dans le cimetière du Père-Lachaise pour le tom-
beau de la veuve de Junot, ancien gouverneur de Paris.
    Le ministre de l'intérieur a également refusé un morceau de mar-
bre pour ce monument.

                            (*Journaux de février 1840.*)

Puisqu'ils n'ont pas senti que celle qui sans crainte
Toujours loua la gloire et flétrit les bourreaux
A le droit de dormir sur la colline sainte,
A le droit de dormir à l'ombre des héros ;

Puisque le souvenir de nos grandes batailles
Ne brûle pas en eux comme un sacré flambeau ;
Puisqu'ils n'ont pas de cœur ; puisqu'ils n'ont point d'en-
Puisqu'ils t'ont refusé la pierre d'un tombeau ; [trailles ;

C'est à nous de chanter un chant expiatoire !
C'est à nous de t'offrir notre deuil à genoux !
C'est à nous, c'est à nous de prendre ta mémoire
Et de l'ensevelir dans un vers triste et doux !

C'est à nous cette fois de garder, de défendre
La mort contre l'oubli, son pâle compagnon ;
C'est à nous d'effeuiller des roses sur ta cendre ;
C'est à nous de jeter des lauriers sur ton nom !

Puisqu'un stupide affront, pauvre femme endormie,
Monte jusqu'à ton front que César étoila,
C'est à moi, dont ta main pressa la main amie,
De te dire tout bas : Ne crains rien ! je suis là !

Car j'ai ma mission ! car, armé d'une lyre,
Plein d'hymnes irrités ardents à s'épancher,
Je garde le trésor des gloires de l'empire ;
Je n'ai jamais souffert qu'on osât y toucher !

Car ton cœur abondait en souvenirs fidèles !
Dans notre ciel sinistre et sur nos tristes jours,
Ton noble esprit planait avec de nobles ailes,
Comme un aigle souvent, comme un ange toujours !

Car, forte pour tes maux et bonne pour les nôtres,
Livrée à la tempête et femme en proie au sort,
Jamais tu n'imitas l'exemple de tant d'autres,
Et d'une lâcheté tu ne te fis un port !

Car toi, la muse illustre, et moi, l'obscur apôtre,
Nous avons dans ce monde eu le même mandat,
Et c'est un nœud profond qui nous joint l'un à l'autre,
Toi, veuve d'un héros, et moi, fils d'un soldat !

Aussi, sans me lasser, dans cette Babylone,
Des drapeaux insultés baisant chaque lambeau,
J'ai dit pour l'empereur : Rendez-lui sa colonne !
Et je dirai pour toi : Donnez-lui son tombeau !

12 mars 1840.

XIII

Puits de l'Inde ! tombeaux ! monuments constellés !
Vous dont l'intérieur n'offre aux regards troublés
Qu'un amas tournoyant de marches et de rampes,
Froids cachots, corridors où rayonnent des lampes,
Poutres où l'araignée a tendu ses longs fils,
Blocs ébauchant partout de sinistres profils,
Toits de granit, troués comme une frêle toile,
Par où l'œil voit briller quelque profonde étoile,
Et des chaos de murs, de chambres, de paliers,
Où s'écroule au hasard un gouffre d'escaliers !
Cryptes qui remplissez d'horreur religieuse
Votre voûte sans fin, morne et prodigieuse !
Cavernes où l'esprit n'ose aller trop avant !
Devant vos profondeurs j'ai pâli bien souvent
Comme sur un abîme ou sur une fournaise,
Effrayantes Babels que rêvait Piranèse [1] !

Entrez si vous l'osez !

                    Sur le pavé dormant
Les ombres des arceaux se croisent tristement ;
La dalle par endroits, pliant sous les décombres,
S'entr'ouvre pour laisser passer des degrés sombres
Qui fouillent, vis de pierre, un souterrain sans fond ;

D'autres montent là-haut et crèvent le plafond.
Où vont-ils ? Dieu le sait. Du creux d'une arche vide
Une eau qui tombe envoie une lueur livide.
Une voûte au front vert s'égoutte dans un puits.
Dans l'ombre un lourd monceau de roches sans appuis
S'arrête retenu par des ronces grimpantes ;
Une corde qui pend d'un amas de charpentes
S'offre, mystérieuse, à la main du passant.
Dans un caveau, penché sur un livre, et lisant,
Un vieillard surhumain, sous le roc qui surplombe,
Semble vivre oublié par la mort dans sa tombe.
Des sphinx, des bœufs d'airain, sur l'étrave accroupis,
Ont fait des chapiteaux aux piliers décrépits ;
L'aspic à l'œil de braise, agitant ses paupières,
Passe sa tête plate aux crevasses des pierres.
Tout chancelle et fléchit sous les toits entr'ouverts.
Le mur suinte, et l'on voit fourmiller à travers
De grands feuillages roux, sortant d'entre les marbres,
Des monstres qu'on prendrait pour des racines d'arbres.
Partout, sur les parois du morne monument,
Quelque chose d'affreux rampe confusément ;
Et celui qui parcourt ce dédale difforme,
Comme s'il était pris par un polype énorme,
Sur son front effaré, sous son pied hasardeux,
Sent vivre et remuer l'édifice hideux !

Aux heures où l'esprit, dont l'œil partout se pose,
Cherche à voir dans la nuit le fond de toute chose,
Dans ces lieux effrayants mon regard se perdit.
Bien souvent je les ai contemplés, et j'ai dit :

— O rêves de granit ! grottes visionnaires !
Cryptes ! palais ! tombeaux, pleins de vagues tonnerres !
Vous êtes moins brumeux, moins noirs, moins ignorés,
Vous êtes moins profonds et moins désespérés
Que le destin, cet antre habité par nos craintes,
Où l'âme entend, perdue en d'affreux labyrinthes,
Au fond, à travers l'ombre, avec mille bruits sourds,
Dans un gouffre inconnu tomber le flot des jours ! —

14 avril 1839.

XIV

DANS LE CIMETIERE DE... [1]

La foule des vivants rit et suit sa folie,
Tantôt pour son plaisir, tantôt pour son tourment ;
Mais par les morts muets, par les morts qu'on oublie,
Moi, rêveur, je me sens regardé fixement.

Ils savent que je suis l'homme des solitudes,
Le promeneur pensif sous les arbres épais,
L'esprit qui trouve, ayant ses douleurs pour études,
Au seuil de tout le trouble, au fond de tout la paix !

Ils savent l'attitude attentive et penchée
Que j'ai parmi les buis, les fosses et les croix ;
Ils m'entendent marcher sur la feuille séchée ;
Ils m'ont vu contempler des ombres dans les bois,

Ils comprennent ma voix sur le monde épanchée,
Mieux que vous, ô vivants bruyants et querelleurs !
Les hymnes de la lyre en mon âme cachée,　　　[pleurs.
Pour vous ce sont des chants, pour eux ce sont des

Oubliés des vivants, la nature leur reste.
Dans le jardin des morts où nous dormirons tous,
L'aube jette un regard plus calme et plus céleste,
Le lys semble plus pur, l'oiseau semble plus doux.

Moi, c'est là que je vis ! — cueillant les roses blanches,
Consolant les tombeaux délaissés trop longtemps,
Je passe et je reviens, je dérange les branches,
Je fais du bruit dans l'herbe, et les morts sont contents.

Là je rêve ! et, rôdant dans le champ léthargique,
Je vois, avec des yeux dans ma pensée ouverts,
Se transformer mon âme en un monde magique,
Miroir mystérieux du visible univers.

Regardant sans les voir de vagues scarabées,
Des rameaux indistincts, des formes, des couleurs,
Là, j'ai dans l'ombre, assis sur des pierres tombées,
Des éblouissements de rayons et de fleurs.

Là, le songe idéal qui remplit ma paupière
Flotte, lumineux voile, entre la terre et nous ;
Là, mes doutes ingrats se fondent en prière ;
Je commence debout et j'achève à genoux.

Comme au creux du rocher vole l'humble colombe,
Cherchant la goutte d'eau qui tombe avant le jour,
Mon esprit altéré, dans l'ombre de la tombe,
Va boire un peu de foi, d'espérance et d'amour !

13 mars 1840.

XV

MÈRES, l'enfant qui joue à votre seuil joyeux,
Plus frêle que les fleurs, plus serein que les cieux,
Vous conseille l'amour, la pudeur, la sagesse.
L'enfant, c'est un feu pur dont la chaleur caresse ;
C'est de la gaîté sainte et du bonheur sacré,
C'est le nom paternel dans un rayon doré ;
Et vous n'avez besoin que de cette humble flamme
Pour voir distinctement dans l'ombre de votre âme.
Mères, l'enfant qu'on pleure et qui s'en est allé,
Si vous levez vos fronts vers le ciel constellé,
Verse à votre douleur une lumière auguste ;
Car l'innocent éclaire aussi bien que le juste !
Il montre, clarté douce, à vos yeux abattus,
Derrière notre orgueil, derrière nos vertus,
Derrière la nuit noire où l'âme en deuil s'exile,
Derrière nos malheurs, Dieu profond et tranquille.
Que l'enfant vive ou dorme, il rayonne toujours !
Sur cette terre où rien ne va loin sans secours,

Où nos jours incertains sur tant d'abîmes pendent,
Comme un guide au milieu des brumes que répandent
Nos vices ténébreux et nos doutes moqueurs,
Vivant, l'enfant fait voir le devoir à vos cœurs ;
Mort, c'est la vérité qu'à votre âme il dévoile.
Ici, c'est un flambeau ; là-haut, c'est une étoile.

                                    27 mars 1840.

XVI

MATELOTS ! matelots ! vous déploierez les voiles ;
Vous voguerez, joyeux parfois, mornes souvent ;
Et vous regarderez aux lueurs des étoiles
La rive, écueil ou port, selon le coup de vent.

Envieux, vous mordrez la base des statues.
Oiseaux, vous chanterez ! vous verdirez, rameaux !
Portes, vous croulerez de lierres revêtues.
Cloches, vous ferez vivre et rêver les hameaux.

Teignant votre nature aux mœurs de tous les hommes,
Voyageurs, vous irez comme d'errants flambeaux ;
Vous marcherez pensifs sur la terre où nous sommes,
En vous ressouvenant quelquefois des tombeaux.

Chênes, vous grandirez au fond des solitudes.
Dans les lointains brumeux, à la clarté des soirs,
Vieux saules, vous prendrez de tristes attitudes,
Et vous vous mirerez vaguement aux lavoirs.

Nids, vous tressaillerez sentant croître des ailes ;
Sillons, vous frémirez sentant sourdre le blé.
Torches, vous jetterez de rouges étincelles
Qui tourbillonneront comme un esprit troublé.

Foudres, vous nommerez le Dieu que la mer nomme.
Ruisseaux, vous nourrirez la fleur qu'avril dora ;

Vos flots refléteront l'ombre austère de l'homme.
Et vos flots couleront, et l'homme passera.

Chaque chose et chacun, âme, être, objet ou nombre,
Suivra son cours, sa loi, son but, sa passion,
Portant sa pierre à l'œuvre indéfinie et sombre
Qu'avec le genre humain fait la création !

Moi, je contemplerai le Dieu père du monde,
Qui livre à notre soif, dans l'ombre ou la clarté,
Le ciel, cette grande urne, adorable et profonde,
Où l'on puise le calme et la sérénité !

5 mai 1839.

XVII

SPECTACLE RASSURANT [1]

Tout est lumière, tout est joie.
L'araignée au pied diligent
Attache aux tulipes de soie
Ses rondes dentelles d'argent.

La frissonnante libellule [2]
Mire les globes de ses yeux
Dans l'étang splendide où pullule
Tout un monde mystérieux !

La rose semble, rajeunie,
S'accoupler au bouton vermeil ;
L'oiseau chante plein d'harmonie
Dans les rameaux pleins de soleil.

Sa voix bénit le Dieu de l'âme
Qui, toujours visible au cœur pur,
Fait l'aube, paupière de flamme,
Pour le ciel, prunelle d'azur !

Sous les bois, où tout bruit s'émousse,
Le faon craintif joue en rêvant ;
Dans les verts écrins de la mousse
Luit le scarabée, or vivant.

La lune au jour est tiède et pâle
Comme un joyeux convalescent ;
Tendre, elle ouvre ses yeux d'opale
D'où la douceur du ciel descend !

La giroflée avec l'abeille
Folâtre en baisant le vieux mur ;
Le chaud sillon gaîment s'éveille,
Remué par le germe obscur.

Tout vit, et se pose avec grâce,
Le rayon sur le seuil ouvert,
L'ombre qui fuit sur l'eau qui passe,
Le ciel bleu sur le coteau vert !

La plaine brille, heureuse et pure ;
Le bois jase ; l'herbe fleurit... —
Homme ! ne crains rien ! la nature
Sait le grand secret, et sourit.

1er juin 1839.

XVIII

ECRIT SUR LA VITRE
D'UNE FENETRE FLAMANDE [1]

J'AIME le carillon dans tes cités antiques,
O vieux pays gardien de tes mœurs domestiques,
Noble Flandre, où le Nord se réchauffe engourdi
Au soleil de Castille et s'accouple au Midi !
Le carillon, c'est l'heure inattendue et folle,

Que l'œil croit voir, vêtue en danseuse espagnole,
Apparaître soudain par le trou vif et clair
Que ferait en s'ouvrant une porte de l'air.
Elle vient, secouant sur les toits léthargiques
Son tablier d'argent plein de notes magiques,
Réveillant sans pitié les dormeurs ennuyeux,
Sautant à petits pas comme un oiseau joyeux,
Vibrant, ainsi qu'un dard qui tremble dans la cible ;
Par un frêle escalier de cristal invisible,
Effarée et dansante, elle descend des cieux ;
Et l'esprit, ce veilleur fait d'oreilles et d'yeux [1],
Tandis qu'elle va, vient, monte et descend encore,
Entend de marche en marche errer son pied sonore !

Malines-Louvain, 19 août 1837.

XIX

CE QUI SE PASSAIT AUX FEUILLANTINES
VERS 1813 [2]

ENFANTS, beaux fronts naïfs penchés autour de moi,
Bouches aux dents d'émail disant toujours : Pourquoi ?
Vous qui, m'interrogeant sur plus d'un grand problème,
Voulez de chaque chose, obscure pour moi-même,
Connaître le vrai sens et le mot décisif,
Et qui touchez à tout dans mon esprit pensif ;
— Si bien que, vous partis, enfants, souvent je passe
Des heures, fort maussade, à remettre à leur place
Au fond de mon cerveau mes plans, mes visions,
Mes sujets éternels de méditations,
Dieu, l'homme, l'avenir, la raison, la démence,
Mes systèmes, tas sombre, échafaudage immense,
Dérangés tout à coup, sans tort de votre part,
Par une question d'enfant, faite au hasard ! —
Puisqu'enfin vous voilà sondant mes destinées,
Et que vous me parlez de mes jeunes années,

De mes premiers instincts, de mon premier espoir,
Ecoutez, doux amis, qui voulez tout savoir !

J'eus dans ma blonde enfance, hélas ! trop éphémère,
Trois maîtres : — un jardin, un vieux prêtre et ma mère.

Le jardin était grand, profond, mystérieux,
Fermé par de hauts murs aux regards curieux,
Semé de fleurs s'ouvrant ainsi que les paupières,
Et d'insectes vermeils qui couraient sur les pierres ;
Plein de bourdonnements et de confuses voix ;
Au milieu, presque un champ, dans le fond, presque un
Le prêtre, tout nourri de Tacite et d'Homère,   [bois.
Etait un doux vieillard. Ma mère — était ma mère !

Ainsi je grandissais sous ce triple rayon.

Un jour... — Oh ! si Gautier [1] me prêtait son crayon,
Je vous dessinerais d'un trait une figure
Qui chez ma mère un jour entra, fâcheux augure !
Un docteur au front pauvre, au maintien solennel,
Et je verrais`éclore à vos bouches sans fiel,
Portes de votre cœur qu'aucun souci ne mine,
Ce rire éblouissant qui parfois m'illumine !

Lorsque cet homme entra, je jouais au jardin,
Et rien qu'en le voyant je m'arrêtai soudain.

C'était le principal d'un collège quelconque.

Les tritons que Coypel groupe autour d'une conque,
Les faunes que Watteau dans les bois fourvoya,
Les sorciers de Rembrandt, les gnomes de Goya,
Les diables variés, vrais cauchemars de moine
Dont Callot en riant taquine saint Antoine [2],
Sont laids, mais sont charmants ; difformes, mais rem-
D'un feu qui de leur face anime tous les plis   [plis
Et parfois dans leurs yeux jette un éclair rapide.
— Notre homme était fort laid, mais il était stupide.

Pardon, j'en parle encor comme un franc écolier.

C'est mal. Ce que j'ai dit, tâchez de l'oublier ;
Car de votre âge heureux, qu'un pédant embarrasse,
J'ai gardé la colère et j'ai perdu la grâce.

Cet homme chauve et noir, très effrayant pour moi,
Et dont ma mère aussi d'abord eut quelque effroi,
Tout en multipliant les humbles attitudes,
Apportait des avis et des sollicitudes :
— Que l'enfant n'était pas dirigé ; — que parfois
Il emportait son livre en rêvant dans les bois ;
Qu'il croissait au hasard dans cette solitude ;
Qu'on devait y songer ; que la sévère étude
Etait fille de l'ombre et des cloîtres profonds ;
Qu'une lampe pendue à de sombres plafonds,
Qui de cent écoliers guide la plume agile,
Eclairait mieux Horace et Catulle et Virgile,
Et versait à l'esprit des rayons bien meilleurs
Que le soleil qui joue à travers l'arbre en fleurs ;
Et qu'enfin il fallait aux enfants, — loin des mères, —
Le joug, le dur travail et les larmes amères.
Là-dessus, le collège, aimable et triomphant,
Avec un doux sourire offrait au jeune enfant
Ivre de liberté, d'air, de joie et de roses,
Ses bancs de chêne noirs, ses longs dortoirs moroses,
Ses salles qu'on verrouille et qu'à tous leurs piliers
Sculpte avec un vieux clou l'ennui des écoliers,
Ses magisters qui font, parmi les paperasses,
Manger l'heure du jeu par les pensums voraces,
Et, sans eau, sans gazon, sans arbres, sans fruits mûrs,
Sa grande cour pavée entre quatre grands murs.

L'homme congédié, de ses discours frappée,
Ma mère demeura triste et préoccupée.
Que faire ? que vouloir ? qui donc avait raison,
Ou le morne collège, ou l'heureuse maison ?
Qui sait mieux de la vie accomplir l'œuvre austère,
L'écolier turbulent, ou l'enfant solitaire ?
Problèmes ! questions ! elle hésitait beaucoup.
L'affaire était bien grave. Humble femme après tout,
Ame par le destin, non par les livres faite,

De quel front repousser ce tragique prophète,
Au ton si magistral, aux gestes si certains,
Qui lui parlait au nom des Grecs et des Latins ?
Le prêtre était savant sans doute ; mais, que sais-je ?
Apprend-on par le maître ou bien par le collège ?
Et puis enfin, — souvent ainsi nous triomphons ! —
L'homme le plus vulgaire a de grands mots profonds :
— « Il est indispensable ! — il convient ! — il importe ! »
Qui troublent quelquefois la femme la plus forte.
Pauvre mère ! lequel choisir des deux chemins ?
Tout le sort de son fils se pesait dans ses mains.
Tremblante, elle tenait cette lourde balance,
Et croyait bien la voir par moments en silence
Pencher vers le collège, hélas ! en opposant
Mon bonheur à venir à mon bonheur présent.

Elle songeait ainsi sans sommeil et sans trêve.

C'était l'été : Vers l'heure où la lune se lève,
Par un de ces beaux soirs qui ressemblent au jour
Avec moins de clarté, mais avec plus d'amour,
Dans son parc, où jouaient le rayon et la brise,
Elle errait, toujours triste et toujours indécise,
Questionnant tout bas l'eau, le ciel, la forêt,
Ecoutant au hasard les voix qu'elle entendrait.

C'est dans ces moments-là que le jardin paisible,
La broussaille où remue un insecte invisible,
Le scarabée ami des feuilles, le lézard
Courant au clair de lune au fond du vieux puisard [1],
La faïence à fleur bleue où vit la plante grasse,
Le dôme oriental du sombre Val-de-Grâce,
Le cloître du couvent, brisé, mais doux encor,
Les marronniers, la verte allée aux boutons-d'or,
La statue où sans bruit se meut l'ombre des branches,
Les pâles liserons, les pâquerettes blanches,
Les cent fleurs du buisson, de l'arbre, du roseau,
Qui rendent en parfums ses chansons à l'oiseau,
Se mirent dans la mare ou se cachent dans l'herbe,
Ou qui, de l'ébénier chargeant le front superbe,

Au bord des clairs étangs se mêlant au bouleau,
Tremblent en grappes d'or dans les moires de l'eau,
Et le ciel scintillant derrière les ramées,
Et les toits répandant de charmantes fumées,
C'est dans ces moments-là, comme je vous le dis,
Que tout ce beau jardin, radieux paradis,
Tous ces vieux murs croulants, toutes ces jeunes roses,
Tous ces objets pensifs, toutes ces douces choses,
Parlèrent à ma mère avec l'onde et le vent,
Et lui dirent tout bas : — « Laisse-nous cet enfant !

« Laisse-nous cet enfant, pauvre mère troublée !
Cette prunelle ardente, ingénue, étoilée,
Cette tête au front pur qu'aucun deuil ne voila,
Cette âme neuve encor, mère, laisse-nous-la !
Ne va pas la jeter au hasard dans la foule.
La foule est un torrent qui brise ce qu'il roule.
Ainsi que les oiseaux les enfants ont leurs peurs.
Laisse à notre air limpide, à nos moites vapeurs,
A nos soupirs, légers comme l'aile d'un songe,
Cette bouche où jamais n'a passé le mensonge,
Ce sourire naïf que sa candeur défend !
O mère au cœur profond, laisse-nous cet enfant !
Nous ne lui donnerons que de bonnes pensées ;
Nous changerons en jour ses lueurs commencées ;
Dieu deviendra visible à ses yeux enchantés ;
Car nous sommes les fleurs, les rameaux, les clartés,
Nous sommes la nature et la source éternelle
Où toute soif s'épanche, où se lave toute aile ;
Et les bois et les champs, du sage seul compris,
Font l'éducation de tous les grands esprits !
Laisse croître l'enfant parmi nos bruits sublimes.
Nous le pénétrerons de ces parfums intimes,
Nés du souffle céleste épars dans tout beau lieu,
Qui font sortir de l'homme et monter jusqu'à Dieu,
Comme le chant d'un luth, comme l'encens d'un vase,
L'espérance, l'amour, la prière, et l'extase !
Nous pencherons ses yeux vers l'ombre d'ici-bas,
Vers le secret de tout entr'ouvert sous ses pas.
D'enfant nous le ferons homme, et d'homme poëte.

Pour former de ses sens la corolle inquiète,
C'est nous qu'il faut choisir ; et nous lui montrerons
Comment, de l'aube au soir, du chêne aux moucherons,
Emplissant tout, reflets, couleurs, brumes, haleines,
La vie aux mille aspects rit dans les vertes plaines.
Nous te le rendrons simple et des cieux ébloui :
Et nous ferons germer de toutes parts en lui
Pour l'homme, triste effet perdu sous tant de causes,
Cette pitié qui naît du spectacle des choses !
Laissez-nous cet enfant ! nous lui ferons un cœur
Qui comprendra la femme ; un esprit non moqueur,
Où naîtront aisément le songe et la chimère,
Qui prendra Dieu pour livre et les champs pour gram-
Une âme, pur foyer de secrètes faveurs,   [maire,
Qui luira doucement sur tous les fronts rêveurs,
Et, comme le soleil dans les fleurs fécondées,
Jettera des rayons sur toutes les idées ! »

Ainsi parlaient, à l'heure où la ville se tait,
L'astre, la plante et l'arbre, — et ma mère écoutait.

Enfants ! ont-ils tenu leur promesse sacrée ?
Je ne sais. Mais je sais que ma mère adorée
Les crut, et, m'épargnant d'ennuyeuses prisons,
Confia ma jeune âme à leurs douces leçons.

Dès lors, en attendant la nuit, heure où l'étude
Rappelait ma pensée à sa grave attitude,
Tout le jour, libre, heureux, seul sous le firmament,
Je pus errer à l'aise en ce jardin charmant.
Contemplant les fruits d'or, l'eau rapide ou stagnante,
L'étoile épanouie et la fleur rayonnante,
Et les prés et les bois, que mon esprit le soir
Revoyait dans Virgile ainsi qu'en un miroir.

Enfants ! aimez les champs, les vallons, les fontaines,
Les chemins que le soir emplit de voix lointaines,
Et l'onde et le sillon, flanc jamais assoupi,
Où germe la pensée à côté de l'épi.
Prenez-vous par la main et marchez dans les herbes ;

Regardez ceux qui vont liant les blondes gerbes ;
Epelez dans le ciel plein de lettres de feu,
Et, quand un oiseau chante, écoutez parler Dieu.
La vie avec le choc des passions contraires
Vous attend ; soyez bons, soyez vrais, soyez frères ;
Unis contre le monde où l'esprit se corrompt,
Lisez au même livre en vous touchant du front,
Et n'oubliez jamais que l'âme humble et choisie
Faite pour la lumière et pour la poésie,
Que les cœurs où Dieu met des échos sérieux
Pour tous les bruits qu'anime un sens mystérieux,
Dans un cri, dans un son, dans un vague murmure,
Entendent les conseils de toute la nature !

31 mai 1839.

XX

AU STATUAIRE DAVID [1]

I

DAVID ! comme un grand roi qui partage à des princes
Les états paternels provinces par provinces,
Dieu donne à chaque artiste un empire divers ;
Au poète le souffle épars dans l'univers,
La vie et la pensée et les foudres tonnantes,
Et le splendide essaim des strophes frissonnantes
Volant de l'homme à l'ange et du monstre à la fleur ;
La forme au statuaire ; au peintre la couleur ;
Au doux musicien, rêveur limpide et sombre,
Le monde obscur des sons qui murmure dans l'ombre.

La forme au statuaire ! — Oui, mais, tu le sais bien,
La forme, ô grand sculpteur, c'est tout et ce n'est rien.
Ce n'est rien sans l'esprit, c'est tout avec l'idée !
Il faut que, sous le ciel, de soleil inondée,

Debout sous les flambeaux d'un grand temple doré,
Ou seule avec la nuit dans un antre sacré,
Au fond des bois dormants comme au seuil d'un théâtre,
La figure de pierre, ou de cuivre, ou d'albâtre,
Porte divinement sur son front calme et fier
La beauté, ce rayon, la gloire, cet éclair !
Il faut qu'un souffle ardent lui gonfle la narine,
Que la force puissante emplisse sa poitrine,
Que la grâce en riant ait arrondi ses doigts,
Que sa bouche muette ait pourtant une voix !
Il faut qu'elle soit grave et pour les mains glacée,
Mais pour les yeux vivante, et, devant la pensée,
Devant le pur regard de l'âme et du ciel bleu,
Nue avec majesté comme Adam devant Dieu !
Il faut que, Vénus chaste, elle sorte de l'onde,
Semant au loin la vie et l'amour sur le monde,
Et faisant autour d'elle, en son superbe essor,
Partout où s'éparpille et tombe en gouttes d'or
L'eau de ses longs cheveux, humide et sacré voile,
De toute herbe une fleur, de tout œil une étoile !
Il faut, si l'art chrétien anime le sculpteur,
Qu'avec le même charme elle ait plus de hauteur ;
Qu'Ame ailée, elle rie et de Satan se joue ;
Que, Martyre, elle chante à côté de la roue ;
Ou que, Vierge divine, astre du gouffre amer,
Son regard soit si doux qu'il apaise la mer !

II

Voila ce que tu sais, ô noble statuaire !
Toi qui dans l'art profond, comme en un sanctuaire,
Entras bien jeune encor pour n'en sortir jamais !
Esprit, qui, te posant sur les plus purs sommets,
Pour créer ta grande œuvre, où sont tant d'harmonies,
Pris de la flamme au front de tous les fiers génies !
Voilà ce que tu sais, toi qui sens, toi qui vois !
Maître sévère et doux qu'éclairent à la fois,

Comme un double rayon qui jette un jour étrange,
Le jeune Raphaël et le vieux Michel-Ange !
Et tu sais bien aussi quel souffle inspirateur
Parfois, comme un vent sombre, emporte le sculpteur,
Ame dans Isaïe et Phidias trempée,
De l'ode étroite et haute à l'immense épopée !

III

LES grands hommes, héros ou penseurs, — demi-dieux ! —
Tour à tour sur le peuple ont passé radieux,
Les uns armés d'un glaive et les autres d'un livre [1],
Ceux-ci montrant du doigt la route qu'il faut suivre,
Ceux-là forçant la cause à sortir de l'effet ;
L'artiste ayant un rêve et le savant un fait ;
L'un a trouvé l'aimant, la presse, la boussole,
L'autre un monde où l'on va, l'autre un vers qui console ;
Ce roi, juste et profond, pour l'aider en chemin,
A pris la liberté franchement par la main ;
Ces tribuns ont forgé des freins aux républiques ;
Ce prêtre, fondateur d'hospices angéliques,
Sous son toit, que réchauffe une haleine de Dieu,
A pris l'enfant sans mère et le vieillard sans feu,
Ce mage, dont l'esprit réfléchit les étoiles,
D'Isis l'un après l'autre a levé tous les voiles ;
Ce juge, abolissant l'infâme tombereau,
A raturé le code à l'endroit du bourreau ;
Ensemençant malgré les clameurs insensées,
D'écoles les hameaux et les cœurs de pensées,
Pour nous rendre meilleurs ce vrai sage est venu ;
En de graves instants cet autre a contenu,
Sous ses puissantes mains à la foule imposées,
Le peuple, grand faiseur de couronnes brisées ;
D'autres ont traversé sur un pont chancelant,
Sur la mine qu'un fort recélait dans son flanc,
Sur la brèche par où s'écroule une muraille,
Un horrible ouragan de flamme et de mitraille ;

Dans un siècle de haine, âge impie et moqueur,
Ceux-là, poètes saints, ont fait entendre en chœur,
Aux sombres nations que la discorde pousse,
Des champs et des forêts la voix auguste et douce
Car l'hymne universel éteint les passions ;
Car c'est surtout aux jours des révolutions,
Morne et brûlant désert où l'homme s'aventure,
Que l'art se désaltère à ta source, ô nature !
Tous ces hommes, cœurs simples, esprits de vérité,
Fronts où se résuma toute l'humanité,
Rêveurs ou rayonnants, sont debout dans l'histoire,
Et tous ont leur martyre auprès de leur victoire.
La vertu, c'est un livre austère et triomphant
Où tout père doit faire épeler son enfant ;
Chaque homme illustre, ayant quelque divine empreinte,
De ce grand alphabet est une lettre sainte.
Sous leurs pieds sont groupés leurs symboles sacrés,
Astres, lyres, compas, lions démesurés,
Aigles à l'œil de flamme, aux vastes envergures.
— Le sculpteur ébloui contemple ces figures ! —
Il songe à la patrie, aux tombeaux solennels,
Aux cités à remplir d'exemples éternels ;
Et voici que déjà, vision magnifique !
Mollement éclairés d'un reflet pacifique,
Grandissant hors du sol de moment en moment,
De vagues bas-reliefs chargés confusément,
Au fond de son esprit, que la pensée encombre,
Les énormes frontons apparaissent dans l'ombre !

IV

N'EST-CE PAS ? c'est ainsi qu'en ton cerveau, sans bruit,
L'édifice s'ébauche et l'œuvre se construit ?
C'est là ce qui se passe en ta grande âme émue
Quand tout un panthéon ténébreux s'y remue ?
C'est ainsi, n'est-ce pas, ô maître ! que s'unit
L'homme à l'architecture et l'idée au granit ?

Oh ! qu'en ces instants-là ta fonction est haute !
Au seuil de ton fronton tu reçois comme un hôte
Ces hommes plus qu'humains. Sur un bloc de Paros
Tu t'assieds face à face avec tous ces héros.
Et là, devant tes yeux qui jamais ne défaillent,
Ces ombres, qui seront bronze et marbre, tressaillent.
L'avenir est à toi, ce but de tous leurs vœux,
Et tu peux le donner, ô maître, à qui tu veux !
Toi, répandant sur tous ton équité complète,
Prêtre autant que sculpteur, juge autant que poète,
Accueillant celui-ci, rejettant celui-là,
Louant Napoléon, gourmandant Attila,
Parfois grandissant l'un par le contact de l'autre,
Dérangeant le guerrier pour mieux placer l'apôtre,
Tu fais des dieux ! — tu dis, abaissant ta hauteur,
Au pauvre vieux soldat, à l'humble vieux pasteur :
— Entrez ! je vous connais. Vos couronnes sont prêtes.
Et tu dis à des rois : — Je ne sais qui vous êtes.

v

Car il ne suffit point d'avoir été des rois,
D'avoir porté le sceptre, et le globe, et la croix,
Pour que le fier poète et l'altier statuaire
Etoilent dans sa nuit votre drap mortuaire,
Et des hauts panthéons vous ouvrent les chemins !

C'est vous-mêmes, ô rois, qui de vos propres mains
Bâtissez sur vos noms ou la gloire ou la honte !
Ce que nous avons fait tôt ou tard nous raconte.
On peut vaincre le monde, avoir un peuple, agir
Sur un siècle, guérir sa plaie ou l'élargir, —
Lorsque vos missions seront enfin remplies,
Des choses qu'ici-bas vous aurez accomplies
Une voix sortira, voix de haine ou d'amour,
Sombre comme le bruit du verrou dans la tour,
Ou douce comme un chant dans le nid des colombes,

Qui fera remuer la pierre de vos tombes.
Cette voix, l'avenir, grave et fatal témoin,
Est d'avance penché qui l'écoute de loin.
Et là, point de caresse et point de flatterie,
Point de bouche à mentir façonnée et nourrie,
Pas d'hosanna payé, pas d'écho complaisant
Changeant la plainte amère en cri reconnaissant.
Non, les vices hideux, les trahisons, les crimes,
Comme les dévouements et les vertus sublimes,
Portent un témoignage intègre et souverain.
Les actions qu'on fait ont des lèvres d'airain.

VI

QUE sur ton atelier, maître, un rayon demeure !
Là, le silence, l'art, l'étude oubliant l'heure,
Dans l'ombre les essais que tu répudias,
D'un côté Jean Goujon, de l'autre Phidias,
Des pierres, de pensée à demi revêtues,
Un tumulte muet d'immobiles statues,
Les bustes méditant dans les coins assombris,
Je ne sais quelle paix qui tombe des lambris,
Tout est grand, tout est beau, tout charme et tout
Toi qu'à l'intérieur l'art divin illumine,   [domine.
Tu regardes passer, grave et sans dire un mot,
Dans ton âme tranquille où le jour vient d'en haut,
Tous les nobles aspects de la figure humaine.
Comme dans une église à pas lents se promène
Un grand peuple pensif auquel un dieu sourit,
Ces fantômes sereins marchent dans ton esprit.
Ils errent à travers tes rêves poétiques
Faits d'ombres et de lueurs et de vagues portiques,
Parfois palais vermeil, parfois tombeau dormant,
Secrète architecture, immense entassement
Qui, jetant des rumeurs joyeuses et plaintives,
De ta grande pensée emplit les perspectives.
Car l'antique Babel n'est pas morte, et revit

Sous le front des songeurs [1]. Dans ta tête, ô David !
La spirale se tord, le pilier se projette ;
Et dans l'obscurité de ton cerveau végète
La profonde forêt, qu'on ne voit point ailleurs,
Des chapiteaux touffus pleins d'oiseaux et de fleurs !

VII [2]

MAINTENANT, — toi qui vas hors des routes tracées,
O pétrisseur de bronze, ô mouleur de pensées,
Considère combien les hommes sont petits,
Et maintiens-toi superbe au-dessus des partis !
Garde la dignité de ton ciseau sublime.
Ne laisse pas toucher ton marbre par la lime
Des sombres passions qui rongent tant d'esprits.
Michel-Ange avait Rome et David a Paris.
Donne donc à ta ville, ami, ce grand exemple
Que, si les marchands vils n'entrent pas dans le temple,
Les fureurs des tribuns et leur songe abhorré
N'entrent pas dans le cœur de l'artiste sacré.
Refuse aux cours ton art, donne au peuple tes veilles,
C'est bien, ô mon sculpteur ! mais loin de tes oreilles
Chasse ceux qui s'en vont flattant les carrefours.
Toi, dans ton atelier, tu dois rêver toujours,
Et, de tout vice humain écrasant la couleuvre,
Toi-même par degrés t'éblouir de ton œuvre !
Ce que ces hommes-là font dans l'ombre ou défont
Ne vaut pas ton regard levé vers le plafond
Cherchant la beauté pure et le grand et le juste.
Leur mission est basse et la tienne est auguste.
Et qui donc oserait mêler un seul moment
Aux mêmes visions, au même aveuglement,
Aux mêmes vœux haineux, insensés ou féroces,
Eux, esclaves des nains, toi, père des colosses !

Avril 1840.

XXI

A UN POETE

Ami, cache ta vie et répands ton esprit.

Un tertre, où le gazon diversement fleurit ;
Des ravins où l'on voit grimper les chèvres blanches ;
Un vallon, abrité sous un réseau de branches
Pleines de nids d'oiseaux, de murmures, de voix,
Qu'un vent joyeux remue, et d'où tombe parfois,
Comme un sequin jeté par une main distraite,
Un rayon de soleil dans ton âme secrète ;
Quelques rocs, par Dieu même arrangés savamment
Pour faire des échos au fond du bois dormant ;
Voilà ce qu'il te faut pour séjour, pour demeure !
C'est là, — que ta maison chante, aime, rie ou pleure, —
Qu'il faut vivre, enfouir ton toit, borner tes jours,
Envoyant un soupir à peine aux antres sourds,
Mirant dans ta pensée intérieure et sombre
La vie obscure et douce et les heures sans nombre,
Bon d'ailleurs, et tournant, sans trouble ni remords,
Ton cœur vers les enfants, ton âme vers les morts !
Et puis, en même temps, au hasard, par le monde,
Suivant sa fantaisie auguste et vagabonde,
Loin de toi, par delà ton horizon vermeil,
Laisse ta poésie aller en plein soleil !
Dans les rauques cités, dans les champs taciturnes,
Effleurée en passant des lèvres et des urnes,
Laisse-la s'épancher, cristal jamais terni,
Et fuir, roulant toujours vers Dieu, gouffre infini,
Calme et pure, à travers les âmes fécondées,
Un immense courant de rêves et d'idées,
Qui recueille en passant, dans son flot solennel,
Toute eau qui sort de terre ou qui descend du ciel !
Toi, sois heureux dans l'ombre. En ta vie ignorée,
Dans ta tranquillité vénérable et sacrée,

Reste réfugié, penseur mystérieux !
Et que le voyageur malade et sérieux
Puisse, si le hasard l'amène en ta retraite,
Puiser en toi la paix, l'espérance discrète,
L'oubli de la fatigue et l'oubli du danger,
Et boire à ton esprit limpide, sans songer
Que, là-bas, tout un peuple aux mêmes eaux s'abreuve.

Sois petit comme source et sois grand comme fleuve.

26 avril 1839.

XXII

GUITARE

GASTIBELZA, l'homme à la carabine,
Chantait ainsi :
« Quelqu'un a-t-il connu doña Sabine ?
Quelqu'un d'ici ?
Dansez, chantez, villageois ! la nuit gagne
Le mont Falù *.
— Le vent qui vient à travers la montagne
Me rendra fou !

« Quelqu'un de vous a-t-il connu Sabine,
Ma señora ?
Sa mère était la vieille maugrabine
D'Antequera,
Qui chaque nuit criait dans la Tour-Magne
Comme un hibou... —
Le vent qui vient à travers la montagne
Me rendra fou.

---

* *Le mont Falù.* Prononcer *mont Falou.*

« Dansez, chantez ! Des biens que l'heure envoie
             Il faut user.
Elle était jeune et son œil plein de joie
             Faisait penser. —
A ce vieillard qu'un enfant accompagne
             Jetez un sou !... —
Le vent qui vient à travers la montagne
             Me rendra fou.

« Vraiment, la reine eût près d'elle été laide
             Quand, vers le soir,
Elle passait sur le pont de Tolède
             En corset noir.
Un chapelet du temps de Charlemagne
             Ornait son cou... —
Le vent qui vient à travers la montagne
             Me rendra fou.

« Le roi disait, en la voyant si belle,
             A son neveu :
— Pour un baiser, pour un sourire d'elle,
             Pour un cheveu,
Infant don Ruy, je donnerais l'Espagne
             Et le Pérou ! —
Le vent qui vient à travers la montagne
             Me rendra fou.

« Je ne sais pas si j'aimais cette dame,
             Mais je sais bien
Que, pour avoir un regard de son âme,
             Moi, pauvre chien,
J'aurais gaîment passé dix ans au bagne
             Sous le verrou... —
Le vent qui vient à travers la montagne
             Me rendra fou.

« Un jour d'été que tout était lumière,
             Vie et douceur,
Elle s'en vint jouer dans la rivière
             Avec sa sœur,

Je vis le pied de sa jeune compagne
                 Et son genou... —
Le vent qui vient à travers la montagne
                 Me rendra fou.

« Quand je voyais cette enfant, moi le pâtre
                 De ce canton,
Je croyais voir la belle Cléopâtre,
                 Qui, nous dit-on,
Menait César, empereur d'Allemagne,
                 Par le licou... —
Le vent qui vient à travers la montagne
                 Me rendra fou.

« Dansez, chantez, villageois, la nuit tombe.
                 Sabine, un jour,
A tout vendu, sa beauté de colombe,
                 Et son amour,
Pour l'anneau d'or du comte de Saldagne,
                 Pour un bijou... —
Le vent qui vient à travers la montagne
                 Me rendra fou.

« Sur ce vieux banc souffrez que je m'appuie,
                 Car je suis las.
Avec ce comte elle s'est donc enfuie !
                 Enfuie, hélas !
Par le chemin qui va vers la Cerdagne,
                 Je ne sais où... —
Le vent qui vient à travers la montagne
                 Me rendra fou.

« Je la voyais passer de ma demeure,
                 Et c'était tout.
Mais à présent je m'ennuie à toute heure,
                 Plein de dégoût.
Rêveur oisif, l'âme dans la campagne,
                 La dague au clou... —
Le vent qui vient à travers la montagne
                 M'a rendu fou ! »

14 mars 1837.

XXIII

AUTRE GUITARE

COMMENT, disaient-ils,
Avec nos nacelles,
Fuir les alguazils ?
— Ramez, disaient-elles.

Comment, disaient-ils,
Oublier querelles,
Misère et périls ?
— Dormez, disaient-elles.

Comment, disaient-ils,
Enchanter les belles
Sans philtres subtils ?
— Aimez, disaient-elles.

18 juillet 1838.

XXIV

QUAND tu me parles de gloire,
Je souris amèrement.
Cette voix que tu veux croire,
Moi, je sais bien qu'elle ment.

La gloire est vite abattue ;
L'envie au sanglant flambeau
N'épargne cette statue
Qu'assise au seuil d'un tombeau.

La prospérité s'envole,
Le pouvoir tombe et s'enfuit.

Un peu d'amour qui console
Vaut mieux et fait moins de bruit.

Je ne veux pas d'autres choses
Que ton sourire et ta voix,
De l'air, de l'ombre et des roses,
Et des rayons dans les bois !

Je ne veux, moi qui me voile
Dans la joie ou la douleur,
Que ton regard, mon étoile !
Que ton haleine, ô ma fleur !

Sous ta paupière vermeille
Qu'inonde un céleste jour,
Tout un univers sommeille.
Je n'y cherche que l'amour !

Ma pensée, urne profonde,
Vase à la douce liqueur,
Qui pourrait emplir le monde,
Ne veut emplir que ton cœur !

Chante ! en moi l'extase coule.
Ris-moi ! c'est mon seul besoin.
Que m'importe cette foule
Qui fait sa rumeur au loin !

Dans l'ivresse où tu me plonges,
En vain, pour briser nos nœuds,
Je vois passer dans mes songes
Les poètes lumineux.

Je veux, quoi qu'ils me conseillent,
Préférer, jusqu'à la mort,
Aux fanfares qui m'éveillent
Ta chanson qui me rendort.

Je veux, dût mon nom suprême
Au front des cieux s'allumer,

Qu'une moitié de moi-même
Reste ici-bas pour t'aimer !

Laisse-moi t'aimer dans l'ombre,
Triste, ou du moins sérieux.
La tristesse est un lieu sombre
Où l'amour rayonne mieux.

Ange aux yeux pleins d'étincelles,
Femme aux jours de pleurs noyés,
Prends mon âme sur tes ailes,
Laisse mon cœur à tes pieds !

12 octobre 1837.

XXV

EN PASSANT DANS LA PLACE LOUIS XV
UN JOUR DE FETE PUBLIQUE

— ALLONS, dit-elle, encor ! pourquoi ce front courbé ?
Songeur, dans votre puits vous voilà retombé !
A quoi bon pour rêver venir dans une fête ?
Moi je lui dis, tandis qu'elle inclinait la tête,
Et que son bras charmant à mon bras s'appuyait :

— « Oui, c'est dans cette place où notre âge inquiet
Mit une pierre afin de cacher une idée[1],
C'est bien ici qu'un jour de soleil inondée,
La grande nation dans la grande cité
Vint voir passer en pompe une douce beauté !
Ange à qui l'on rêvait des ailes repliées !
Vierge la veille encor, des jeunes mariées
Ayant l'étonnement et la fraîche pâleur,
Qui, reine et femme, étoile en même temps que fleur
Unissait, pour charmer cette foule attendrie,
Le doux nom d'Antoinette au beau nom de Marie !

Son prince la suivait, ils souriaient entre eux,
Et tous en la voyant disaient : Qu'il est heureux ! — »

Et je me tus alors, car mon cœur était sombre ;
La laissant contempler la fête aux bruits sans nombre,
Le fleuve où se croisaient cent bateaux pavoisés,
Le peuple, les vieillards à l'ombre reposés,
Les écoliers jouant par bandes séparées,
Et le soleil tranquille, et, de joie enivrées,
Les bouches qui, couvrant l'orchestre aux vagues sons,
Jetaient une vapeur de confuses chansons.

Moi, vers ce qui se meut dans une ombre éternelle,
Je m'étais retourné. L'âme est une prunelle.

— Oh ! pensais-je, pouvoir étrange et surhumain
De celui qui nous tient palpitants dans sa main !
O volonté du ciel ! abîme où l'œil se noie !
Gouffre où depuis Adam le genre humain tournoie !
Comme vous nous prenez et vous nous rejetez !
Comme vous vous jouez de nos prospérités !
Sur votre sable, ô Dieu, notre granit se fonde !
Oh ! que l'homme est plongé dans une nuit profonde !
Comme tout ce qu'il fait, hélas ! en s'achevant
Sur lui croule ! et combien il arrive souvent
Qu'à l'heure où nous rêvons un avenir suprême,
Le sort de nous se rit, et que, sous nos pas même,
Dans cette terre où rien ne nous semble creusé,
Quelque chose d'horrible est déjà déposé !
Louis seize, le jour de sa noce royale,
Avait déjà le pied sur la place fatale
Où, formé lentement au souffle du Très-Haut,
Comme un grain dans le sol, germait son échafaud !

16 avril 1839.

XXVI

MILLE CHEMINS, UN SEUL BUT

LE chasseur songe dans les bois
A des beautés sur l'herbe assises,
Et dans l'ombre il croit voir parfois
Danser des formes indécises.

Le soldat pense à ses destins
Tout en veillant sur les empires,
Et dans ses souvenirs lointains
Entrevoit de vagues sourires.

Le pâtre attend sous le ciel bleu
L'heure où son étoile paisible
Va s'épanouir, fleur de feu,
Au bout d'une tige invisible.

Regarde-les, regarde encor
Comme la vierge, fille d'Eve,
Jette en courant dans les blés d'or
Sa chanson qui contient son rêve !

Vois errer dans les champs en fleur,
Dos courbé, paupières baissées,
Le poëte, cet oiseleur,
Qui cherche à prendre des pensées.

Vois sur la mer les matelots
Implorant la terre embaumée,
Lassés de l'écume des flots,
Et demandant une fumée !

Se rappelant quand le flot noir
Bat les flancs plaintifs du navire,
Les hameaux si joyeux le soir,
Les arbres pleins d'éclats de rire !

Vois le prêtre, priant pour tous,
Front pur qui sous nos fautes penche,
Songer dans le temple, à genoux
Sur les plis de sa robe blanche.

Vois s'élever sur les hauteurs
Tous ces grands penseurs que tu nommes,
Sombres esprits dominateurs,
Chênes dans la forêt des hommes.

Vois, couvrant des yeux son trésor,
La mère contempler, ravie,
Son enfant, cœur sans ombre encor,
Vase que remplira la vie !

Tous, dans la joie ou dans l'affront,
Portent, sans nuage et sans tache,
Un mot qui rayonne à leur front,
Dans leur âme un mot qui se cache.

Selon les desseins du Seigneur,
Le mot qu'on voit pour tous varie ;
— L'un a : Gloire ! l'autre a : Bonheur !
L'un dit : Vertu ! l'autre : Patrie !

Le mot caché ne change pas.
Dans tous les cœurs toujours le même ;
Il y chante ou gémit tout bas ;
Et ce mot, c'est le mot suprême !

C'est le mot qui peut assoupir
L'ennui du front le plus morose !
C'est le mystérieux soupir
Qu'à toute heure fait toute chose !

C'est le mot d'où les autres mots
Sortent comme d'un tronc austère,
Et qui remplit de ses rameaux
Tous les langages de la terre !

C'est le verbe, obscur ou vermeil,
Qui luit dans le reflet des fleuves,
Dans le phare, dans le soleil,
Dans la sombre lampe des veuves !

Qui se mêle au bruit des roseaux,
Au tressaillement des colombes ;
Qui jase et rit dans les berceaux,
Et qu'on sent vivre au fond des tombes !

Qui fait éclore dans les bois
Les feuilles, les souffles, les ailes,
La clémence au cœur des grands rois,
Le sourire aux lèvres des belles !

C'est le nœud des prés et des eaux !
C'est le charme qui se compose
Du plus tendre cri des oiseaux,
Du plus doux parfum de la rose !

C'est l'hymne que le gouffre amer
Chante en poussant au port des voiles !
C'est le mystère de la mer,
Et c'est le secret des étoiles !

Ce mot, fondement éternel
De la seconde des deux Romes [1],
C'est Foi dans la langue du ciel,
Amour dans la langue des hommes !

Aimer, c'est avoir dans les mains
Un fil pour toutes les épreuves,
Un flambeau pour tous les chemins,
Une coupe pour tous les fleuves !

Aimer, c'est comprendre les cieux.
C'est mettre, qu'on dorme ou qu'on veille,
Une lumière dans ses yeux,
Une musique en son oreille !

C'est se chauffer à ce qui bout !
C'est pencher son âme embaumée
Sur le côté divin de tout !
Ainsi, ma douce bien-aimée,

Tu mêles ton cœur et tes sens,
Dans la retraite où tu m'accueilles,
Aux dialogues ravissants
Des flots, des astres et des feuilles !

La vitre laisse voir le jour ;
Malgré nos brumes et nos doutes,
O mon ange ! à travers l'amour
Les vérités paraissent toutes !

L'homme et la femme, couple heureux,
A qui le cœur tient lieu d'apôtre,
Laissent voir le ciel derrière eux,
Et sont transparents l'un pour l'autre.

Ils ont en eux, comme un lac noir
Reflète un astre en son eau pure,
Du Dieu caché qu'on ne peut voir
Une lumineuse figure !

Aimons ! prions ! les bois sont verts,
L'été resplendit sur la mousse,
Les germes vivent entr'ouverts,
L'onde s'épanche et l'herbe pousse !

Que la foule, bien loin de nous,
Suive ses routes insensées.
Aimons, et tombons à genoux,
Et laissons aller nos pensées !

L'amour, qu'il vienne tôt ou tard,
Prouve Dieu dans notre âme sombre.
Il faut bien un corps quelque part
Pour que le miroir ait une ombre.

23 mai 1839.

XXVII

Oh ! quand je dors, viens auprès de ma couche,
Comme à Pétrarque apparaissait Laura,
Et qu'en passant ton haleine me touche... —
      Soudain ma bouche
      S'entr'ouvrira !

Sur mon front morne où peut-être s'achève
Un songe noir qui trop longtemps dura,
Que ton regard comme un astre se lève... —
      Soudain mon rêve
      Rayonnera !

Puis sur ma lèvre où voltige une flamme,
Eclair d'amour que Dieu même épura,
Pose un baiser, et d'ange deviens femme... —
      Soudain mon âme
      S'éveillera !

                       19 juin 1839.

XXVIII

A UNE JEUNE FEMME

Voyez-vous, un parfum éveille la pensée.
Repliez, belle enfant par l'aube caressée,
Cet éventail ailé, pourpre, or et vermillon, .
Qui tremble dans vos mains comme un grand papillon,
Et puis écoutez-moi. — Dieu fait l'odeur des roses
Comme il fait un abîme, avec autant de choses.
Celle-ci, qui se meurt sur votre sein charmant,
N'aurait pas ce parfum qui monte doucement

Comme un encens divin vers votre beauté pure,
Si sa tige, parmi l'eau, l'air et la verdure,
Dans la création prenant sa part de tout,
N'avait profondément plongé par quelque bout,
Pauvre et fragile fleur pour tous les vents béante,
Au sein mystérieux de la terre géante.
Là, par un lent travail que Dieu lui seul connaît,
Fraîcheur du flot qui court, blancheur du jour qui naît,
Souffle de ce qui coule, ou végète, ou se traîne,
L'esprit de ce qui vit dans la nuit souterraine,
Fumée, onde, vapeur, de loin comme de près,
— Non sans faire avec tout des échanges secrets, —
Elle a dérobé tout, son calme à l'antre sombre,
Au diamant sa flamme, à la forêt son ombre,
Et peut-être, qui sait ? sur l'aile du matin
Quelque ineffable haleine à l'océan lointain !
Et, vivant alambic que Dieu lui-même forme,
Où filtre et se répand la terre, vase énorme,
Avec les bois, les champs, les nuages, les eaux,
Et l'air tout pénétré des chansons des oiseaux,
La racine, humble, obscure, au travail résignée,
Pour la superbe fleur par le soleil baignée,
A, sans en rien garder, fait ce parfum si doux,
Qui vient si mollement de la nature à vous,
Qui vous charme, et se mêle à votre esprit, madame,
Car l'âme d'une fleur parle au cœur d'une femme.

Encore un mot, et puis je vous laisse rêver.
Pour qu'atteignant au but où tout doit s'élever,
Chaque chose ici-bas prenne un attrait suprême,
Pour que la fleur embaume et pour que la vierge aime,
Pour que, puisant la vie au grand centre commun,
La corolle ait une âme et la femme un parfum,
Sous le soleil qui luit, sous l'amour qui fascine,
Il faut, fleur de beauté, tenir par la racine,
L'une au monde idéal, l'autre au monde réel,
Les roses à la terre et les femmes au ciel.

16 mai 1837.

XXIX

A LOUIS B. [1]

O Louis ! je songeais ! — Baigné d'ombre sereine,
Le soir tombait ; des feux scintillaient dans la plaine ;
Les vastes flots berçaient le nid de l'alcyon ;
J'écoutais vers le ciel, où toute aube commence,
Monter confusément une louange immense
Des deux extrémités de la création.

Ce que Dieu fit petit chantait dans son délire
Tout ce que Dieu fait grand, et je voyais sourire
Le colosse à l'atome et l'étoile au flambeau ;
La nature semblait n'avoir qu'une âme aimante.
La montagne disait : Que la fleur est charmante !
Le moucheron disait : Que l'océan est beau !

5 avril 1840.

XXX

A CETTE terre, où l'on ploie
Sa tente au déclin du jour,
Ne demande pas la joie.
Contente-toi de l'amour !

Excepté lui, tout s'efface.
La vie est un sombre lieu
Où chaque chose qui passe
Ebauche l'homme pour Dieu.

L'homme est l'arbre à qui la sève
Manque avant qu'il soit en fleur.

Son sort jamais ne s'achève
Que du côté du malheur.

Tous cherchent la joie ensemble ;
L'espoir rit à tout venant ;
Chacun tend sa main qui tremble
Vers quelque objet rayonnant.

Mais vers toute âme, humble ou fière,
Le malheur monte à pas lourds,
Comme un spectre aux pieds de pierre ;
Le reste flotte toujours !

Tout nous manque, hormis la peine !
Le bonheur, pour l'homme en pleurs,
N'est qu'une figure vaine
De choses qui sont ailleurs.

L'espoir, c'est l'aube incertaine ;
Sur notre but sérieux
C'est la dorure lointaine
D'un rayon mystérieux.

C'est le reflet, brume ou flamme,
Que dans leur calme éternel
Versent d'en haut sur notre âme
Les félicités du ciel.

Ce sont les visions blanches
Qui, jusqu'à nos yeux maudits,
Viennent à travers les branches
Des arbres du paradis !

C'est l'ombre que sur nos grèves
Jettent ces arbres charmants
Dont l'âme entend dans ses rêves
Les vagues frissonnements !

Ce reflet des biens sans nombre,
Nous l'appelons le bonheur ;

Et nous voulons saisir l'ombre
Quand la chose est au Seigneur !

Va, si haut nul ne s'élève ;
Sur terre, il faut demeurer ;
On sourit de ce qu'on rêve,
Mais ce qu'on a, fait pleurer.

Puisqu'un Dieu saigne au Calvaire,
Ne nous plaignons pas, crois-moi.
Souffrons ! c'est la loi sévère.
Aimons ! c'est la douce loi.

Aimons ! soyons deux ! Le sage
N'est pas seul dans son vaisseau.
Les deux yeux font le visage ;
Les deux ailes font l'oiseau.

Soyons deux ! — Tout nous convie
A nous aimer jusqu'au soir.
N'ayons à deux qu'une vie !
N'ayons à deux qu'un espoir !

Dans ce monde de mensonges,
Moi, j'aimerai mes douleurs,
Si mes rêves sont tes songes,
Si mes larmes sont tes pleurs !

20 mai 1838.

XXXI

RENCONTRE

Après avoir donné son aumône au plus jeune,
Pensif, il s'arrêta pour les voir. — Un long jeûne
Avait maigri leur joue, avait flétri leur front.

Ils s'étaient tous les quatre à terre assis en rond,
Puis, s'étant partagé, comme feraient des anges,
Un morceau de pain noir ramassé dans nos fanges,
Ils mangeaient ; mais d'un air si morne et si navré
Qu'en les voyant ainsi toute femme eût pleuré.
C'est qu'ils étaient perdus sur la terre où nous sommes,
Et tout seuls, quatre enfants, dans la foule des hommes !
— Oui, sans père ni mère ! — Et pas même un grenier.
Pas d'abri. Tous pieds nus ; excepté le dernier
Qui traînait, pauvre amour, sous son pied qui chancelle,
De vieux souliers trop grands noués d'une ficelle.
Dans des fossés, la nuit, ils dorment bien souvent.
Aussi, comme ils ont froid, le matin, en plein vent,
Quand l'arbre, frissonnant au cri de l'alouette,
Dresse sur un ciel clair sa noire silhouette !
Leurs mains rouges étaient roses quand Dieu les fit.
Le dimanche, au hameau, cherchant un vil profit,
Ils errent. Le petit, sous sa pâleur malsaine,
Chante, sans la comprendre, une chanson obscène,
Pour faire rire — hélas ! lui qui pleure en secret ! —
Quelque immonde vieillard au seuil d'un cabaret ;
Si bien que, quelquefois, du bouge qui s'égaie
Il tombe à leur faim sombre une abjecte monnaie,
Aumône de l'enfer que jette le péché,
Sou hideux sur lequel le démon a craché !
Pour l'instant, ils mangeaient derrière une broussaille,
Cachés, et plus tremblants que le faon qui tressaille,
Car souvent on les bat, on les chasse toujours !
C'est ainsi qu'innocents condamnés, tous les jours
Ils passent affamés, sous mes murs, sous les vôtres,
Et qu'ils vont au hasard, l'aîné menant les autres.

Alors, lui qui rêvait, il regarda là-haut.
Et son œil ne vit rien que l'éther calme et chaud,
Le soleil bienveillant, l'air plein d'ailes dorées,
Et la sérénité des voûtes azurées,
Et le bonheur, les cris, les rires triomphants
Qui des oiseaux du ciel tombaient sur ces enfants.

                                        3 avril 1839.

XXXII

QUAND vous vous assemblez, bruyante multitude,
Pour aller le traquer jusqu'en sa solitude,
Vous excitant l'un l'autre, acharnés, furieux,
— Ne le sentez-vous pas ? — Le peuple sérieux,
Qui rêvait à vos cris un dragon dans son antre,
Avec la flamme aux yeux, avec l'écaille au ventre,
S'étonne de ne voir d'autre objet à vos coups
Que cet homme pensif, mystérieux et doux.

27 avril 1839.

XXXIII

L'OMBRE

IL lui disait : — Vos chants sont tristes. Qu'avez-vous ?
Ange inquiet, quels pleurs mouillent vos yeux si doux ?
Pourquoi, pauvre âme tendre, inclinée et fidèle,
Comme un jonc que le vent a ployé d'un coup d'aile,
Pencher votre beau front assombri par instants ?
Il faut vous réjouir, car voici le printemps,
Avril, saison dorée, où, parmi les zéphires,
Les parfums, les chansons, les baisers, les sourires,
Et les charmants propos qu'on dit à demi-voix,
L'amour revient aux cœurs comme la feuille aux bois ! —

Elle lui répondit de sa voix grave et douce :
— Ami, vous êtes fort. Sûr du Dieu qui vous pousse,
L'œil fixé sur un but, vous marchez droit et fier,
Sans la peur de demain, sans le souci d'hier,
Et rien ne peut troubler, pour votre âme ravie,
La belle vision qui vous cache la vie.
Mais moi je pleure ! — Morne, attachée à vos pas,

Atteinte à tous ces coups que vous ne sentez pas,
Cœur fait, moins l'espérance, à l'image du vôtre,
Je souffre dans ce monde et vous chantez dans l'autre.
Tout m'attriste, avenir que je vois à faux jour,
Aigreur de la raison qui querelle l'amour,
Et l'âcre jalousie alors qu'une autre femme
Veut tirer de vos yeux un regard de votre âme,
Et le sort qui nous frappe et qui n'est jamais las.
Plus le soleil reluit, plus je suis sombre, hélas !
Vous allez, moi je suis, vous marchez, moi je tremble,
Et tandis que, formant mille projets ensemble,
Vous semblez ignorer, passant robuste et doux,
Tous les angles que fait le monde autour de nous,
Je me traîne après vous, pauvre femme blessée.
D'un corps resté debout l'ombre est parfois brisée.

Mars 1839.

XXXIV

TRISTESSE D'OLYMPIO [1]

[pas mornes ;
Les champs n'étaient point noirs, les cieux n'étaient
Non, le jour rayonnait dans un azur sans bornes
    Sur la terre étendu,
L'air était plein d'encens et les prés de verdures
Quand il revit ces lieux où par tant de blessures
    Son cœur s'est répandu !

L'automne souriait ; les coteaux vers la plaine
Penchaient leurs bois charmants qui jaunissaient à
    Le ciel était doré ;   [peine ;
Et les oiseaux, tournés vers celui que tout nomme,
Disant peut-être à Dieu quelque chose de l'homme,
    Chantaient leur chant sacré !

Il voulut tout revoir, l'étang près de la source,
La masure où l'aumône avait vidé leur bourse,

              Le vieux frêne plié,
Les retraites d'amour au fond des bois perdues,
L'arbre où dans les baisers leurs âmes confondues
              Avaient tout oublié[1] !

Il chercha le jardin, la maison isolée,
La grille d'où l'œil plonge en une oblique allée,
              Les vergers en talus.
Pâle, il marchait. — Au bruit de son pas grave et sombre
Il voyait à chaque arbre, hélas ! se dresser l'ombre
              Des jours qui ne sont plus !

Il entendait frémir dans la forêt qu'il aime
Ce doux vent qui, faisant tout vibrer en nous-même,
              Y réveille l'amour,
Et, remuant le chêne ou balançant la rose,
Semble l'âme de tout qui va sur chaque chose
              Se poser tour à tour !

Les feuilles qui gisaient dans le bois solitaire,
S'efforçant sous ses pas de s'élever de terre,
              Couraient dans le jardin ;
Ainsi, parfois, quand l'âme est triste, nos pensées
S'envolent un moment sur leurs ailes blessées,
              Puis retombent soudain.

Il contempla longtemps les formes magnifiques
Que la nature prend dans les champs pacifiques ;
              Il rêva jusqu'au soir ;
Tout le jour il erra le long de la ravine,
Admirant tour à tour le ciel, face divine,
              Le lac, divin miroir !

Hélas ! se rappelant ses douces aventures,
Regardant, sans entrer, par-dessus les clôtures,
              Ainsi qu'un paria,
Il erra tout le jour. Vers l'heure où la nuit tombe,
Il se sentit le cœur triste comme une tombe,
              Alors il s'écria :

— « O douleur ! j'ai voulu, moi dont l'âme est troublée,
Savoir si l'urne encor conservait la liqueur,
Et voir ce qu'avait fait cette heureuse vallée
De tout ce que j'avais laissé là de mon cœur !

« Que peu de temps suffit pour changer toutes choses !
Nature au front serein, comme vous oubliez !
Et comme vous brisez dans vos métamorphoses
Les fils mystérieux où nos cœurs sont liés !

« Nos chambres de feuillage en halliers sont changées ;
L'arbre où fut notre chiffre est mort ou renversé ;
Nos roses dans l'enclos ont été ravagées
Par les petits enfants qui sautent le fossé !

« Un mur clôt la fontaine où, par l'heure échauffée,
Folâtre, elle buvait en descendant des bois ;
Elle prenait de l'eau dans sa main, douce fée,
Et laissait retomber des perles de ses doigts !

« On a pavé la route âpre et mal aplanie,
Où, dans le sable pur se dessinant si bien,
Et de sa petitesse étalant l'ironie,
Son pied charmant semblait rire à côté du mien !

« La borne du chemin, qui vit des jours sans nombre,
Où jadis pour m'attendre elle aimait à s'asseoir,
S'est usée en heurtant, lorsque la route est sombre,
Les grands chars gémissants qui reviennent le soir[1].

« La forêt ici manque et là s'est agrandie.
De tout ce qui fut nous presque rien n'est vivant ;
Et, comme un tas de cendre éteinte et refroidie,
L'amas des souvenirs se disperse à tout vent !

« N'existons-nous donc plus ? Avons-nous eu notre heure ?
Rien ne la rendra-t-il à nos cris superflus ?
L'air joue avec la branche au moment où je pleure ;
Ma maison me regarde et ne me connaît plus.

« D'autres vont maintenant passer où nous passâmes.
Nous y sommes venus, d'autres vont y venir ;
Et le songe qu'avaient ébauché nos deux âmes,
Ils le continueront sans pouvoir le finir !

« Car personne ici bas ne termine et n'achève ;
Les pires des humains sont comme les meilleurs ;
Nous nous réveillons tous au même endroit du rêve.
Tout commence en ce monde et tout finit ailleurs.

« Oui, d'autres à leur tour viendront, couples sans tache,
Puiser dans cet asile heureux, calme, enchanté,
Tout ce que la nature à l'amour qui se cache
Mêle de rêverie et de solennité !

« D'autres auront nos champs, nos sentiers, nos retraites.
Ton bois, ma bien-aimée, est à des inconnus.
D'autres femmes viendront, baigneuses indiscrètes,
Troubler le flot sacré qu'ont touché tes pieds nus !

« Quoi donc ! c'est vainement qu'ici/nous nous aimâmes !
Rien ne nous restera de ces coteaux fleuris
Où nous fondions notre être en y mêlant nos flammes !
L'impassible nature a déjà tout repris.

« Oh ! dites-moi, ravins, frais ruisseaux, treilles mûres,
Rameaux chargés de nids, grottes, forêts, buissons,
Est-ce que vous ferez pour d'autres vos murmures ?
Est-ce que vous direz à d'autres vos chansons ?

« Nous vous comprenions tant ! doux, attentifs, austères,
Tous nos échos s'ouvraient si bien à votre voix !
Et nous prêtions si bien, sans troubler vos mystères,
L'oreille aux mots profonds que vous dites parfois !

« Répondez, vallon pur, répondez, solitude,
O nature abritée en ce désert si beau,
Lorsque nous dormirons tous deux dans l'attitude
Que donne aux morts pensifs la forme du tombeau ;

« Est-ce que vous serez à ce point insensible
De nous savoir couchés, morts avec nos amours,
Et de continuer votre fête paisible,
Et de toujours sourire et de chanter toujours ?

« Est-ce que, nous sentant errer dans vos retraites,
Fantômes reconnus par vos monts et vos bois,
Vous ne nous direz pas de ces choses secrètes
Qu'on dit en revoyant des amis d'autrefois ?

« Est-ce que vous pourriez, sans tristesse et sans plainte,
Voir nos ombres flotter où marchèrent nos pas,
Et la voir m'entraîner, dans une morne étreinte,
Vers quelque source en pleurs qui sanglote tout bas ?

« Et s'il est quelque part, dans l'ombre où rien ne veille,
Deux amants sous vos fleurs abritant leurs transports,
Ne leur irez-vous pas murmurer à l'oreille :
— « Vous qui vivez, donnez une pensée aux morts ! »

« Dieu nous prête un moment les prés et les fontaines,
Les grands bois frissonnants, les rocs profonds et sourds,
Et les cieux azurés et les lacs et les plaines,
Pour y mettre nos cœurs, nos rêves, nos amours !

« Puis il nous les retire. Il souffle notre flamme.
Il plonge dans la nuit l'antre où nous rayonnons ;
Et dit à la vallée, où s'imprima notre âme,
D'effacer notre trace et d'oublier nos noms.

« Eh bien ! oubliez-nous, maison, jardin, ombrages !
Herbe, use notre seuil ! ronce, cache nos pas !
Chantez, oiseaux ! ruisseaux, coulez ! croissez, feuillages !
Ceux que vous oubliez ne vous oublieront pas.

« Car vous êtes pour nous l'ombre de l'amour même !
Vous êtes l'oasis qu'on rencontre en chemin !
Vous êtes, ô vallon, la retraite suprême
Où nous avons pleuré nous tenant par la main !

« Toutes les passions s'éloignent avec l'âge,
L'une emportant son masque et l'autre son couteau,
Comme un essaim chantant d'histrions en voyage
Dont le groupe décroît derrière le coteau.

« Mais toi, rien ne t'efface, Amour ! toi qui nous charmes !
Toi qui, torche ou flambeau, luis dans notre brouillard !
Tu nous tiens par la joie, et surtout par les larmes ;
Jeune homme on te maudit, on t'adore vieillard.

« Dans ces jours où la tête au poids des ans s'incline,
Où l'homme, sans projets, sans but, sans visions,
Sent qu'il n'est déjà plus qu'une tombe en ruine
Où gisent ses vertus et ses illusions ;

« Quand notre âme en rêvant descend dans nos entrailles,
Comptant dans notre cœur, qu'enfin la glace atteint,
Comme on compte les morts sur un champ de batailles,
Chaque douleur tombée et chaque songe éteint,

« Comme quelqu'un qui cherche en tenant une lampe,
Loin des objets réels, loin du monde rieur,
Elle arrive à pas lents par une obscure rampe
Jusqu'au fond désolé du gouffre intérieur ;

« Et là, dans cette nuit qu'aucun rayon n'étoile,
L'âme, en un repli sombre où tout semble finir,
Sent quelque chose encor palpiter sous un voile...
C'est toi qui dors dans l'ombre, ô sacré souvenir ! »

21 octobre 1837.

XXXV

QUE LA MUSIQUE
DATE DU SEIZIEME SIECLE [1]

I

O vous, mes vieux amis, si jeunes autrefois,
Qui comme moi des jours avez porté le poids,
Qui de plus d'un regret frappez la tombe sourde,
Et qui marchez courbés, car la sagesse est lourde ;
Mes amis ! qui de vous, qui de nous n'a souvent,
Quand le deuil à l'œil sec, au visage rêvant,
Cet ami sérieux qui blesse et qu'on révère,
Avait sur notre front posé sa main sévère,
Qui de nous n'a cherché le calme dans un chant !
Qui n'a, comme une sœur qui guérit en touchant,
Laissé la mélodie entrer dans sa pensée !
Et, sans heurter des morts la mémoire bercée,
N'a retrouvé le rire et les pleurs à la fois
Parmi les instruments, les flûtes et les voix !

Qui de nous, quand sur lui quelque douleur s'écoule,
Ne s'est glissé, vibrant au souffle de la foule,
Dans le théâtre empli de confuses rumeurs !
Comme un soupir parfois se perd dans des clameurs,
Qui n'a jeté son âme, à ces âmes mêlée,
Dans l'orchestre où frissonne une musique ailée,
Où la marche guerrière expire en chant d'amour,
Où la basse en pleurant apaise le tambour !

II

ÉCOUTEZ ! écoutez ! du maître qui palpite [1],
Sur tous les violons l'archet se précipite.
L'orchestre tressaillant rit dans son antre noir.
Tout parle. C'est ainsi qu'on entend sans les voir,
Le soir, quand la campagne élève un sourd murmure,
Rire les vendangeurs dans une vigne mûre.
Comme sur la colonne un frêle chapiteau,
La flûte épanouie a monté sur l'alto.
Les gammes, chastes sœurs dans la vapeur cachées,
Vidant et remplissant leurs amphores penchées,
Se tiennent par la main et chantent tour à tour.
Tandis qu'un vent léger fait flotter alentour,
Comme un voile folâtre autour d'un divin groupe,
Ces dentelles du son que le fifre découpe.
Ciel ! voilà le clairon qui sonne. A cette voix,
Tout s'éveille en sursaut, tout bondit à la fois.
La caisse aux mille échos, battant ses flancs énormes,
Fait hurler le troupeau des instruments difformes,
Et l'air s'emplit d'accords furieux et sifflants
Que les serpents de cuivre ont tordus dans leurs flancs.
Vaste tumulte où passe un hautbois qui soupire !
Soudain du haut en bas le rideau se déchire ;
Plus sombre et plus vivante à l'œil qu'une forêt [2],
Toute la symphonie en un hymne apparaît.
Puis, comme en un chaos qui reprendrait un monde,
Tout se perd dans les plis d'une brume profonde.
Chaque forme du chant passe en disant : Assez !
Les sons étincelants s'éteignent dispersés.
Une nuit qui répand ses vapeurs agrandies
Efface le contour des vagues mélodies,
Telles que des esquifs dont l'eau couvre les mâts ;
Et la strette [3], jetant sur leurs confus amas
Ses tremblantes lueurs largement étalées,
Retombe dans cette ombre en grappes étoilées !

O concert qui s'envole en flamme à tous les vents !
Gouffre où le crescendo gonfle ses flots mouvants !
Comme l'âme s'émeut ! comme les cœurs écoutent !
Et comme cet archet d'où les notes dégouttent,
Tantôt dans la lumière et tantôt dans la nuit,
Remue avec fierté cet orage de bruit !

III

Puissant Palestrina [1], vieux maître, vieux génie,
Je vous salue ici, père de l'harmonie,
Car, ainsi qu'un grand fleuve où boivent les humains,
Toute cette musique a coulé dans vos mains !
Car Gluck et Beethoven, rameaux sous qui l'on rêve,
Sont nés de votre souche et faits de votre sève !
Car Mozart, votre fils, a pris sur vos autels
Cette nouvelle lyre inconnue aux mortels,
Plus tremblante que l'herbe au souffle des aurores,
Née au seizième siècle entre vos doigts sonores !
Car, maître, c'est à vous que tous nos soupirs vont,
Sitôt qu'une voix chante et qu'une âme répond !

Oh ! ce maître, pareil au créateur qui fonde,
Comment fit-il jaillir de sa tête profonde
Cet univers de sons, doux et sombre à la fois,
Echo du Dieu caché dont le monde est la voix ?
Où ce jeune homme, enfant de la blonde Italie,
Prit-il cette âme immense et jusqu'aux bords remplie ?
Quel souffle, quel travail, quelle intuition,
Fit de lui ce géant, dieu de l'émotion,
Vers qui se tourne l'œil qui pleure et qui s'essuie,
Sur qui tout un côté du cœur humain s'appuie ?
D'où lui vient cette voix qu'on écoute à genoux ?
Et qui donc verse en lui ce qu'il reverse en nous ?

IV

O MYSTÈRE profond des enfances sublimes !
Qui fait naître la fleur au penchant des abîmes,
Et le poète au bord des sombres passions ?
Quel dieu lui trouble l'œil d'étranges visions ?
Quel dieu lui montre l'astre au milieu des ténèbres,
Et, comme sous un crêpe aux plis noirs et funèbres
On voit d'une beauté le sourire enivrant,
L'idéal à travers le réel transparent ?
Qui donc prend par la main un enfant dès l'aurore
Pour lui dire : — « En ton âme il n'est pas jour encore.
Enfant de l'homme ! avant que de son feu vainqueur
Le midi de la vie ait desséché ton cœur,
Viens, je vais t'entr'ouvrir des profondeurs sans nombre !
Viens, je vais de clarté remplir tes yeux pleins d'ombre !
Viens, écoute avec moi ce qu'on explique ailleurs,
Le bégaiement confus des sphères et des fleurs ;
Car, enfant, astre au ciel ou rose dans la haie,
Toute chose innocente ainsi que toi bégaie !
Tu seras le poète, un homme qui voit Dieu !
Ne crains pas la science, âpre sentier de feu,
Route austère, il est vrai, mais des grands cœurs choisie,
Que la religion et que la poésie
Bordent des deux côtés de leur buisson fleuri.
Quand tu peux en chemin, ô bel enfant chéri,
Cueillir l'épine blanche et les clochettes bleues,
Ton petit pas se joue avec les grandes lieues.
Ne crains donc pas l'ennui ni la fatigue. — Viens !
Ecoute la nature aux vagues entretiens.
Entends sous chaque objet sourdre la parabole.
Sous l'être universel vois l'éternel symbole [1],
Et l'homme et le destin, et l'arbre et la forêt,
Les noirs tombeaux, sillons où germe le regret ;
Et, comme à nos douleurs des branches attachées,
Les consolations sur notre front penchées,
Et, pareil à l'esprit du juste radieux,
Le soleil, cette gloire épanouie aux cieux ! »

v

Dieu ! que Palestrina, dans l'homme et dans les choses,
Dut entendre de voix joyeuses et moroses !
Comme on sent qu'à cet âge où notre cœur sourit,
Où lui déjà pensait, il a dans son esprit
Emporté, comme un fleuve à l'onde fugitive,
Tout ce que lui jetait la nuée ou la rive !
Comme il s'est promené, tout enfant, tout pensif,
Dans les champs, et, dès l'aube, au fond du bois massif,
Et près du précipice, épouvante des mères !
Tour à tour noyé d'ombre, ébloui de chimères,
Comme il ouvrait son âme alors que le printemps
Trempe la berge en fleur dans l'eau des clairs étangs,
Que le lierre remonte aux branches favorites,
Que l'herbe aux boutons-d'or mêle les marguerites !

A cette heure indécise où le jour va mourir,
Où tout s'endort, le cœur oubliant de souffrir,
Les oiseaux de chanter et les troupeaux de paître,
Que de fois sous ses yeux un chariot champêtre,
Groupe vivant de bruit, de chevaux et de voix,
A gravi sur le flanc du coteau dans les bois
Quelque route creusée entre les ocres jaunes,
Tandis que, près d'une eau qui fuyait sous les aulnes,
Il écoutait gémir dans les brumes du soir
Une cloche enrouée au fond d'un vallon noir !

Que de fois, épiant la rumeur des chaumières,
Le brin d'herbe moqueur qui siffle entre deux pierres,
Le cri plaintif du soc gémissant et traîné,
Le nid qui jase au fond du cloître ruiné
D'où l'ombre se répand sur les tombes des moines,
Le champ doré par l'aube où causent les avoines
Qui pour nous voir passer, ainsi qu'un peuple heureux,
Se penchent en tumulte au bord du chemin creux,
L'abeille qui gaîment chante et parle à la rose,
Parmi tous ces objets dont l'être se compose,

Que de fois il rêva, scrutateur ténébreux,
Cherchant à s'expliquer ce qu'ils disaient entre eux !

Et chaque soir, après ses longues promenades,
Laissant sous les balcons rire les sérénades,
Quand il s'en revenait content, grave et muet,
Quelque chose de plus dans son cœur remuait.
Mouche, il avait son miel ; arbuste, sa rosée.
Il en vint par degrés à ce qu'en sa pensée
Tout vécut. — Saint travail que les poètes font ! —
Dans sa tête, pareille à l'univers profond [1],
L'air courait, les oiseaux chantaient, la flamme et l'onde
Se courbaient, la moisson dorait la terre blonde,
Et les toits et les monts et l'ombre qui descend
Se mêlaient, et le soir venait, sombre et chassant
La brute vers son antre et l'homme vers son gîte,
Et les hautes forêts, qu'un vent du ciel agite,
Joyeuses de renaître au départ des hivers,
Secouaient follement leurs grands panaches verts !

C'est ainsi qu'esprit, forme, ombre, lumière et flamme,
L'urne du monde entier s'épancha dans son âme !

VI

NI peintre, ni sculpteur ! Il fut musicien.
Il vint, nouvel Orphée, après l'Orphée ancien ;
Et, comme l'océan n'apporte que sa vague,
Il n'apporta que l'art du mystère et du vague [2] !
La lyre qui tout bas pleure en chantant bien haut !
Qui verse à tous un son où chacun trouve un mot !
Le luth où se traduit, plus ineffable encore,
Le rêve inexprimé qui s'efface à l'aurore !
Car il ne voyait rien par l'angle étincelant,
Car son esprit, du monde immense et fourmillant
Qui pour ses yeux nageait dans l'ombre indéfinie,
Eteignait la couleur et tirait l'harmonie !
Aussi toujours son hymne, en descendant des cieux,

Pénètre dans l'esprit par le côté pieux,
Comme un rayon des nuits par un vitrail d'église !
En écoutant ses chants que l'âme idéalise,
Il semble, à ces accords qui, jusqu'au cœur touchant,
Font sourire le juste et songer le méchant,
Qu'on respire un parfum d'encensoirs et de cierges,
Et l'on croit voir passer un de ces anges-vierges
Comme en rêvait Giotto, comme Dante en voyait,
Etres sereins posés sur ce monde inquiet,
A la prunelle bleue, à la robe d'opale,
Qui, tandis qu'au milieu d'un azur déjà pâle
Le point d'or d'une étoile éclate à l'orient,
Dans un beau champ de trèfle errent en souriant !

VII

Heureux ceux qui vivaient dans ce siècle sublime
Où, du génie humain dorant encor la cime,
Le vieux soleil gothique à l'horizon mourait[1] !
Où déjà, dans la nuit emportant son secret,
La cathédrale morte en un sol infidèle
Ne faisait plus jaillir d'églises autour d'elle !
Ere immense obstruée encore à tous degrés,
Ainsi qu'une Babel aux abords encombrés,
De donjons, de beffrois, de flèches élancées,
D'édifices construits pour toutes les pensées ;
De génie et de pierre énorme entassement ;
Vaste amas d'où le jour s'en allait lentement !
Siècle mystérieux où la science sombre
De l'antique Dédale[2] agonisait dans l'ombre,
Tandis qu'à l'autre bout de l'horizon confus,
Entre Tasse et Luther, ces deux chênes touffus,
Sereine, et blanchissant de sa lumière pure
Ton dôme merveilleux, ô sainte Architecture,
Dans ce ciel, qu'Albert Dure admirait à l'écart[3],
La Musique montait, cette lune de l'art !

29 mai 1837.

XXXVI

LA STATUE [1]

Il semblait grelotter, car la bise était dure.
C'était, sous un amas de rameaux sans verdure,
Une pauvre statue, au dos noir, au pied vert,
Un vieux faune isolé dans le vieux parc désert,
Qui, de son front penché touchant aux branches d'arbre,
Se perdait à mi-corps dans sa gaîne de marbre.

Il était là, pensif, à la terre lié,
Et, comme toute chose immobile, — oublié !

Des arbres l'entouraient, fouettés d'un vent de glace,
Et comme lui vieillis à cette même place ;
Des marronniers géants, sans feuilles, sans oiseaux
Sous leurs taillis brouillés en ténébreux réseaux,
Pâle, il apparaissait, et la terre était brune.
Une âpre nuit d'hiver, sans étoile et sans lune,
Tombait à larges pans dans le brouillard diffus.
D'autres arbres plus loin croisaient leurs sombres fûts ;
Plus loin d'autres encore, estompés par l'espace,
Poussaient dans le ciel gris où le vent du soir passe
Mille petits rameaux noirs, tordus et mêlés,
Et se posaient partout, l'un par l'autre voilés,
Sur l'horizon, perdu dans les vapeurs informes,
Comme un grand troupeau roux de hérissons énormes.

Rien de plus. Ce vieux faune, un ciel morne, un bois noir.

Peut-être dans la brume au loin pouvait-on voir
Quelque longue terrasse aux verdâtres assises,
Ou, près d'un grand bassin, des nymphes indécises,
Honteuses à bon droit dans ce parc aboli,
Autrefois des regards, maintenant de l'oubli.

Le vieux faune riait. — Dans leurs ombres douteuses
Laissant le bassin triste et les nymphes honteuses,
Le vieux faune riait, c'est à lui que je vins ;
Emu, car sans pitié tous ces sculpteurs divins
Condamnent pour jamais, contents qu'on les admire,
Les nymphes à la honte et les faunes au rire.

Moi, j'ai toujours pitié du pauvre marbre obscur.
De l'homme moins souvent, parce qu'il est plus dur.

Et, sans froisser d'un mot son oreille blessée,
Car le marbre entend bien la voix de la pensée,
Je lui dis : — « Vous étiez du beau siècle amoureux.
Sylvain, qu'avez-vous vu quand vous étiez heureux ?
Vous étiez de la cour ? Vous assistiez aux fêtes ?
C'est pour vous divertir que ces nymphes sont faites.
C'est pour vous, dans ces bois, que de savantes mains
Ont mêlé les dieux grecs et les césars romains,
Et, dans les claires eaux mirant les vases rares,
Tordu tout ce jardin en dédales bizarres.
Quand vous étiez heureux, qu'avez-vous vu, Sylvain ?
Contez-moi les secrets de ce passé trop vain,
De ce passé charmant, plein de flammes discrètes,
Où parmi les grands rois croissaient les grands poètes.
Que de frais souvenirs dont encor vous riez !
Parlez-moi, beau Sylvain, comme vous parleriez
A l'arbre, au vent qui souffle, à l'herbe non foulée.
D'un bout à l'autre bout de cette épaisse allée,
Avez-vous quelquefois, moqueur antique et grec,
Quand près de vous passait avec le beau Lautrec
Marguerite aux doux yeux, la reine béarnaise,
Lancé votre œil oblique à l'Hercule Farnèse ?
Seul sous votre antre vert de feuillage mouillé,
O Sylvain complaisant, avez-vous conseillé,
Vous tournant vers chacun du côté qui l'attire,
Racan comme berger, Regnier comme satyre ?
Avez-vous vu parfois, sur ce banc, vers midi,
Suer Vincent de Paule à façonner Gondi ?
Faune ! avez-vous suivi de ce regard étrange
Anne avec Buckingham, Louis avec Fontange,

Et se retournaient-ils, la rougeur sur le front,
En vous entendant rire au coin du bois profond ?
Etiez-vous consulté sur le thyrse ou le lierre,
Lorsqu'en un grand ballet de forme singulière
La cour du dieu Phœbus ou la cour du dieu Pan
Du nom d'Amaryllis enivraient Montespan[1] ?
Fuyant des courtisans les oreilles de pierre,
La Fontaine vint-il, les pleurs dans la paupière,
De ses nymphes de Vaux vous conter les regrets ?
Que vous disait Boileau, que vous disait Segrais,
A vous, faune lettré qui jadis dans l'églogue
Aviez avec Virgile un charmant dialogue,
Et qui faisiez sauter, sur le gazon naissant,
Le lourd spondée au pas du dactyle dansant[2] ?
Avez-vous vu jouer les beautés dans les herbes,
Chevreuse aux yeux noyés, Thiange aux airs superbes[3] ?
Vous ont-elles parfois de leur groupe vermeil
Entouré follement, si bien que le soleil
Découpait tout à coup, en perçant quelque nue,
Votre profil lascif sur leur gorge ingénue ?
Votre arbre a-t-il reçu sous son abri serein
L'écarlate linceul du pâle Mazarin ?
Avez-vous eu l'honneur de voir rêver Molière ?
Vous a-t-il quelquefois, d'une voix familière,
Vous jetant brusquement un vers mélodieux,
Tutoyé, comme on fait entre les demi-dieux ?
En revenant un soir du fond des avenues,
Ce penseur, qui, voyant les âmes toutes nues,
Ne pouvait avoir peur de votre nudité,
A l'homme en son esprit vous a-t-il confronté ?
Et vous a-t-il trouvé, vous le sceptre cynique,
Moins triste, moins méchant, moins froid, moins ironi-
Alors qu'il comparait, s'arrêtant en chemin,   [que,
Votre rire de marbre à notre rire humain ? »

Ainsi je lui parlais sous l'épaisse ramure.
Il ne répondit pas même par un murmure.
J'écoutais, incliné sur le marbre glacé,
Mais je n'entendis rien remuer du passé.
La blafarde lueur du jour qui se retire

Blanchissait vaguement l'immobile satyre,
Muet à ma parole et sourd à ma pitié.
A le voir là, sinistre, et sortant à moitié
De son fourreau noirci par l'humide feuillée,
On eût dit la poignée en torse ciselée
D'un vieux glaive rouillé qu'on laisse dans l'étui.

Je secouai la tête et m'éloignai de lui.
Alors des buissons noirs, des branches desséchées
Comme des sœurs en deuil sur sa tête penchées,
Et des antres secrets dispersés dans les bois,
Il me sembla soudain qu'il sortait une voix,
Qui dans mon âme obscure et vaguement sonore
Eveillait un écho comme au fond d'une amphore.

— « O poète imprudent, que fais-tu ? laisse en paix
Les faunes délaissés sous les arbres épais !
Poète ! ignores-tu qu'il est toujours impie
D'aller, aux lieux déserts où dort l'ombre assoupie,
Secouer, par l'amour fussiez-vous entraînés,
Cette mousse qui pend aux siècles ruinés,
Et troubler, du vain bruit de vos voix indiscrètes,
Le souvenir des morts dans ses sombres retraites ! »

Alors dans les jardins sous la brume enfouis
Je m'enfonçai, rêvant aux jours évanouis,
Tandis que les rameaux s'emplissaient de mystère,
Et que derrière moi le faune solitaire,
Hiéroglyphe obscur d'un antique alphabet,
Continuait de rire à la nuit qui tombait.

J'allais, et, contemplant d'un regard triste encore
Tous ces doux souvenirs, beauté, printemps, aurore,
Dans l'air et sous mes pieds épars, mêlés, flottants,
Feuilles de l'autre été, femmes de l'autre temps,
J'entrevoyais au loin, sous les branchages sombres,
Des marbres dans le bois, dans le passé des ombres !

19 mars 1837.

XXXVII

J'EUS toujours de l'amour pour les choses ailées.
Lorsque j'étais enfant, j'allais sous les feuillées,
J'y prenais dans les nids de tout petits oiseaux.
D'abord je leur faisais des cages de roseaux
Où je les élevais parmi des mousses vertes.
Plus tard je leur laissais les fenêtres ouvertes.
Ils ne s'envolaient point ; ou, s'ils fuyaient aux bois,
Quand je les rappelais ils venaient à ma voix.
Une colombe et moi longtemps nous nous aimâmes.
Maintenant je sais l'art d'apprivoiser les âmes.

12 avril 1840.

XXXVIII

ECRIT SUR LE TOMBEAU
D'UN PETIT ENFANT AU BORD DE LA MER [1]

VIEUX lierre, frais gazon, herbe, roseaux, corolles ;
Eglise où l'esprit voit le Dieu qu'il rêve ailleurs ;
Mouches qui murmurez d'ineffables paroles
A l'oreille du pâtre assoupi dans les fleurs ;

Vents, flots, hymne orageux, chœur sans fin, voix sans
Bois qui faites songer le passant sérieux ;   [nombre ;
Fruits qui tombez de l'arbre impénétrable et sombre,
Etoiles qui tombez du ciel mystérieux ;

Oiseaux aux cris joyeux, vague aux plaintes profondes ;
Froid lézard des vieux murs dans les pierres tapi ;
Plaines qui répandez vos souffles sur les ondes ;
Mer où la perle éclôt, terre où germe l'épi ;

Nature d'où tout sort, nature où tout retombe,
Feuilles, nids, doux rameaux que l'air n'ose effleurer,
Ne faites pas de bruit autour de cette tombe ;
Laissez l'enfant dormir et la mère pleurer !

21 janvier 1840.

XXXIX

A. L.[1]

TOUTE espérance, enfant, est un roseau.
Dieu dans ses mains tient nos jours, ma colombe ;
Il les dévide à son fatal fuseau,
Puis le fil casse et notre joie en tombe ;
        Car dans tout berceau
        Il germe une tombe.

Jadis, vois-tu, l'avenir, pur rayon,
Apparaissait à mon âme éblouie,
Ciel avec l'astre, onde avec l'alcyon,
Fleur lumineuse à l'ombre épanouie.
        Cette vision
        S'est évanouie !

Si, près de toi, quelqu'un pleure en rêvant,
Laisse pleurer sans en chercher la cause.
Pleurer est doux, pleurer est bon souvent
Pour l'homme, hélas ! sur qui le sort se pose.
        Toute larme, enfant,
        Lave quelque chose.

2 juin 1839.

XL

CÆRULEUM MARE [1]

QUAND je rêve sur la falaise,
Ou dans les bois, les soirs d'été,
Sachant que la vie est mauvaise,
Je contemple l'éternité.

A travers mon sort mêlé d'ombres,
J'aperçois Dieu distinctement,
Comme à travers des branches sombres
On entrevoit le firmament !

Le firmament ! où les faux sages
Cherchent comme nous des conseils !
Le firmament plein de nuages,
Le firmament plein de soleils !

Un souffle épure notre fange.
Le monde est à Dieu, je le sens.
Toute fleur est une louange,
Et tout parfum est un encens.

La nuit on croit sentir Dieu même
Penché sur l'homme palpitant.
La terre prie et le ciel aime.
Quelqu'un parle et quelqu'un entend.

Pourtant, toujours à notre extase,
O Seigneur, tu te dérobas ;
Hélas ! tu mets là-haut le vase,
Et tu laisses la lèvre en bas !

Mais un jour ton œuvre profonde,
Nous la saurons, Dieu redouté !
Nous irons voir de monde en monde
S'épanouir ton unité ;

Cherchant dans ces cieux que tu règles
L'ombre de ceux que nous aimons,
Comme une troupe de grands aigles
Qui s'envole à travers les monts[1] !

Car, lorsque la mort nous réclame,
L'esprit des sens brise le sceau.
Car la tombe est un nid où l'âme
Prend des ailes comme l'oiseau !

O songe ! ô vision sereine !
Nous saurons le secret de tout,
Et ce rayon qui sur nous traîne,
Nous en pourrons voir l'autre bout !

O Seigneur ! l'humble créature
Pourra voir enfin à son tour
L'autre côté de la nature
Sur lequel tombe votre jour !

Nous pourrons comparer, poètes,
Penseurs croyant en nos raisons,
A tous les mondes que vous faites
Tous les rêves que nous faisons !

En attendant, sur cette terre,
Nous errons, troupeau désuni,
Portant en nous ce grand mystère :
Œil borné, regard infini.

L'homme au hasard choisit sa route ;
Et toujours, quoi que nous fassions,
Comme un bouc sur l'herbe qu'il broute,
Vit courbé sur ses passions.

Nous errons, et dans les ténèbres,
Allant où d'autres sont venus,
Nous entendons des voix funèbres
Qui disent des mots inconnus.

Dans ces ombres où tout s'oublie,
Vertu, sagesse, espoir, honneur,
L'un va criant : Elie ! Elie !
L'autre appelant : Seigneur ! Seigneur !

Hélas ! tout penseur semble avide
D'épouvanter l'homme orphelin ;
Le savant dit : Le ciel est vide !
Le prêtre dit : L'enfer est plein !

O deuil ! médecins sans dictames,
Vains prophètes aux yeux déçus,
L'un donne Satan à nos âmes,
L'autre leur retire Jésus !

L'humanité, sans loi, sans arche,
Suivant son sentier desséché,
Est comme un voyageur qui marche
Après que le jour est couché.

Il va ! la brume est sur la plaine.
Le vent tord l'arbre convulsif [1].
Les choses qu'il distingue à peine
Ont un air sinistre et pensif.

Ainsi, parmi de noirs décombres,
Dans ce siècle le genre humain
Passe et voit des figures sombres
Qui se penchent sur son chemin.

Nous, rêveurs, sous un toit qui croule,
Fatigués, nous nous abritons,
Et nous regardons cette foule
Se plonger dans l'ombre à tâtons !

Et nous cherchons, souci morose !
Hélas ! à deviner pour tous
Le problème que nous propose
Toute cette ombre autour de nous :

Tandis que, la tête inclinée,
Nous nous perdons en tristes vœux,
Le souffle de la destinée
Frissonne à travers nos cheveux.

Nous entendons, race asservie,
Ce souffle passant dans la nuit
Du livre obscur de notre vie
Tourner les pages avec bruit !

Que faire ? — A ce vent de la tombe,
Joignez les mains, baissez les yeux,
Et tâchez qu'une lueur tombe
Sur le livre mystérieux !

— D'où viendra la lueur, ô père ?
Dieu dit : — De vous, en vérité.
Allumez, pour qu'il vous éclaire,
Votre cœur par quelque côté !

Quand le cœur brûle, on peut sans crainte
Lire ce qu'écrit le Seigneur.
Vertu, sous cette clarté sainte,
Est le même mot que Bonheur.

Il faut aimer ! l'ombre en vain couvre
L'œil de notre esprit, quel qu'il soit.
Croyez, et la paupière s'ouvre !
Aimez, et la prunelle voit !

Du haut des cieux qu'emplit leur flamme,
Les trop lointaines vérités
Ne peuvent au livre de l'âme
Jeter que de vagues clartés.

La nuit, nul regard ne sait lire
Aux seuls feux des astres vermeils ;
Mais l'amour près de nous vient luire,
Une lampe aide les soleils.

Pour que, dans l'ombre où Dieu nous mène,
Nous puissions lire à tous moments,
L'amour joint sa lumière humaine
Aux célestes rayonnements !

Aimez donc ! car tout le proclame,
Car l'esprit seul éclaire peu,
Et souvent le cœur d'une femme
Est l'explication de Dieu !

Ainsi je rêve, ainsi je songe,
Tandis qu'aux yeux des matelots
La nuit sombre à chaque instant plonge
Des groupes d'astres dans les flots !

Moi, que Dieu tient sous son empire,
J'admire, humble et religieux,
Et par tous les pores j'aspire
Ce spectacle prodigieux !

Entre l'onde, des vents bercée,
Et le ciel, gouffre éblouissant,
Toujours, pour l'œil de la pensée,
Quelque chose monte ou descend.

Goutte d'eau pure ou jet de flamme,
Ce verbe intime et non écrit
Vient se condenser dans mon âme
Ou resplendir dans mon esprit ;

Et l'idée à mon cœur sans voile,
A travers la vague ou l'éther,
Du fond des cieux arrive étoile,
Ou perle du fond de la mer !

                                        25 mars 1839.

XLI

Dieu qui sourit et qui donne
Et qui vient vers qui l'attend,
Pourvu que vous soyez bonne,
  Sera content.

Le monde où tout étincelle,
Mais où rien n'est enflammé,
Pourvu que vous soyez belle,
  Sera charmé.

Mon cœur, dans l'ombre amoureuse
Où l'enivrent deux beaux yeux,
Pourvu que tu sois heureuse,
  Sera joyeux.

1er janvier 1840.

XLII

OCEANO NOX

Saint-Valery-sur-Somme [1].

Oh ! combien de marins, combien de capitaines
Qui sont partis joyeux pour des courses lointaines,
Dans ce morne horizon se sont évanouis !
Combien ont disparu, dure et triste fortune !
Dans une mer sans fond, par une nuit sans lune,
Sous l'aveugle océan à jamais enfouis !

Combien de patrons morts avec leurs équipages !
L'ouragan de leur vie a pris toutes les pages,

Et d'un souffle il a tout dispersé sur les flots !
Nul ne saura leur fin dans l'abîme plongée.
Chaque vague en passant d'un butin s'est chargée ;
L'une a saisi l'esquif, l'autre les matelots !

Nul ne sait votre sort, pauvres têtes perdues !
Vous roulez à travers les sombres étendues,
Heurtant de vos fronts morts des écueils inconnus.
Oh ! que de vieux parents, qui n'avaient plus qu'un rêve,
Sont morts en attendant tous les jours sur la grève
   Ceux qui ne sont pas revenus !

On s'entretient de vous parfois dans les veillées.
Maint joyeux cercle, assis sur des ancres rouillées,
Mêle encor quelque temps vos noms d'ombre couverts
Aux rires, aux refrains, aux récits d'aventures,
Aux baisers qu'on dérobe à vos belles futures,
Tandis que vous dormez dans les goëmons verts !

On demande : — Où sont-ils ? sont-ils rois dans quelque
Nous ont-ils délaissés pour un bord plus fertile ? —
Puis votre souvenir même est enseveli.
Le corps se perd dans l'eau, le nom dans la mémoire.
Le temps, qui sur toute ombre en verse une plus noire,
Sur le sombre océan jette le sombre oubli.

Bientôt des yeux de tous votre ombre est disparue.
L'un n'a-t-il pas sa barque et l'autre sa charrue ?
Seules, durant ces nuits où l'orage est vainqueur,
Vos veuves aux fronts blancs, lasses de vous attendre,
Parlent encor de vous en remuant la cendre
   De leur foyer et de leur cœur !

Et quand la tombe enfin a fermé leur paupière,
Rien ne sait plus vos noms, pas même une humble pierre
Dans l'étroit cimetière où l'écho nous répond,
Pas même un saule vert qui s'effeuille à l'automne,
Pas même la chanson naïve et monotone
Que chante un mendiant à l'angle d'un vieux pont !

Où sont-ils, les marins sombrés dans les nuits noires ?
O flots, que vous savez de lugubres histoires !
Flots profonds, redoutés des mères à genoux !
Vous vous les racontez en montant les marées,
Et c'est ce qui vous fait ces voix désespérées
Que vous avez le soir quand vous venez vers nous[1] !

Juillet 1836.

XLIII

NUITS DE JUIN

L'ÉTÉ, lorsque le jour a fui, de fleurs couverte
La plaine verse au loin un parfum enivrant ;
Les yeux fermés, l'oreille aux rumeurs entr'ouverte,
On ne dort qu'à demi d'un sommeil transparent.

Les astres sont plus purs, l'ombre paraît meilleure ;
Un vague demi-jour teint le dôme éternel ;
Et l'aube douce et pâle, en attendant son heure,
Semble toute la nuit errer au bas du ciel.

28 septembre 1837.

XLIV

SAGESSE

A Mademoiselle Louise B.[2]

I

— AINSI donc rien de grand, rien de saint, rien de pur,
Rien qui soit digne, ô ciel ! de ton regard d'azur !
Rien qui puisse anoblir le vil siècle où nous sommes,
Ne sortira du cœur de l'homme enfant des hommes !

Homme ! esprit enfoui sous les besoins du corps !
Ainsi, jouir ; descendre à tâtons chez les morts ;
Etre à tout ce qui rampe, à tout ce qui s'envole,
A l'intérêt sordide, à la vanité folle ;
Ne rien savoir — qu'emplir, sans souci du devoir,
Une charte de mots ou d'écus un comptoir ;
Ne jamais regarder les voûtes étoilées ;
Rire du dévouement et des vertus voilées ;
Voilà ta vie, hélas ! et tu n'as, nuit et jour,
Pour espoir et pour but, pour culte et pour amour,
Qu'une immonde monnaie aux carrefours traînée
Et qui te laisse aux mains sa rouille empoisonnée !
Et tu ne comprends pas que ton destin, à toi,
C'est de penser ! c'est d'être un mage et d'être un roi ;
C'est d'être un alchimiste alimentant la flamme
Sous ce sombre alambic que tu nommes ton âme,
Et de faire passer par ce creuset de feu
La nature et le monde, et d'en extraire Dieu !

Quoi ! la brute a sa sphère et l'élément sa règle !
L'onde est au cormoran et la neige est à l'aigle.
Tout a sa région, sa fonction, son but.
L'écume de la mer n'est pas un vain rebut ;
Le flot sait ce qu'il fait ; le vent sait qui le pousse ;
Comme un temple où toujours veille une clarté douce
L'étoile obéissante éclaire le ciel bleu ;
Le lys s'épanouit pour la gloire de Dieu ;
Chaque matin, vibrant comme une sainte lyre,
L'oiseau chante ce nom que l'aube nous fait lire.
Quoi ! l'être est plein d'amour, le monde est plein de foi !
Toute chose ici-bas suit gravement sa loi,
Et ne sait obéir, dans sa fierté divine,
L'oiseau qu'à son instinct, l'arbre qu'à sa racine !
Quoi ! l'énorme océan qui monte vers son bord,
Quoi ! l'hirondelle au sud et l'aimant vers le nord,
La graine ailée allant au loin choisir sa place,
Le nuage entassé sur les îles de glace,
Qui, des cieux tout à coup traversant la hauteur,
Croule au souffle d'avril du pôle à l'équateur,
Le glacier qui descend du haut des cimes blanches,

La sève qui s'épand dans les fibres des branches,
Tous les objets créés, vers un but sérieux,
Les rayons dans les airs, les globes dans les cieux,
Les fleuves à travers les rochers et les herbes,
Vont sans se détourner de leurs chemins superbes !
L'homme a seul dévié — Quoi ! tout dans l'univers,
Tous les êtres, les monts, les forêts, les prés verts,
Le jour dorant le ciel, l'eau lavant les ravines,
Ont encor, comme au jour où de ses mains divines
Jéhova sur Adam imprima sa grandeur,
Toute leur innocence et toute leur candeur !
L'homme seul est tombé ! — Fait dans l'auguste empire
Pour être le meilleur, il en devient le pire,
Lui qui devrait fleurir comme l'arbre choisi,
Il n'est plus qu'un tronc vil au branchage noirci,
Que l'âge déracine et que le vice effeuille,
Dont les rameaux n'ont pas de fruit que Dieu recueille,
Où jamais sans péril nous ne nous appuyons,
Où la société greffe les passions !
Chute immense ! il ignore et nie, ô Providence !
Tandis qu'autour de lui la création pense !
O honte ! en proie aux sens dont le joug l'asservit,
L'homme végète auprès de la chose qui vit ! —

II

COMME je m'écriais ainsi, vous m'entendîtes ;
Et vous, dont l'âme brille en tout ce que vous dites,
Vous tournâtes alors vers moi paisiblement
Votre sourire triste, ineffable et calmant :

— L'humanité se lève, elle chancelle encore,
Et, le front baigné d'ombre, elle va vers l'aurore.
Tout l'homme sur la terre a deux faces, le bien
Et le mal. Blâmer tout, c'est ne comprendre rien.
Les âmes des humains d'or et de plomb sont faites.
L'esprit du sage est grave, et sur toutes les têtes
Ne jette pas sa foudre au hasard en éclats.

Pour le siècle où l'on vit — comme on y souffre, hélas ! —
On est toujours injuste, et tout y paraît crime.
Notre époque insultée a son côté sublime.
Vous l'avez dit vous-même, ô poète irrité [1] ! —

Dans votre chambre, asile illustre et respecté,
C'est ainsi que, sereine et simple, vous parlâtes.
Votre front au reflet des damas écarlates,
Rayonnait, et pour moi, dans cet instant profond,
Votre regard levé fit un ciel du plafond.

L'accent de la raison, auguste et pacifique,
L'équité, la pitié, la bonté séraphique,
L'oubli des torts d'autrui, cet oubli vertueux
Qui rend à leur insu les fronts majestueux,
Donnaient à vos discours, pleins de clartés si belles,
La tranquille grandeur des choses naturelles,
Et par moments semblaient mêler à votre voix
Ce chant doux et voilé qu'on entend dans les bois.

III

Pourquoi devant mes yeux revenez-vous sans cesse,
O jours de mon enfance et de mon allégresse ?
Qui donc toujours vous rouvre en nos cœurs presque
O lumineuse fleur des souvenirs lointains ?   [éteints,

Oh ! que j'étais heureux ! oh ! que j'étais candide !
En classe, un banc de chêne, usé, lustré, splendide,
Une table, un pupitre, un lourd encrier noir,
Une lampe, humble sœur de l'étoile du soir,
M'accueillaient gravement et doucement. Mon maître,
Comme je vous l'ai dit souvent, était un prêtre
A l'accent calme et bon, au regard réchauffant,
Naïf comme un savant, malin comme un enfant,
Qui m'embrassait, disant, car un éloge excite :
— Quoiqu'il n'ait que neuf ans, il explique Tacite [2]. —

Puis près d'Eugène, esprit qu'hélas ! Dieu submergea [1],
Je travaillais dans l'ombre, — et je songeais déjà.
Tandis que j'écrivais, — sans peur, mais sans système,
Versant le barbarisme à grand flots sur le thème,
Inventant aux auteurs des sens inattendus,
Le dos courbé, le front touchant presque au Gradus [2], —
Je croyais, car toujours l'esprit de l'enfant veille,
Ouïr confusément, tout près de mon oreille,
Les mots grecs et latins, bavards et familiers,
Barbouillés d'encre, et gais comme des écoliers,
Chuchoter, comme font les oiseaux dans une aire,
Entre les noirs feuillets du lourd dictionnaire.
Bruits plus doux que le bruit d'un essaim qui s'enfuit,
Souffles plus étouffés qu'un soupir de la nuit,
Qui faisaient par instants, sous les fermoirs de cuivre,
Frissonner vaguement les pages du vieux livre !

Le devoir fait, légers comme de jeunes daims,
Nous fuyions à travers les immenses jardins,
Eclatant à la fois en cent propos contraires.
Moi, d'un pas inégal je suivais mes grands frères ;
Et les astres sereins s'allumaient dans les cieux,
Et les mouches volaient dans l'air silencieux,
Et le doux rossignol, chantant dans l'ombre obscure,
Enseignait la musique à toute la nature,
Tandis qu'enfant jaseur aux gestes étourdis,
Jetant partout mes yeux ingénus et hardis
D'où jaillissait la joie en vives étincelles,
Je portais sous mon bras, noués par trois ficelles,
Horace et les festins, Virgile et les forêts,
Tout l'Olympe, Thésée, Hercule, et toi, Cérès,
La cruelle Junon, Lerne et l'hydre enflammée,
Et le vaste lion de la roche Némée.

Mais, lorsque j'arrivais chez ma mère, souvent,
Grâce au hasard taquin qui joue avec l'enfant,
J'avais de grands chagrins et de grandes colères.
Je ne retrouvais plus, près des ifs séculaires,
Le beau petit jardin par moi-même arrangé.
Un gros chien en passant avait tout ravagé.

Ou quelqu'un dans ma chambre avait ouvert mes cages,
Et mes oiseaux étaient partis pour les bocages,
Et, joyeux, s'en étaient allés de fleur en fleur
Chercher la liberté bien loin, — ou l'oiseleur.
Ciel ! alors j'accourais, rouge, éperdu, rapide,
Maudissant le grand chien, le jardinier stupide,
Et l'infâme oiseleur et son hideux lacet,
Furieux ! — D'un regard ma mère m'apaisait.

IV

AUJOURD'HUI, ce n'est pas pour une cage vide,
Pour des oiseaux jetés à l'oiseleur avide,
Pour un dogue aboyant lâché parmi des fleurs,
Que mon courroux s'émeut. Non, les petits malheurs
Exaspèrent l'enfant ; mais, comme en une église,
Dans les grandes douleurs l'homme se tranquillise.
Après l'ardent chagrin, au jour brûlant pareil,
Le repos vient au cœur comme aux yeux le sommeil.
De nos maux, chiffres noirs, la sagesse est la somme.
En l'éprouvant toujours, Dieu semble dire à l'homme :
— Fais passer ton esprit à travers le malheur ;
Comme le grain du crible, il sortira meilleur. —
J'ai vécu, j'ai souffert, je juge et je m'apaise.
Ou si parfois encor la colère mauvaise
Fait pencher dans mon âme avec son doigt vainqueur
La balance où je pèse et le monde et mon cœur ;
Si, n'ouvrant qu'un seul œil, je condamne et je blâme,
Avec quelques mots purs, vous, sainte et noble femme,
Vous ramenez ma voix qui s'irrite et s'aigrit
Au calme sur lequel j'ai posé mon esprit ;
Je sens sous vos rayons mes tempêtes se taire ;
Et vous faites pour l'homme incliné, triste, austère,
Ce que faisait jadis pour l'enfant doux et beau
Ma mère, ce grand cœur qui dort dans le tombeau !

V

Ecoutez à présent. — Dans ma raison qui tremble,
Parfois l'une après l'autre et quelquefois ensemble,
Trois voix, trois grandes voix murmurent.

                                        L'une dit :
— « Courrouce-toi, poète. Oui, l'enfer applaudit
Tout ce que cette époque ébauche, crée ou tente.
Reste indigné. Ce siècle est une impure tente
Où l'homme appelle à lui, voyant le soir venu,
La volupté, la chair, le vice infâme et nu.
La vérité, qui fit jadis resplendir Rome,
Est toujours dans le ciel ; l'amour n'est plus dans [l'homme.
Tout rayon jaillissant trouve tout œil fermé.
Oh ! ne repousse pas la muse au bras armé
Qui visitait jadis comme une austère amie,
Ces deux sombres géants, Amos et Jérémie !
Les hommes sont ingrats, méchants, menteurs, jaloux.
Le crime est dans plusieurs, la vanité dans tous ;
Car, selon le rameau dont ils ont bu la sève,
Ils tiennent, quelques-uns de Caïn, et tous d'Eve.

« Seigneur ! ta croix chancelle et le respect s'en va.
La prière décroît. Jéhova ! Jéhova !
On va parlant tout haut de toi-même en ton temple.
Le livre était la loi, le prêtre était l'exemple ;
Livre et prêtre sont morts. Et la foi maintenant,
Cette braise allumée à ton foyer tonnant,
Qui, marquant pour ton Christ ceux qu'il préfère aux [autres,
Jadis purifiait la lèvre des apôtres [1],
N'est qu'un charbon éteint dont les petits enfants
Souillent ton mur avec des rires triomphants ! »

L'autre voix dit : — « Pardonne ! aime ! Dieu qu'on révère,
Dieu pour l'homme indulgent ne sera point sévère.

Respecte la fourmi non moins que le lion.
Rêveur ! rien n'est petit dans la création.
De l'être universel l'atome se compose ;
Dieu vit un peu dans tout, et rien n'est peu de chose.
Cultive en toi l'amour, la pitié, les regrets.
Si le sort te contraint d'examiner de près
L'homme souvent frivole, aveugle et téméraire,
Tempère l'œil du juge avec les pleurs du frère.
Et que tout ici-bas, l'air, la fleur, le gazon ;
Le groupe heureux qui joue au seuil de ta maison ;
Un mendiant assis à côté d'une gerbe ;
Un oiseau qui regarde une mouche dans l'herbe ;
Les vieux livres du quai, feuilletés par le vent,
D'où l'esprit des anciens, subtil, libre et vivant,
S'envole, et, souffle errant, se mêle à tes pensées ;
La contemplation de ces femmes froissées
Qui vivent dans les pleurs comme l'algue dans l'eau ;
L'homme, ce spectateur ; le monde, ce tableau ;
Que cet ensemble auguste où l'insensé se blase
Tourne de plus en plus ta vie et ton extase
Vers l'œil mystérieux qui nous regarde tous,
Invisible veilleur ! témoin intime et doux !
Principe ! but ! milieu ! clarté ! chaleur ! dictame !
Secret de toute chose entrevu par toute âme !

« N'allume aucun enfer au tison d'aucun feu.
N'aggrave aucun fardeau. Démontre l'âme et Dieu,
L'impérissable esprit, la tombe irrévocable ;
Et rends douce à nos fronts, que souvent elle accable,
La grande main qui grave en signes imortels
JAMAIS ! sur les tombeaux ; TOUJOURS ! sur les autels. »

La troisième voix dit : — « Aimer ? haïr ? qu'importe !
Qu'on chante ou qu'on maudisse, et qu'on entre ou qu'on
Le mal, le bien, la mort, les vices, les faux dieux,　[sorte,
Qu'est-ce que tout cela fait au ciel radieux ?
La végétation, vivante, aveugle et sombre,
En couvre-t-elle moins de feuillages sans nombre,
D'arbres et de lichens, d'herbe et de goëmons,
Les prés, les champs, les eaux, les rochers et les monts ?

L'onde est-elle moins bleue et le bois moins sonore ?
L'air promène-t-il moins, dans l'ombre et dans l'aurore,
Sur les clairs horizons, sur les flots décevants,
Ces nuages heureux qui vont aux quatre vents ?
Le soleil qui sourit aux fleurs dans les campagnes,
Aux rois dans les palais, aux forçats dans les bagnes,
Perd-il, dans la splendeur dont il est revêtu,
Un rayon quand la terre oublie une vertu ?
Non, Pan n'a pas besoin qu'on le prie et qu'on l'aime.
O sagesse ! esprit pur ! sérénité suprême !
Zeus ! Irmensul ! Wishnou ! Jupiter ! Jéhova[1] !
Dieu que cherchait Socrate et que Jésus trouva[2] !
Unique Dieu ! vrai Dieu ! seul mystère ! seule âme !
Toi qui, laissant tomber ce que la mort réclame,
Fis les cieux infinis pour les temps éternels !
Toi qui mis dans l'éther plein de bruits solennels,
Tente dont ton haleine émeut les sombres toiles,
Des millions d'oiseaux, des millions d'étoiles !
Que te font, ô Très-Haut ! les hommes insensés,
Vers la nuit au hasard l'un par l'autre poussés,
Fantômes dont jamais tes yeux ne se souviennent,
Devant ta face immense ombres qui vont et viennent ! »

VI

DANS ma retraite obscure où, sous mon rideau vert,
Luit comme un œil ami maint vieux livre entr'ouvert,
Où ma bible sourit dans l'ombre à mon Virgile,
J'écoute ces trois voix. Si mon cerveau fragile
S'étonne, je persiste ; et, sans peur, sans effroi,
Je les laisse accomplir ce qu'elles font en moi.
Car les hommes, troublés de ces métamorphoses,
Composent leur sagesse avec trop peu de choses.
Tous ont la déraison de voir la Vérité
Chacun de sa fenêtre et rien que d'un côté,
Sans qu'aucun d'eux, tenté par ce rocher sublime,
Aille en faire le tour et monter sur sa cime.

Et de ce triple aspect des choses d'ici-bas,
De ce triple conseil que l'homme n'entend pas,
Pour mon cœur où Dieu vit, où la haine s'émousse,
Sort une bienveillance universelle et douce
Qui dore comme une aube et d'avance attendrit
Le vers qu'à moitié fait j'emporte en mon esprit
Pour l'achever aux champs avec l'odeur des plaines
Et l'ombre du nuage et le bruit des fontaines !

15 avril 1840.

DOSSIER

VIE DE VICTOR HUGO

1802 — *28 février* : Naissance de Victor, Marie, Hugo, troisième fils du commandant Hugo.

1803 — Naissance d'Adèle Foucher, la future Mme V. Hugo.

1806 — Naissance de Juliette Gauvain (Juliette Drouet).

1811 — Le général Hugo demande le divorce à la suite de l'arrestation, chez sa femme, du général de Lahorie, conspirateur et amant de Mme Hugo.

1814 — Victor Hugo est mis en pension chez Cordier, dans l'actuelle rue Gozlin.

1815 — Il compose ses premiers poèmes.

1817 — Il obtient une mention de l'Académie française, achève un opéra et une tragédie.

1818 — Divorce légal des époux Hugo. Il suit les cours du lycée Louis-le-Grand et obtient le 5ᵉ accessit de physique au Concours général.

1819 — Idylle avec Adèle Foucher. Prix des Jeux floraux de Toulouse pour deux odes d'inspiration royaliste. Les frères Hugo fondent *Le Conservateur littéraire*.

1821 — Mort de Mme Hugo. Fiançailles secrètes avec Adèle Foucher.

1822 — *Odes et Poésies diverses*, parution. Il épouse Adèle Foucher. Son frère, Eugène Hugo, devient fou.

1823 — *Han d'Islande*, parution. Louis XVIII renouvelle la pension accordée en 1822. Naissance et mort du premier fils, Léopold-Victor.

1824 — *Les Nouvelles Odes*. Naissance de Léopoldine.

1826 — *Bug-Jargal, Odes et Ballades*. Naissance de Charles.

1827 — Hugo achève *Cromwell* et se lie avec Sainte-Beuve. Il écrit la préface de *Cromwell* où se trouve défini le drame romantique. Il fait figure de chef d'école.

1828 — Il écrit *Le dernier jour d'un condamné*. Naissance de François-Victor Hugo.

1829 — *Les Orientales*, publication. Il écrit *Marion Delorme* et *Hernani*.

1830 — « Bataille » d'*Hernani* à la Comédie-Française. Hugo commence *Notre-Dame de Paris*. Naissance d'Adèle, dont Sainte-Beuve est le parrain.

1831 — *Notre-Dame de Paris, Les Feuilles d'Automne*, publication. *Marion Delorme*, représentation.

1832 — Hugo écrit *Le roi s'amuse, Lucrèce Borgia*. Il s'installe place Royale (actuel musée Victor-Hugo, place des Vosges). Interdiction de la représentation de *Le roi s'amuse*.

1833 — Hugo rencontre Juliette Drouet, comédienne. Il devient son amant. *Lucrèce Borgia*, représentation (avec J. Drouet dans un petit rôle). *Marie Tudor*, représentation et publication.

1834 — Publications : *Etude sur Mirabeau, Littérature et Philosophie mêlées, Les Gueux*. Rupture avec Sainte-Beuve.

1835 — Publications : *Angelo, Les Chants du Crépuscule*. Représentation d'*Angelo*.

1836 — Echec à l'Académie, à deux reprises.

1837 — Le frère de Hugo, Eugène, meurt à l'asile de Charenton où il avait été interné. Publication des *Voix intérieures*. Voyage en Belgique avec Juliette Drouet.

1838 — Publication de *Ruy Blas*.

1839 — Voyage dans l'Est, la Rhénanie et la Provence avec Juliette Drouet.

1840 — Hugo, président de la Société des Gens de Lettres, à la suite de Balzac. Nouvel échec à l'Académie. Publication de *Les Rayons et les Ombres*. Voyage avec Juliette Drouet sur les bords du Rhin.

1841 — Hugo est élu à l'Académie.

1842 — Publication du *Rhin*.

1843 — Représentation et publication des *Burgraves*. Voyage en Espagne avec Juliette Drouet. Mariage de Léopoldine avec Charles Vacquerie : quelques mois après, ils se noient à Villequier.

1844 — Liaison avec Mme Biard.

1845 — Hugo reçoit Sainte-Beuve à l'Académie. Il est nommé pair de France. Léonie Biard et Hugo sont surpris en flagrant délit d'adultère.

1846 — Liaison avec Alice Ozy.

1851 — Expulsé après le coup d'Etat, Hugo gagne Bruxelles où il commence *Histoire d'un Crime*.

1852 — Hugo achève à Bruxelles *Histoire d'un Crime*, écrit *Napoléon-le-Petit*, puis gagne Jersey. Il s'installe à Marine-Terrace.

1853 — Séances de tables tournantes à Jersey. *25 novembre :* Publication des *Châtiments*.

1854 — Hugo écrit *La Fin de Satan*.

1855 — Mort d'Abel Hugo. Expulsé de Jersey, Hugo gagne Guernesey.

1856 — Publication des *Contemplations*. Hugo s'installe à Hauteville-House.

1859 — Publication de *La Légende des Siècles* (1re série).

1861 — Hugo gagne Bruxelles. Il achève *Les Misérables*. Il revient à Guernesey.

1862 — Publication des *Misérables*. Voyage sur les bords du Rhin, recommencé en 1863, 1864, 1865.

1864 — Publication de *William Shakespeare*.

1865 — Hugo reste seul à Guernesey avec Juliette Drouet. Il voyage en Belgique et sur les bords du Rhin. Publication des *Chansons des Rues et des Bois*.

1866 — Publication des *Travailleurs de la Mer*.

1867 — Juliette Drouet et Adèle Hugo se rendent visite pour la première fois. Hugo écrit *Mangeront-ils*, et *La Voix de Guernesey*.

1868 — Mort d'Adèle Hugo, sa femme, à Bruxelles. Hugo achève *L'Homme qui rit.*

1870 — *5 septembre :* Hugo rentre en France après dix-neuf ans d'exil. La première édition française des *Châtiments* est mise en vente. On en donne lecture publique au Théâtre de la Porte-Saint-Martin.

1871 — Hugo, élu député à l'Assemblée constituante, rejoint le gouvernement à Bordeaux.
21 mars : Hugo se rend à Bruxelles pour régler la succession de son fils Charles, qui vient de mourir.

1872 — Sa fille Adèle, folle, est internée. Publication de *L'Année terrible.*
Liaison avec la femme de chambre de Juliette Drouet.

1873 — Hugo achève *Quatre-Vingt-Treize.* Son fils François-Victor meurt.

1874 — Publication de *Quatre-Vingt-Treize* et de *Mes Fils.*

1875 — Publication de *Avant l'Exil* et *Pendant l'Exil.* Hugo rédige son testament littéraire.

1876 — Hugo, élu sénateur, prononce un discours pour l'amnistie des Communards. Il écrit l'éloge funèbre de G. Sand et publie *Depuis l'Exil.*

1877 — Publication de *La Légende des Siècles* (2ᵉ série), de *L'Art d'être grand-père,* d'*Histoire d'un Crime.*

1878 — *27 juin :* Congestion cérébrale : Hugo ne pourra plus écrire que difficilement.

1880 — Nouveau discours en faveur de l'amnistie des Communards. Publication de *Religions et Religion* et de *L'Ane.*

1881 — Hommages à Hugo : manifestation populaire, séance au Sénat. Publication des *Quatre Vents de l'Esprit.*

1882 — Publication de *Torquemada.* Eloge funèbre de Louis Blanc.

1883 — Mort de Juliette Drouet. Publication de *La Légende des Siècles* (3ᵉ série) et de *L'Archipel de la Manche.*

1885 — *15 mai.* Congestion pulmonaire. *22 mai,* 13 h 27 : mort de Victor Hugo à son domicile, 130, avenue d'Eylau. *1ᵉʳ juin :* Funérailles nationales. Inhumation au Panthéon.

NOTICES ET NOTES

I. — LES CHANTS DU CREPUSCULE *

NOTICE

Ce recueil, qui paraît chez Eugène Renduel, le 27 octobre 1835, comprend des poèmes dont la composition s'étend sur plus de cinq années, du 10 août 1830 au 20 octobre 1835. On en trouvera ci-après le tableau chronologique.

LES CHANTS DU CRÉPUSCULE	AUTRES ŒUVRES
1830	
10 août, pièce 1	
9 octobre, pièce 2	Du 1er septembre 1830
1831	
	au 15 janvier 1831 : composition de NOTRE-DAME DE PARIS
Avril, 1re partie de la pièce 13	22 avril, pièce 24 des FEUILLES D'AUTOMNE
Juillet, pièce 3	8 juillet, pièce 34 des *Feuilles d'automne*
	11 août, première de *Marion Delorme*

---

* Pour ce recueil comme pour les suivants, nous reproduisons le texte de l'édition Furne, de 1840, qui a quelques chances d'avoir été revu par Hugo nous avons corrigé quelques bévues ou fautes d'impression.

LES CHANTS DU CRÉPUSCULE	AUTRES ŒUVRES
	Novembre, pièces 38, 20, 23, 30, 36 et 40 des *Feuilles d'automne*.
31 décembre, pièce 37	1er décembre, publication des *Feuilles d'automne*
	1832
18 janvier, pièce 18	
	1er mars, publication de l'article *Guerre aux démolisseurs* (second article sur ce sujet), dans la *Revue des Deux Mondes* (recueilli dans *Littérature et philosophie mêlées*)
	15 mars, seconde préface du *Dernier Jour d'un condamné*
	Juin, composition de *LE ROI S'AMUSE*
	Juillet, composition de *LUCRECE BORGIA*
20 août, pièce 4	
Août, pièce 5	
	22 novembre, première de *Le Roi s'amuse*, interdit le 24
	1833
	2 février, première de *Lucrèce Borgia*
21 mai, pièce 21	
	29 mai, article sur l'art, dans *L'Europe littéraire* (dans *Littérature et philosophie mêlées : But de cette publication*)
	Août, composition de *MARIE TUDOR*
	6 novembre, première de *Marie Tudor*
	1er décembre, article sur Ymbert Gallois, dans *l'Europe littéraire* (recueilli dans *Littérature et philosophie mêlées*)
	1834
	Janvier, *Etude sur Mirabeau* (repris dans *Littérature et philosophie mêlées*)
18 février, pièce 22	
	Mars, publication de *LITTERATURE ET PHILOSOPHIE MELEES*, dont plusieurs passages avaient été publiés dans *L'Europe littéraire*, en 1833

LES CHANTS DU CRÉPUSCULE	AUTRES ŒUVRES
	6 juillet, publication de *CLAU-DE GUEUX*, composé en juin
	25 août, poème II, **x** des *Contemplations*

1834

16 septembre, pièce 39	Septembre, publication en vo-lume de *Claude Gueux*
19 — — 24	
7 octobre, pièce 28	
7 — — 30	
17 — — 35	
25 — — 33	
7 décembre, pièce 27	
28 — — 15	
Décembre, — 11	
— — 20	
Achevée en 1834, la pièce 6, datée de mai 1833	

1835

1er janvier, pièce 25	
19 février, pièce 29	
21 — — 16	
Février, — 23	Composition d'*ANGELO TY-RAN DE PADOUE*
1er mars, pièce 26	
	1er avril, pièce 16 des *VOIX INTÉRIEURES*
	28 avril, première d'*Angelo*
21 mai, pièce 31	
Juillet, pièce 10	
21 août, pièce 19	
30 — — 7	
4 septembre, seconde partie de la pièce 13	
6 — — 14	
12 — — 9	8 septembre, pièce 28 des *Voix intérieures*
14 — — 17	
18 — — 12	
13 octobre, pièce 38	
14 — — 34	
	15 octobre, pièce 30 des *Voix intérieures*
18 — — 36	
20 — *Prélude*	
25 — préface	

Achevées en 1835, les pièces 8
  et 32, datées d'octobre 1832
  et d'août 1834
27 octobre, publication des
  Chants du crépuscule

La colonne de gauche, celle des Chants du crépuscule, *commence à se remplir, au détriment de la colonne de droite, à partir de septembre 1834, et la prééminence de l'année 1835 apparaît au premier coup d'œil. Plus précisément, on est frappé, dans ces deux années, par la fécondité poétique des automnes, celui de 1835, surtout. Ces mois de septembre et d'octobre, Hugo les a passés chez les Bertin, aux Roches, dans la vallée de la Bièvre : là est la patrie même des* Chants du crépuscule.

Ces poèmes continuent l'inspiration des Feuilles d'au *tomne : automne, crépuscule, saison ou heure de l'incertitude et de la mélancolie.*

Rien de bien solide n'est venu remplacer l'ancienne conviction monarchiste. En 1835, détaché des Bourbons, Hugo ne s'est pas encore rapproché des Orléans. Il a fait le point, en 1834, avec une exactitude subtile, dans Littérature et philosophie mêlées. *L'attitude d'attente un peu désabusée qu'il y définit, le « progressisme » sage et sans éclat qui s'exprime dans* l'Etude sur Mirabeau, *se traduisent poétiquement en méditations sur les coups de la fortune, les renversements de la destinée, et en conseils de morale inquiets. Incertitude, inquiétude et grands éclats d'épopée, quand il s'agit de Napoléon, tels seraient les traits de ces poèmes politiques, qui occupent à peu près la première moitié du recueil.*

Les Chants du crépuscule *sont, en effet, le livre du doute, et l'automne 1835 semble le moment culminant du doute, chez Victor Hugo : 8 octobre,* Pensar, dudar *— penser, c'est douter, poème réservé pour* Les Voix intérieures *; 13 octobre,* Que nous avons le doute en nous *; 20 octobre,* Prélude :

*De quel nom te nommer, heure trouble où nous
        [sommes ?*

*Le soleil se lèvera-t-il ou l'ombre va-t-elle tout recouvrir ?
Ce crépuscule, est-ce celui du matin ou celui du soir ?
Sommes-nous, comme le pense Lamennais, à la veille*

d'un bouleversement radical, d'un renouvellement total :
les temps sont-ils venus ? On attend le Messie, et Musset
interroge :

Qui de nous, qui de nous va devenir un Dieu ?

Les candidats, on le sait, ne manquaient pas ; mais, à
cette date, Hugo ne se mettait pas sur les rangs et
n'apercevait nulle part aucun Sauveur. Au demeurant,
ce messianisme est une des faces du romantisme, dont
l'autre face est le doute, et l'une des plus belles figures
de la mythologie romantique, c'est, à coup sûr, réconci-
lié avec le Julien vaincu de Daphné, **le** Christ **sceptique**
d'Alfred de Vigny.
    Cette crise de doute, entretenue par les incertitudes de
l'état politique, découle encore de la crise religieuse qui
suit la révolution de Juillet. De toutes parts, on annonce
la mort du christianisme et, aux déclarations de Rolla,
en 1833,

Ta gloire est morte, ô Christ et sur nos croix d'ébène
Ton cadavre céleste en poussière est tombé !

font écho, en 1835, les vers du poème XXXVIII de notre
recueil : la mort du dieu Jésus a mis **le doute en nous,**

Nous portons dans nos cœurs le cadavre pourri
De la religion qui vivait dans nos pères.

Telle serait la « philosophie » des Chants du crépus-
cule ; **c'était celle des** Feuilles d'automne, le doute étant
plus accentué dans le recueil de 1835. Mais si, sur le
plan des idées, ce nouveau livre est plus assombri que
celui de 1831, on n'y retrouve guère le découragement,
la fatigue de vivre, le sentiment du vieillissement qui
caractérisent Les Feuilles d'automne. **Rien n'est venu**
remplacer l'ancienne conviction légitimiste et le doute
gagne. Mais l'amour déçu par Adèle a trouvé ailleurs
sa revanche et une merveilleuse récompense. La seconde
moitié du recueil est occupée, pour la plus grande partie,
par des poèmes adressés à Juliette Drouet. **A la mi-**
février 1833, Victor et Juliette sont devenus amants, et,
le 21 mai, le poème XXI chante la femme aimée avec
une exaltation lyrique assez neuve, ce semble, dans la

poésie hugolienne ; l'amour envahit la nature entière et s'en fait la loi souveraine : le centre du monde, le secret de l'univers, c'est la femme aimée... Nous savons que Hugo souffrit de la jalousie que lui inspirait le passé, fort chargé, de Juliette. Non seulement elle avait eu des amants, mais elle avait des dettes... Que se passa-t-il vers la fin de juillet 1834 ? Quelle « faute » Juliette commit-elle ? On ne sait. La querelle avec Victor fut si violente qu'elle prit la fuite. Mais lui s'élançait à sa poursuite et la rejoignait à Saint-Renan, près de Brest, dans les premiers jours d'août. Un certain apaisement se produit alors et c'est le premier automne aux Roches, entre Juliette et Adèle. Avant de nous interroger sur ce partage, notons que, de ces affres de la jalousie, rien n'est passé dans les poèmes des Chants du crépuscule *: Victor Hugo s'y révèle le poète de l'amour heureux. A cette expansion lyrique par laquelle l'amour prend possession de l'univers, s'ajoutent une pureté ardente et la foi joyeuse et passionnée dans la puissance de l'amour : la mort est vaincue,*

> *Puisque j'ai mis ma lèvre à ta coupe encor pleine, ...*
> *Je puis maintenant dire aux rapides années :*
> *— Passez ! passez toujours ! je n'ai plus à vieillir !...*
> *J'ai dans l'âme une fleur que nul ne peut cueillir !*

Il faut en venir maintenant à ces séjours de septembre et octobre 1834 et 1835, dans la vallée de la Bièvre. Aux Roches, chez les Bertin, Adèle et les quatre enfants ; tout près, aux Metz, Juliette. Aux Roches et aux Metz, époux et amant, Victor Hugo. Or, ce partage entre l'épouse et la maîtresse trouve son écho dans Les Chants du crépuscule *: aux poèmes en l'honneur de Juliette, se mêlent les poèmes XXXV, XXXVI et XXXIX, qui glorifient l'épouse. Sainte-Beuve s'est déclaré choqué par ce mélange de « deux encens qui se repoussent ». Il avait, à cette délicatesse morale, des raisons peu avouables. Toutefois, la difficulté qu'il dénonce, existe, et l'on a pu trouver les vers consacrés à la femme bien froids et bien pâles, en comparaison de ceux qui sont réservés à la maîtresse.*

Certes, la poésie est du côté de Juliette ; mais, si l'on veut ne pas négliger ici une occasion de pénétrer un peu la personnalité de Victor Hugo, il convient de ne prendre

*le parti ni de la maîtresse ni de l'épouse, ni de la vertu
ni de l'amour, et de lire attentivement ces poèmes à
Adèle. Ils livrent, d'abord, une vérité, l'humble vérité
des existences, celle qui permet de vivre : le compro-
mis. Il fallait bien, il faut toujours un* modus vivendi.
Le voici : d'un côté, l'épouse, la mère, l' « Eve qu'aucun
fruit ne tente » ; *de l'autre, la passion. A l'épouse, la
dignité ; à la maîtresse, l'ardeur. Première question :
l'Eve conjugale n'a-t-elle donc point connu la tentation ?
Qu'est-ce que Hugo savait exactement de ses amours
avec Sainte-Beuve ? Contentons-nous de constater qu'en
1834-1835 il a décidé de ne pas savoir. Seconde ques-
tion : le partage. Dignité bourgeoise à l'épouse ; ardeurs
réservées à la maîtresse, n'est-il pas inégal ? Pour en
bien juger, il faut admettre pleinement la valeur que
Hugo attachait aux convenances, aux apparences, à tout
ce que nous appellerions la morale bourgeoise. Bour-
geois, il l'était, soucieux des convenances, et homme de
devoir. Jamais il n'eût abandonné son épouse et sa fa-
mille. Il en avait besoin — et le titre même d'épouse de
Victor Hugo avait, à ses yeux, une valeur éminente : il
y a une place, dans sa vie, dans son cœur aussi, à jamais
réservée. Autant, si j'ose dire, que Juliette, que la pre-
mière maîtresse, Adèle est l'unique, parce qu'elle est
Madame Victor Hugo.*

*Et puis, est-ce tout ? Pour l'épouse qui pardonne —
quelles que soient ses diverses raisons... — il éprouve
une gratitude sincère. Avec son bon sens qui, au temps
des* Lettres *à la fiancée, contrastait avec la sombre pas-
sion du frère d'Eugène, Adèle est une source d'apaise-
ment et d'équilibre. Epouse légitime, elle est la rectitude,
et le fils de Sophie Trébuchet a connu, dès toujours, la
nécessité de la règle et de la discipline. Tel est le sens
du poème XXXV, où Hugo déclare que, sans Adèle, sa
vie flotterait en tous sens et à tout événement. N'est-ce
donc rien qu'une telle déclaration ? Et l'enfance pro-
fonde ne fait-elle pas encore d'Adèle l'unique, celle qui
a été la première ? Remontant au-delà de la déception
conjugale, Hugo retrouve l'imperdable paradis des
amours enfantines, avec la continuité du foyer installé.
Enfin, pour tout dire, Adèle est la mère de ses enfants
— il le rappelle dans chacun des poèmes écrits pour
elle. En vérité, l'encens en l'honneur de l'épouse n'est
ni moins sincère ni, à sa manière, moins chaleureux
que celui qui s'élève en l'honneur de la maîtresse. Et
les deux s'accordent, puisque, sans l'une comme sans*

*l'autre des deux femmes, l'homme et le poète n'arrive-
raient pas à vivre.*

*C'est un des traits de la poésie de Hugo que cette
complexe simplicité, au ras de l'humanité. Ici comme
dans* Les Feuilles d'automne, *poésie très — non pas trop
— humaine...*

NOTES

P. 17   **PREFACE**

1. Comme l'indique la suite, Hugo songe tout autant au crépus-
cule du matin qu'à celui du soir. Ces *Chants du crépuscule* ne
sont pas tant les chants mélancoliques de la tombée de la nuit que
les poèmes inquiets et interrogatifs des heures douteuses, des mo-
ments de transition.

P. 18

1. Ainsi l'esthétique du contraste définie par la *Préface* de
Cromwell s'accorde avec l'époque dont le poète se fait l'écho
sonore, et avec sa vie même, partagée entre la passion amoureuse
pour la maîtresse, et les « retours religieux » du père et de l'époux
auprès de sa famille.

P. 21   **PRELUDE**

1. Le matin et le soir, l'angélus signale l'un et l'autre crépuscule.
Ces quatre premières strophes donnent un bel exemple de la manière
symbolique de Hugo : les deux termes — le signifiant et le signifié —
sont intimement fondus et tous les détails pourvus de la double
valeur : — intellectuelle, illustrant l'idée avec exactitude, — réaliste,
suggérant, de façon précise, le moment du crépuscule, dans la
nature.

P. 22

1. Dans son *Discours aux artistes*, Pierre Leroux écrivait, en
1831 : les poètes « chantent, glorieux mais tristes, entre une tombe
et un berceau, entre un ordre social qui achève de s'écrouler et un
nouveau monde qui va naître ».

P. 23

1. Exactitude du symbole : s'agit-il du crépuscule du matin, ou de celui du soir ? Avec ses contemporains, Hugo hésite entre ce sentiment de la vieillesse et de la décrépitude du monde, exprimé par Musset, dans *Rolla*, et l'attente messianique — parfois même, comme pour un Lamennais, « millénariste » — d'un prochain et radical accomplissement. S'il doute, il est sûr que, d'une façon ou d'une autre, pour la mort ou la naissance nouvelle, les temps sont arrivés.

P. 24

1. On retrouve ici l'idée du poète « écho sonore », composant son chant de toutes les voix du monde.

P. 25   **DICTE APRES JUILLET 1830**

1. Titre dans le manuscrit : Aux trois écoles.
Ce titre est suivi d'un appel de note ; la note est rédigée comme suit :

« Cette ode est adressée à toute la jeunesse. Mais elle approuvera sans doute que l'école polytechnique, l'école de droit et l'école de médecine la représentent ici comme elles l'ont représentée dans les grandes journées de juillet. La gloire de ces trois admirables écoles est commune à toute la nouvelle génération. »

Cette pièce a paru, d'abord, dans *Le Globe* du 19 août 1830, sous le titre : *A la jeune France*, puis, en plaquette ; dans cette seconde publication, elle est précédée par la note du manuscrit, que l'on vient de lire. Dans *Le Globe*, elle était introduite par ces lignes :

« La poésie s'est montrée empressée de célébrer la grandeur des derniers événements ; ils étaient faits pour inspirer tous ceux qui ont un cœur et une voix. Voici M. Victor Hugo qui se présente à son tour avec son audace presque militaire, son patriotique amour pour une France libre et glorieuse, sa vive sympathie pour une jeunesse dont il est un des chefs éclatants. Mais, en même temps, par ses opinions premières, par les affections de son adolescence, qu'il a consacrées dans plus d'une ode mémorable, le poète était lié au passé qui finit, et avait à le saluer d'un adieu douloureux en s'en détachant. Il a su concilier dans une mesure parfaite les élans de son patriotisme avec les convenances dues au malheur ; il est resté citoyen de la nouvelle France, sans rougir des souvenirs de l'ancienne ; son cœur a pu être ému, mais sa raison n'a pas fléchi : *Mens immota manet, lacrymæ volvuntur inanes*. Déjà, dans l'ode *A la Colonne*, M. Victor Hugo avait prouvé qu'il savait comprendre

toutes les gloires de la patrie. Sa conduite, en plus d'une circons-
tance, avait montré aussi qu'il était fait à la pratique de la liberté.
Tandis que Chateaubriand, vieillard, abdique noblement la carrière
publique, sacrifiant son reste d'avenir à l'unité d'une belle vie, il
est bien que le jeune homme qui a commencé sous la même ban-
nière continue d'aller en dépit de certains souvenirs, et subisse sans
se lasser les doctrines diverses de son pays. Chacun fait ainsi ce qu'il
doit, et la France, en honorant le sacrifice de l'un, agréera les tra-
vaux de l'autre. »

Sainte-Beuve a revendiqué la paternité de ce texte, dans le tome Ier
de ses *Portraits contemporains :* « Ce petit article, dit-il, ... avait pour
intention de piloter l'ode à travers les passes encore étroites du libé-
ralisme triomphant » ; plus tard, au tome XI des *Causeries du lundi,*
il répète : « Je suis tout fier aujourd'hui en relisant cet article : dans
un détroit difficile et toujours assez périlleux à franchir, je faisais
comme le pilote côtier qui donne son coup de main, et qui aide le
noble vaisseau à doubler l'écueil ou à trouver la passe. » On ne
saurait mieux dire et il faut admettre que le ralliement du poète
des *Odes* légitimistes au « libéralisme triomphant » s'effectue avec
dignité dans le poème, qui rend les honneurs au vieux monarque
exilé, et est présenté avec adresse par le critique...

2. Les combats dans les rues de Paris ont duré trois journées,
les Trois Glorieuses, les mardi, mercredi et jeudi 27, 28 et 29 juillet.

P. 26

1. On se souvient du passage fameux de *Servitude et Grandeur
militaires :* « Vers la fin de l'Empire, je fus un lycéen distrait. La
guerre était debout dans le lycée, le tambour étouffait à mes oreilles
la voix des maîtres... Nulle méditation ne pouvait enchaîner long-
temps des têtes étourdies sans cesse par les canons et les cloches
des *Te Deum !*... »

P. 27

1. Les quatre ordonnances dont la publication dans *Le Moniteur*
du 26 juillet 1830 avait provoqué la révolution ; l'une de ces ordon-
nances, que vise surtout la deuxième strophe, suspendait la liberté
de la presse.

2. « Les rois ont le jour, les peuples ont le lendemain », lit-on
dans le *Journal d'un révolutionnaire de 1830 (Littérature et philo-
sophie mêlées).*

P. 29

1. L'écharpe blanche de Henri IV qui représente la dynastie des
Bourbons, comme Napoléon (Iéna) représente le génie de la Révo-
lution.

P. 30

1. Dans *Le Globe,* ce vers était accompagné d'une note :

« L'auteur ne peut approuver le changement de destination qu'on paraît vouloir faire subir au piédestal de la place de la Révolution. Quelle que puisse être la diversité des opinions sur ces morts fatales des Charles Ier et des Louis XVI, on doit savoir que de semblables pages ne s'effacent pas de l'histoire des empires : elles restent, et l'on doit trouver bon qu'elles restent, de quelque façon qu'on les considère, soit qu'on y voie une leçon pour les peuples, soit qu'on y voie une leçon pour les rois. »

Sous la Restauration, la place de la Révolution, où fut dressé l'échafaud de Louis XVI, avait reçu le nom de ce roi et, en 1824, Charles X avait posé la première pierre d'un monument expiatoire, à sa mémoire. En 1836, ce monument devait être remplacé par l'obélisque de Louqsor. — Sur la Colonne de la place Vendôme, « veuve » de la statue de Napoléon, voir la pièce suivante et la note 1 de la p. 40.

2. On sait que les tombeaux des rois se trouvent dans la basilique de Saint-Denis ; dans les *Odes,* Hugo a, plus d'une fois, déploré leur profanation, sous la Révolution.

P. 32

1. Ce souhait d'un retour à la simplicité évangélique d'une Eglise débarrassée de ses compromissions politiques fait songer au mouvement du catholicisme libéral, dirigé par Lamennais, dont Hugo se rapproche, à cette date.

P. 34   A LA COLONNE

1. La note qui accompagne cette nouvelle ode à la Colonne en indique l'occasion : à la séance du 2 (et non du 7) octobre, la Chambre des députés repoussa, après deux votes, une double pétition réclamant le transfert des cendres de Napoléon sous la Colonne. Hugo s'arrache à son manuscrit de *Notre-Dame de Paris* pour dire son indignation dans un poème où l'on retrouve les images de la grandeur : le front colossal, l'océan populaire, et, aussi, la figure de Napoléon Titan ; l'airain et l'aigle, le métal de la gloire et l'oiseau royal, complètent cette « mythologie » napoléonienne. Politiquement, c'est l'alliance du libéralisme et du culte pour Napoléon, de la Liberté et de la Gloire. A l'égard du nouveau régime, le sentiment qu'il manque de grandeur, une impression de mesquinerie n'empê-

cheront point Hugo de se rapprocher, plus tard, de la sage maison d'Orléans.

2. Hugo a repris ce mouvement et exprimé le même sentiment dans le discours prononcé, en 1832, devant le tribunal de commerce, pour protester contre l'interdiction de son drame, *Le Roi s'amuse* : opposant l'Empire à la monarchie de Juillet, il s'écrie : « Alors, messieurs, c'était grand !... Alors, on nous prenait notre liberté, c'est vrai : mais on nous donnait un bien sublime spectacle... Si l'on avait la fantaisie d'une colonne, on en faisait fournir le bronze par l'empereur d'Autriche... Alors, je le répète, c'était grand ; aujourd'hui, c'est petit. Nous marchons à l'arbitraire comme alors, mais nous ne sommes pas des colosses. »

P. 35

1. Le polygone est le « lieu où les artilleurs s'exercent au tir » (la première arme de Bonaparte fut l'artillerie) et la dragonne, dit encore Littré, qui cite ces vers de Hugo, est « le cordon ou galon qui orne la poignée d'une épée. »

P. 36

1. Voir la pièce XXX des *Feuilles d'automne, Souvenir d'enfance*.

J'avais sept ans, je vis passer Napoléon...

En fait, le jour de l'inauguration de la colonne Vendôme, le 15 août 1810, ne donna lieu à aucune cérémonie ni défilé militaire, et l'Empereur passa cette journée dans son palais des Tuileries.

P. 38

1. Voir, ici encore, le plaidoyer pour *Le Roi s'amuse* : « Souvenons-nous que notre liberté nous fut largement payée en gloire... Il n'y a eu dans ce siècle qu'un grand homme, Napoléon, et une grande chose, la liberté. »

P. 39

1. Souvenir du vers de Juvénal, dans la *Satire X : Quot libras in duce summo ?* (Combien de livres pèse le plus grand capitaine [une fois mort] ?)

2. L'éperon est un attribut de la puissance napoléonienne : dans l'ode de 1827, le poète le montrait « empreint » « aux deux fronts du vautour d'Allemagne » ; en 1831, dans la pièce XXX des *Feuilles d'automne*, les « vassaux couronnés » regardent « en tremblant » les « pieds éperonnés » de l'Empereur, qui, dans le poème V des *Chants du crépuscule*, donne à ses armées, pour astre, « l'étoile » de ses éperons.

P. 40

1. Cette « veuve », c'est la colonne. L'image vient du rapport de Montigny, qui, à la Chambre, avait appuyé les pétitions pour le retour des cendres : « Louis-Philippe verrait, n'en doutons pas, sans en prendre le moindre ombrage, les compagnons d'armes du grand capitaine... déposer ses cendres au pied de la colonne triomphale, encore veuve de la statue du triomphateur. » (Enlevée en 1815, la statue de Napoléon sera replacée sur la colonne, en 1833.)

2. Le saule planté près de la tombe de Sainte-Hélène, dont les voyageurs rapportaient des feuilles, en pieux souvenir.

P. 42   **HYMNE**

1. En juillet 1831, le gouvernement de Louis-Philippe demande à Hugo un *Hymne*, pour la célébration au Panthéon des Journées révolutionnaires. Le 18 juillet, le poète envoie au musicien Hérold, dont l'opéra de *Zampa* venait d'obtenir un vif succès, « deux ou trois méchantes strophes ». Le 27, la cérémonie se déroule et l'*Hymne* de Hugo et Hérold est chanté par un chœur qui se fit très mal entendre, à cause de « l'étendue du temple » et du bruyant désordre des spectateurs. La pièce parut le lendemain, dans *Le Globe*, puis, en 1832, en plaquette.

P. 43   **NOCES ET FESTINS**

1. Le thème développé ici, et qui dérive du *Festin de Balthasar*, a fait son apparition en 1823, dans l'ode du *Repas libre*, « Aux Rois de l'Europe » (II, v), et sera repris, avec une puissante originalité, en 1853, dans *Les Châtiments*, avec le poème *On loge à la nuit*.

P. 45

1. Ce poème est remarquable par les allégories qui y abondent. Fréquentes dans les œuvres d'avant l'exil, elles continuent ensuite à jouer un grand rôle dans la poésie de Hugo ; son génie mythologique se plaît à les animer, à leur donner les allures de la réalité vivante, à leur faire jouer de petits drames qui ressemblent à de petits mythes.

P. 46   **NAPOLEON II**

1. Le manuscrit manque, mais le recueil manuscrit des *Feuilles paginées* fournit plusieurs ébauches de ce poème. Voici les deux plus importantes :

en mil huit cent onze
Temps où Napoléon, ce taureau furieux
dans tous les coins du cirque immense et glorieux
Où la poussière à grands flots vole,

chassait et poursuivait, à coups de corne aux flancs,
éventrée et marchant sur ses boyaux sanglants
　　　　　l'héroïque rosse espagnole.

tous les peuples frappés d'anxiété profonde
dirent (var. : disent) quelqu'un de grand fait son entrée au monde,
ils écoutèrent le canon (var. : comptent les coups du)
comme si, connaissant mieux qu'eux le nouvel hôte,
cette bouche d'airain épelait à voix haute
　　　　　chaque syllabe de son nom.

Le duc de Reichstadt était mort, à Vienne, le 22 juillet 1832.

P. 47

1. Le Roi de Rome était né le 20 mars 1811 ; il fut baptisé, à Notre-Dame, le 9 juin, et, ce jour-là, Napoléon, élevant l'enfant dans ses bras, le présenta à la foule.

P. 48

1. Souvenir de la fameuse apostrophe de Napoléon au Corps Législatif, le 1er janvier 1814 : « Le trône en lui-même n'est qu'un assemblage de quelques pièces de bois recouvertes de velours. Le trône, c'est un homme, et cet homme, c'est moi ! »

2. L'intervention en Espagne avait eu pour prétexte un arbitrage entre le roi, Charles IV, avec son favori Godoï, et son fils, qui soulevait des émeutes contre lui.

P. 50

1. L'image de la chute de l'aigle était apparue, en 1823, dans l'ode *A mon père* :

　　　Tel, en son vol immense atteint du plomb funeste,
　　　Le grand aigle, tombant de l'empire céleste,
　　　Sème sa trace au loin de son plumage épars.

En 1825, elle revient dans *Les Deux Iles* :

　　　　　... Renversé de son aire,
　　　Il tomba, tout fumant de cent coups de tonnerre.

2. Cette image du prisonnier accroupi dans une cage ou sous une voûte apparaît plus d'une fois, dans l'œuvre de Hugo. On la trouve dans *Notre-Dame de Paris* : l'âme de Quasimodo est enfermée dans le corps du monstre, « comme ces prisonniers des Plombs de Venise qui vieillissaient ployés en deux dans une boîte de pierre trop basse

et trop courte » ; et l'attitude de Napoléon, dans sa « cage », annonce celle de Caïn, muré dans son tombeau, dans le poème de *La Conscience*. Charles Baudouin, qui fait ce rapprochement, dans sa *Psychanalyse de V. Hugo*, explique que le souverain exilé s'identifie, dans l'inconscient du poète, au père diminué, ou mort. « Et nous savons », poursuit-il, « que Napoléon... est une figure paternelle indiscutable. L'exil de cette « grande figure » réalise donc le vœu œdipien, qui, nous le savons aussi, appelle automatiquement la punition par talion... » Baudouin rapproche, alors, le motif de l'exil et celui de la mutilation, avec, du même coup, l'image du prisonnier accroupi ou de l'enterré vivant, Napoléon dans sa cage, Caïn dans sa tombe.

P. 51

1. Le Phare d'Alexandrie — une des sept merveilles du monde, chez les Anciens — rappelle la campagne d'Egypte.

P. 52

1. L'incertitude de Hugo contraste avec la foi dans le progrès de l'humanité que, vers le même temps, Lamartine avait exprimée dans l'ode sur *Les Révolutions*. Hugo semble plus préoccupé du mystère de l'au-delà, de « Dieu dans l'ombre ».

P. 53   SUR LE BAL DE L'HOTEL-DE-VILLE

1. Le problème social fait ici son entrée dans la poésie hugolienne — soit vers 1834 (voir ci-dessus). La question sociale a commencé à préoccuper Hugo très sérieusement, depuis le moment, semble-t-il, de la préface — datée du 15 mars 1832 — à la deuxième édition du *Dernier Jour d'un condamné* ; mais c'est surtout en 1834, dans la conclusion de *Claude Gueux*, publiée dans *La Revue de Paris* le 6 juillet, qu'il en traite longuement et dans un esprit voisin de celui qui s'exprime dans ces vers : « Le peuple a faim, le peuple a froid. La misère le pousse au crime ou au vice, selon le sexe. Ayez pitié du peuple, à qui le bagne prend ses fils, et le lupanar ses filles. Vous avez trop de forçats, vous avez trop de prostituées. » Puis Hugo insiste sur les dangers d'explosion sociale que représente la misère, quand, au lieu de l'adoucir, on l'exaspère, par le spectacle du luxe, comme ici. Cette idée sera reprise et développée dans *Choses vues*, en conclusion du récit de la fête donnée chez le duc de Montpensier, le 6 juillet 1847 : « Ce qui irrite surtout le peuple, c'est le luxe des princes et des jeunes gens... »

P. 55   *O DIEU ! SI VOUS AVEZ LA FRANCE*
SOUS VOS AILES...

1. Cette hantise de l'émeute s'explique par les soulèvements qui se succèdent, sac de Saint-Germain-l'Auxerrois, les 14 et 15 février

1831, émeute des 5 et 6 juin 1832, lors des funérailles du général Lamarque (800 morts et blessés) ; à Lyon, où les ouvriers s'étaient déjà soulevés en novembre-décembre 1831, une nouvelle insurrection, le 8 avril 1834, donne le signal des émeutes parisiennes qui aboutissent au massacre de la rue Transnonain. Il s'ensuivit des lois de répression qui viennent en discussion à la Chambre des députés, justement en août 1835.

2. Date de l'édition : août 1832. — On dirait que Hugo a tenu à antidater cette pièce et la précédente, peut-être pour indiquer qu'il a, dès les lendemains de Juillet, porté une attention vigilante aux problèmes politiques et sociaux.

A CANARIS

3. Hugo avait déjà célébré Canaris, l'audacieux marin, héros de la guerre d'indépendance grecque, dans le deuxième poème des *Orientales ;* voir aussi, dans *Les Chants du crépuscule,* la pièce XII.

P. 57

1. Les fameux marbres d'Egine, entrés à la Glyptothèque de Munich, ont passionné artistes et archéologues, dans ces années 1830-1840 ; on y décelait des influences orientales et leur hyperarchaïsme les a fait rapporter parfois à l'Egypte : de là, cette « antique Isis », qui, en réalité, ne figure pas dans ces bas-reliefs.

P. 58   *SEULE AU PIED DE LA TOUR...*

1. Sur la Pologne, voir la préface et la pièce XL des *Feuilles d'automne.* En 1833, avait paru l'ouvrage de Mickiewicz, *Le Livre des Pèlerins polonais,* traduit par Montalembert.

A L'HOMME QUI A LIVRE UNE FEMME

2. En 1832, la duchesse de Berry, « la mère de Henri V », qui vivait en exil, à Londres, débarque secrètement en Provence et, en avril, gagne la Vendée qu'elle tente vainement de soulever ; après l'échec, elle se cache à Nantes, est livrée par trahison, enfermée, le 7 novembre, dans la citadelle de Blaye, où, en mai 1833, elle accouche d'une fille ; elle doit alors — « grande âme », mais « faible cœur » — avouer son mariage secret avec le comte de Lucchesi-Palli. L'homme qui l'avait livrée est Simon Deutz, fils, converti au catholicisme, du grand rabbin du Consistoire central des Israélites français ; sa trahison lui fut payée 100 000 francs.

P. 60

1. Perrinet Leclerc (ou Le Clerc) qui ouvrit une des portes de Paris aux Bourguignons, le 29 mai 1418. Louvel est l'assassin du duc de Berry.

P. 61   A M. LE D. D'O.

1. Ferdinand-Philippe, duc d'Orléans, le fils aîné de Louis-Philippe. Hugo ayant reçu une lettre d'un « inconnu » qui lui demandait aide et secours, l'envoya au duc d'Orléans, qui s'empressa de secourir le « pauvre vieillard » ; Hugo devait devenir un familier du duc et de la duchesse d'Orléans.

P. 62   A CANARIS

1. Voir la pièce VIII et la note 3 de la p. 55.

P. 64

1. Ici, comme dans les vers qui précèdent et où perce un certain mépris pour les « rhéteurs », les « avocats » de la Chambre des députés (en attendant, en 1852, dans *Napoléon-le-Petit*, l'exaltation de « la tribune française » et du *Parlementarisme,* ou gouvernement par le Verbe...), on retrouve cette persistante nostalgie de la gloire guerrière, qui explique le bonapartisme de Hugo. La monarchie bourgeoise lui semble entachée de petitesse ; plus tard, il se rapprochera du régime et y placera son ambition politique ; mais, à la différence de la Légitimité, de Napoléon et de la République, la Monarchie de Juillet n'a jamais inspiré le poète.

2. Les icoglans, plusieurs fois rencontrés dans *Les Orientales,* sont des pages du sultan.

P. 65

1. Hugo emploie souvent, et de façon fautive, *Hellé,* pour *Hellade.*

2. Allusion aux Bavarois de l'entourage du roi Othon qui ont pris en mains le gouvernement de la Grèce, sous l'impopulaire régence d'Armansperg (1834-1837).

3. Les travaux de restauration et de dégagement du Parthénon ont commencé en 1834.

IL N'AVAIT PAS VINGT ANS...

4. Hugo, à sa façon, raconte, avant Musset (août 1833), l'histoire de Rolla. Mais sans la moindre complaisance ; point de « donjuanisme », ici : un jeune riche, « lâche, imbécile (et, d'abord : inutile) et méchant ». La condamnation ne recouvre aucune sympathie secrète, aucun effort de compréhension. « La poésie, c'est la vertu », écrivait Hugo, à vingt ans, dans les *Lettres à la fiancée ;* avec l'âge, sur quelques points, sa « vertu » se fera plus traitable, mais, quelles qu'aient pu être ses faiblesses, il n'a, en fait, jamais séparé poésie et « vertu » ; il sera toujours un homme de devoir et rien ne peut lui être plus odieux qu'une existence inutile ; ajoutons encore que le fils de l'énergique Sophie Trébuchet est un grand laborieux, dont la discipline de travail fut sans défaillance. Et il n'a pas pu faire que les plus sombres de ses héros dramatiques, un Didier, un Hernani, ne possèdent, tout marqués qu'ils fussent, un

fond d'énergie, une vigueur qui manquent, par exemple, au Lorenzaccio de Musset.

P. 67

1. Après la condamnation sans merci, la partie ajoutée en 1835 pose le problème du mal de toute une époque et porte le même diagnostic que Musset, dans *Rolla :* affaiblissement de la foi traditionnelle, que rien n'est venu remplacer.

2. Louis-Léopold Robert, né en 1794, élève de David, avait conçu pour la fille du roi Joseph, la princesse Charlotte Bonaparte, une passion sans espoir qui l'amena au suicide, l'année même où Hugo écrit ces vers.

P. 68

1. L'homme d'Etat anglais, un des triomphateurs de 1815, s'était ouvert la gorge avec un canif, le 12 août 1822, à la veille de son départ pour le Congrès de Vérone.

2. Nous allons retrouver bientôt Alphonse Rabbe, auquel est dédiée la pièce XVII de ce recueil. L'écrivain, avec qui Hugo s'était lié à la suite d'un article où Rabbe prenait la défense de *Han d'Islande*, avait été affreusement défiguré par une maladie d'origine syphilitique : « ses paupières, ses narines, ses lèvres étaient rongées ; plus de barbe, et des dents de charbon », lit-on dans le *Victor Hugo raconté*, qui rapporte que Rabbe cachait chez lui une jeune et jolie servante, dont la mort devait le réduire au désespoir ; il allait pleurer tous les jours sur sa tombe, au cimetière du Montparnasse. Dans la nuit du 31 décembre 1829, Alphonse Rabbe mourait subitement. « Sa mort fut attribuée à son imprudence ; il avait versé trop de laudanum sur un cataplasme qu'il s'était appliqué au visage. En dépouillant ses papiers après sa mort, on trouva ces mots écrits de sa main : "L'homme arrivé à un certain degré de souffrance peut sans remords disposer de sa vie". »

3. Né en 1771, le baron Gros semble avoir été troublé par le succès de la peinture romantique et la défaveur de la manière de David ; son tableau d'*Hercule et Diomède* avait été mal accueilli, en 1835 ; peu après, le peintre se noyait, sans doute volontairement, près de Meudon.

P. 70   CONSEIL

1. Au verso du premier feuillet du manuscrit figure l'ébauche d'un poème qui n'a jamais été écrit. La voici :

Madame Mère

O spectacle !
tandis que

la terre à genoux
Le monde ébloui dit : **mon maître,**

Cette femme dit : **mon enfant !**

aujourd'hui
seul et survivante dans Rome,
cette autre mère qui survit !

gazelle, elle a nourri ce puissant lionceau,
elle couva cet aigle et son nid de colombe,
le monde contemple la tombe,
elle seule a vu le berceau !

Napoléon avait une étoile
. . . . .
Un jour à l'horizon elle apparut immense !
C'est ce qu'on a nommé le soleil d'Austerlitz.

les quatre aigles de la colonne — l'orient — l'occident — le
Nord — le midi

On rapprochera cette pièce du poème *A M. le D. d'O.*, qui est du même mois de décembre 1834, et peut-être fera-t-on sienne l'ironie discrète de Sainte-Beuve parlant de « ces conseils à la royauté d'être aumônière comme au temps de saint Louis ».

P. 74

1. Dans *Job*, XXXVIII, II, Dieu dit à la mer : « Tu viendras jusque-là, et tu n'iras pas plus loin. »
Ce poème offre une belle illustration du thème du peuple-océan, et l'on comparera ce tableau du déluge révolutionnaire à la marée des siècles qui monte et submerge le passé à la fin du poème III des *Feuilles d'automne*. La même image sera reprise en 1853, dans le poème qui forme l'*Epilogue* de *L'Année terrible* : le flot monte, emportant « le vieux missel », « le code antique », le roi ; « le vieux monde » tente de l'arrêter et lui crie :

Dieu t'a dit : Ne va pas plus loin, ô flot amer !

Mais c'est en vain et, à cette date, Hugo souhaite le déluge populaire qui accomplira les desseins divins en submergeant « le vieux monde »...

P. 75   A ALPHONSE RABBE

1. Sur Alphonse Rabbe, voir la note 2 de la p. 68.
On connaît surtout cet écrivain pour son *Album d'un pessimiste ;*

il était aussi un historien, auteur de *Résumés historiques,* tels que
le *Résumé de l'histoire d'Espagne,* qui ne compte pas moins de
512 pages ! « Sévère historien », dit Hugo ; J. Marsan commente :
« Sévère, il le fut, et sans ménagement avec ceux qu'il détestait ;
mais historien !... »

P. 77

1. Cette naissance de la Minerve voltairienne, ses aventures, son
mariage, sa progéniture, témoignent, à la fois, de la nature sponta-
nément « mythologique » de l'imagination de Hugo et de l'évo-
lution de ses sentiments pour Voltaire : en 1819, dans le poème
de *L'Institution du jury en France,* il prenait grand soin de le dis-
tinguer de ses faux disciples, les révolutionnaires ; ici, il en fait le
père de la « sagesse... envenimée », le premier responsable des pires
excès. A partir de l'exil, Hugo reviendra à des sentiments d'admi-
ration pour un Voltaire qui ne sera pas celui de l'enfance, mais
le précurseur de la sainte Révolution ; l'époque où nous nous trou-
vons avec ce poème est celle de sa plus grande hostilité à l'encontre
de Voltaire (voir, en 1839, le poème *Regard jeté dans une mansarde,*
dans *Les Rayons et les Ombres*).

P. 79

1. Tout ce passage fait allusion aux lois de répression prises à
la suite de l'attentat de Fieschi, en juillet ; parmi ces lois, discutées
à la Chambre au mois d'août, la plus redoutable était celle qui
visait la presse ; Lamartine en avait défendu la liberté, avec beau-
coup d'éloquence ; la loi fut cependant votée et les vers de Hugo
traduisent des craintes justifiées : la presse républicaine allait à peu
près disparaître et les journaux furent contraints à se censurer
eux-mêmes.

ENVOI DES FEUILLES D'AUTOMNE
A MADAME ***

2. Comme l'indique le titre primitif, la destinataire était Marie
Ménessier-Nodier (voir le poème XXXI des *Feuilles d'automne*). Il
s'agit sans doute de la deuxième édition des *Feuilles d'automne,*
parue au début de janvier 1832.

P. 80　　　　　*ANACRÉON, POETE*
AUX ONDES EROTIQUES...

1. Dans son article de novembre 1835, sur *Les Chants du Cré-
puscule,* Sainte-Beuve proteste contre cette vision hugolienne du
poète grec :

« Non. Anacréon n'est pas un petit ruisseau tamisé par les monts.

c'est bien un ruisseau sacré, *nunc ad aquæ lene caput sacræ !*
Anacréon n'est pas à mi-côte, il a, lui seul, toute sa colline. Mais
c'est qu'il y a un genre de beautés que M. Hugo apprécie peu et
qu'il heurte volontiers dans sa manière, il se soucie médiocrement,
j'imagine, de l'aimable simplicité des Grecs, de ce qu'eux-mêmes
appelaient *apheleia*, mot que le poète Gray a traduit quelque part
heureusement par *tenuem illum Græcorum spiritum*, qualité délicate
et transparente qui décore chez eux depuis l'*Ode à la Cigale* d'Ana-
créon jusqu'aux chastes douleurs de leur Antigone. »

P. 81   *L'AURORE S'ALLUME*

1. Nous retrouvons dans ce poème le thème des voix de la
nature : « tout parle » et les bruits du monde composent un langage
que le poète tente d'interpréter ; à la fin du poème, le thème du
Verbe cosmique rencontre celui du Livre de la nature, bible divine
qu'il faut déchiffrer.

P. 82

1. Albert Béguin a étudié l'évolution de cette image de l'œil divin
crevé, dans la poésie de Hugo, jusqu'à « son outrance la plus hugo-
lienne », l'image de Dieu, tête de mort, au fond de l'ombre, dans un
fragment du reliquat de *Dieu* (vers 1855-1856). Ici, à sa première
apparition, il suggère que le poète a pu l'emprunter au *Songe* de
Jean-Paul Richter, traduit par Mme de Staël, dans *De l'Allemagne*.
Dans notre thèse sur *La Création mythologique chez V. Hugo*, au
dernier chapitre, *Dieu, personnage de la mythologie*, nous étudions
longuement cette image de l'œil divin, qui, chez Hugo, est devenu
véritablement un thème obsédant.

P. 83

1. Ici, Hugo voit l'Océan à la manière des Anciens, comme un
large fleuve qui entoure la terre.

P. 84

1. Faut-il apercevoir ici le reflet de la doctrine du « christianisme
antérieur », selon laquelle la Révélation primitive, dont la Bible et
l'Eglise ont reçu le dépôt, a été faite à tous les peuples, qui en
conservent tous quelques traces. Cette doctrine était soutenue, sous
la Restauration, par des penseurs que Hugo a bien connus : Joseph
de Maistre, Lamennais, dans l'*Essai sur l'indifférence*, le baron
d'Eckstein se sont efforcés de mettre en lumière ces vérités « chré-
tiennes » cachées dans les mythes et les philosophies du paganisme ;
Pythagore et ses *Vers dorés* sont étudiés avec une attention parti-
culière, Pythagore jouissant, depuis Delisle de Sales et sous l'Empire,

surtout, d'une très grande faveur ; Fabre d'Olivet, par exemple, en fait un « initié » plus avancé que Moïse lui-même.

HIER, LA NUIT D'ETE...

2. Ce poème inaugure la série des pièces inspirées par Juliette Drouet. Ecrit environ trois mois après le début de la liaison, il pourrait être le second poème que Victor ait composé pour Juliette, le premier, daté de février, étant la pièce de *Toute la Lyre*, qui commence ainsi :

> Oh ! si vous existez, mon ange, mon génie... (VI, II).

P. 85

1. Une variante intéressante nous est fournie par l'un des deux manuscrits dont nous diposons :

> *Entre le monde et toi* mirent tant d'harmonies ;

Le sens de ce vers est différent de celui du texte imprimé, qui est un simple compliment fait à Juliette sur sa grâce. Dans la variante, le poète découvrait entre l'univers, la création divine, et la femme aimée, une *analogie*, au sens que les « mystiques » et Baudelaire donnent à ce mot ; aussi bien cette *analogie* découlait-elle des *lois* qui régissent la création.

P. 87   **AUTRE CHANSON**

1. Autre titre : *Chanson d'Angelo*. En effet, à la scène VI de la deuxième Journée d'*Angelo, tyran de Padoue*, Rodolfo en chante à Catarina le dernier couplet et le refrain (la dernière date inscrite dans le manuscrit d'*Angelo* est celle du 11 février 1835). La chanson ayant pris place dans *Les Chants du Crépuscule*, Hugo l'a remplacée par une nouvelle chanson, dans la seconde édition d'*Angelo*, en 1837.

P. 89   *OH ! POUR REMPLIR DE MOI...*

1. Enghien n'est là, dans l'édition, que pour dépister les indiscrets. Depuis le 2 septembre, Juliette est installée dans la maison des Metz, dans la vallée de la Bièvre, près des Roches où, à son habitude, Hugo passe ses vacances, avec sa famille, chez les Bertin ; tous les jours, il s'en échappe pour rencontrer Juliette, dans un bois situé à mi-chemin des deux villages. Un châtaignier creux leur y servait de boîte aux lettres et sans doute le poème qu'on vient de lire y fut-il déposé.

P. 92   **A MADEMOISELLE J.**

1. Var. : *La douleur, amère et cachée,*
         Saigne sous mes prospérités.

> *Le jour est dur, l'aube est meilleure.*
> *Hélas ! la voix qui me dit : pleure !*
> *Est celle qui vous dit : chantez !*

(Les trois derniers vers sont devenus, dans la version définitive, les vers 124-126.)

2. En 1835, ces vers font écho à ceux de la pièce IX des *Feuilles d'automne, A M. de Lamartine,* où le poète déclarait, en 1830 :

> Ces Gamas, en qui rien n'efface
> Leur indomptable ambition,
> Savent qu'on n'a vu qu'une face
> De l'immense création.

Les deux passages annoncent le vers célèbre d'*A Villequier,* en 1846 :

> Nous ne voyons jamais qu'un seul côté des choses...

Mais dans le poème *A M. de Lamartine,* le mystère stimule l'ambition « indomptable » du poète, du voyant, et l'on pressent l'élan du poème *Ibo,* dans *Les Contemplations.* Dans le poème de 1835, on dirait que le poète a perdu confiance dans son pouvoir : il ne percera pas le mystère, il ne verra pas l'invisible, la porte restera close.

P. 93

1. Un feuillet de manuscrit porte, dans l'écriture de 1835, quelques vers que l'on peut rapprocher de cette pièce :

> l'hymne de ma jeunesse a des versets sans nombre.

> la chanson de jeunesse a des couplets sans nombre.

> la haine monte à moi comme un bouc au cytise.

> la haine contre moi déborde à pleines bouches

> Amasser de la mousse ou rouler sur la terre,
> lequel vaut mieux, Seigneur ?

P. 95   AU BORD DE LA MER

1. C'est en août 1834 que Hugo a revu la mer, pour la première fois depuis 1807 ; à la suite d'une scène violente, Juliette s'était enfuie à Saint-Renan, près de Brest, où son amant éperdu vient la rejoindre au début d'août ; il la ramène à Paris, en passant par

Brest, où ils ont pu s'asseoir, comme dans le poème, au bord de la mer. Au demeurant, le paysage, sans être vague, n'est pas « particularisé » : c'est une large vision panoramique qui peut convenir à beaucoup de « campagnes pélasgiques », pour reprendre le terme de Chateaubriand décrivant sa Bretagne, au début des *Mémoires d'outre-tombe*. Chateaubriand insiste sur les « harmonies » entre la terre et la mer, thème que l'on aperçoit aussi, dans notre poème : charrue et proue, arbres et mâts. Une autre « harmonie » ou « correspondance » est établie entre l'océan et le ciel ; elle recevra un ample développement dans *Les Rayons et les Ombres,* avec le poème *Cœruleum mare.*

P. 96

1. On comparera ces descriptions de nuages à celles que l'on trouve dans les poèmes I et V des *Soleils couchants,* dans *Les Feuilles d'automne.*

P. 101   **A LOUIS B.**

1. Le poème est dédié au peintre Louis Boulanger (voir, dans la même collection, *Odes et Ballades, Les deux Archers,* note 2 de la p. 357). Le symbole de *La Cloche* n'est pas original, mais il est développé dans une manière originale, qui consiste, dit Renouvier, à « développer une idée par une suite d'assimilations et de symboles divers qui se réunissent, d'un côté, dans les accidents ou propriétés d'un phénomène matériel, d'une chose, et, de l'autre, dans un phénomène moral ou dans les attributs et circonstances d'une personnalité » (*Victor Hugo. Le Poète*). En un mot, la cloche n'est plus le symbole de l'âme ; elle est l'âme même, la cloche-âme.

2. Dans *Notre-Dame de Paris,* Hugo a décrit les cloches et leur vie fantastique, bruit et mouvement, avec l'enivrement qu'il prête à Quasimodo chevauchant le gros bourdon.

P. 103

1. Voici, sans doute, la première apparition dans la poésie de Hugo de cette figure de style qui lui est propre et qu'on appelle la *métaphore maxima :* « Le pâtre promontoire » des *Contemplations,* par exemple. J'en relève un seul exemple antérieur, dans un texte de prose, l'*Etude sur Mirabeau,* publiée en janvier 1834 et recueillie dans *Littérature et philosophie mêlées :* « une colère lionne ». Avant l'exil, où elle connaîtra une grande fortune, cette figure reste tout à fait exceptionnelle.

P. 105

1. Cette conception du poète se rattache à celle de « l'écho sonore », exposée dans le poème initial des *Feuilles d'automne*

Elle découle de ce sentiment, si fort chez Hugo, que tout parle, que tout est voix. Les voix innombrables se réunissant dans l'âme du poète, s'y accordant entre elles et y prenant toute leur force et tout leur sens, la poésie devient proprement *le Verbe de l'univers.*

P. 106

1. Ce sont les deux sources de la poésie hugolienne, comme l'indiquait, en 1829, le poème des *Feuilles d'automne, Ce qu'on entend sur la montagne.*

P. 108   DANS L'EGLISE DE ***

1. C'est l'église du petit village de Bièvres. Le mélange de religiosité et d'amour est tout à fait dans le goût romantique de ces années. On sait que Hugo et Juliette réussirent à faire une réalité du thème de la courtisane rachetée par l'amour ; on sent ici la pitié que le sort de sa maîtresse a inspirée à Hugo (elle ne connaîtra « ni le foyer joyeux, Ni la famille douce »), et la gravité religieuse du ton s'explique puisque cet amour, au-delà du plaisir, tend à la purification et à l'élévation des âmes.

P. 109

1. Dans l'article que nous avons déjà cité, Sainte-Beuve critique cette image poussée à outrance : « Qu'on me démontre, tant qu'on le voudra, l'exactitude de la comparaison, et l'harmonie coulant le long des tuyaux, comme ferait l'eau d'une éponge dans un lavage général de l'orgue, l'impression que j'en éprouve est déplaisante, désobligeante ; et, loin de l'augmenter, elle amoindrit tout l'effet des beaux vers précédents, effet déjà compromis par ce doigt qui *se crispe et s'allonge.*

P. 110

1. Commentaire de Moreau et Boudout (*Œuvres choisies de V. Hugo,* Hatier, 1950) :
« Faguet fait une remarque intéressante sur le mouvement de cette seconde partie (*XIX*ᵉ *Siècle,* p. 250) : « [Hugo]... a voulu » ensuite, à ce calme, à cette humble douceur, à ces voix du silen- » ce, opposer la clameur du dehors, la gaieté bête de la vie mon- » daine. Il y arrive à peu près par le fracas des mots bruyants et » clairs ; mais, cette fois, ce sont choses trop opposées. Il fallait » changer le rythme lui-même, à partir de II. Dix ans plus tard, » il n'y aurait pas manqué. » — On peut se demander si Hugo n'a pas joué précisément la difficulté, et s'il n'a pas voulu, en gardant le même rythme, d'un bout à l'autre de la pièce, exprimer par le mouvement et les sonorités, le recueillement, la joie déchaînée, la douleur, la prière, l'apaisement. Ces belles strophes ont trouvé leur traduction dans l'art musical : c'est la première *Béatitude*

de César Franck où deux chœurs tantôt séparés, tantôt superposés, chantent, l'un, les joies païennes, l'autre, la méditation de l'âme chrétienne. Le grand musicien (et grand organiste) avait-il songé aux vers du poète ? »

P. 116   ECRIT SUR LA PREMIERE PAGE
                    D'UN PETRARQUE

1. La fontaine de poésie qu'est le livre de Pétrarque et la fontaine Vaucluse, aux sources de la Sorgue, où habitait l'amant de Laure.

2. Les métaphores de Victor Hugo, aussi, recréent, avec un rare bonheur, l'atmosphère poétique des *Sonnets.* — Voir aussi l'idylle *A Pétrarque,* dans la seconde série de *La Légende des Siècles.*

LES AUTRES EN TOUT SENS...

3. Voici le premier des poèmes en l'honneur de l'épouse. Nous l'avons commenté dans la notice initiale : après les violentes agitations de l'été 1834, Victor Hugo retrouve aux Roches, à l'automne, entre sa maîtresse et sa femme, équilibre et plénitude. L'amour, épuré, à la fois, et ardent, qu'il porte à sa maîtresse trouve, sans doute, la condition même de son bonheur pacifié dans l'affection réservée à l'épouse : ce poème XXXV l'indique, Adèle, dans la vie de Hugo, c'est maintenant la stabilité, la continuité, le bienfaisant contrepoids à la passion.

P. 119   *TOI! SOIS BENIE A JAMAIS!...*

1. Dans l'œuvre de Victor Hugo, aucune allusion à Léopoldine n'est sans importance. Nous avons vu se préparer, dès *La Prière pour tous,* dans *Les Feuilles d'automne,* ce rôle d'ange rédempteur que Léopoldine joue par rapport à son père, le rôle même de l'ange Liberté auprès de Satan. Si, dans ces vers, l'épouse du poète ressemble à sa fille, c'est qu'en effet elle est devenue celle qui pardonne et la source d'une pureté toujours renouvelée. Mais c'est la mère qui est assimilée à la fille, et non le contraire, et peut-être est-ce de cette ressemblance que la femme tire sa vertu pacifiante et réconfortante ; dans cette identification, elle retrouve, aussi, avec les plumes blanches qui en sont l'emblème, la virginité qui est et sera de plus en plus le *charisme* même des êtres rédempteurs, chez Hugo.

P. 120   A MADEMOISELLE LOUISE B.

1. Louise Bertin, à qui sont dédiées cette pièce et la suivante, est la fille du rédacteur en chef du *Journal des Débats ;* musicienne, pour laquelle Hugo écrivit le libretto d'*Esmeralda,* elle fut, en ces années, une confidente du poète, qui s'adressa encore à elle dans les pièces XXXIV des *Feuilles d'automne,* XXVIII des *Voix intérieures* et XLIV des *Rayons et les Ombres.*

P. 122.   UE NOUS AVONS LE DOUTE EN NOUS

1. Nous avons déjà parlé de ce poème, qui, vers la fin du recueil, fait, en quelque sorte, pendant au *Prélude ;* il est, avons-nous dit, bien caractéristique de la « philosophie » des *Chants du crépuscule* et de l'époque : le doute est, par excellence, un mal romantique, lié à l'affaiblissement de la foi chrétienne, dans les lendemains de 1830. On rapprochera aussi cette pièce du poème *Pensar, dudar* — penser, c'est douter —, dans *Les Voix intérieures,* dédié également à Louise Bertin et de peu antérieur à celui-ci.

P. 124   DATE LILIA

1. « Offrez des lys », en hommage à la vertu, comme Anchise en répand, en offrande funéraire, pour Marcellus mort (*Enéide,* VI, 883).

II. — LES VOIX INTERIEURES

NOTICE

Le livre des Voix intérieures, *paru chez Renduel, le 27 juin 1837, groupe des poèmes dont la composition s'étend du 1er avril 1835 (pièce 16*) au 6 juin 1837 (pièce 29). Elle est donc plus ramassée dans le temps que ce n'est le cas pour les deux recueils précédents, et cette unité apparaît encore plus nettement quand on précise la part de chacune de ces trois années. L'année 1835 ne fournit que trois pièces (16, 28 et 30). En 1836, du 19 mai au 6 septembre, Hugo écrit seulement cinq pièces (11, 17, 24, 27 et 32), auxquelles on joindra l'unique poème qui, dans* Les Rayons et les Ombres, *date de cette année,* Oceano nox, *écrit en juillet, sur les bords de la Manche, comme le poème 24 des* Voix intérieures. *Si l'année 1836 est pauvre, 1837 est une année hugolienne féconde et, de même que l'automne 1835 a été le moment, par excellence, des* Chants du crépuscule, *le premier semestre de 1837 est, de façon encore plus totale, celui des* Voix intérieures, *apportant vingt-*

---

* Un doute est permis sur la date de composition de cette pièce, qu'il faudrait peut-être rapporter à l'année 1837.

trois des trente-deux poèmes qui composent le recueil*.
En même temps que ces vingt-trois pièces, Hugo écri-
vait cinq autres poèmes qui devaient prendre place dans
Les Rayons et les Ombres :

le 17 février, la pièce 11,	Fiat voluntas,
le 14 mars,	— 22,	Guitare,
le 19 mars,	— 36,	La Statue,
le 16 mai,	— 28,	A une jeune femme,
le 29 mai,	— 35,	Que la musique date du sei- zième siècle.

Cette liste que l'on complétera, pour l'année 1835, par
le tableau dressé pour Les Chants du crépuscule, *nous*
dispense d'en établir un pour Les Voix intérieures, *d'au-*
tant que, pendant les mois où ont été écrits les poèmes,
Hugo n'a composé aucune autre œuvre.
La préface indique quelles sont ces « voix » dont le poè-
te recueille en lui l'écho, qu'il se rend « intérieures » avant
et afin de les exprimer à sa manière : ce recueil fait
entendre l'accent tout personnel et intime de la voix de
l'homme, de celle de la nature, de celle des événements.
« La nature, l'humanité » restent ainsi les deux grandes
sources de cette poésie, comme il était indiqué déjà dans
le poème des Feuilles d'automne, Ce qu'on entend sur
la montagne. *Par là, ce nouveau recueil s'apparente aux*
deux précédents, et le poème Pensar, dudar *y rappelle*
l'incertitude caractéristique des Chants du crépuscule.
L'inspiration politique, toutefois, bien qu'elle tienne
peu de place dans Les Voix intérieures, *traduit une cer-*
taine évolution. La préface annonce le poème initial du
recueil suivant, La Fonction du poète ; *mais si le poète*
est au service de l'humanité et intervient dans l'histoire,
on insiste particulièrement sur la nécessité où il est de
se maintenir impartial, et indépendant, au-dessus de tous
les partis, conscience intransigeante et libre. Une mé-
fiance, même, continue à se laisser deviner à l'égard des
« partis » et de leurs « rhéteurs » ; la mission du poète

---

* Sur la date du poème 23, voir la note 2 de la p. 203.

est civilisatrice, plutôt que politique. La croyance au progrès qui sera le fondement de la doctrine politique, à partir de l'exil, s'affirme dans le poème initial : « tout va, tout s'accroît... ». La dernière strophe, toutefois, déplorant la décadence religieuse, ranime les inquiétudes des Chants du crépuscule. Sunt lacrymæ rerum *témoigne de ce respect pour le malheur qui est une des vertus de Victor Hugo, et la* X^e *partie suggère un progressisme modéré, prudent, conciliateur :*

> *Hâtons l'ère où viendront s'unir d'un nœud loyal*
> *Le travail populaire et le labeur royal.*

Hugo, cependant, se tient à l'écart de la Monarchie de Juillet et le poème IV, A l'Arc de triomphe, *tout à la gloire napoléonienne, ne laisse pas d'impliquer quelque dédain pour le roi bourgeois. Le rapprochement avec les Orléans, on le verra dans la notice du prochain recueil, se dessinera au lendemain même de la publication des* Voix intérieures.

L'inspiration amoureuse des Chants du crépuscule *se continue ici. Mais Juliette est maintenant volontiers associée à Virgile. Plus que Dante, qui figure le côté sombre du destin du poète, Virgile domine ce livre, il représente la joie d'aimer dans la nature, Juliette et la Bièvre, les rayons à travers les ombrages.*

La nature, en effet, tient ici la première place, et l'on recueille les fruits des voyages qui sont venus renouveler heureusement l'imagination de Hugo, depuis l'été de 1834. En 1835, il visite, avec Juliette, les côtes de la Manche, et, en 1836, il les explorera, en compagnie de sa maîtresse et du dessinateur et graveur Célestin Nanteuil ; dans le carnet du voyage, ses croquis se mêleront à ceux de son ami, à de la prose et à des vers. Hugo a découvert la mer, chantée ici par quelques poèmes et qui sera désormais un des grands thèmes de son inspiration poétique et, aussi, romanesque (non seulement dans Les Travailleurs de la mer, *mais encore dans* L'Homme qui rit).

Avec la pièce A un riche, *ce livre nous fournit un véritable art romantique d'aimer et de comprendre la nature. Pour posséder le monde, il ne faut point en être*

« *propriétaire* », *comme le* « *riche* » ; *il faut s'y perdre
et s'y retrouver. L'artiste possède le monde par sa sen-
sibilité aux formes, aux couleurs, par son art de rendre
les paysages et l'exactitude poétique avec laquelle il fait
entendre les voix de la nature. Et ce poème, certes mo-
ralisant, ce discours sur la vertu ne laisse pas de renfer-
mer deux des plus beaux vers de notre langue :*

> *Quand le bruit du vent coupe en strophes incertaines
> Cette longue chanson qui coule des fontaines...*

*Puis, ces faits de la nature dont le poète sait donner
le chant, ne sont point sans rapports avec nos âmes ;
tout est symbole et leçon :*

> *Tout objet dont le bois se compose répond
> A quelque objet pareil dans la forêt de l'âme.*

*Mais tout, aussi, est problème ; tout est interrogation
et allusion au mystère : le* « *sévère esprit au mystère
attaché* » *sait questionner le* « *vieux orme penché* » *qui
regarde et, comme lui, rêve et contemple.*
    *Ce poème est daté du 22 mai 1837 ; une semaine avant,
Hugo avait écrit* La Vache, *et, le mois précédent, la
pièce* A Albert Durer. *Ces deux poèmes font époque
dans sa façon de voir et de sentir la nature ; si la pièce*
A un riche *est typique du sentiment de la nature avant
l'exil,* La Vache *et* A Albert Durer *y apportent des in-
flexions et des accentuations qui préparent la manière
de l'exil et des* Contemplations ; *l'accent est mis sur la
valeur religieuse et sacrée de la nature, pleine de Dieu,
et, aussi, sur la terreur panique. Le poème de* La Vache
annonce les poèmes de la contemplation apaisée, du
Spectacle rassurant, *lorsque* « *le grand être inconnu sou-
rit* »..., *et se conclut par l'évocation de ce Dieu mysté-
rieux, mais bon. Cette nature, féconde et douce, est toute
maternelle. Mais cette mère nature est aussi une mère
terrible, Géo, la dévoratrice du poème* Dieu... La nature
formidable apparaît dans le poème* A Albert Durer, *qui
inaugure la nouvelle lignée des poèmes de l'horreur —
Horror —, de l'épouvante panique dans les bois, de la
forêt visionnaire. Dans ce* « *monde hideux* », *se mêlent*
« *le songe et le réel* » ; *les formes et attitudes humaines
qu'une imagination spontanément anthropomorphique*

*prête aux rochers, aux arbres, deviennent, tout à coup,
des réalités menaçantes : tout vit, tout regarde, « les
chênes monstrueux » parlent entre eux et rient, et le
visionnaire est épouvanté par sa propre vision... Ainsi,
l'imagination qui s'est rafraîchie, dans les voyages aux
jeux de la vision pittoresque et fantaisiste, s'affole et
devient source de peurs, d'angoisses et de problèmes.*

NOTES

P. 131   **PREFACE**

1. Portia, dans *Le Marchand de Venise*, ne tient pas de tels
propos. Peut-être Hugo interprète-t-il ainsi, avec beaucoup d'imagination, une tirade de la jeune fille, au début de la scène II de
l'acte III : la musique change au gré du bonheur ou du malheur
de l'amant.

2. Citation du vers 429 du chant VIII de l'*Enéide*, dans la description de *L'Antre des Cyclopes*. La *Préface* de *Cromwell* fait,
à nouveau, allusion à cette foudre de Jupiter où les Cyclopes
mêlent « trois rayons de pluie tordue, *tres imbris torti radios* ».
Dans le plaidoyer pour *Le Roi s'amuse*, interdit par la censure,
Hugo raille, en 1832, « le petit foudre ministériel... fait avec trois
mauvaises raisons tordues ensemble, mêlées et amalgamées, *tres
imbris torti radios* ».

P. 132

1. Allusion aux pièces X et XI des *Chants du crépuscule* et aux deux
premiers poèmes des *Voix intérieures*.

P. 133

1. On rapprochera ces déclarations de celles-ci, dans la préface
de *Lucrèce Borgia*, en 1832 :
« Il [l'auteur] sait que le drame, sans sortir des limites impartiales de l'art, a une mission nationale, une mission sociale, une
mission humaine... Le poète aussi a charge d'âmes » ;
dans la préface de *Marie Tudor*, l'année suivante :
« Jamais, dans ses travaux, il [l'auteur] ne perd un seul instant

de vue le peuple que le théâtre civilise, l'histoire que le théâtre explique, le cœur humain que le théâtre conseille... Plus que jamais, il tiendra son esprit, son œuvre et sa pensée éloignés de toute coterie ; car il connaît quelque chose de plus grand que les coteries, ce sont les partis, quelque chose de plus grand que les partis, c'est le peuple, quelque chose de plus grand que le peuple, c'est l'humanité » ;

enfin, en 1835, dans la préface d'*Angelo* :

« ... Aujourd'hui, plus que jamais, le théâtre est un lieu d'enseignement. Le drame... doit donner à la foule une philosophie, aux idées une formule, ... aux âmes altérées un breuvage, aux plaies secrètes un baume, à chacun un conseil, à tous une loi. »

P. 135   *CE SIECLE EST GRAND ET FORT...*

1. Première rédaction biffée :

> *Des Révolutions la vague se retire,*
> *Le peuple, ce lion si sombre et si grondant,*
> *Qu'une charte apprivoise avec son doux sourire,*
> *Se laisse à petit bruit limer l'ongle et la dent.*

Le poète aura jugé que cet ingénieux souvenir de La Fontaine manquait un peu de noblesse pour ce prélude assez solennel.

2. On connaît le combat mené par Hugo contre la peine de mort, avec *Le Dernier Jour d'un condamné* et *Claude Gueux ;* la plupart des romantiques faisaient aussi campagne contre la guillotine ; Ballanche, Lamennais, Lamartine en avaient réclamé et continuaient à en réclamer l'abolition. Ajoutons qu'on venait de décider que les exécutions capitales n'auraient plus lieu sur la place de Grève.

3. *Les Chants du crépuscule* nous ont montré Hugo fort inquiet de ces émeutes sans cesse renaissantes ; mais, depuis celles d'avril 1834, aucune autre ne s'est produite et l'on ne s'est pas beaucoup ému de la tentative de Louis Bonaparte à Strasbourg, à la fin d'octobre 1836.

4. Si, comme nous l'avons indiqué, ce poème témoigne, au lendemain des incertitudes crépusculaires, de la foi dans le progrès qui vient à Hugo, du même mouvement, l'idée de la mission du poète s'affermit et, avec elle, l'idée de sa puissance et de son caractère sacré. Le vers annonce lointainement le poème des *Mages,* dans *Les Contemplations ;* il rappelle, aussi, certaines déclarations du temps des *Odes* de 1822 et 1824.

P. 136

1. Voici, avec cet éloge des chemins de fer, la première profes-

sion de foi « saint-simonienne », chez le futur chantre du progrès industriel et de *Plein Ciel.*

2. On songe à la première strophe de l'*Hymne au Christ,* de Lamartine, dans les *Harmonies :*

> Est-il vrai que ta voix d'âge en âge entendue,
> Pareille au bruit lointain qui meurt dans l'étendue,
> N'a plus pour nous guider que des sons impuissants ?

SUNT LACRYMÆ RERUM

3. « Il y a des larmes pour l'infortune » ; ce vers 462 du premier chant de l'*Enéide* a déjà servi d'épigraphe à l'ode sur *La Mort de Mlle de Sombreuil* (II, IX).

P. 137

1. Charles X est mort à Goritz, en Illyrie, le 6 novembre 1836, âgé de soixante-dix-neuf ans. Sur ce respect apitoyé que Hugo entend garder à la légitimité dont il fut, tout jeune, le défenseur, voir la pièce I des *Chants du crépuscule,* et la préface des *Feuilles d'automne.*

2. Cette personnification, vivante, poussée avec un réalisme ingénieux où s'accordent le détail exact, vu, par exemple, l'*attitude* des canons, la personnalité morale donnée à ces canons-courtisans et la signification symbolique, annonce le génie mythologique qui s'épanouira dans l'œuvre de l'exil (voir, par exemple, les fameux chapitres de *Quatre-vingt-treize, Tormentum belli, Vis et vir,* qui racontent le combat de l'homme intelligent contre le monstre de bronze déchaîné, le canon qui, à bord de la corvette en pleine marche, au large, a rompu son amarre et ravage le pont du navire).

P. 139

1. Nous avons rencontré ce thème du métal saint, souillé par les hommes, dans la pièce XXXII des *Chants du crépuscule,* où le symbole est fourni par l'incorruptibilité de l'airain, plus forte que les souillures infligées par les hommes.

2. Pour le Sacre ; voir l'ode sur *Le Sacre de Charles X* (III, IV) à laquelle il est encore fait allusion à la fin de cette division, et la note 1 de la page 166 des *Odes et Ballades,* dans la même collection.

P. 140

1. Var. . pas, *lyre* qu'il. La correction s'explique par l'ode de *La Lyre et la Harpe :* dans la cathédrale de Saint-Remi, pour l'onction du roi des Francs, c'est la Harpe de David qui se fait entendre, non la Lyre païenne...

P. 141

1. Les chevaux des cosaques, lors de l'occupation de 1815.

P. 142

1. Les Stuarts d'Angleterre, Charles Ier, décapité sous Cromwell, son fils, Jacques II, mort en exil, après avoir retrouvé son trône, préfigurent le destin de Louis XVI et celui de Charles X.

P. 143

1. Ces antithèses, trop cherchées peut-être, ont pour objet de souligner la cruauté raffinée du destin de nos rois. Hugo, poète de l'histoire, reste le romancier et le dramaturge de la fatalité, attentif aux combinaisons terribles, habiles, imparables de l'*anankè*. Cette vision toute dramatique lui sert de « philosophie de l'histoire » ; peu à peu, derrière les coups de théâtre du destin, se laissera deviner la loi providentielle du progrès...

P. 144

1. La contemplation de ces coups du destin qui forment la trame de l'histoire s'approfondit en méditation sur la Providence. Si, en effet, le « sens de l'histoire » se laisse malaisément apercevoir dans la « mer » des révolutions, la cruauté des destins individuels pose le problème du mal. Que Dieu, souvent, châtie l'innocent, à la place du coupable, c'est là, peut-être, l'angoisse majeure de Hugo, et même la philosophie élaborée dans l'exil ne suffira pas à l'apaiser : le thème jobien du « reproche » à Dieu et de la soumission à sa volonté incompréhensible sera un thème constant de la poésie hugolienne.

P. 146

1. Il serait d'un vif intérêt d'étudier l'évolution des sentiments de Hugo à l'égard du peuple, jusqu'à l'exil. Une telle déclaration serait, dans cette histoire, d'importance. Notons bien qu'au moment même où Hugo reconnaît au peuple ce *quid divinum,* il ne continue pas moins à lui prodiguer ses conseils. C'est que le poète aussi, on va le voir, a sa mission divine.

P. 147

1. Sur la colonne de la place Vendôme, « veuve » de la statue de Napoléon, voir les notes 1 de la p. 30 et 1 de la p. 40

2. Hugo lie étroitement le progrès et l'adoucissement de la pénalité. Dans l'exil, il affirmera que l'abolition de la peine de mort marquera l'époque d'une ère nouvelle, celle du vingtième siècle heureux ; ces idées sont exprimées dans *La Pitié suprême :* on ne doit pas tuer le tyran, et dans une œuvre que nous pensons avoir reconstituée et qui a pu s'intituler *Le Verso de la page :* le « recto » de la page de l'histoire, c'est Quatre-Vingt-Treize et le châtiment — que Hugo

justifie à la date de ce poème, en 1857 ; le « verso », ce sera, dans l'avenir, la clémence.

P. 148

1. « Épilogue » assez révélateur : Hugo a senti le besoin d'affirmer à nouveau *l'indépendance* de la poésie : investi d'une mission auprès des hommes et intervenant dans leur histoire, le poète, cependant, siège, non pas même au plafond, mais au ciel...

P. 149

1. Nous avons dit qu'en ces années Hugo est hanté par le problème du destin : *anankè* ou providence ? fatalité ou liberté ? destin irrémédiable ou possibilité du rachat ? Ces questions, *Notre-Dame de Paris* et le théâtre les posent et, de *Marion Delorme* aux *Burgraves,* y apportent leurs solutions.

A L'ARC DE TRIOMPHE

2. La dédicace du recueil explique l'objet de ce poème. L'Arc de triomphe ne fut achevé qu'en 1836 ; l'inauguration eut lieu le 29 juillet.

P. 150

1. Les environs de la place de l'Etoile, peu bâtis encore, offraient alors bien des endroits herbeux où s'asseoir.

2. Le mariage de la broussaille et de la ruine enchantera Hugo lorsqu'il visitera, en 1840, le château de Heidelberg : « La nature, qui rivalise avec Beethoven, rivalise aussi avec Jean Goujon. Les arabesques font des broussailles, les broussailles font des arabesques. On ne sait laquelle choisir et laquelle admirer le plus, de la feuille vivante ou de la feuille sculptée. » (*Le Rhin.*)

P. 151

1. « Archivolte » semble employé à tort, pour « architrave ».
Cette imagination de la cariatide qui souffre et se révolte va vivre, dans l'esprit du poète, et y connaître une fortune singulière. En 1840, il est frappé par l'abondance des cariatides dans la ville de Francfort : « De quelque côté qu'on se tourne, ce sont de pauvres figures de toutes les époques, de tous les styles, de tous les sexes, de tous les âges, de toutes les fantasmagories, qui se tordent et gémissent misérablement sous des poids énormes » ; ces « statues souffrantes », sous « ces fardeaux titaniques fléchissent dans toutes les postures de la rage, de la douleur et de la fatigue » ; alors le voyageur a l'idée de ce « cauchemar » — « horrible » : « le réveil, le déchaînement et la vengeance des cariatides » (*Le Rhin*). Bien plus tard, en 1857, il imagine que les masques de pierre du Pont-Neuf

sont les têtes de cariatides étendues, tout de leur long, sous le pavé ; ces statues prisonnières et torturées figurent le peuple opprimé par les rois ; les vers qui disent la souffrance et la révolte des mascarons du Pont-Neuf ont pour titre : *Les Cariatides,* et constituent une partie du grand poème de *La Révolution,* dans *Les Quatre Vents de l'Esprit.*

2. On pourra comparer cette tumultueuse vision de Paris avec l'*Elévation* de Vigny, dans les *Poèmes antiques et modernes,* construite sur la double image de la Roue et de la Fournaise, la seconde étant reprise ici par Hugo.

3. Le vers a un sens symbolique clair : la déesse égyptienne Isis, toujours voilée, représente le mystère de la création ; ainsi, Paris, ville déconcertante, imprévisible, est-elle pour le penseur une énigme, l'énigme même de la destinée humaine, résumée dans cette capitale. Peut-être, cependant, ce nom d'Isis renvoie-t-il aussi à un fait précis. Hugo note, en effet, dans *Tas de pierres :* « L'Urbs des temps modernes... s'appelle *Lutetia,* ce qui vient de Lutus, *boue,* et elle s'appelle *Parisis,* ce qui vient d'*Isis,* la mystérieuse déesse de la Vérité ».

P. 152

1. Memphis est une des capitales de l'Egypte ancienne, la rivale de Thèbes.

P. 153

1. Dans un poème de 1817, *Le Temps et les Cités,* Victor-Marie avait imaginé les ruines futures de la « vaste Lutèce ».

2. D'après *Notre-Dame de Paris,* Charlemagne a seulement « posé la première pierre » de la cathédrale et Hugo sait bien que ses tours ne sont point en granit ; mais il a voulu mettre en rapport les deux empereurs, et le granit est la seule pierre qui pouvait entrer dans une antithèse avec l'airain.

P. 154

1. Au soleil levant d'Austerlitz, en 1805, s'oppose, lors de la campagne de France, en février 1814, la bataille de Champaubert, une des dernières victoires de Napoléon. Le passage est caractéristique de la manière de Hugo ; agencement minutieux de symboles, exploités sous tous leurs aspects. Voilà aussi le Paris de Hugo, avec ces trois monuments dont il s'est fait, tour à tour, le poète et le romancier ; dans l'exil, avec *Les Misérables,* s'y ajouteront les barricades, Paris arrachant ses pavés...

P. 156

1. Le claveau est une pierre taillée en coin qui forme le dessus d'une fenêtre ou d'une porte.

P. 157

1. Bombardé par les Vénitiens en 1466, le Parthénon, dont les Turcs avaient fait une poudrière, s'était effondré en son milieu ; puis, Lord Elgin en emporta presque toutes les sculptures à Londres, en 1816.

2. Gur, en Palestine, que décrira, en 1857, le poème des *Lions,* dans *La Légende des Siècles* :

> Gur était très farouche et très haute...
> Entre chaque créneau se dressait, formidable,
> Une corne de buffle ou de rhinocéros...

P. 158

1. Ville ruinée du Mexique, dont Hugo reparlera, en 1860, dans la *Préface philosophique* des *Misérables* : « Palenquè, minée par les eaux stagnantes, appropriée par l'écroulement aux bêtes de la solitude, abandonnée aux caïmans, aux jaguars, aux lynx, aux paons rouges des jungles, devient marais et s'efface dans les roseaux... »

2. Hugo a d'abord connu l'abbaye de Jumièges par les lithographies du premier volume des *Voyages pittoresques et romantiques,* de Nodier, Taylor et Cailleux (*Ancienne Normandie,* 1820), puis il l'a visitée en août 1835 (cf. *En Voyage,* t. II, p. 38 : « Jumièges, qui est encore plus beau que Tournus... »).

3. Le roi de Perse, Cambyse, conquit l'Egypte à la fin du VI⁰ siècle av. J.-C.

P. 160

1. Le « scarabée, or vivant », comme il est dit, dans *Les Rayons et les Ombres,* au poème XVII, joue un grand rôle dans la poésie pittoresque et fantaisiste de Hugo.

Ce vers, qui associe le scarabée au soleil couchant, pour la couleur, prépare lointainement la belle et étrange image du poème du *Hibou,* dans l'épopée de *Dieu,* en 1856 :

> On a peur quand on voit, vague, à fleur d'horizon,
> Montrant, dans l'étendue au crépuscule ouverte,
> Son dos mystérieux d'or et de nacre verte,
> Ramper le scarabée effroyable du soir.

2. A la vision pittoresque constatée dès l'ode *Aux Ruines de Montfort-l'Amaury,* à la vision fantastique des *Soleils couchants,* dans *Les Feuilles d'automne,* s'ajoute, ici, la vision spécifiquement hugolienne des mystérieuses et inquiétantes métamorphoses de la nature, aux heures nocturnes ou crépusculaires ; on en trouve maint exemple dans les récits de voyage.

P. 162

1. Le *labarum*, qui est l'étendard de Constantin, s'orne de la croix, promesse de victoire.

2. Bélénus est un dieu de la Norique, Mithra, un dieu perse.

3. L'attique est l'étage supérieur du monument.

4. En tête du manuscrit, est inscrite la date du 25 janvier.

A la suite du manuscrit de ce poème, G. Simon a fait relier un feuillet, qui porte un fragment en vers, précédé de deux notes :

Tant que Louis-Philippe sera périodiquement attaqué par l'assassinat *, je ne publierai pas ces vers.   V. H.

Après *quinze* (var. : dix-sept) ans, je relis ces vers à Jersey. Je ne les publierai pas. La résolution est la même, les motifs ont changé. Louis-Philippe est dans la tombe, je suis dans l'exil. Les proscrits n'ont rien à jeter aux morts.

Quand je serai hors de ce monde, ces vers étant vrais et justes, on en fera ce qu'on voudra.

                                        V. H.
                                        Marine-Terrace,
                                        24 mai 1854

Sur ce bloc triomphal où revit tout l'empire,
Où l'histoire dictait ce qu'il fallait écrire,
Où nous verrons un jour, d'un œil presque effrayé,
Surgir l'aigle de bronze immense et déployé,
Vous avez oublié, sire, un nom militaire,
Celui que je soutiens et que portait mon père !
Oui, sire, je le dis, vous avez oublié
Mon père en son tombeau peut-être humilié !
Or celui dont le nom manque à vos architraves,
C'était un vieux soldat, brave entre les plus braves,
Dont le sabre jamais ne dormait au fourreau,
Et que Napoléon enviait à Moreau !
Dans la guerre étrangère et la guerre civile,
En Vendée, en Espagne, à Naple, à Thionville,
Le fifre et le tambour, la bombe et le canon,
Ont laissé des échos que réveille son nom !
Pourtant sur votre mur il est oublié, sire !
Et vous avez eu tort, et je dois vous le dire,

---

* Allusion aux attentats de Fieschi, le 28 juillet 1835 ; d'Alibaud, le 25 juin 1836 ; de Meunier, en décembre de la même année

Car le poète pur, de la foule éloigné,
Qui vous aborde ici de son vers indigné,
Sire ! et qui vous souhaite un long règne prospère,
N'est pas de ceux qu'on flatte en oubliant leur père !

                                        29 mars 1837.

P. 163   DIEU EST TOUJOURS LA

1. Partiellement publié en brochure, en 1837, sous le titre *La Charité, fragment,* vendu au profit des pauvres du X⁰ arrondissement.

P. 170

1. On a déjà lu ce vers en épigraphe au poème XXXII des *Feuilles d'automne, Pour les pauvres.*

P. 172   *OH ! VIVONS ! DISENT-ILS...*

1. On rapprochera l'inspiration moralisatrice de cette pièce de celle qui a dicté, le mois d'avant, la pièce V et de celle qui animera, en mai, le poème XIX, *A un riche.*

2. Ce sont bien « les enfants des belliqueux lycées », comme disait le poète, dans la pièce initiale des *Chants du crépuscule ;* nous avons rencontré cette nostalgie de la gloire militaire chez les « enfants du siècle », grandis sous l'Empire, dans l'ode *A mon père* (II, IV), et cité les confidences de Vigny, dans *Servitude et grandeur militaires,* la *Confession d'un enfant du siècle,* de Musset, chez qui l'étourdissement de la débauche remplace l'enivrement de la guerre ; mais nous savons aussi, par le poème XIII des *Chants du crépuscule,* la sévérité de Hugo pour la jeunesse oisive et frivole.

P. 173

1. L'image du ciel, livre étoilé, est fréquente chez Hugo ; on l'a rencontrée dans le poème XX des *Chants du crépuscule :*

> Saint livre où l'étoile
> Qui rayonne aux jeux,
> Ne trace, ô mystère !
> Saint livre où l'étoile

Ici, on notera l'idée du Dieu qui se cache, du Dieu voilé par la nuit céleste ; c'est une des grandes hantises de la poésie de l'exil (sur cette quête de la vérité dans la nuit stellaire, voir aussi *Pensar, dudar*).

P. 174   A VIRGILE

1. Ainsi Dante salue Virgile du titre de « maître ». Nous avons fait une grande place à l'inspiration virgilienne dans ce recueil des

Voix intérieures. Nul doute qu'aucune influence, après celle de la Bible, ne fut, chez Hugo, plus forte et plus féconde que celle-ci ; dans l'exil, il feindra de mépriser un peu Virgile, « lune d'Homère » et poète « dynastique », rallié à l'Empire, et placera avant lui Lucrèce, poète « primitif », et Juvénal, poète de la « corde d'airain » ; sans cesse, cependant, affleureront sous sa plume les souvenirs d'une œuvre si intimement connue.

2. Buc est un village de la vallée de la Bièvre — « la chaste vallée », ici chantée, dont Meudon n'est guère éloigné. Tivoli (ou Tibur), plutôt qu'au poète de Mantoue, appartient à Horace, qui, selon la tradition, y avait sa villa. Sans doute est-ce que, dans l'esprit de Hugo, Horace est lié, depuis toujours, à l'inspiration amoureuse (et même érotique) ; aussi son souvenir vient-il ici se mêler à celui de Virgile, poète de la nature. Plus tard, dans les *Chansons des rues et des bois,* Hugo exploitera abondamment le thème de Tivoli à Meudon.

3. Dans la Xe *Bucolique,* Virgile annonce qu'il a écrit quelques vers pour son ami Gallus, amant malheureux de Lycoris :

Pauca meo Gallo, sed quæ legat ipsa Lycoris...

P. 175

1. Vision bien hugolienne de la nature se déformant aux heures crépusculaires ; les arbres, en particulier, s'animent alors, à ses yeux, d'une vie fantastique ; les ormes, surtout, sont capables des plus extraordinaires métamorphoses, comiques ou formidables : « J'ai toujours aimé ces voyages à l'heure crépusculaire, écrit Hugo en 1837. C'est le moment où la nature se déforme et devient fantastique. Les maisons ont des yeux lumineux, les ormes ont des profils sinistres ou se renversent en éclatant de rire... On remarquera que cette vision spontanément anthropomorphique entraîne Hugo à retrouver, pour son compte et de façon vivante, la mythologie des Anciens.

2. Dans la Ve *Bucolique,* pour égayer le festin, Alphésibée imitera *les satyres dansants :* de ce tableau des gaietés paysannes, dans Virgile, Hugo a fait une vision à lui, en la plaçant au clair de lune, dans la solitude, baignée de mystère.

P. 178   A ALBERT DURER

1. Nous avons signalé cette pièce comme marquant une époque dans le sentiment de la nature, chez notre poète. Albert Dürer, qui fut un des artistes les plus prisés des romantiques, Gautier et Nerval, en particulier, avait déjà inspiré à Hugo une « ballade » intitulée *Un Dessin d'Albert Durer. — Minuit ;* datée du 26 décembre 1827, elle a été recueillie dans *Toute la Lyre* (II, XLI). Pour Hugo, le graveur allemand évoque deux sortes de paysages : « un ciel de

nuages déchiquetés », traversés de rayons, comme celui qui est décrit dans le voyage en *Belgique*, en août 1837, ou dans *le Rhin*, près de Saint-Goar ; c'est le ciel de *Melancholia ;* le second paysage est celui de notre poème, la forêt où se rencontrent *Le Chevalier et la Mort ;* c'est ainsi encore qu'en 1840, la Forêt-Noire apparaîtra à Hugo comme « la forêt lugubre d'Albert Dürer » (*En Voyage*, t. II, p. 469).

2. Cet effroi, Hugo, dans *Les Misérables*, le fera éprouver à Cosette traversant, au soir, le bois de Montfermeil, pour aller puiser de l'eau ; et cette épouvante, cette panique, au sens propre, qu'éprouve l'enfant, le poète la justifie : « Une réalité chimérique apparaît dans la profondeur indistincte... On voit flotter, dans l'espace ou dans son propre cerveau, on ne sait quoi de vague et d'insaisissable comme les rêves des fleurs endormies. Il y a des attitudes farouches sur l'horizon... On a peur et envie de regarder derrière soi. Les cavités de la nuit, les choses devenues hagardes, des profils taciturnes qui se dissipent quand on avance, des échevellements obscurs,... les êtres inconnus possibles, des penchements de branches mystérieux, d'effrayants torses d'arbres, de longues poignées d'herbes frémissantes, on est sans défense contre tout cela » (*Misérables*, II, III, v). Hugo ajoute : « Les forêts sont des apocalypses » ; c'est, en effet, de ces effrayants mystères de la nature que naissent, selon lui, toutes les mythologies, et, dans le poème *A Albert Durer,* on remarque l'apparition, justement, dans la forêt, des « êtres inconnus » que ne peut éviter de voir « l'œil visionnaire » : le faune, le sylvain, Pan, la dryade...

3. Dans la mythologie hugolienne de l'exil, la forêt est le lieu de la terreur ; elle est la nature mauvaise qui rend l'homme féroce (voir, dans *La Création mythologique chez Hugo*, le chapitre *Terre et Océan,* IIIᵉ partie)

4. L'orme est l'arbre préféré de Hugo, parce qu'il se prête, aux heures obscures, à toutes sortes de métamorphoses. Cet anthropomorphisme, qui est la nature même de l'imagination hugolienne, donne naissance aux fantaisies joyeuses des récits de voyage aussi bien qu'à une vision épouvantée, « hagarde », qui débute ici et prendra toute son intensité au moment des *Contemplations*.

5. On le voit bien ici, le panpsychisme (« Tout est plein d'âmes ») qui s'exprimera, en 1854, dans le poème des *Contemplations*, *Ce que dit la Bouche d'ombre*, et qui est à la base de la religion des métempsycoses, doit sans doute aux lectures et conversations, mais tout autant à cette « source » intime qu'est l'imagination spontanément animiste du poète ; les plantes, les arbres, il les a *vu* vivre ; les derniers vers nous obligent même à ajouter qu'il les a *entendu* vivre.

P. 181 **A OL.**

1. « A Olympio » : sur ce nom d'Olympio, voir la pièce XXX et la note 1 de la p. 220.

Trois manuscrits, dont l'un, adressé à Juliette Drouet, précise le sujet du poème :

— Souvenir du jour où j'ai vu pour la première fois ma J. —

Ainsi, Hugo avait aperçu Juliette avant les répétitions de *Lucrèce Borgia,* en janvier 1833 ; cette première rencontre, sur laquelle on reste très mal informé, aurait eu lieu à l'occasion d'une fête, en mai 1832.

P. 182 *JEUNE HOMME, CE MECHANT...*

1. La pièce XI des *Feuilles d'automne, Dédain,* témoignait de la sensibilité de Hugo aux critiques ; il réagit par un « dédain » qui dissimule peu la fureur et la douleur ; dans la pièce XXX du présent recueil, *A Olympio,* il ne cache pas sa souffrance d'être en proie à l'« envie », à l'« ironie », à la « haine » ; ici, c'est la vengeance : il écrase le « Zoïle », « champignon difforme » poussé au pied du « chêne » Hugo.

Qui est, ici, « Zoïle » ? Tous les adversaires de Hugo, à la fois, sans doute, mais, plus particulièrement, les deux plus acharnés, Nisard et Gustave Planche. Le premier a lancé contre lui, en 1834, ses *Etudes sur les poètes latins de la décadence,* où les coups dont il accable Lucain — le « décadent » — sont assenés, en réalité, à Hugo ; quelques fragments du reliquat de *Littérature et philosophie mêlées* témoignent de l'irritation que causa à Hugo cette accusation d'être un « décadent ». Dans la *Revue de Paris* du 31 janvier 1836, Nisard venait de publier une importante étude intitulée : *Victor Hugo en 1836 :* exécution féroce ! Gustave Planche attaquait régulièrement les drames de Hugo, dans la *Revue des Deux Mondes,* menant une campagne soutenue — et intelligente — contre le théâtre romantique ; le 15 mars 1838, il donnera, à son tour, dans cette revue, une étude d'ensemble sur l'œuvre de V. Hugo ; plus pénétrante que celle de Nisard, elle sera non moins sévère ; en attendant, en 1835, traitant de la *Moralité de la poésie (Histoire et philosophie de l'art),* il avait vivement attaqué la poésie de Hugo, « qui s'adresse aux yeux » et non « à l'âme »...

A partir de l'exil, le personnage de *Zoïle,* le critique hargneux d'Homère, sera, chez Hugo, une des figures du Mal, presque aussi redoutable que Caïn ou Satan, et un poème des *Quatre Vents de l'Esprit* l'accusera de « viser plus haut qu'Homère », et montrera *Dieu éclaboussé par Zoïle.*

AVRIL. — A LOUIS B.

2. Sur Louis Boulanger, à qui est adressé ce poème, voir, dans

la même collection, *Odes et Ballades, Les deux Archers*, note 2 de la p. 296.

P. 183   LA VACHE

1. Les premiers vers font songer à un tableau de Hollandais et la Vache elle-même rappelle le *Taureau* de Potter (que Hugo n'avait pas vu).

P. 185   PASSÉ

1. Ce poème a été inspiré par le sonnet de Nerval, *Fantaisie*, paru d'abord dans les *Annales romantiques*, en 1832, puis 1835.
Dans le sonnet de Nerval, tout se passe à l'intérieur de l'âme du poète. Du souvenir enfoui au fond de sa conscience, le poète s'élève à une réalité peut-être objective, celle de ce château, dans son temps, sous le règne de Louis XIII ; encore le poète n'a-t-il accès à cette réalité « historique » que parce qu'elle est aussi subjective et fait partie de sa vie — d'une période antérieure de la longue vie de la mémoire, la mémoire devenant alors, en quelque sorte, l'arme même de l'impérialisme du *moi* et lui permettant de s'annexer des durées que l'on croyait interdites à l'existence individuelle. Chez Hugo, tout, au contraire, est extérieur, objectif. On part du spectacle offert par le château et son parc, dans leur réalité présente ; cette « chose vue » permet de reconstituer le passé, auquel le poète ne fait adhérer sa vie intime que par la médiation de ce qu'il y a de plus objectif et de plus général, l'éternité humaine : les amants, aujourd'hui, éprouvent les mêmes sentiments qu'éprouvèrent jadis « d'autres amants » disparus. Loin donc d'absorber le temps historique dans un temps subjectif, dans la durée quasi éternelle du *moi* que livre la mémoire de Nerval, Hugo dépasse son histoire, rattache ses amours avec Juliette à d'autres amours, et ses moments uniques à une durée quasi éternelle de l'humanité. Avec Hugo, enfin, le passé survit grâce au présent qui le retrouve et lui redonne vie. Chez Nerval, le présent s'en va chercher son fondement et sa vérité dans le passé, source de toute vie.

P. 186
1. Gabrielle d'Estrées fut la maîtresse de Henri IV, mais ni Mme de Caussade ni Mlle de Candale ne figurent parmi les dames de la cour qui eurent les faveurs de Louis XIV.

                          SOIRÉE EN MER

2. Comme nous l'avons dit dans la notice sur *Les Voix intérieures*, ce poème a été inspiré par le voyage de juillet 1836 sur les côtes

de la Manche et doit être rapproché de la pièce XXIV de notre recueil et d'*Oceano nox*, dans *Les Rayons et les Ombres*. Dans ce poème de novembre, écrit à Paris, la mer ne fournit guère qu'un symbole.

P. 190   *DANS VIRGILE PARFOIS...*

1. Ce court poème s'appuie sur la longue tradition médiévale, que l'on trouve déjà chez saint Augustin, selon laquelle la quatrième églogue, où Virgile célèbre la naissance d'un enfant divin, prophétise la venue du Christ (*teste David cum Sibylla...*).

P. 193   A UN RICHE

1. A la mort de Ferdinand VII, son frère, en 1833, don Carlos avait revendiqué le trône d'Espagne, qui était échu à la fille de Ferdinand, Isabelle II ; la guerre entre Carlistes et *Cristinos* allait durer jusqu'en 1840 et ses péripéties ont pu influencer la Bourse de Paris.

P. 195

1. Allusion à l'échec de l'opéra *La Esmeralda,* en novembre 1836 ; sur un livret de Victor Hugo, la musique était de Louise Bertin.

P. 196

1. A la suite du manuscrit de ce poème, a été relié un feuillet qui porte deux fragments d'une écriture quelque peu postérieure (vers 1845 ?) :

> Vous dites : — Je suis riche, et n'ai besoin de rien.
> On m'admire, on m'envie à cause de mon bien.
> Nul plus que moi n'est grand et nul n'est plus habile. —
> Et vous ne savez pas que vous êtes débile,
> Aveugle, et misérable, et vil, et pauvre, et nu.

> Dieu dit :
>
> > Me voici ! je frappe à la porte.
> > Si quelqu'un entend, ouvrez-moi.
> > Je veux entrer, je vous apporte
> > Justes, la paix, méchants, l'effroi.

P. 197   *REGARDEZ : LES ENFANTS...*

1. Ici encore, un feuillet fournit ces fragments qui semblent de 1830, environ.

La mère et la fille. —

> Vos formes seulement sont diverses...
>   Vos deux âmes sont du même âge.

> Elle regarde au ciel et ne baisse les yeux
>   Que pour guider vos pas qui tremblent.

> Quand tes soins maternels, tes pensées,
>   tes habitudes, promenades, etc.
> Quand ton âme en passant à travers mon esprit
>   Se transfigure en poésie !

> à Rome
> le pauvre en haillons, mendiant révolté
> Met à sa gueuserie une pièce en fierté.

[...]

> En regardant le ciel (var. : l'éther) où sa splendeur repose
> Toujours, partout, sans cesse on voit quelque chose.
> Soit que l'ardent soleil rayonne, ou qu'à leur tour
> Les diamants du ciel (var. : Mille étoiles de feu) percent l'ombre
>   [profonde,
> Il (var. : Dieu) montre en même temps aux deux moitiés du monde
> La nuit son diadème, et sa face le jour !

[...]

P. 198   A DES OISEAUX ENVOLES

1. Même inspiration que dans la pièce XV des *Feuilles d'automne*.
2. Ce vers fait songer, par avance, au poème bien connu de *L'Art d'être grand-père*, *Le Pot cassé* :

> O ciel ! toute la Chine est par terre en morceaux !

Hugo avait un goût très vif des objets et avait transformé sa demeure de la place des Vosges en un véritable musée, comme en témoigne le catalogue de la vente de son mobilier, en 1852 : « porcelaine de Saxe, de Chine, du Japon... », et la description faite, à l'occasion de ces enchères, par Théophile Gautier : « Sur les étagères et les bahuts s'entassent des porcelaines du Japon, des faïences de Rouen et de Vincennes, des verres de Bohême ou de Venise, mille curiosités entassées une à une par la fantaisie patiente du poète en furetant les vieux quartiers des villes qu'il a parcourues. »

P. 201

1. Joseph Méry, poète marseillais, venu à Paris en 1824, publia plusieurs œuvres en collaboration avec son compatriote Barthélemy, telles que *Napoléon en Egypte,* et, en 1831, la satirique et violente *Némésis,* qui s'attira une *Réponse* de Lamartine ; pamphlétaire libéral, Méry se consacra ensuite à la littérature d'imagination et écrivit un drame, *L'Imagier de Harlem,* en collaboration avec Nerval. C'était un ami et un disciple de Victor Hugo ; le 8 novembre 1838, lors de la première de *Ruy Blas,* au nouveau théâtre de la Renaissance, il prononça le discours de présentation de ce théâtre réservé au drame romantique.

P. 203   *A QUOI JE SONGE ?...*

1. Pierre Foucher, leur grand-père maternel.

2. Ces indications figurent dans le manuscrit, mais semblent avoir été ajoutées après coup. En fait, le 15 juillet 1837, le poète était auprès des siens ; il est passé par Fécamp, dans la journée du 9 septembre, en allant de Dieppe au Havre ; il l'avait visité en août 1835 et y était revenu en juillet 1836 (voir ci-dessous). Dans l'édition, Hugo a fait suivre son poème de ces indications : « Juillet 1836. — Saint-Valery-en-Caux. — Ecrit au bord de la mer » (voir le poème suivant). Le papier du manuscrit est attesté, selon Journet et Robert, d'août 1836 à octobre 1837. Cependant, on pourrait se demander si la date réelle de la composition n'est pas celle de l'édition ; en effet, une lettre adressée à Adèle, de Troanne, le 9 juillet 1836, annonce, en quelque manière, le sujet même de cette pièce. Hugo écrit à sa femme :

« Dis à ma Didine et à Dédé que j'ai pensé aujourd'hui à elles dans la chapelle de Notre-Dame-de-la-Délivrance. Il y avait de pauvres femmes de marins qui priaient à genoux pour leurs maris risqués sur la mer. J'ai prié aussi moi, à la vérité sans m'agenouiller et sans joindre les mains, avec l'orgueil bête de notre temps, mais du plus profond du cœur j'ai prié pour mes pauvres chers enfants embarqués vers l'avenir que nul de nous ne connaît... »

P. 204   UNE NUIT

QU'ON ENTENDAIT LA MER SANS LA VOIR

1. Le 16 juillet 1836, Hugo écrit à sa femme qu'à peine revenu de Fécamp à Yvetot, il apprend qu'une tempête se déclare et qu'il court « observer la mer » à Saint-Valery-en-Caux ; le 17, il dit son enthousiasme : certes, l'ouragan était tombé, mais la mer, « encore émue », était « vraiment belle ».

2. La mer, chez Hugo, est une puissance hostile à l'homme et il s'est fait le chantre des malheurs des gens de mer, ici, dans *Oceano nox,* dans les poèmes de février-mars 1854, *Gros temps la*

nuit et *Chanson de bord*, recueillis dans *Toute la Lyre*, *Paysans au bord de la mer* et *Les Pauvres Gens*, publiés dans *La Légende des Siècles*. La pitié pour les marins et leurs familles s'exprime aussi dans la lettre du 9 juillet, citée plus haut.

P. 205   TENTANDA VIA EST

1. « Il faut tenter la voie... » (voir ci-dessous la note 2 de la p. 206) ; ces vers 8-9 du livre III des *Géorgiques* ont déjà servi d'épigraphe au poème *A mes Odes* (*Odes et Ballades*, II, ı).

P. 206

1. Les découvertes de William Herschel ont enthousiasmé les poètes, chantres de *L'Infini dans les cieux*, et, dans son *Essai sur l'astronomie* (1788-1807), Fontanes ajoute au traditionnel éloge de Newton celui de « l'infatigable Herschel », dont le télescope a fait

De la création reculer les limites.

Dans le *Commentaire* de son « harmonie », *L'Infini dans les cieux*, Lamartine s'extasie, lui aussi, sur ce « télescope d'Herschel », qui « a compté déjà plus de cinq millions d'étoiles ». Entre-temps, Chênedollé, dans *Le Génie de l'homme,* avait, en 1807, rapproché, comme dans ce poème, Herschel et Christophe Colomb, les deux découvreurs de mondes.

2. Les trois derniers vers reprennent les éléments de la phrase de Virgile :

> *Tentanda via est, qua me quoque possim*
> *Tollere humo, victorque virum volitare per ora.*

(« Je dois tenter une route par où je puisse aussi prendre mon essor et faire voler de bouche en bouche mon nom victorieux »).

P. 207   APRES UNE LECTURE DE DANTE

1. Il est assez difficile de déterminer quelle connaissance Hugo avait de l'œuvre de Dante. Pour lui, Dante, c'est, d'abord, l'image de la spirale de ténèbres qui s'enfonce dans la terre, dans l'âme, dans la société, jusqu'aux bas-fonds des *Misérables*. Cette image-force, on la trouve ici, elle figurait déjà dans *La Pente de la rêverie*, on la retrouvera, en 1857, dans *La Pitié suprême* :

> Tyrannie ! escalier qui dans le mal descend
> Obscur, vertigineux, fatal, croulant, glissant !
> Toutes les marches vont décroissant de lumière...
> C'est la spirale infâme et traître aboutissant
> A l'ombre...

En outre, Dante deviendra, dans l'exil, une des figures du Poète, c'est-à-dire de Victor Hugo : il est le Proscrit qui châtie ; il sera alors associé à Juvénal : « Juvénal condamne, Dante damne », lit-on dans *William Shakespeare* ; avec Eschyle, encore, il formera le couple des poètes exilés et vengeurs, l'un ennemi des papes, l'autre, le défenseur de Prométhée, ennemi du tyran Jupiter. Ici, le couple Dante-Virgile symbolise la poésie hugolienne de ces années 1830-1840 : rayons et ombres.

P. 208

1. Allusion à l'épisode de Françoise de Rimini.
2. Allusion à l'épisode d'Ugolin.
3. Souvenir possible des Hypocrites que Dante voit dans le huitième cercle de l'Enfer, condamnés à porter de lourdes chapes de plomb recouvertes d'or.

PENSAR, DUDAR

4. « Penser, douter ». Nous avons rencontré le thème du *doute* dans *Les Chants du crépuscule*, auxquels ce poème se rattache par la date : en septembre 1835, il précède de peu le poème *Que nous avons le doute en nous*, dédié aussi à Louise Bertin. Ici, Hugo traite du doute d'une façon qui lui est particulière. Tout en déplorant l'affaiblissement de la foi : « repousser Rome et rejeter Sion... », il insiste sur l'énigme qu'offre à l'esprit contemplateur l'univers lui-même : le thème des voix du monde formant le verbe divin est alors repris ; l'univers parle, certes, mais indistinctement, sans parvenir à articuler le mot ; au lieu du verbe révélateur, c'est un « bégaiement immense ». Le secret, pourtant, existe, et le mot du secret ; mais Dieu interdit à la création de le prononcer. Déjà se dessine cette hantise de la poésie de l'exil : Dieu se cache et se dérobe, malignement ; ce thème sera exprimé avec puissance dans ce grand poème, cette épopée du *doute* qu'est, en 1856, le discours du Hibou, dans *Dieu*. Il est à noter, d'ailleurs, qu'au moment même des apocalypses de Jersey, Hugo maintient la nécessité de douter pour penser ; en octobre, le spectre de *La Bouche d'ombre* déclarera, parlant de l'homme :

Le doute le fait libre, et la liberté grand.

Dès 1835, le poème des *Voix intérieures* conclut que le doute est inhérent à la créature humaine et tient à ses limites.

5. Sur Louise Bertin, voir la note 1 de la p. 120.

P. 209

1. On glisse ici du symbole de l'ombre à la hantise de l'ombre. La poésie de l'exil exprimera souvent cette panique de l'homme

devant la nuit, sur la terre et dans le ciel. En outre, ces vers nous rappellent la double valeur symbolique du crépuscule, dans le recueil précédent : chants de l'incertitude devant ce qui va mourir (crépuscule du soir) et, aussi bien, devant ce qui va naître (crépuscule du matin).

P. 212

1. Le vers traduit, en septembre, une « chose vue » en août ; c'est à Etretat, en effet, que Hugo a admiré ce travail de l'océan, creusant des porches, sculptant grossièrement de « gros chapiteaux ». « C'est la plus gigantesque architecture qu'il y ait », écrit-il à sa femme, ajoutant : « Dis à Boulanger que Piranèse n'est rien à côté des réalités d'Etretat ». Une trentaine d'années plus tard, dans un texte du reliquat de *L'Homme qui rit*, l'« architecture » des falaises de la baie de Portland lui fera encore découvrir dans l'Océan « un Piranèse » et « un Vignole ».

P. 214   A EUGENE VICOMTE H.

1. Eugène Hugo, frappé par la folie le jour même du mariage de son frère, était mort à la maison de santé de Saint-Maurice, à Charenton, le 20 février 1837. Les fils du général-comte Hugo étaient, dans l'ordre de leur naissance, respectivement, Abel : comte, Eugène : vicomte, Victor : baron.

Les premières strophes du poème établissent un certain voisinage entre le génie poétique et la folie, comme si le même génie avait été mis par Dieu sous le front des deux frères, mais pour deux destins opposés. L'âme, prisonnière de la tête infirme, retrouve, à la mort, toute l'imperdable vérité de son être, et le poète insiste longuement sur la virginité, ainsi protégée, de cette âme. Le même rapport s'établira, après Villequier, entre le père et sa fille morte : Hugo est le génie condamné à vivre parmi les hommes ; à lui, la gloire et la fécondité, les grandes œuvres, mais, du même coup, les fautes et l'innocence ternie ; Léopoldine et Eugène ont été réservés pour un autre destin : celui de l'ange ; ne devant pas rester sur cette terre et n'ayant pas à donner leurs fruits ici-bas, l'un et l'autre sont morts le matin, la folie qui a frappé Eugène à l'âge de vingt-deux ans, ayant les mêmes effets que l'accident qui ravira Léopoldine à ce monde.

Hugo salue le départ de son frère, sa naissance nouvelle. Puis, il fait retour vers l'enfance et le paradis des « vertes Feuillantines ». Enfin, à la destinée angélique de son frère, il oppose sa vie violente, réservée aux combats et aux tempêtes, et l'on se souvient qu'en 1830, dans le poème IX des *Feuilles d'automne*, il avait déjà caractérisé de la même manière son destin, en l'opposant à la sérénité de celui de Lamartine. Même quand, dans l'exil, il sera persuadé qu'il est un archange solaire, Hugo le Mage ne tombera jamais dans l'*angélisme* : il se sait souillé et abîmé par les fautes et par tous les péchés ; et sa destinée propre est la bataille : archange trop incarné et archange belluaire. Mais le dompteur avoue, plus d'une fois et ici encore, les blessures reçues et ses fatigues.

P. 215

1. En effet, tandis qu'Abel restait, pour quelque temps encore, à Madrid, auprès de son père, Victor et Eugène revenaient ensemble aux Feuillantines, puis étaient, ensemble, enfermés à la pension Cordier ; là, c'est ensemble qu'ils commençaient leur carrière poétique ; ils écrivaient tous deux, en même temps, une « épopée » sur *Le Déluge* et des odes royalistes, et Eugène ouvrait la voie à Victor, dans les honneurs académiques de Toulouse.

P. 218

1. Allusion probable à Sainte-Beuve, soit à son méchant article sur *Les Chants du crépuscule*, en novembre 1835, soit à sa nouvelle, *Madame de Pontivy*, parue dans la *Revue des Deux Mondes*, le 15 mars 1837, et où il fait allusion à sa liaison avec Adèle Hugo, si, comme il est probable, le poème a été écrit en juin ; en effet, dans le manuscrit, « mars » est en surcharge à « juin ».

P. 220

1. Au verso d'un faire-part du décès d'Eugène Hugo, on lit, dans une écriture proche de celle du poème, ces ébauches :

Nous avons le spectacle des choses passagères, les morts ont le spectacle des choses éternelles...
Nous regardons la fleur, eux regardent l'étoile
Ils peuvent voir [?] l'autre côté du voile.

. . . . .

les morts vivent ailleurs, et ce qui pour nous tombe
pour eux monte, et les yeux qui sont clos dans la tombe
          Sont ouverts dans les cieux.

La vie n'est rien, la vie est un souffle...

Il faut bien croire à l'âme, immortelle étincelle,
il faut bien, puisqu'ici toute base chancelle,
          Puisque tout meurt si tôt,
Que vous ayiez [*sic*], Seigneur, père des jours sans nombre,
Pour remplacer ceci qui s'en va comme une ombre,
          Quelque chose là-haut !

Tu n'entendras plus rien que l'herbe et la broussaille,
le pas du fossoyeur dont la terre tressaille,
                        la chute du fruit mûr,
Et par moments le chant dispersé dans (var. : effacé par) l'espace,
du bouvier qui descend dans la plaine, et qui passe
                        Derrière le vieux mur !

(On a reconnu la dernière strophe du poème.)

A OLYMPIO

2. Ce poème figure déjà dans une liste de poèmes prévus pour *Les Chants du crépuscule*, sous le titre : *Calomnie*. Le titre : *A Olympio*, apparu postérieurement, nous amène à nous demander pourquoi Hugo s'est choisi ce pseudonyme, qu'il a rendu illustre. Un fragment, relié dans le manuscrit des *Voix intérieures* et qui appartient aux années 1840-1845, nous renseigne là-dessus, annonçant, à la fois, le titre des *Contemplations* et la déclaration fameuse de la préface de ce recueil : « Insensé qui crois que je ne suis pas toi » :

Les Contemplations d'Olympio
Préface

...il vient une certaine heure dans la vie où, l'horizon s'agrandissant sans cesse, un homme se sent trop petit pour continuer de parler en son nom. Il crée alors, poète, philosophe ou penseur, une figure dans laquelle il se personnifie et s'incarne, c'est encore l'homme, mais ce n'est plus le moi.

Le nom d'Olympio se rattache donc à une certaine conception élargie de la poésie lyrique ; il représente, à la fois, l'homme et un aspect seulement de la personnalité de Hugo, comme en témoigne cet autre fragment, qui date des premières années de l'exil :

Mon moi se décompose en : Olympio : la lyre
                          Herman : l'amour
                          Maglia : le rire
                          Hierro : le combat

Ici, en effet, la méditation sur le sort particulier de Victor Hugo s'élargit en méditation sur le destin du poète et, à la fin, sur la condition humaine. En outre, le pseudonyme permettait, accessoirement, une confession plus libre : dans cette pièce, sous le double masque de l'ami et du personnage d'Olympio, le poète peut s'adresser à lui-même consolations et exhortations, et exhaler, en toute liberté, sa foi en l'énormité surhumaine de son génie.

Nous avons déjà constaté que les « calomnies » auxquelles il est en butte, et les critiques qu'on lui adresse, lui causent une irritation et une souffrance extrêmes. Elles provoquent, en contrepartie, l'affirmation violente, écrasante, de sa supériorité et de sa suprématie ; elles l'amènent à se placer au-dessus de tous les autres hommes. Le poète, alors, devient proprement énorme, et, dans la II⁰ partie, on nous découvre les abîmes qu'il recèle en lui et qui ne le cèdent point à ceux de l'océan : l'âme du poète égale, en dimensions, l'univers. La III⁰ partie (partiellement antérieure, dans la genèse du poème) montre cette âme immense répercutant, écho sonore, les bruits et les voix de la nature, devenant le verbe même du monde. La IV⁰ partie, après avoir célébré le triomphe du poète, dont le « front » émerge de l'ombre, « majestueux », dépeint la contemplation d'Olympio : cette contemplation embrasse la totalité du réel, nature, humanité, le monde invisible. Olympio pose alors la question : quelle est la loi ? Mais, en cet automne de 1835, au moment du doute, il ne peut encore distinguer si elle se nomme Expiation ou Destinée.

P. 230

1. « L'un » pourrait être Ballanche, « l'autre », Byron. Dans ses *Essais de palingénésie sociale* (*Prolégomènes*), Ballanche distinguait, en effet, deux sortes de poésie : la poésie du Destin, représentée par Byron, et celle de la Providence. Dans le premier cas, la souffrance humaine est dépourvue de sens ; dans le second, grâce à l'expiation, elle permet le rachat et le recommencement. Hugo, romancier et dramaturge de la Fatalité, de l'*Anankè*, avec *Notre-Dame de Paris* et *Hernani*, va devenir le dramaturge, le romancier et le poète de la Rédemption, avec ce « mythe » de Caïn pardonné que sont *Les Burgraves*, avec cette épopée du rachat par la souffrance que sont *Les Misérables*, avec *La Fin de Satan*. Il est remarquable qu'à l'heure du doute, dans cet automne de 1835, ce soit précisément ce problème qui s'impose à lui comme le problème clef.

O MUSE, CONTIENS-TOI !...

2. Voir le poème terminal des *Feuilles d'automne*. *Les Voix intérieures* font peu de place à la politique ; il n'en est que plus remarquable que Hugo ait tenu à conclure ce recueil par un poème qui contient la promesse — et la menace — du poète des

Châtiments. En outre, cette idée de la mission vengeresse du poète s'accompagne de l'exaltation de sa force surhumaine : le poète vengeur est comparé à l'océan, à la foudre, au lion. C'est que, à tous les moments de sa vie, même lorsqu'il n'en paraissait rien au-dehors, l'inspiration politique a été intimement liée au sentiment profond qu'il a, non seulement de sa mission, mais, de façon plus primordiale, de sa nature de poète et de sa puissance.

III. — LES RAYONS ET LES OMBRES

NOTICE

Les Rayons et les Ombres *ont paru, édités par Delloye, le 16 mai 1840. Ils comprennent une pièce de juillet 1836 (ainsi, du moins, est daté, dans l'édition, le poème d'Oceano nox), neuf pièces de 1837, grâce auxquelles ce nouveau recueil s'enracine, en quelque sorte, dans le précédent, deux pièces seulement de l'année 1838, vingt-deux pièces écrites en 1839 et dix écrites dans le premier semestre de 1840. Dans le temps où il compose les poèmes de ce livre, Hugo écrit sept autres poèmes qui seront publiés, en 1856, dans* Les Contemplations *. Dans le lointain, se profile déjà la grande poésie de l'exil. Après* Les Rayons et les Ombres, *cependant, une longue période va s'étendre, presque vide de titres, vide, en tout cas, de tout recueil poétique : Hugo ne publiera aucun livre de vers avant les* Châtiments, en 1853. Les Rayons et les Ombres *apparaissent comme la conclusion de « la seconde période de la pensée de l'auteur », le couronnement de la tétrade lyrique de 1831 à 1840. Peut-être aussi y découvrirons-nous les promesses et les prémices du plus haut vol des* Contemplations.

---

* En 1838, *Contemplations*, II, 20 ; en 1839, III, 3, II, 6, I, 1, III, 21, et la pièce liminaire, « Un jour, je vis... » ; en février 1840, I, 22.

*Dans le temps de la composition de ce recueil, qui est,
à coup sûr, le chef-d'œuvre du lyrisme d'avant l'exil,*
Hugo écrivait aussi, du 5 juillet au 11 août 1838, le chef-
d'œuvre de son théâtre, Ruy Blas. Les Burgraves, en
effet, en 1843, annoncent plutôt la poésie épique de l'exil
et préparent le mythe de Satan pardonné, et, du 26 juil-
let au 23 août 1839, Hugo avait essayé en vain de mener
à bien le drame inachevé des Jumeaux. Une période,
décidément, s'accomplit et s'achève.

Les voyages continuent d'enrichir et de vivifier l'ima-
gination. Le voyage en Normandie, de l'été 1836, a valu
aux Voix intérieures quelques poèmes sur la mer ; on
lui doit ici Oceano nox. Du voyage en Belgique, du
10 août au 14 septembre 1837, Hugo a rapporté le joli
poème, Ecrit sur la vitre d'une fenêtre flamande. Mais
le premier voyage au Rhin, de la fin du mois d'août au
25 octobre 1839, en Alsace, en Suisse, puis dans le Midi
de la France et en Bourgogne, n'a amené aucun bénéfice
apparent à notre recueil.

Hugo, cependant, s'achemine vers cette maturité un
peu épaisse du pair de France qu'il sera, la quarantaine
dépassée. Mais 1846, heureusement pour la poésie, sera
l'année des Pauca meæ ; il y aura eu Villequier ; et,
aussi, Hugo aura commencé son roman des Misères...
Pour le moment, nous le voyons s'évertuer auprès de
l'Académie, et, du 18 février 1836 au 20 février 1840, ac-
cumuler les échecs. En politique, l'événement a été la
rencontre, le 10 juin 1836, de la duchesse d'Orléans —
qui lui a récité par cœur son poème des Chants du cré-
puscule, « C'était une humble église... » Le 4 juillet, le
vicomte Hugo est officier de la Légion d'honneur ; quel-
ques jours plus tard, le duc et la duchesse lui font ca-
deau d'un des tableaux remarqués au Salon, l'Inez de
Castro, de Saint-Evre. En février 1848, Hugo essaiera,
courageusement, mais en vain, de faire proclamer la
régence d'Hélène d'Orléans... En 1839, quand il écrit
Fonction du poète, songe-t-il à une carrière politique qui
lui permettrait de rivaliser, dans ce domaine aussi, avec
Lamartine ? En tout cas, Les Rayons et les Ombres mar-
quent un pas vers l'engagement du poète.

Le poème initial renoue avec la haute ambition du
temps des Odes royalistes. Hugo l'écrit dans les jours
mêmes où paraissent les Recueillements de Lamartine,
avec la pièce A Félix Guillemardet, qui assigne au poète
la même « fonction » au service des hommes et de leur

progrès. « *Honte* » *au* « *chanteur inutile* », *proclame Hugo, qui suit, non sans lenteur, l'évolution de toute une partie du romantisme vers l'engagement politique. Mais quel soin prend-il encore d'affirmer l'indépendance du poète ! Le poète n'est d'aucun parti ; son rôle est de concilier progrès et tradition, et une strophe ne manque pas d'exalter* « *la tradition féconde* »... *Au-dessus des partis et de leurs luttes, le poète fait œuvre civilisatrice ; il est la raison et la conscience. La grande idée* — *qui ne l'a, au fond, guère quitté :* « *la poésie, c'est la vertu* », *s'applique particulièrement à ce recueil* — *hélas ! serait-on tenté de dire, en lisant le poème* Regard jeté dans une mansarde, *ou* « *sur le danger de lire* Voltaire *pour une jeune personne* »... *Mais poète de la vertu, Hugo est donc le poète justicier, et la strophe qui évoque*

Les noirs poètes des huées,

fait entendre déjà, un instant, le puissant grondement des Châtiments.

Le poète est aussi l'homme du progrès, parce que, rêveur, il est celui qui voit le plus loin dans l'avenir. Ainsi, dans Chatterton, Vigny *présentait le poète, lisant dans les étoiles la route du vaisseau humanité, et, en 1834, dans son étude des* Destinées de la poésie, Lamartine *définissait la poésie comme étant* « *de la raison chantée* », *et assignait comme rôle à cette poésie* « *qui plane sur la société et qui la juge* », *d'appeler l'homme* « *sans cesse en avant, en lui montrant du doigt des utopies, des républiques imaginaires, des cités de Dieu* », *et en lui inspirant* « *le courage de les atteindre* »... *Hugo répète : le poète est* « *l'homme des utopies* », *il a raison avant tous les autres ; lui,* « *le rêveur sacré* »,

Lui seul a le front éclairé.

*Ici va se dégager l'originalité de Hugo, son sentiment spécifique de l'énormité du poète, monstre divin. C'est l'idée du Mage qui s'impose, et la III*e *partie du poème* Au statuaire David *ne laisse pas d'annoncer le grand poème de 1855 sur les hommes divins...* « *Le rêveur sacré* », *en effet, contient, tout autant que la nature, la révélation divine :*

> *Dieu parle à voix basse à son âme*
> *Comme aux forêts et comme aux flots* *,

et le vieux musicien Palestrina fournit l'occasion, dans la pièce XXXV, d'exalter l'immensité de l'artiste, dont la tête contient l'univers, d'affirmer la nature sacrée du poète, du prophète :

> **Tu seras le poète, un homme qui voit Dieu !**

L'édition de l'Imprimerie nationale cite des vers d'Alphonse Esquiros, un « illuminé » de Quarante-Huit, admirant, dans Les Rayons et les Ombres, *« le ton religieux ** ». Hugo apparaît, en effet, dans ce recueil, à l'affût du*

> *... Dieu caché dont le monde est la voix ***,*

et particulièrement préoccupé par l'énigme du mal et de la souffrance. « Au spectacle du malheur, il a l'impression d'assister à une intervention, à une action divine, directe autant qu'énigmatique. Cette expérience de la présence violente du mystère est quotidienne. Caractéristique est, à cet égard, un mauvais poème, comme Fiat voluntas... *Une mère a perdu son nouveau-né, « son lait à sa tête est monté », et, « fait pour nourrir l'enfant », la tue. Ainsi donc, « jusque dans ce lait », « ambroisie et poison », Dieu a mis, comme « partout », « un noir mystère ». C'est Dieu dans les faits divers **** ! Sentiment d'une présence irréfutable et d'un mystère insoluble, telle est l'expérience religieuse de Hugo, en ces années où il semble se préparer à la rencontre de Villequier, en s'accoutumant à apercevoir,*

> *Derrière nos malheurs, Dieu profond et tranquille *****.* »

---

* *Fonction du poète.*
** *Revue de la critique,* p. 698.
*** *Que la musique date du seizième siècle.*
**** Voir aussi le poème *Rencontre.*
***** P. Albouy, *La Création mythologique chez V. Hugo,* IV, 1, *Dieu, personnage de la mythologie.* Le vers cité se trouve dans la pièce XV.

Inquiet, tourmenté :

> *O volonté du Ciel ! abîme où l'œil se noie* !*

le poète des Rayons *et* les Ombres *affirme, en même temps, avec éclat, sa foi :*

> *Mais Dieu jamais ne se retire.*
> *Non ! — Jamais, par les monts cachés,*
> *Ce soleil, vers qui tout aspire*
> *Ne s'est complètement couché** !*

Au poète, de le maintenir visible sur l'horizon humain. La pièce terminale, Sagesse, *fait alors écho au poème initial de la* Fonction du poète. *« Trois grandes voix » viennent de Dieu, l'une dictant au poète les accents des prophètes courroucés, des*

> *... deux sombres géants, Amos et Jérémie,*

l'autre prêchant la douceur, la bonté évangélique qui fait miséricorde, cependant que la troisième voix, de façon plus originale, annonce le Hugo de l'abîme divin, le poète de la fin du poème Dieu, *absorbé dans l'immensité et l'absoluité ineffables. Significative est, dans cette conclusion du recueil, la contradiction entre ce Dieu « que Jésus trouva », et ce Dieu sans limites et sans formes, qui*

> *... n'a pas besoin qu'on le prie et qu'on l'aime.*

Plutôt que vers quelque panthéisme, c'est vers un déisme très sensible à l'absolue transcendance de l'Etre Suprême que s'oriente Hugo :

> *O sagesse ! esprit pur ! sérénité suprême !*
> *Zeus ! Irmensul ! Wishnou ! Jupiter ! Jéhova !*

Voilà, je crois, le premier en date de ces vers énumératifs d'insuffisantes divinités, de ces vers résumant l'histoire des religions, qui abonderont dans la poésie de l'exil et placeront Dieu au-dessus et au-delà de toutes les définitions qu'en ont données les hommes et de tous les noms

---

* *En passant par la place Louis XV un jour de fête publique.*
** *Fonction du poète.*

*dont ils l'ont appelé. L'originalité de la religion hugo-
lienne, ce sera que ce Dieu abîme est, en même temps, le
Dieu engagé dans l'histoire, dont le poète des* Châtiments
est, ici-bas, le formidable agent d'exécution...

On constate, dans Les Rayons et les Ombres, *un incon-
testable progrès de la forme, Hugo étant de ces très rares
poètes que l'on voit ainsi progresser lentement. On cons-
tate aussi une croissance dans l'idée qu'il se fait désor-
mais du poète, de la mission du poète et de ses pouvoirs.
Les pleins pouvoirs du verbe, c'est en écrivant* Les Châ-
timents *qu'il en découvrira l'étendue, dans le feu de
l'action.* Les Contemplations *donneront, enfin, un peu
avant le poème* Dieu — *l'œuvre suprême — toute son
ampleur à une poésie que l'on a vu se dilater. Le temps
est passé, du découragement et de la flottante incerti-
tude : plus de* Feuilles d'automne, *plus de* Chants du
crépuscule ; Les Voix intérieures *tendent à devenir le
verbe même du cosmos, et le titre :* Les Rayons et les
Ombres, *ne laisse pas de traduire cette évolution de la
poésie vers la contemplation par laquelle le poète ab-
sorbe, dans son poème, la création tout entière, ombre
et lumière, visant, d'une tentative suprême, le Dieu qui
est caché derrière.*

NOTES

P. 235   **PREFACE**

1. Allusion à un poème de Byron intitulé *Darkness*, écrit en 1816,
qui évoque la fin du monde ; de là, à la p. 239, ce « Poème de
l'Homme » « dont Milton a écrit le prologue et Byron l'épilogue ».

2. Depuis la *Préface* de *Cromwell*, en 1827, aucun texte de Hugo
n'avait manifesté aussi nettement et amplement son ambition d'être
le poète de *la totalité.* Cette totalité, c'est, à nouveau, dans l'homme
que Hugo la saisit, au point où s'entrecroisent l'histoire, la nature
et la destinée individuelle. L'humanité est le rendez-vous des grandes
forces, le point d'optique où se concentrent les rayons et les om-
bres : « Tout se tient, tout est complet », telle est, en effet, l'intuition
fondamentale de cette préface. Dans cette préface, enfin, si l'obser-
vation, l'« algèbre » et la forme précise tiennent toute leur place,

l'imagination est aussi promue faculté de connaissance, en ce qui concerne la nature et la « vision ». « Savoir, penser, rêver », voilà le « tout » du poète, selon Hugo, à cette date de mai 1840. Ce « tout », le verbe « contempler » pourrait le résumer.

3. Ce n'est pas Scapin qui prononce cet alexandrin, mais un personnage du *Sicilien, ou l'Amour peintre,* Hali, qui déclare, dans la première scène : « Il fait noir comme dans un four ; le ciel s'est habillé ce soir en Scaramouche, et je ne vois pas une étoile qui montre le bout de son nez. »

P. 236

1. La dixième *Bucolique* (« *pauca meo Gallo* ») déplore l'amour insensé qui consume Gallus ; le IVe livre de l'*Enéide* raconte les amours tragiques de Didon et d'Enée ; dans l'ode IX du livre III, « *Donec gratus eram tibi...* » (« Tout le temps où je te plaisais... »), « Horace et Lydie se vantent de leurs amours nouvelles d'un ton de bravade qu'ils n'auraient pas s'ils étaient entièrement détachés l'un de l'autre..., et c'est la réconciliation... » (note de F. Villeneuve, Horace, *Odes et Epodes,* Belles-Lettres, 1941, p. 116) ; voilà, en effet, un schéma de « dépit amoureux ».

2. Allusion probable à Lamartine, député depuis 1833.

† 238

1. Allusion aux deux drames, à peu près contemporains, *Le Roi s'amuse* et *Lucrèce Borgia ;* dans la préface du second drame, Hugo explique : « Ainsi la paternité sanctifiant la difformité physique, voilà *Le Roi s'amuse ;* la maternité purifiant la difformité morale, voilà *Lucrèce Borgia.* »

2. Cette identité de la nature et de la poésie, de la création du poète et de la création de Dieu, est un des thèmes fondamentaux de Hugo. Dans *Tas de pierres,* par exemple, on trouve ce texte :

Le poète dit : La poésie, c'est
Le poème de Dieu traduit en langue humaine.
Je tire du lac bleu, des cieux, des arbres verts,
La vie intérieure et j'en remplis mes vers ;
La chose dans le mot revit, plus belle encore.
L'étoile se fait verbe et la fleur métaphore.

Voir aussi, dans *Fonction du poète,* la quatrième strophe.

P. 239

1. *Satire,* XIII, v. 198 : « Porter jour et nuit dans son cœur le témoin de son crime » est un châtiment pire que tous ceux que pourraient inventer les juges les plus sévères. La phrase de Dante,

sur « la race douloureuse de ceux qui ont perdu le bien de l'intelligence », se trouve au chant III de *L'Enfer*, tercet 16. La phrase de saint Augustin se lit dans *Les Confessions*, livre XII, chapitre VIII : « Le ciel du ciel [celui que Dieu a créé au premier jour] est une créature intellectuelle. »

P. 240

1. Dans un fragment à peu près contemporain de cette préface et que l'édition de l'Imprimerie nationale a interpolé à tort dans *Les Choses de l'infini*, ouvrage sur les astres recueilli dans le *Post-Scriptum de ma vie*, Hugo déclare : « Dans toutes les sciences il y a le coin ténébreux auprès de la partie éclairée. L'astronomie seule n'a pas d'ombre, ou, pour mieux dire, l'ombre qu'elle a est éblouissante. Chez elle le prouvé est évident, le conjectural est splendide. L'astronomie a son côté clair et son côté lumineux ; par le côté clair elle trempe dans l'algèbre, par le côté lumineux dans la poésie. »

P. 245   FONCTION DU POETE

1. Peut-être cette strophe vise-t-elle Talleyrand, mort l'année précédente.

P. 247

1. Aristophane, vers la fin du Ve siècle av. J.-C., écrivait des comédies de satire politique ; le *Satiricon* de Pétrone, au Ier siècle ap. J.-C., offre un tableau satirique des mœurs romaines ; dans le mètre ïambique (« boiteux » : une brève, une longue), Archiloque avait composé des poèmes satiriques d'une extrême violence, au VIIe siècle av. J.-C. On peut s'étonner que Juvénal ne figure pas parmi ces poètes du châtiment.

P. 250

1. Voici quelques-uns des ébauches et brouillons, qui figurent à la suite du poème et en sont contemporains :

> *pourquoi t'exiler ô poète...*
> . . . .
> . . . .
> *rongé par les pieds des passants*
> *Hélas ! Hélas ! dit le poète... (à faire)*
> *Quand les phalanges*
> *l'idée la voici — utopie —*
> *foule qui répands etc.*

> *loin de vous Stes* * théories etc.*
> *le monde propose à toute âme une énigme divine*
>   *Comme tous les sphinx, il dévore*
>   *Celui qui ne le comprend pas.*
>   *La lyre dans ses chants de flamme —*

>   . . . .
>   L'avenir, cet oiseau divin
>   Dont nos préjugés sont la cage.
> *le monde propose à toute âme qui passe une énigme à deviner*
> *... et comme le sphinx il dévore*
>   *celui qui ne le comprend pas.*

>   . . . .
>   Le savant qui creuse une fosse
>   pour enfouir son propre esprit.
>   Quand les phalanges essoufflées
>   S'arrêtèrent au Tanaïs,
>   Ayant promené leurs mêlées
>   A travers fleuves et pays,
>   Elles dirent : quelle est l'idée ?
>   Alors un mage de Chaldée
>   Leur répondit au nom du roi :
>   Voici ce que dit Alexandre :
>   Salut à qui ne peut comprendre
>   La terre à vous ! la gloire à moi.

Le monde est à vous ! la gloire à moi !
La terre (var. : le monde) à vous ! la gloire à moi !

L'une est un feu de pâtre et l'autre est une étoile,
          Deux mondes, mon enfant !

(Ce sont les vers 41-42 du poème des *Contemplations, Magnitudo parvi ;* cette partie du poème date de 1846.)

LE SEPT AOUT MIL HUIT CENT VINGT-NEUF

2. Ce poème a paru d'abord dans un recueil collectif intitulé *Babel,* en novembre 1839. L'événement qu'il rappelle, est rapporté au chapitre LII du *Victor Hugo raconté.* Taylor, qui avait accepté

Abréviation pour Saintes.

Marion Delorme au Théâtre-Français, en avait envoyé le manuscrit à la censure. A peu de temps de là, Hugo est reçu par Martignac, alors ministre de l'Intérieur, qui lui signifie l'interdiction de sa pièce : « Dans Louis XIII, chasseur et gouverné par un prêtre, tout le monde verrait une allusion à Charles X. » Le poète demande audience au roi, qui accepte de recevoir, dès le lendemain, « le baron Victor Hugo ». Après avoir fait antichambre, dans la compagnie de Mme du Cayla, le jeune poète est reçu par le vieux roi, qui se montre fort affable : « J'aime beaucoup votre talent, monsieur Hugo. Il n'y a pour moi que deux poètes, vous et Désaugiers. » Le lendemain, 8 août, Charles X congédiait le ministère Martignac et appelait Polignac au pouvoir ; l'interdiction de *Marion Delorme* était maintenue, le roi accordait une nouvelle pension de quatre mille francs au poète ; celui-ci la refusait et sa conduite était citée en exemple par les journaux libéraux.

Venant à la suite de *Fonction du poète* et écrit peu de temps après, ce poème est une illustration de l'indépendance du poète qui résiste aux rois, mais sait plaindre leur malheur, et qui, « rêveur », serait plus capable de les conseiller que les politiques au regard myope...

P. 251

1. Charles-André Boulle, le célèbre ébéniste, inventeur d'un procédé et d'un style de marqueterie (1642-1732).

2. Parlant de Didier, Marion déclare qu'elle s'est « refait une âme avec cette âme ». Le drame illustre, en effet, le thème romantique de la courtisane rachetée par l'amour : l'amour de Didier régénère Marion, « pauvre ange tombé », ou, comme il est dit dans la pièce, « ange du ciel que la terre a flétrie ».

3. A la fin de la pièce, Richelieu traverse la scène dans sa litière : « Voilà l'homme rouge qui passe », crie Marion.

P. 252

1. C'est Martignac qui, dans le récit du *Victor Hugo raconté*, a fait allusion au *Mariage de Figaro*, auquel font songer ces vers.

P. 253

1. C'est un peu une légende que Hugo a créée ainsi autour de Sophie Trébuchet (voir, dans la même collection, *Les Feuilles d'automne,* note 3 de la p. 190).

P. 254

1. Encore loin d'être achevé en 1829.

2. Primitivement abbaye de moines augustins, Holyrood fut ensuite

le palais des rois d'Ecosse ; alors qu'il était comte d'Artois, Charles X y avait résidé, pendant l'Emigration ; il y revint au lendemain de juillet 1830.

P. 255

1. Henri Stuart, lord Darnley, époux de Marie Stuart, fit massacrer, dans la chambre même de la reine, à Holyrood, l'Italien Rizzio, qu'il soupçonnait d'être son amant ; peu après, Darnley était assassiné par le comte de Bothwell, qui épousait Marie S'uart.

P. 256   AU ROI LOUIS-PHILIPPE
APRES L'ARRET DE MORT PRONONCE LE 12 JUILLET 1839

1. Le 12 juillet, le révolutionnaire Armand Barbès était condamné à mort par la Chambre des pairs, pour avoir attaqué la Conciergerie, le 12 mai précédent, à la tête d'un petit groupe de conspirateurs. La supplique de Hugo, appuyée par le duc et la duchesse d'Orléans, obtint la grâce de Barbès. Ces quatre vers font allusion à la mort récente, à l'âge de vingt-six ans, de la fille du roi, Marie, duchesse de Wurtemberg ; le « royal enfant » est le comte de Paris, premier enfant du duc et de la duchesse d'Orléans, né le 24 août 1838.

P. 260   REGARD JETE DANS UNE MANSARDE

1. A propos du poème *A Alphonse Rabbe*, dans *Les Chants du crépuscule*, nous avons indiqué qu'entre 1819, l'année du royalisme voltairien, et 1878, l'année du discours pour *Le Centenaire de Voltaire*, où le défenseur de Calas est comparé à Jésus, en vertu de son œuvre civilisatrice, les années où nous nous trouvons sont les pires pour la fortune de Voltaire chez Hugo.

2. On croirait entendre l'écho de l'ode de 1821, *Vision*, où Dieu châtie le « siècle coupable » (I, x).

P. 261

1. Le « hideux sourire » maudit par Rolla !

P. 264

1. Deux feuillets fournissent les ébauches des vers 28-30 et 19-24, ces derniers écrits au-dessous de cette phrase :

— Rosa — elle demeure à l'ombre de l'église

On y lit encore ce texte :

Ce qui est faible, doux et tendre est souvent victorieux.
    La faiblesse est souvent bien forte, tu le vois.

Un enfant qui gémit peut désarmer parfois.
　　　Les Tibère et (var. : ou) les Louis onze.
Goutte à goutte tombant sur les rocs arrosés,
Des larmes ont percé la pierre ; des baisers
　　　　Ont usé des orteils de bronze.

ON CROYAIT DANS CES TEMPS...

2. Ce regret des époques de foi rappelle le début du *Rolla*, de Musset.

3. Le lac de Génésareth ou de Tibériade, l'Horeb où Moïse vit le buisson ardent et où il fit jaillir l'eau du rocher, la vallée du Cédron, près de Jérusalem, où ont été creusés les tombeaux des Rois.

P. 266　　　　　SUR UN HOMME POPULAIRE

1. Cette pièce met en œuvre le thème hugolien du crâne-prison : dans le poème des *Contemplations, Les Malheureux,* par exemple, le crâne est un « caveau muré » où l'âme, « ange enfermé », est tenue prisonnière. La pensée des méchants, qui est, ici, un « fœtus aveugle et monstrueux », est, dans *Les Burgraves,* un « nain hideux » (III-I), et, dans le poème des *Malheureux* encore, « une naine hagarde », « assise sous leur crâne affreux ».

P. 268　　　　LE MONDE ET LE SIECLE

1. C'est la première fois, semble-t-il, que Hugo oppose aussi nettement la religion insuffisante révélée par les livres humains et la vraie religion révélée par la seule Bible divine qu'est la nature ; cette opposition sera fondamentale dans la religion hugolienne qui se constituera dans l'exil.

A M. LE D. DE ***

2. Le personnage auquel s'adresse ce poème reste mystérieux.

P. 270

1. Paraphrase des vers 493-497 du livre I des *Géorgiques*, à la fin de l'épisode des *Prodiges de la mort de César,* que Victor-Marie avait traduit en vers français, en 1816.

A Mlle FANNY DE P.

2. Nous n'avons pu identifier cette enfant.

P. 272　　　　　　FIAT VOLUNTAS

1. « Que soit faite la volonté [de Dieu]. »

P. 274 A LAURE, DUCH. D'A.

1. Laure Junot, duchesse d'Abrantès, morte à Chaillot, le 7 juin 1838, avait été l'un des personnages les plus pittoresques de l'Empire. Epouse du général Junot, gouverneur militaire de Paris en 1806, qui, battu au Portugal, sombrait dans une demi-folie et se suicidait, la duchesse d'Abrantès, après avoir étalé un faste excessif, devait mourir presque dans la misère, « femme en proie au sort ». De 1831 à 1836, avec l'aide de Balzac, dont elle fut la maîtresse, elle avait publié des *Mémoires* qui vont de la Révolution à Louis-Philippe. Louant « la gloire », flétrissant « les bourreaux » et rapportant surtout beaucoup de commérages, ces *Mémoires* connurent un très vif succès. Hugo était lié avec elle, ainsi qu'en témoigne sa correspondance.

2. Cette strophe est précédée, dans le manuscrit, par ces vers, biffés :

Puisqu'après avoir pris au maître sa colonne,
Après avoir aux preux ôté leur panthéon,
On te rejette aussi, toi dont l'ombre pardonne (var. : *qui fus grande*
Et l'on traite Junot comme Napoléon ; [(var. : *digne*) *et bonne*)

P. 276 *PUITS DE L'INDE ! TOMBEAUX !...*

1. Que le poète s'inspire ici d'une gravure de Piranèse ou de quelque reproduction d'une pagode de l'Inde, telle que celle du poème VI, cette pièce est née d'une « fantaisie » obsédante chez Victor Hugo, celle de la « Babel en creux » (ainsi lui apparaîtra, en 1856, le cirque de Gavarnie, dans la première partie du poème *Dieu*), de l'architecture dont les spirales s'enfoncent sous terre, dans une complication effrayante de replis et de voûtes. Dans *Notre-Dame de Paris*, le chapitre « dantesque », *Lasciate ogni speranza*, explique qu'« au moyen âge, quand un édifice était complet, il y en avait presque autant dans la terre qu'au dehors » ; ainsi, à la bastille Saint-Antoine, au Palais de Justice, au Louvre, « les étages de ces prisons, en s'enfonçant dans le sol, allaient se rétrécissant et s'assombrissant », et la vision de la spirale profonde s'accompagne des idées de claustration, de supplice éternel, de quelque sadisme infernal. Bien plus tard, dans *L'Homme qui rit*, on retrouvera la vision analogue d'un édifice souterrain, lieu de supplices : c'est « la cave pénale » où Gwynplaine descend par de longs corridors étroits, comparés aux « intestins » d'un monstre ; dans la cave voûtée où il arrive, un malheureux expire sous la torture... Le poème des « puits de l'Inde » annonce encore la pièce des *Châtiments*, intitulée *L'Egout de Rome* (VII, IV).

P. 278   DANS LE CIMETIERE DE...

1. Il serait assez vain d'essayer de localiser ce cimetière, peut-être le Père-Lachaise, où étaient inhumés le père et la mère du poète.

P. 281   SPECTACLE RASSURANT

1. Cette pièce, qui rappelle l'ode de 1828, *Pluie d'été,* annonce la vision fantaisiste et gaie, l'art menu et ingénieux des *Chansons des rues et des bois;* on songe aussi à Théophile Gautier, à son *Premier sourire du printemps,* par exemple, dans *Emaux et Camées.* Mais aux fantaisies de Gautier manque l'approfondissement qu'apporte ici la dernière strophe.

2. Voir l'ode IV, XVI, *La Demoiselle,* et aussi, pour ces « magnificences microscopiques », l'ode *Pluie d'été* et, dans la même collection, la note 2 de la page 320 des *Odes et Ballades.*

P. 282   ECRIT SUR LA VITRE
                D'UNE FENETRE FLAMANDE

1. De Bruxelles, où il se trouve le 18 août, Hugo arrive à Lier, le 19 au soir ; dans la journée, il est passé, fort rapidement, par Louvain et Malines ; il est, cependant, monté sur la tour de la cathédrale de Malines, et il y a admiré le carillon de trente-huit cloches et six gros bourdons, mais il ressort de sa lettre qu'il ne l'a pas entendu. Par contre, il s'était plu à écouter le carillon de Mons, pendant la nuit, au clair de lune : « Ce carillon me faisait l'effet de chanter à cette ville de magots flamands je ne sais quelle chanson chinoise. »

P. 283

1. A Mons, Hugo avait entendu la trompe du veilleur de nuit succéder au chant du carillon, et il commentait : « Moi, j'étais seul éveillé avec cet homme, une fenêtre ouverte devant moi, avec tout ce spectacle, c'est-à-dire tout ce rêve, dans les oreilles et dans les yeux. »

    CE QUI SE PASSAIT AUX FEUILLANTINES
                VERS 1813

2. En février 1815, Léopold Hugo enlève Victor et Eugène à leur mère et les enferme à la pension Cordier ; après le jardin, la mère, la liberté, voici la prison. De là cette haine du collège et du régent de collège qui s'exprime ici, que l'on retrouvera dans le poème des *Contemplations, A propos d'Horace,* et qui s'étalera dans *L'Ane.*

L'événement rapporté ici se situe pendant le second séjour aux Feuillantines, d'avril 1812 à décembre 1813. Victor et Eugène étudient alors avec un précepteur, l'« abbé » de La Rivière, le « maître chéri » auquel est dédié le poème *Sur le bonheur que procure l'étude,* le « vieux prêtre », « tout nourri de Tacite et d'Homère », qu'on rencontrera encore dans le dernier poème de ce recueil ; sur ce personnage qui tenait — avec sa femme — une école, rue Saint-Jacques, que Victor avait fréquentée en 1809-1811, on se renseignera dans les livres de G. Venzac, et l'on verra qu'il est fort douteux que La Rivière ait jamais été prêtre, un oratorien défroqué, selon le *Victor Hugo raconté* (*Les Premiers Maîtres de V. Hugo,* 1re partie, ch. II, et *Les Origines religieuses de V. Hugo,* p. 182-184). Le chapitre XIII du *Victor Hugo raconté* fournit, sur « ce qui se passait aux Feuillantines vers 1813 », ces précisions :

« Vers cette époque, la liberté des deux frères courut un grave péril. Un proviseur vint les demander pour son collège, et inquiéta un moment l'âme de leur mère sur les conséquences de cette éducation lâchée hors de la discipline universitaire. Je ne raconte pas la scène, qui est tout au long dans *Les Rayons et les Ombres.* Le « proviseur d'un collège quelconque », décrit avec une rancune que vingt-six ans n'avaient pas apaisée, était le proviseur du lycée Napoléon » (c'est-à-dire du lycée Henri-IV) *.

P. 284

1. On sait que Théophile Gautier fut peintre avant d'être poète ; c'est comme « rapin » qu'il participa à la bataille d'*Hernani.*

2. Ces noms de peintres semblent cités parfois un peu au hasard, Coypel remplaçant Coustou, le sculpteur des Chevaux de Marly, peut-être pour des raisons d'euphonie. On trouve deux allusions à Rembrandt, dans *Notre-Dame de Paris,* à la *Ronde de Nuit* et à la gravure à l'eau-forte du *Docteur Fautrieus,* souvent appelée du *Docteur Faust ;* ici, ces « sorciers de Rembrandt » étonnent autant que les « faunes de Watteau », qu'on verrait mieux chez Boucher. En 1830, Hugo empruntait aux *Caprices* de Goya l'épigraphe d'une pièce des *Feuilles d'automne,* et nous savons que Fontaney montrait à l'Arsenal une série de *Caprices,* en 1828-1830. Quant à Callot, il est souvent allégué par Hugo comme un maître du grotesque ; sa *Tentation de saint Antoine* (la première, sans doute) est encore citée dans un fragment retranché du voyage au Neckar (*En Voyage,* t. II, p. 209, 1839).

P. 286

1. Ce « puisard desséché » du jardin des Feuillantines a joué un grand rôle dans l'enfance de Victor et de ses frères ; c'est là que leur imagination avait logé « le sourd », « ce monstre fabuleux »

---

* Dans *Les Premiers Maîtres de V. Hugo,* Venzac suggère qu'il devait s'agir plutôt de Taillefer, le proviseur de Louis-le-Grand.

qu'ils cherchaient, avec une terreur de bonne foi, en revenant de l'école du père Larivière, et dont l'auteur des *Misérables* s'est souvenu pour décrire les jeux du gamin de Paris (*Victor Hugo raconté*, ch. VII, et *Les Misérables*, III, I, II.

P. 289   AU STATUAIRE DAVID

1. Sur David d'Angers, voir le poème VIII des *Feuilles d'automne,* qui est également dédié au sculpteur.

P 291

1. La plupart des grands hommes célébrés dans ces vers figurent dans l'œuvre innombrable de David d'Angers. On reconnaîtra, par exemple, la statue de Gutenberg, à Strasbourg, érigée tout justement en 1840 (« l'un a trouvé... la presse... »). D'autres allusions sont plus vagues (le général Foy, Armand Carrel peuvent être désignés dans ces vers) ou nous sont restés plus énigmatiques : quel est ce roi, ami de la liberté ? Je ne connais, due au ciseau de David, d'autre statue royale que celle du roi René, à Aix-en-Provence. Le « mage dont l'esprit réfléchit les étoiles » est sans doute l'astronome François Arago, dont David fit un médaillon. Le bon prêtre est le cardinal de Cheverus, dont David dressa la statue à Mayenne ; évêque de Montauban en 1825, il ouvrit son palais à près de trois cents victimes des inondations, fit de même à Bordeaux, dont il était archevêque, lors du choléra de 1832. David avait également sculpté la statue du jurisconsulte anglais Bentham, qui s'appliqua à adoucir la pénalité et œuvra pour le développement de l'enseignement : c'est lui, le « sage », venu « pour nous rendre meilleurs ».

P. 295

1. L'image de la Babel intérieure, qui tord sa spirale sous le crâne de l'artiste de génie, réapparaîtra, en 1855, dans le poème des *Mages* (*Contemplations*, VI, XXIII) :

> Le noir cerveau de Piranèse
> Est une béante fournaise
> Où se mêlent l'arche et le ciel
> L'escalier, la tour, la colonne ;
> Où croît, monte, s'enfle et bouillonne
> L'incommensurable Babel !

2. Cette partie commençait par huit vers, qui ont été biffés

David! maître puissant! il sied que je te dise
Qu'on parle dans une ode avec toute franchise
Toujours mon vers, pour l'art et pour la royauté,
Sera le puits profond d'où sort la vérité.
Les chants sont des conseils. Si le grand statuaire,
Des spectres couronnés soulevant le suaire,
Juge le conquérant, le roi, l'usurpateur,
Le poète, à son tour, juge le grand sculpteur.

P. 302   EN PASSANT
                 DANS LA PLACE LOUIS XV
                 UN JOUR DE FETE PUBLIQUE

1. Allusion à l'obélisque de Louqsor érigé en 1836, à la place
du monument expiatoire à Louis XVI, auquel il est fait allusion
dans le poème I des *Chants du crépuscule* (cf. la note 1 de la
p. 30). On sait que la place Louis XV est la place de la Concorde
(elle avait pris ce nom en 1795, était redevenue la place Louis XV
en 1814, la place Louis XVI en 1823 et, à nouveau, la place de
la Concorde après juillet 1830), et que c'est là que fut guillotiné
Louis XVI.

P. 306   MILLE CHEMINS, UN SEUL BUT

1. La Rome chrétienne

P. 310   A LOUIS B.

1. Sur Louis Boulanger, voir la note 1 de la page 101.

P. 315   TRISTESSE D'OLYMPIO

1. Voici le poème assurément le plus fameux de toute cette
époque de l'œuvre hugolienne, antérieure à l'exil. Il constitue, en
effet, une des pièces majeures du romantisme français des années
1820 à 1840, sous son aspect le plus connu. Amour, nature, souve-
nir, Lamartine, dans *Le Lac*, en 1820, Musset, dans *Souvenir*, en
1840, se sont interrogés sur leurs rapports et leur puissance respec-
tive. L'homme vit-il dans un univers amical et accordé, ou dans un
monde hostile et, dirait un Camus proche d'un Vigny, « absurde » ?
Alors que Musset s'enferme tout entier dans son amour et son
cœur, ignorant tout le reste, qui est de peu d'importance, tandis
que Lamartine subordonne la nature à la loi de la tendresse hu-
maine, Hugo semble moins occupé de lui-même, de son amour,
plus attentif au monde extérieur, inquiet de sa loi profonde, plus
proche, en un mot, de la « contemplation » que de l'élégie. Toute-
fois, au moment où il débouche sur le problème qui, après Ville-
quier et la mort de Léopoldine, sera le grand problème, celui de
la mort et de la survie, à peine a-t-il entrevu que

Tout commence en ce monde et tout finit ailleurs,

voici qu'il repasse de ce plan métaphysique ou religieux au plan psychologique et, comme le fera Musset, trouve dans le souvenir l'équivalent humain de l'éternité.

On sait qu'en 1834, alors qu'avec sa famille il passait l'automne aux Roches, dans la maison des Bertin, Victor Hugo avait loué, pour Juliette, à quatre kilomètres de là, dans le hameau des Metz, une maison paysanne, entourée d'un « jardin de curé ». Chaque jour, les amants se rencontraient, souvent à mi-chemin des deux villages, dans des bois où, l'année suivante, le 24 septembre, un orage mémorable les surprit... Nous avons eu plus d'une occasion de parler de ces bois, du châtaignier creux qui servait de boîte aux lettres à ces amants très épistoliers, de cette vallée de la Bièvre qui est le paysage inséparable des poèmes d'amour de Hugo, depuis *Les Chants du crépuscule.*

Après un séjour en 1834 et en 1835, après le voyage en Normandie, avec Juliette et Célestin Nanteuil, d'où il a ramené *Oceano nox,* Hugo passe les mois d'août et septembre 1836 à Fourqueux, près de Saint-Germain-en-Laye, avec sa famille : le 8 septembre, Léopoldine faisait sa première communion. En 1837, du 10 août au 14 septembre, il voyage, avec Juliette, en Belgique, et, après cette absence prolongée dont sa femme avait marqué quelque impatience, comme pour rétablir l'équilibre, il refuse à sa maîtresse un pèlerinage à deux dans la chère vallée. Ce pèlerinage, c'est tout seul qu'il l'accomplira, le dimanche 15 octobre. De cette promenade volontairement solitaire, est né le poème de *Tristesse d'Olympio,* où la prééminence du souvenir trahit l'affaiblissement de la passion. Il n'est, pour s'en rendre compte, que de comparer cette méditation sur *le passé* à l'exultation de Juliette lorsqu'enfin elle put faire, avec Victor, ce pèlerinage aux Metz, en 1845 seulement. Le lendemain, 27 septembre, elle écrit à son amant : « J'aurais voulu mettre mes pieds dans tous les sentiers que nous avons parcourus ensemble il y a onze ans, baiser toutes les pierres du chemin, saluer toutes les feuilles des arbres, cueillir toutes les fleurs des bois, tant il me semblait que c'étaient les mêmes qui nous avaient vus passer ensemble... Rien n'était changé en nous et autour de nous... C'était la même image dans le même cadre... » Et, dans une autre lettre du même jour : « Nos cœurs étaient comme le ciel et comme la nature ; ils n'étaient pas changés... » Ainsi vivait-elle dans l'éternel présent de l'amour, ignorante encore de Léonie Biard et du scandale du passage Saint-Roch, le 5 juillet...

Tristesse d'Olympio doit peut-être quelque chose à *Jocelyn* dont Lamartine avait déposé les deux volumes chez Hugo, l'avant-veille de la publication, le 13 février 1836. En effet, après les funérailles de Laurence, près de la Grotte des aigles, Jocelyn erre sur les lieux où il avait aimé :

> Je voulus sur ces lieux si pleins de tristes charmes
> Attacher un regard avant que de mourir,
> Et je passai le soir à les tous parcourir...

Ainsi fera Olympio et il ressentira la même tristesse que Jocelyn, qui s'écrie :

> Oh ! qu'en peu de saisons les étés et les glaces
> Avaient fait du vallon évanouir nos traces !
> Et que, sur ces sentiers si connus de mes pieds,
> La terre en peu de jours nous avait oubliés !
> La végétation, comme une mer de plantes,
> Avait tout recouvert de ses vagues grimpantes ;
> La liane et la ronce entravaient chaque pas ;
> L'herbe que je foulais ne me connaissait pas...
> O terre qui produis tes fleurs et qui t'en joue,
> Oh ! voilà donc aussi ce que tu fais de nous !

P. 316

1. L'arbre sous lequel ils s'étaient abrités pendant l'inoubliable orage du 24 septembre 1835 : une heure et demie durant, Juliette sut maintenir l'extase...

P. 317

1. Il faut, certes, porter au compte de la « poésie réaliste » de Hugo, comme dit Aragon, ce vers admirable, dont la beauté, peut-être, tient à l'exactitude de la chose observée en même temps qu'au sentiment rêveur qu'y ajoute le mot « gémissants »... Des réminiscences ont pu jouer, et le souvenir du vers 536 du chant III des *Géorgiques* : « ... trahunt stridentia plaustra », « ils traînent les chars grinçants », a pu être ravivé, en 1823, par le vers de Lamartine, dans le poème des *Nouvelles Méditations, Les Préludes* :

> Le bruit lointain des chars gémissants.

Peut-être faudrait-il aussi faire sa place à un souvenir d'enfance que rapporte le chapitre XVIII du *Victor Hugo raconté* et qui se rattache au voyage en Espagne de 1811 : Mme Hugo ne partageait pas tous les enthousiasmes de son fils et un sujet de discussion entre elle et le jeune Victor était fourni par les charrettes :

« Les roues des charrettes espagnoles, au lieu d'être à rayons comme
en France, sont en bois plein ; ces lourdes masses tournent péni-
blement et arrachent à l'essieu des grincements douloureux qui irri-
taient la voyageuse jusqu'à l'exaspération. De si loin qu'elle les
entendît dans les plaines, elle fermait tout et se bouchait les
oreilles. Victor, lui, trouvait à ce bruit une bizarrerie violente très
agréable, et disait que c'était Gargantua dont le pouce faisait des
ronds sur une vitre. » Le souvenir du « cri strident des roues
espagnoles » a pu être consolidé et, en quelque mesure, « poétisé »,
par la rencontre, peu après, du vers de Virgile...

P. 321 QUE LA MUSIQUE DATE DU SEIZIEME SIECLE

 1. Ce titre qui, dit Fernand Gregh, énonce « une idée fausse
avec une tranquillité majestueuse », et le poème lui-même posent
la question, fort débattue, des rapports de Hugo avec la musique.
Signalons au moins le poème III, xxi des *Contemplations*, et,
surtout, recommandons une page admirable, le fragment sur *Beetho-
ven* : « Ce sourd entendait l'infini... », dans le reliquat de *William
Shakespeare* (p. 280-281 dans l'édition de l'Imprimerie nationale).
Quant à la place exacte que Hugo fait à la musique dans le génie
humain, la VIe partie du poème nous l'apprend avec précision et
de façon définitive.

P. 322

 1. Cette transposition des sensations auditives en images visuelles
et de mouvements annonce la personnification des sons du carillon
en une danseuse, dans *Ecrit sur la vitre d'une fenêtre flamande*,
et cette tumultueuse « vision » de l'orchestre répond à ces vers de
Fantômes, dans *Les Orientales :*

> Et son cœur éclatait en fanfares joyeuses
> Avec l'orchestre aux mille voix.

Le fragment sur *Beethoven* traduira, en 1863, la même tendance
à transposer en vision les sensations auditives.
 2. Dans le poème des *Voix intérieures, A un riche,* Hugo décla-
re : « Gluck est une forêt » ; un peu plus loin, il comparera
Gluck et Beethoven à des « rameaux sous qui l'on rêve ». Dans le
fragment de 1863, la même comparaison reviendra, avec insistance :
la symphonie de Beethoven a les mêmes « branchages démesurés »,
les mêmes « halliers inextricables » que la Forêt-Noire.
 3. La *strette,* dit Littré, est la « partie d'une fugue, dans la-
quelle on ne rencontre plus que des fragments du sujet, et qui est
comme un dialogue pressé et véhément ».

P. 323

1. Giovanni Pierluigi, né à Palestrina (d'où son nom), en 1526, mort à Rome, en 1594, rénova la musique religieuse, portant à sa perfection le style polyphonique du XVI⁰ siècle ; on connaît surtout de lui la *Messe du pape Marcel*. Si Palestrina mérite assez le titre de « père de l'harmonie », Hugo lui attribue, aux origines de la musique du XVIII⁰ et du XIX⁰ siècles, une importance qu'il n'eut pas.

P. 324

1. Voilà déjà la nature, « forêt de symboles », du célèbre poème des *Fleurs du mal ;* mais, pour Hugo, il s'agit moins de « correspondances » que d'« emblèmes », riches de significations morales et religieuses. En outre, on retrouve ici le grand thème hugolien des « voix » : tout parle, ou bégaie, et, par le poète, l'univers se fait verbe.

P. 326

1. Dans *Les Mages,* Hugo dira des génies, que Dieu a :

> Écrit sous leur crâne la bible
> Des arbres, des monts et des eaux,

et, dans *La Légende des Siècles,* un court poème nous apprendra que

> Un poète est un monde enfermé dans un homme.

2. Jugement définitif sur la musique, que Hugo reprendra dans le chapitre du *William Shakespeare,* consacré à l'Allemagne :

« La musique, qu'on nous passe le mot, est la vapeur de l'art. Elle est à la poésie ce que la rêverie est à la pensée, ce que le fluide est au liquide, ce que l'océan des nuées est à l'océan des ondes. Si l'on veut un autre rapport, elle est l'indéfini de cet infini. »

P. 327

1. Toute cette fin est la mise en vers — et en poésie — de la conclusion du chapitre *Ceci tuera cela,* dans *Notre-Dame de Paris.* L'imprimerie — « ceci » — a tué « cela », la grande architecture gothique, c'est-à-dire la *vraie* architecture : « C'est cette décadence qu'on appelle la Renaissance. Décadence magnifique pourtant, car le vieux génie gothique, ce soleil qui se couche derrière la gigantesque presse de Mayence, pénètre encore quelque temps de ses derniers rayons tout cet entassement hybride d'arcades

latines et de colonnades corinthiennes. C'est ce soleil couchant
que nous prenons pour une aurore. Cependant, du moment où
l'architecture n'est plus qu'un art comme un autre, ... elle n'a plus
la force de retenir les autres arts. Ils s'émancipent donc, ... et s'en
vont chacun de leur côté. Chacun d'eux gagne à ce divorce. L'iso-
lement grandit tout. La sculpture devient statuaire, l'imagerie de-
vient peinture, le canon devient musique... De là Raphaël, Michel-
Ange, Jean Goujon, Palestrina, ces splendeurs de l'éblouissant sei-
zième siècle. »

2. Dédale, l'architecte légendaire du Labyrinthe, représente la
vieille science ésotérique qui s'exprimait tout entière dans l'archi-
tecture et ses arcanes.

3. Sur Albert Dürer et sur *son* ciel, celui de *Melancholia*, voir le
poème des *Voix intérieures*, *A Albert Durer*, antérieur d'un mois à
celui-ci, et la note 1 de la p. 178.

P. 328   **LA STATUE**

1. Ecrit peu de temps avant le poème des *Voix intérieures*, *Passé*,
si celui-ci est bien de 1837, ce poème est né, comme lui, d'une
rêverie dans un parc et, comme lui, a contribué à mettre à la mode
les époques Louis XIV et Louis XV, délaissées au moment du roman-
tisme « mâchicoulis ». Il annonce les rêves de Musset *Sur trois mar-
ches de marbre rose*, en 1849, et les *Fêtes galantes*, de Verlaine.

P. 330

1. Nous voici sous le règne de François Ier, avec sa sœur,
Marguerite de Navarre, et Lautrec, maréchal de France, gouverneur
du Milanais. Le marquis de Racan, auteur de *Bergeries*, le satirique
Mathurin Régnier nous amènent à Louis XIII. Vincent de Paul
fut le précepteur des frères aînés de Paul de Gondi, le futur cardinal
de Retz, et, contrairement à ce que l'on a dit souvent, ne put
s'occuper de la formation morale et religieuse de celui-ci. En 1844,
Alexandre Dumas et *Les Trois Mousquetaires* allaient immortaliser
les amours d'Anne d'Autriche et de Georges Villiers, duc de Bucking-
ham. La duchesse de Fontanges fut une des maîtresses de Louis XIV,
avec la duchesse de Montespan en l'honneur de laquelle le roi fit
donner de grands ballets mythologiques ; Amaryllis est la bergère
aimée de Tityre, dans la première *Bucolique* de Virgile.

2. On sait que, dans son *Elégie aux nymphes de Vaux*, La Fontaine
a déploré la disgrâce de son protecteur, Fouquet. Segrais, l'ami de
Mme de La Fayette, a écrit des *Eglogues* ; Hugo lui a emprunté
l'épigraphe de la *Ballade* XI, qui est précisément : « Un vieux faune
en riait dans sa grotte sauvage ». Les églogues de Virgile sont en

hexamètres dactyliques, ce mètre se composant de spondées, plus graves, avec leurs deux longues, et de dactyles, une longue, deux brèves.

3. Les intrigues, les complots et les amours de la duchesse de Chevreuse, l'ennemie de Richelieu et de Mazarin, sont bien connus ; la marquise de Thiange était la sœur de Mme de Montespan.

P. 332 ECRIT SUR LE TOMBEAU D'UN PETIT ENFANT AU BORD DE LA MER

1. Cet enfant est le fils de Mme Lefèvre, la sœur d'Auguste Vacquerie ; Hugo avait promis quelques vers qu'on ferait graver sur la tombe ; il les envoie à Auguste Vacquerie, le 21 janvier 1840. Moins d'un an après la mort de cet enfant, survenue le 9 novembre 1839, Mme Lefèvre perdait son autre fils et ce second deuil inspirait à Hugo deux poèmes des *Contemplations* (III, xiv et xv). Les Vacquerie étaient installés au Havre et avaient invité les Hugo à passer l'été de 1839, dans la propriété qu'ils possédaient à Villequier : Léopoldine, alors âgée de quinze ans, y faisait la rencontre de celui qui devait être, pour si peu de temps, son mari, Charles, le frère d'Auguste.

P. 333 A. L.

1. Ce poème doit être rapproché de la pièce I, i des *Contemplations, A ma fille*, écrite trois jours plus tard. Nous interprétons les initiales : « Adèle » (ou) « Léopoldine ».

P. 334 CÆRULEUM MARE

1. « Mer d'azur ». Cette méditation sur « le firmament plein de soleils » doit être rapprochée du poème des *Contemplations, Saturne*, qui, le 30 avril 1839, suit cette pièce de quelques jours. Le poème des *Contemplations* est une anxieuse conjecture sur la vie future ; selon une croyance fort répandue en ce temps, Hugo imagine des migrations de l'âme sur d'autres astres, après la mort ; la planète Saturne, que son éloignement du Soleil condamne à la nuit et au froid éternels, ne saurait être qu'un enfer ; avec un tel rêve, ou, plutôt, un tel cauchemar, commence cette vision lugubre et anxieuse des immensités astrales, plongées dans les ténèbres, qui caractérisera la mythologie astronomique de l'exil.

Mais l'obsession maîtresse du ciel-tombeau, qui perce alors, est absente de *Cæruleum Mare*, où l'on s'en tient à la vision traditionnelle de l'harmonieuse immensité stellaire. Aussi bien, le poème *Saturne*, comme s'il était prématuré, a-t-il été réservé et a-t-il laissé la place à *Cæruleum Mare*. Ce dernier poème est d'autant mieux dans la manière de la « seconde période » que, si, dans *Saturne*, c'est la conjecture qui l'emporte, ici, c'est le doute qui domine — et cette nuance ne manque pas d'originalité : dans la poésie astronomique, il est de tradition que la contemplation de la voûte céleste amène à l'adoration du divin Architecte des mondes ; chez Hugo, pourtant si croyant, si « croyeur », ces immensités obscures et lumineuses, à la fois, pleines de rayons et d'ombres, provoquent l'interrogation et l'incertitude : nous ne connaîtrons la vérité qu'après la mort,

> En attendant, sur cette terre,
> Nous errons...,
> Portant en nous ce grand mystère :
> Œil borné, regard infini...

P. 335

1. La croyance à la survie des âmes dans les astres, exprimée aussi dans le poème de *Saturne*, sera la pièce maîtresse de la religion astronomique de l'exil ; elle se combinera, alors, avec la doctrine des métempsycoses. Telles croyances, conjectures ou rêveries sont très fréquemment exprimées au XIXe siècle (par exemple, par Lamartine, dans *La Mort de Socrate*, etc.).

P. 336

1. Parmi tous ces problèmes qui obsèdent le penseur, l'imagination suggère celui d'une nature souffrante et tourmentée. L'anthropomorphisme devient, alors, source d'angoisses et l'imagination, autant que la raison, pose ses questions et définit le problème du mal. L'image de la nature souffrante — et donc châtiée — sera, ainsi, une pièce maîtresse, à la fois de la poésie et de la philosophie de l'exil.

P. 339　　　　　　　OCEANO NOX

1. Nous avons dit, à propos du poème des *Voix intérieures, Une nuit qu'on entendait la mer sans la voir*, que Hugo avait assisté à une tempête, ou à la fin d'une tempête, à Saint-Valery-en-Caux, le 16 juillet 1836. *Oceano Nox* a été aussi inspiré par ce spectacle et l'on peut supposer que, si Hugo l'a daté, dans l'édition, de Saint-Valery-sur-Somme, où il était également passé, en 1836, c'est, comme le suggèrent Moreau et Boudout (*Morceaux choisis de V. Hugo*), par une « confusion de souvenirs ». Le titre est emprunté à l'*Enéide*, II, 250, où il signifie : « la nuit s'élance de l'Océan » (ici : « nuit sur l'Océan »).

L'association de l'ombre et de la mer sera constante chez Hugo ; c'est que, comme la nuit, la mer est une puissance hostile à l'homme et maints poèmes, au temps de l'exil, s'apitoieront sur le sort des marins perdus en mer, mettant en cause la Providence elle-même.

P. 341

1. De la marée montante, à la nuit, au Tréport, le 6 août 1835, Hugo a retenu l'« aspect sombre » et le « râle affreux » : « La mer

était désespérée », écrit-il à Louis Boulanger. Dans la poésie de la mer, pendant l'exil, le thème de la tristesse de la mer, de ses sanglots, se mêlera aux images, plus nombreuses, de la colère cosmique.

SAGESSE

2. Sur Louise Bertin, à qui sont dédiés plusieurs importants poèmes, voir la note 1 de la p. 120. La première partie du poème, en 1837, reste dans le ton pessimiste des *Chants du crépuscule* ou des *Feuilles d'automne*, et, opposant à la beauté de la nature la laideur de l'humanité, rappelle justement un poème de ce dernier recueil, *Ce qu'on entend sur la montagne*. La partie composée en 1840 donne, d'abord, la parole à Louise Bertin, qui prêche au poète une sagesse indulgente : le bien et le mal se mêlent, comme les rayons et les ombres ; il ne faut ni condamner, ni désespérer. Alors, le poète fait un retour sur son enfance, toute de bonheur et de pureté, et, à partir de cette pureté enfantine, dresse le bilan de sa vie. Apaisé, il conclut en rappelant la mission du poète, et, à la fin du recueil, l'inspiration rejoint celle du poème initial.

P. 344

1. Par exemple, dans le poème initial des *Voix intérieures :*

Ce siècle est grand et fort. Un noble instinct le mène..

2. On aime, en 1840, cet éloge fidèle du « maître chéri » à qui Victor dédiait, en 1817, son poème sur le *Bonheur que procure l'étude ;* on se reportera aussi à la pièce XIX et à la note 2 de la p. 281 sur le « vieux prêtre », l'« abbé » de La Rivière. Dans le *Victor Hugo raconté*, on nous montre Lahorie faisant lire Tacite à Victor, « qui n'avait que huit ans ».

P. 345

1. Voir le poème des *Voix intérieures, A Eugène vicomte H.*
2. Le *Gradus ad Parnassum*, pour les exercices de vers latins.

P. 347

1. Le charbon ardent avec lequel Dieu purifia les lèvres d'Isaïe (*Isaïe,* VI, 5-7).

P. 349

1. Irmensul est un dieu saxon, Wishnou, un dieu indien.
2. Le rationalisme chrétien aussi bien que déiste rapproche habituellement Socrate et Jésus, et *La Mort de Socrate,* de Lamartine, illustrait, en 1823, cette idée d'un Socrate précurseur de Jésus. En 1857, dans le poème de *La Révolution,* qui forme *Le Livre Epique* des *Quatre Vents de l'Esprit,* Hugo écrira :

Socrate savait-il qu'il engendrait Jésus ?

TABLE

Table 441

LES VOIX INTERIEURES

LES RAYONS ET LES OMBRES

Table 443

DU MÊME AUTEUR

Dans la même collection

Ce volume,
le cent soixante-neuvième
de la collection Poésie,
a été achevé d'imprimer sur les presses
de CPI Bussière à Saint-Amand (Cher),
le 10 février 2013.
Dépôt légal : février 2013.
1ᵉʳ dépôt légal dans la collection : février 1983.
Numéro d'imprimeur : 2001211.

ISBN 978-2-07-042415-3./Imprimé en France.